Elizabeth Loftus · Katherine Ketcham

Die therapierte Erinnerung

Elizabeth Loftus · Katherine Ketcham

Die therapierte Erinnerung

Vom Mythos der Verdrängung bei Anklagen wegen sexuellen Mißbrauchs

Aus dem Amerikanischen
von Karin Diemerling

KLEIN

Titel der amerikanischen Originalausgabe:
The Myth of Repressed Memory
False Memories and Allegations of Sexual Abuse

Umschlag: Peter Albers, unter Verwendung des Fotos »portrait with hands« von Marlo Broekmans
Satz und Lithos: KCS GmbH, Buchholz/Hamburg
Druck und Bindung: Clausen & Bosse, Leck
ISBN: 3-89521-028-5
1 3 5 7 9 10 8 6 4 2

Satz aus der Garamond
Papier: FORTUNA Werkdruckpapier »Pegasus«, chlorfrei, säurefrei, Steinbeis Temming Papier GmbH & Co., Glückstadt

Gewidmet den Prinzipien der Wissenschaft,
die verlangen, daß jeder Anspruch auf »Wahrheit«
von Beweisen begleitet wird.

Inhalt

John Proctor:	Es könnt auch ein Drache mit fünf Beinen in meinem Hause sein, aber nie sah ihn jemand.
Reverend Parris:	Eben dazu sind wir hier, Euer Ehren, zu entdecken, was nie jemand sah.

Arthur Miller, *Hexenjagd*

Danksagungen

Wir möchten den vielen Menschen, die uns während der dreijährigen Arbeit an diesem Buch ihre Hilfe und Unterstützung gewährt haben, unseren tiefen Dank aussprechen. Besonders dankbar sind wir:

– den Familien und Einzelpersonen, die uns ihre Geschichten erzählt haben. Viele von denen, die wir befragt haben, wollten anonym bleiben, um ihren Familien weiteren Schmerz zu ersparen; da wir sie nicht namentlich erwähnen können, wollen wir auf diese Weise ihren Beitrag würdigen;

– Raymond und Shirley Souza, Lynn Price Gondolf, Laura Pasley, Melody Gavigan, Phil und Susan Hoxter, Chuck und June Noah, Jennifer und Pamela Freyd und Paul Ingram, die uns viel über die Qualen und Ängste sowohl der Anklägerinnen als auch der Angeklagten gelehrt haben;

– Steve Moen für juristische Einblicke und Ratschläge;

– Richard Ofshe, dessen Witz, Weisheit und deutliche Worte uns häufig aus mutlosen Stimmungen gerissen haben;

– Lawrence Wright, Autor von *Satans Zeugen* ; Harry N. MacLean, Autor von *Once Upon a Time* ; und Stephanie Salter (Kolumnistin des San Francisco *Examiner* und Koautorin der vom 4. bis 9. April 1993 im *Examiner* erschienenen Serie »Buried Memories / Broken Families«) dafür, daß sie großzügig ihre Ideen und Untersuchungen mit uns geteilt haben;

– Ellen Bass, Lucy Berliner, Karen Olio, Gerald Bausek, David Spiegel, George Ganaway, Paul McHugh, Joseph Barber, Gayle Gulick, Nelson Cardwell, Ricardo Weinstein, Marsha Linehan und Margaret Hagen dafür, daß sie die Diskussionen über Psychotherapie erhellt haben;

– William Calvin, der die verschiedenen Stellen, die sich mit den physiologischen Mechanismen der Erinnerung befassen, nachgeprüft hat;

– der National Science Foundation und dem National Institute of Mental Health, die Elizabeth Loftus' Forschungsanstrengungen auf dem Gebiet der Formbarkeit der Erinnerung unterstützt haben;

– den studentischen Mitgliedern der Forschungsgruppe »Verdrängte Erinnerungen« der Universität des Staates Washington;

– Jane Dystel, unserer unermüdlichen und wunderbaren literarischen Agentin;

– Charles Spicer, unserem Lektor bei St. Martin's Press, der beweist, daß der Typus des geistig unabhängigen Lektors in New York lebendig, wohlauf und äußerst aktiv ist;

– Ilene Bernstein, Lonnie Rosenwald und Diana Arnold für ihre Freundschaft und Unterstützung;

– Melinda Burgess, die geholfen hat, Rahmen und Richtung dieses Buches festzulegen und immer wieder sein zentrales Anliegen bestätigt hat;

– Tracee Simon für sorgfältiges Lesen des Manuskriptes und für Verbesserungsvorschläge;

– Sharon Kaufman-Osborn, Chris Anderson und Delores Humphreys für ihre Erkenntnisse über den therapeutischen Prozeß;

– Callie Walling, Jacquie Pickrell und Michelle Nucci für wertvolle Forschungsassistenz,

– Geoffrey Loftus, Maryanne Garry und Steve Ceci, die stets großzügig mit ihrer Zeit und ihrem Mitgefühl waren, wenn Briefe, Anrufe und E-mail feindselig wurden;

– Robyn, Alison und Benjamin Spencer, die fortwährend ihrer Mutter, Kathy Ketcham, in Erinnerung rufen, daß die Familie wichtiger ist als alles andere;

– Patrick Spencer, der durch seine Geduld, seinen Sinn für Humor und seine liebevolle Aufmerksamkeit beweist, daß der fast-perfekte Ehemann und Vater tatsächlich existiert;

– der Familie von Elizabeth Loftus (den Fishman-, Breskin- und Loftus-Familienmitgliedern), der fortwährende Dankbarkeit und Zuneigung dafür gebührt, daß sie ihr die Notwendigkeit, gegen Ungerechtigkeiten zu protestieren, ans Herz gelegt hat. Es war ihre Familie, die sie zuerst mit den Schriften von Elie Wiesel bekannt machte. »Es mag Zeiten geben, in denen es nicht in unserer Macht liegt, Ungerechtigkeiten zu verhindern,« schrieb Wiesel, »aber es darf nie eine Zeit geben, in der wir es versäumen, dagegen zu protestieren.«

Vorbemerkungen der Autorinnen

Im Rahmen unserer Untersuchungen für *Der Die therapierte Erinnerung* haben wir Hunderte von Interviews mit weiblichen und männlichen Anklägern und Angeklagten, Therapeuten, Rechtsanwälten, Psychologen, Psychiatern, Soziologen, Kriminologen und Polizeikräften durchgeführt. Wir haben Tausende von Seiten wissenschaftlicher und populärwissenschaftlicher Bücher und Artikel zu den Themen Gedächtnis und Erinnerung, Trauma, Therapie und Heilung gelesen. Die Geschichten, die wir in diesem Buch erzählen, stützen sich auf die Erinnerungen und Rekonstruktionen derer, die an den jeweiligen Dramen selbst beteiligt waren, sowie auf unsere eigenen persönlichen Erinnerungen an die beschriebenen Ereignisse. Bestimmte Szenen und Dialoge sind dramatisch bearbeitet worden, um wichtige Gesichtspunkte zu vermitteln oder die Geschichte zu vereinfachen; einige Briefe und andere Schriftstücke sind sinngemäß wiedergegeben (vor allem Megan Pattersons Briefe in Kapitel 10); Transkripte von Gerichtsverhandlungen und Zeugenaussagen sind stellenweise redigiert worden, um das Material verständlicher und lesbarer zu machen.

Obwohl wir versucht haben, erkennbare Voreingenommenheiten zu korrigieren und unsere Berichte nur auf den bekannten und unzweifelhaften Fakten aufzubauen, werden diese nachträglichen Interpretationen zweifellos Ungenauigkeiten enthalten. Obwohl wir uns durchweg um Ausgewogenheit und Fairneß bemüht haben, mögen wir uns dennoch an einiges nicht richtig erinnert oder Tatsachen durch unsere eigene Befangenheit falsch wiedergegeben haben. Wir entschuldigen uns im voraus für sämtliche Entstellungen, die noch verblieben sind, nachdem alle Stationen des Redigierens und Feilens, die mit dem Schreiben und Veröffentlichen eines Buches zusammenhängen, durchlaufen wurden. Wir hoffen, die Leserinnen und Leser werden verstehen und verzeihen.

Namen und Identitäten bestimmter Personen sind auf ihren Wunsch geändert worden, um ihre Privatsphäre zu schützen; in diesen Fällen ist der Name bei seiner ersten Erwähnung kursiv gedruckt.

Zum Schluß möchten wir unseren Respekt und unsere Anerkennung den Bemühungen der vielen talentierten und engagierten

Therapeutinnen und Therapeuten ausdrücken, die Opfern von Inzest und sexuellem Mißbrauch helfen, mit den Folgen und bleibenden Erinnerungen an diese Traumen zurechtzukommen. Wir vertrauen darauf, daß sie erkennen, daß es nicht unsere Absicht ist, die therapeutische Arbeit als solche anzugreifen, sondern einige Schwachstellen aufzuzeigen und Wege vorzuschlagen, auf denen die Therapie den Hilfesuchenden besser helfen kann. Wir sind keine Therapeutinnen, und jegliche Kritik wird aus der Perspektive unserer Untersuchungen und Erfahrungen auf dem Gebiet der Erinnerung vorgetragen.

Wir hoffen, daß die Leserinnen und Leser daran denken, daß dies keine Debatte über die Realität oder das Ausmaß des Schreckens von sexuellem Mißbrauch, Inzest und Gewalt gegen Kinder ist.

Dies ist eine Debatte über Erinnerung.

1

Der Stoff, aus dem die Träume sind

Was wir wirklich *sind und die Wirklichkeit, die wir leben, ist unsere psychische Wirklichkeit, die nichts anderes – und beachten Sie dieses erniedrigende* nichts anderes – *ist als die Tag und Nacht fortwirkende dichterische Phantasie. Wir leben wirklich in der Traumzeit; wir sind wirklich der Stoff, aus dem die Träume sind.*
James Hillman, *Hundert Jahre Psychotherapie – und der Welt geht's immer schlechter*

Shirley Ann Souza war der Traum einer jeden Mutter. »Sie war das süßeste, liebenswerteste, wunderbarste, aufgeweckteste Kind«, erinnert sich ihre Mutter. In der High-School war Shirley Ann in der Softballmannschaft und Kapitänin der Basketball- und Volleyballmannschaften. Sie war Mitglied der National Honor Society und machte als neunzehnte ihres Jahrgangs ihren Abschluß.

Nach ihrem High-School-Abschluß arbeitete Shirley Ann in einer psychiatrischen Einrichtung und begann, Pharmazie zu studieren. Dann, als sie einundzwanzig Jahre alt war, wurde Shirley Ann brutal vergewaltigt. In den Monaten nach der Vergewaltigung sackten ihre Noten deutlich ab. Sie wechselte an eine Hochschule, die näher an ihrem Heimatort lag, und ihre Eltern kauften ihr ein Auto, damit sie sie an den Wochenenden besuchen konnte. Ein knappes Jahr später, im Sommer 1988, wurde Shirley Ann erneut das Opfer eines sexuellen Überfalls; im August 1989 wurde ihr Angreifer wegen sexueller Nötigung zu achtzehn Monaten Gefängnis verurteilt.

Eine Therapie schien ihr zu helfen, mit den Gefühlen von Schmerz und Wut fertigzuwerden, aber sie wurde von immer wiederkehrenden Alpträumen geplagt. In diesen furchtbaren Träumen wurde sie von ihrer Mutter, die einen Penis hatte, bedrängt, von ihrem Bruder vergewaltigt und von ihrem Vater mit einem Kruzifix anal penetriert. Mit Hilfe ihres Therapeuten versuchte Shirley Ann, ihre Alpträume zu analysieren und zu interpretieren. Eines Morgens im Juni 1990 verstand sie mit plötzlicher, schrecklicher Klarheit, was die Träume ihr sagen wollten: Ihre Eltern hatten sie als Kind sexuell mißbraucht, und in dem Versuch, sich selbst zu schützen, hatte sie die Erinnerungen daran verdrängt. Shirley Ann rief sofort ihre Schwester und ihre Schwägerin an und bat sie dringend, ihre Kinder von den Großeltern Raymond Souza, einem pensionierten Störungssucher der Elektrizitätswerke von Massachusetts, und Shirley Souza, einer Krankenschwester, fernzuhalten.

Die Angst breitete sich aus wie Tinte auf Löschpapier. Shirley Ann, ihre Schwester Sharon und ihre Schwägerin Heather lasen das Buch »Trotz allem. Wege zur Selbstheilung für sexuell mißbrauchte Frauen«. »Wenn Sie sich an Ihren Mißbrauch nicht erinnern, sind Sie nicht allein«, erfuhren sie. »Viele Frauen haben keine Erinnerungen, und manche werden sich nie erinnern. Das heißt nicht, daß sie nicht mißbraucht worden sind.«

Checklisten und Symptomkataloge bestätigten ihre Verdachtsmomente. Das Schlimmste befürchtend, befragten sie ihre Kinder und brachten sie zwecks Diagnose und Behandlung zu verschiedenen Therapeutinnen und Therapeuten. Im November 1990 stellte die Therapeutin der fünfjährigen Cindy fest, »daß die Antworten des Kindes auswendig gelernt und etwas wirr klingen ... Es scheint, als ob ein gewisser Druck von der Mutter ausgeht.« Einige Wochen später wechselte Cindys Mutter die Therapeutin und brachte ihr Kind zu einem Spezialisten für Kindesmißbrauch. In der allerersten Sitzung diagnostizierte der Therapeut Cindys Problem als posttraumatisches Streßsyndrom, ein klassischer Indikator für sexuellen Mißbrauch. Als die vierjährige Nancy anfing, Alpträume zu haben, in denen furchterregende Wesen vorkamen, die sie als ihre Großeltern identifizierte, begann sie mit Sitzungen bei demselben Therapeuten.

Auf der Grundlage der Erinnerungen, die ihre Kinder und Enkelkinder zu Protokoll gaben, wurden Raymond und Shirley Souza angeklagt. Die Staatsanwältin bot ihnen sofort einen Handel an: Wenn sie sich schuldig bekennen würden, kämen sie ohne Gefängnisstrafe davon. Die Souzas wiesen diese Einigung ab, und es wurde ein Prozeßtermin festgesetzt. Während des Prozesses, der fast drei Jahre, nachdem Shirley Ann begonnen hatte, unter Alpträumen zu leiden, abgehalten wurde, bezeugte Nancy, daß ihre Großeltern sie dazu gebracht hätten, ihre Genitalien zu berühren, daß sie »ihre ganze Hand« in ihre Vagina getan hätten und sogar »ihren Kopf« in sie hineingesteckt hätten. Sie beschrieb eine Maschine, die so groß wie ein Zimmer war und die ihre Großeltern per Knopfdruck bedienten; die Maschine hatte Hände, die ihr »weh taten«. Cindy sagte aus, daß ihre Großeltern ihre Finger in ihre Vagina und in ihren Anus gesteckt hätten, sie in einen riesigen Käfig im Kellergeschoß gesperrt und gezwungen hätten, eine widerliche grüne Flüssigkeit zu trinken, und daß sie damit gedroht hätten, ihrer Mutter das Herz zu durchstechen, wenn sie etwas verriete.

Es gab keinerlei materielle Beweise, die die Anklagepunkte unterstützten, aber am 12. Februar 1993 wurden Raymond und Shirley Souza, beide einundsechzig Jahre alt, in mehreren Fällen der Vergewaltigung und unzüchtiger Handlungen für schuldig befunden. Wenn ihr Berufungsverfahren fehlschlägt, werden sie neun bis fünfzehn Jahre wegen Erinnerungen im Gefängnis verbringen, die nicht existierten, bis eine erwachsene Frau einen schlechten Traum hatte.

2

Eine seltsame Zeit

Herr, wir leben in einer seltsamen Zeit. Keiner kann mehr bezweifeln, daß die Mächte der Dunkelheit zu einem ungeheuerlichen Angriff gegen diese Stadt angetreten sind. Der Beweise sind zu viele, um es noch zu leugnen. Das gebt Ihr zu, Herr?
Reverend Hale in Arthur Millers *Hexenjagd*

Der größte Feind der Wahrheit ist sehr oft nicht die Lüge – vorsätzlich ersonnen und bewußt unehrlich –, sondern der Mythos – hartnäckig, überzeugend und fern der Wirklichkeit.
John F. Kennedy

Ich bin eine kognitive Psychologin, die ihr Leben dem Studium der Erinnerung gewidmet hat. Seit fünfundzwanzig Jahren führe ich Versuchsreihen durch, betreue graduierte Studenten, schreibe Bücher und Artikel und reise durch die Welt, um an Konferenzen teilzunehmen und Vorträge zu halten. In meiner Bibliographie finden sich zahlreiche Fachpublikationen mit Titeln wie »Erinnerungsentstellungen nach Erhalt irreführender Informationen«, »Informationsverarbeitende Konzeptualisierungen der menschlichen Wahrnehmung« und »Fehlinformationseffekt: Umformung der Erinnerung durch nachträgliche Informationen«.

Ich werde als Expertin für Fragen der Formbarkeit von Erinnerung angesehen. Ich habe in Hunderten von Prozessen ausgesagt, in denen das Schicksal einer Person davon abhing, ob die Geschworenen der Aussage des vereidigten Augenzeugen und seinem anklagenden Zeigefinger glaubten: »Er ist es.« »Ich habe ihn gesehen.« »Er hat es getan.« Ich betrete den Zeugenstand und rate dem Gericht zur Vorsicht, da unsere Erinnerungen veränderlich und überlagerbar sind und unser Gedächtnis einer riesigen Schultafel mit einem endlosen Vorrat an Kreide und Schwämmen gleichkommt. Ich versuche, die Jury mit der Anfälligkeit des Gedächtnisses für Fehlleistungen, seiner ihm eigenen Durchlässigkeit zu beeindrucken. Ich denke mir Metaphern aus und hoffe, dadurch meine Aussage besser vermitteln zu können. »Denken Sie an ihr Gedächtnis als an eine Schüssel mit klarem Wasser. Und jetzt stellen Sie sich jede Erinnerung als einen Teelöffel Milch vor, der in das Wasser gerührt wird. Jedes erwachsene Gedächtnis enthält Tausende von diesen nebligen Erinnerungen ... Wer von uns würde es sich zutrauen, das Wasser von der Milch zu trennen?«

Ich mag diese Metapher besonders, weil sie der oft gehörten Erklärung widerspricht, daß Erinnerungen in einem bestimmten Teil des Gehirns sitzen, wie Computerdisketten oder glatte, neue Heftordner, die zur sorgfältigen Aufbewahrung in einem Aktenschrank abgelegt worden sind. Erinnerungen sitzen nicht fest an einer Stelle und warten geduldig darauf, wieder hervorgeholt zu werden; sie treiben durch das Gehirn, eher mit Wolken oder Dampf vergleichbar als mit einem festen Gegenstand. Obwohl Wissenschaftler Wörter wie »Geist« und »Seele« nicht gerne gebrauchen, muß ich doch zugeben, daß Erinnerungen eher einer geistigen als einer körperlichen Wirklichkeit angehören: Wie Wind oder Atem oder Wasserdampf sind auch die Zirrus- und Stratuswolken der Erinnerung wirklich vorhanden, aber wenn man versucht, sie zu berühren, lösen sie sich auf und verschwinden.*

Diese Auffassung von Erinnerung zu verbreiten ist nicht leicht. Menschen hängen an ihrer erinnerten Vergangenheit, denn die Personen, Orte und Ereignisse, die wir in der Erinnerung bewahren, definieren das, was wir als unser »Selbst« bezeichnen, und verleihen ihm eine Struktur. Wenn wir die Tatsache akzeptieren, daß unsere Erinnerungen milchige Moleküle sind, die sich mit Traum und Phantasie vermischen, wie können wir dann noch behaupten zu wissen, was wirklich ist und was nicht? Wer von uns möchte

* Diese metaphorische Erklärung ist natürlich eine sehr starke Vereinfachung der komplexen neurologischen und biochemischen Prozesse, die mit dem Speichern und Wiederauffinden von Erinnerungen einhergehen. Neurologen sind dabei, eine Karte des Gehirns zu erstellen und die spezifischen Bereiche zu identifizieren, die bei den verschiedenen Arten von Erinnerungsprozessen aktiviert werden. Wenn diese Forschungen uns am Ende auch ein detailliertes Bild von den Abläufen und Schaltstellen im Gehirn, die Gedächtnis und Erinnerung betreffen, liefern werden, so ist es doch jetzt schon offenbar, daß zusammenhängende Erinnerungen – z. B. die Erinnerung an Ihren Hochzeitstag oder an Ihren zehnten Geburtstag – nicht an einer bestimmten Stelle gespeichert, sondern im ganzen Gehirn verteilt werden. Für weitere Informationen zur Physiologie von Gedächtnis und Erinnerungsspeicherung siehe S. 106 ff.

schon glauben, daß unser Zugriff auf die Wirklichkeit so provisorisch ist, ja, daß die Wirklichkeit tatsächlich undurchdringlich und unergründlich ist, weil sie nur das ist, woran wir uns erinnern, und weil das, woran wir uns erinnern, nur äußerst selten die reine Wahrheit ist?

Nein, das klingt alles zu sehr nach Science-fiction, Hokuspokus, Magie ..., und wir Menschen haben es lieber mit Realem, Physischem, Materiellem zu tun. Wir brauchen festen Boden unter den Füßen, und wir treiben dicke Wurzeln hinunter in den weichen Boden unserer persönlichen Geschichte und wollen sie einbetten in etwas, das sich Wahrheit nennt. Vieldeutigkeit läßt uns die Haare zu Berge stehen.

Ich kenne die Vorurteile und Ängste, die hinter den Widerständen gegen meine Arbeit stehen. Ich verstehe, warum wir einem Augenzeugen glauben wollen, der sagt: »Er hat es getan, er war's.« Ich kenne das Bedürfnis, die Vergangenheit zu *besitzen* – das heißt, sie zu unserer eigenen Wahrheit zu machen. Ich habe meine eigenen Gründe dafür zu wünschen, daß die Vergangenheit solide und unbeweglich ist und nicht wie Treibsand unter meinen Füßen.

Aber die Erinnerung überrascht mich wieder und wieder mit ihrer phantastischen Leichtgläubigkeit, ihrer Bereitschaft, den bunten Stift der Manipulation über eine dunkle Ecke der Vergangenheit zu ziehen und ohne eine Spur von Widerstand einen alten, abgenutzten Teil einer Erinnerung im Austausch für ein neues, glänzendes Stückchen, das alles ein bißchen heller, sauberer und ordentlicher aussehen läßt, aufzugeben. In meinen Experimenten, die ich mit Tausenden von Versuchspersonen über zwei Jahrzehnte hinweg durchgeführt habe, habe ich Erinnerungen geformt und Leute dazu veranlaßt, sich an nicht vorhandene Gegenstände zu erinnern und beispielsweise an einen glattrasierten Mann als an einen Schnurrbartträger zu denken, aus glatten Haaren Locken zu machen, aus Stoppschildern Vorfahrtsschilder und aus Hämmern Schraubenzieher; ich konnte sie dazu bringen, etwas so Großes und Auffälliges wie eine Scheune in eine idyllische Landschaft zu plazieren, in der es weit und breit keine Gebäude gab. Ich habe Leuten sogar völlig falsche Erinnerungen einpflanzen können und sie an Personen glauben lassen, die nie existiert haben, und an Ereignisse, die nie geschehen sind.

Meine Arbeit hat dazu beigetragen, ein neues Paradigma der Erinnerung zu schaffen und von dem Modell des Videorecorders, nach dem Erinnerungen als getreu aufgezeichnete Wahrheiten interpretiert werden, zu einem rekonstruktiven Modell überzugehen, nach dem Erinnerungen als ein kreatives Verschmelzen von

Dichtung und Wahrheit verstanden werden. Ich habe ein paar Überzeugungen geändert, geholfen, ein paar unschuldige Menschen vor dem Gefängnis zu bewahren, neue Untersuchungen angeregt und ein paar hitzige Debatten provoziert. Mein Lebensplan sah vor, immer so weiterzuarbeiten, Studien zu entwerfen, Forschungsgelder aufzutun, Reden zu halten, Studenten zu unterweisen und dabei die Hoffnung zu wahren, daß die Gesamtheit meines Lebenswerkes eine Ahnung vom Wunder und Geheimnis der Erinnerungsentstehung vermitteln und einem gesunden Skeptizismus Vorschub leisten würde, wenn eine Erinnerung, und sei es auch nur ein Teil einer Erinnerung, als objektive Wahrheit hingestellt werden soll.

Aber seit einiger Zeit ist meine Welt durcheinandergeraten. Ich werfe mit Abkürzungen für psychische Erkrankungen und Traumasyndrome um mich, während meine Kollegen mich mit Besorgnis und Erstaunen betrachten. Ich beantworte Haßbriefe und mühe mich damit ab, meine Arbeit gegen eine schnell wachsende und immer feindlichere Schar von Kritikern zu verteidigen. Meine feministischen Freundinnen bezeichnen mich als Abtrünnige. Professorenkollegen fragen sich öffentlich, ob ich das wissenschaftliche Arbeiten aufgegeben habe.

Während sich in den Winkeln meines hoffnungslos vollgestopften Büros die Stipendienanträge stapeln, verbringe ich meine Tage damit, mit Unbekannten zu telefonieren, die der verabscheuungswürdigsten Verbrechen, die man sich vorstellen kann, angeklagt sind. Sie schreiben mir lange, emotionale Briefe und vertrauen mir die intimsten Details an. Die Briefe beginnen meist ganz ruhig:

»Meine Familie befindet sich gegenwärtig in einem Zustand der Zerrüttung.«

»Ich habe ein schwerwiegendes Problem.«

»Ich habe das dringende Bedürfnis, Ihre Arbeit kennenzulernen.«

Doch die folgenden Absätze enthüllen sehr bald das Ausmaß des Schreckens.

»Eine Woche bevor mein Mann nach achtmonatigem Kampf gegen den Lungenkrebs starb«, schreibt eine Frau aus Kalifornien, »konfrontierte mich unsere jüngste Tochter (achtunddreißig Jahre alt) mit dem Vorwurf, daß er sie sexuell belästigt und ich sie nicht beschützt hätte. Das hat mir das Herz gebrochen; es ist *absolut* unwahr.«

»Ich bin ein fünfundsiebzigjähriger, pensionierter Geburtsmediziner«, schreibt ein Mann aus Florida, »und ich werde von meiner neunundvierzig Jahre alten Tochter auf sechs Millionen Dollar verklagt, weil ich sie in ihrer frühen Kindheit und als Teenager sexuell mißbraucht hätte.«

»Vor vier Jahren wurden wir plötzlich und unerklärlicherweise von unserer jetzt achtundzwanzigjährigen Tochter angeklagt«, schreibt eine Frau aus Maryland, »daß wir sie sexuell und inzestuös [sic] mißbraucht und belästigt hätten, d. h. ihr Vater hätte sie im Alter von drei Monaten vergewaltigt, ich hätte sie wiederholt in sehr jungen Jahren vergewaltigt und einer ihrer beiden älteren Brüder hätte sie andauernd vergewaltigt. Es ist wie in einem Alptraum, in dem ich glaube, daß das Gehirn meiner Tochter gegen das einer andern Person ausgetauscht worden ist.«

»Bitte helfen Sie uns«, schreibt eine Frau aus Kanada, »wir waren eine normale und fürsorgliche Familie, und wir würden gern wieder normal werden.«

Und ein Mann aus Texas schreibt: » Unser jüngster Sohn ist in einem Priesterseminar, und als Teil seiner Ausbildung nahm er an einer zweiwöchigen psychologischen Intensivberatung teil. Kurz danach beschuldigte er meine Frau und mich, es nicht nur zugelassen zu haben, daß er von anderen sexuell mißbraucht wurde, sondern ihn auch selbst mißbraucht zu haben. Er sprach von Erinnerungen, die wie Blasen an die Oberfläche sprudelten.«

Jede dieser Geschichten und Hunderte ähnlicher begannen, als ein erwachsener Mann oder eine Frau die Praxis eines Therapeuten oder einer Therapeutin betraten, um Hilfe für ihre Lebensprobleme zu suchen. Jede dieser Geschichten enthält Erinnerungen an Kindesmißbrauch, die in der Therapie entdeckt wurden – Erinnerungen, die vorher nicht existiert hatten oder an die sich die Betreffenden zumindest nicht entsinnen konnten. Jede Geschichte erzählt von einer Familie, die gewaltsam auseinandergerissen wurde.

Ich lege den Hörer auf, sortiere die Briefe in die Ablagemappen, lehne mich zurück, starre aus dem Fenster und frage mich, wie Menschen solches Leid aushalten können, frage mich, wo das in meiner Berufsbeschreibung vorkommt, frage mich, woher ich die Zeit nehmen werde, um auf ihre Anfragen einzugehen. »Haben Sie noch zusätzliches Wissen oder Forschungsergebnisse, die Familien wie uns helfen könnten?« fragen die Briefeschreiber. »Kennen Sie Unterstützungsgruppen für Familien, die ein Kind verloren haben, wenn auch nicht durch einen Todesfall?« »Haben Sie irgendwelche Literatur, die sich mit dem Phänomen der falschen Erinnerungen beschäftigt?« »Wohin können wir uns wenden, wer kann uns helfen,wie ist das passiert?«

Ich habe die Zeit immer für eine feste, unbeugsame Realität gehalten – eine Stunde, um einen Zeitschriftenartikel zu lesen, drei

Stunden, um eine Besprechung zu schreiben, anderthalb Stunden im Seminar, drei Tage für eine Konferenz, zwei Tage für eine Gerichtsverhandlung. Aber die Zeit läuft mir davon, und ich fühle mich von all diesen gequälten Hilferufen überwältigt.

Hätte ich vorher gewußt, was auf mich zukommen würde – die verzweifelten Anrufe, die tränenreichen Geständnisse, die paranoiden Gedanken an Verschwörungen, die grauenhaften Geschichten von sadistischem sexuellem Mißbrauch, Folter, sogar Mord –, hätte ich mich dann schleunigst wieder in die Geborgenheit und Sicherheit meines Seminars zurückgezogen? Nein. Niemals. Denn ich habe das Privileg, im Zentrum eines sich fortentwickelnden Dramas zu stehen, einer modernen Sage so voller Leidenschaften und Seelenqualen, daß ihr Pathos mit dem der antiken griechischen Tragödie konkurrieren kann. Wer wäre nicht von diesen Geschichten über Hypnosetrancen, sadistische Rituale und Blutopfer gebannt? Ödipus würde sich auf dieser neuzeitlichen Bühne wie zu Hause fühlen, genauso wie Medea, Hamlet, Macbeth und König Lear. Genauso wie Reverend Parris, John Proctor, Abigail Williams und all die anderen Angeklagten und Ankläger in Salem*. Und für Sigmund Freud und C. G. Jung wären diese Erzählungen über Inzest, Wollust und verbotene Wünsche ein reiches Betätigungsfeld.

Was auf dieser besonderen Bühne in diesem letzten Jahrzehnt des zwanzigsten Jahrhunderts geschieht, ist zu anderen Zeiten und in anderen Kulturen auch schon geschehen. Weiterreichend und bedeutsamer als jedes ihrer einzelnen Elemente weist diese Geschichte über sich selbst hinaus und wirft Fragen auf, die die Menschen schon seit Tausenden von Jahren beschäftigen.

Die Schlüsselfrage – »Wer bin ich?« – ist von der modernen Psychotherapie auf die Frage »Wie bin ich so geworden?« reduziert worden. Um zu verstehen, wer wir sind und warum wir so sind, wie wir sind, ermutigen uns viele Therapeuten, in unsere Kindheit zurückzugehen und herauszufinden, was dort mit uns geschehen ist. Wenn wir leiden, wird uns gesagt, muß es dafür einen Grund geben; wenn wir den Grund nicht herausfinden können, haben wir nicht tief genug gegraben. Und weiter geht die Suche nach unserer Lebenswahrheit – in den Erinnerungen, die wir haben, und in denen, die wir verloren haben.

* Im Jahr 1692 erlagen die Bewohner des Ortes Salem in Massachusetts einer Art Hexenwahn, in dessen Folge es zu Prozessen, Verurteilungen und Hinrichtungen von Männern und Frauen kam. A. d. Ü.

Wenn wir anfangen, nach verlorenen Erinnerungen zu suchen, betreten wir ein merkwürdiges Gebiet der Psyche, das Verdrängung genannt wird. Der Begriff der Verdrängung setzt eine bestimmte Fähigkeit des Verstandes voraus. Diejenigen, die an Verdrängung glauben, glauben an die Fähigkeit des Verstandes, sich selbst vor emotionaler Überforderung zu schützen, indem er bestimmte Erfahrungen und Gefühle aus dem Bewußtsein entfernt. Monate, Jahre oder sogar Jahrzehnte später, wenn der Verstand besser damit fertigwerden kann, können diese »verdrängten Erinnerungen« Stück für Stück aus dem Grab der Vergangenheit hervorgeholt, untersucht und gewissenhaft analysiert werden, wie antike Schriftrollen, die wörtliche Überlieferungen enthalten.

Anhänger dieser Theorie behaupten, daß zwar die traumatischen Erinnerungen sicher vergraben sind, die mitbegrabenen Gefühle jedoch in unser bewußtes Leben einsickern, unsere Beziehungen vergiften und unser Identitätsgefühl unterminieren. Deshalb müssen wir in die Vergangenheit zurückkehren, die begrabenen Erinnerungen ausgraben und sie dem Tageslicht preisgeben. Nur durch diese Konfrontation mit der dunklen Wahrheit unserer Vergangenheit können wir Verstehen, Wissen, Heilung und Erlösung erlangen.

Skeptiker verweisen auf die rekonstruierte Natur von Erinnerungen und fordern Beweise und Bestätigungen. Wie kann man ohne Beweise sichergehen, fragen sie sich, daß diese lange verloren gewesenen Erinnerungen Fakten und nicht Fiktionen darstellen?

Ich studiere die Erinnerung, und ich bin eine Skeptikerin. Aber diese ganze Geschichte ist viel wichtiger als meine sorgfältig überwachten wissenschaftlichen Studien oder jede Art von Auseinandersetzung, die ich mit denjenigen haben mag, die so glühend an der Idee der Verdrängung festhalten. Die neuzeitliche Entwicklung des Dramas namens Verdrängung wurzelt direkt in der Tiefe der menschlichen Psyche – in diesem inneren Bereich, wo die Wirklichkeit in erster Linie symbolisch ist, wo Bilder durch Erlebnisse und Gefühle alchemistisch in Erinnerungen verwandelt werden und wo Bedeutung möglich wird.

3

Ekstatisch

Ich hab's bisher nicht gewußt, ich hab' bisher überhaupt nichts gewußt ... Aber dann – dann sitzt sie da und leugnet und leugnet, und ich fühl', wie es sonderbar kalt meinen Rücken raufsteigt und meine Kopfhaut sich zusammenzieht, und ich fühl' um meinen Hals eine Klammer und kann nicht mehr atmen; und dann – ekstatisch – hör' ich eine Stimme, die schreit, und es war meine Stimme – und mit eins fiel mir alles ein, was sie mir angetan hat!

Mary Warren in Arthur Millers *Hexenjagd*

Er setzte sie auf die Sitzbank seines 1965er Pick-up und zwang sie zuzusehen, wie er sein Taschenmesser herausnahm und dem Fisch den Bauch aufschlitzte. »Wie eklig«, schrie sie und verzog ihr Gesicht vor Schreck und Widerwillen, als die Innereien des Fisches auf die staubige texanische Erde fielen. Er lächelte und wischte sich die blutigen Hände an seinen Jeans ab. Mit einer Hand schnallte er seinen Gürtel auf, mit der anderen drückte er fest gegen ihre Brust und preßte ihren Körper auf den Sitz. Sie starrte gegen das Verdeck mit den Wasserflecken und dachte an ihre Beine, die aus dem Wagen hingen. Sie fühlten sich komisch an; voller Blut und Muskeln, schwer und taub, wie abgetrennt.

Er schob ihr Kleid hoch, und sie fühlte etwas Warmes und Scharfkantiges an ihrem Bauch. Er drückte das Messer fest gegen ihre Haut und ritzte eine Linie vom Brustbein bis zum Schambein. Sie schrie vor Angst auf und schnellte hoch, überzeugt, daß er sie ausnehmen wollte wie den Fisch und daß ihre Eingeweide auf den durchgerosteten Boden des Pick-ups fallen würden. Er lachte; dann schlug er mit der stumpfen Seite der Klinge gegen seine Handfläche (»Hast wohl gedacht, ich würde dich aufschlitzen, was?«), warf die Waffe auf den Boden und öffnete den Reißverschluß seiner Hose, alles geschah innerhalb von Sekunden. Dann spürte sie den bekannten Schmerz und das Stoßen, das Gefühl des Entzweigerissenwerdens, den heißen Kunststoff an ihrem Hintern und das merkwürdige Empfinden, gen Himmel zu schweben und auf diese Szene herunterzuschauen, die immer gleich aussah und sich gleich anfühlte.

Als es vorbei war, fuhren sie durch die Ölfelder von Texas zurück, es gab nichts um sie herum als die brennende Sonne, den wirbelnden Staub und ihren Onkel, der in sich hineinlächelte.

Lynn Price Gondolf hat diese Erinnerungen an ihren Onkel, der sie im Alter von sechs Jahren vergewaltigte, nie vergessen. Sie konnte auch andere Erinnerungen an ähnliche Szenen während dieser Jahre abrufen: konkrete und detaillierte Bilder von Berührungen, analer Penetration, sadistischen Quälereien, sogar Folter. Zwanzig Jahre später konnte sie noch die warme, blutige Messerklinge an ihrem Bauch fühlen. Sie konnte sich an die Farbe ihrer Sandalen und die Blase an ihrer Ferse erinnern, an den blassen, heißen Himmel und den Sand zwischen ihren Zähnen. Sie konnte im Geist das tote, starre Auge des Fisches vor sich sehen ..., genauso waren ihre Augen, dachte sie, wenn sie aus ihrem Körper nach oben schwebte und auf den sich auf- und abbewegenden Onkel starrte und auf das hilflose, unter ihm gefangene Kind, dessen Beine aus der Tür hingen. Die Jahre vergingen, aber diese Erinnerungen blieben wie unwillkommene Gäste und hatten nicht die Absicht, sich einen anderen Aufenthaltsort zu suchen.

Dreizehn Jahre nachdem ihr Onkel sie das letztemal vergewaltigt hatte, griff Lynn zum Telefon und wählte die Nummer einer örtlichen Therapieklinik. Sie hatte fünfzig Pfund Übergewicht und litt seit Jahren an Eßstörungen, sie stürzte sich auf süßes und fettes Essen und griff dann zu Blasentees, Abführmitteln und Brechwurzsirup, um ihren Körper zu entschlacken. Jeder Freßanfall mit anschließender Reinigungsphase verstärkte ihre Schuldgefühle und Gewissensbisse. Sie war deprimiert und unruhig, sie schämte sich und war es müde, sich ihrem Körper ausgeliefert zu fühlen. Sie wollte »normal« sein. All das erklärte sie dem Psychologen am Telefon. Er hörte sich ihre Geschichte an, schwieg einen Moment und sagte dann: »Sagen Sie Lynn, ... sind Sie jemals sexuell mißbraucht worden?«

»Ja«, antwortete sie, überrascht, daß der Berater von ihren Symptomen auf ihre Vergangenheit schließen konnte. Sie berichtete kurz von dem Mißbrauch durch ihren Onkel.

»War er der einzige?«

Sie lachte. »Er hat mir gereicht.«

Lynn begann ihre Therapie noch in derselben Woche, und von Anfang an lag ihrem Therapeuten sehr daran, die genauen Einzelheiten ihres Mißbrauchs in der Kindheit aufzudecken. Er bestand darauf, daß sie bis in jedes schmerzliche Detail hinein alles erzählte, was in dem Pick-up passiert war, bis hin zur Beschreibung von Größe und Form des Penis ihres Onkels. Immer wieder wurde sie dazu aufgefordert, diese schmerzlichen Erinnerungen von neuem zu durchleben. Am Ende der zweiten oder dritten Sitzung konzentrierten sich die Fragen des Therapeuten deutlich auf ihre Eltern.

»Wo waren Ihre Eltern während dieser Mißbrauchsgeschehnisse?« fragte er. »Wußten sie nicht, daß Ihr Onkel Sie mißbrauchte?«

»Ich habe es ihnen bis zu diesem Jahr nie erzählt«, sagte sie.

»Sind Sie sicher? Überlegen Sie, Lynn, ... denken Sie an all die Male, die Sie mit ihm wegfuhren – wie oft war es, zwanzig- oder dreißigmal? Was glaubten Ihre Eltern, was vor sich ging, wenn Ihr Onkel mit Ihnen davonfuhr?«

Sie widersprach ihm. »Sie wußten es nicht«, sagte sie, »weil ich es ihnen nicht erzählt habe. Ich habe mich zu sehr geschämt. Sie waren bitter arm, beide arbeiteten zwölf Stunden an jedem Tag der Woche, und sie hatten drei andere Kinder, um die sie sich kümmern mußten. Ich war die Älteste, daher nahmen sie einfach an, daß ich auf mich selbst aufpassen konnte oder daß ich es ihnen erzählen würde, wenn mir jemand weh tat.«

»Ich möchte nur, daß Sie noch einmal darüber nachdenken«, sagte er mit sanfter und beruhigender Stimme. »Versuchen Sie, sich die Szene vorzustellen. Sie waren ein kleines Mädchen, gerade sechs Jahre alt, Sie fuhren mit Ihrem Onkel für mehrere Stunden weg und kamen schmutzig, verschwitzt und wahrscheinlich zu Tode geängstigt zurück. Sie müssen geweint, getobt, sich auffällig benommen oder sich bei Ihrer Mutter festgeklammert haben. Glauben Sie wirklich, sie wußten nicht, daß da etwas nicht stimmte? Denken Sie darüber nach, Lynn. Versuchen Sie immer wieder, sich zu erinnern, was genau passiert ist.«

Sie dachte darüber nach; nach einer Weile konnte sie an nichts anderes mehr denken. Ihr Therapeut ermutigte sie ständig, ihre Erinnerungen von neuem durchzugehen, und riet ihr, ein Tagebuch zu führen und sich regelmäßig selbst zu hypnotisieren, indem sie sich entspannte, tief atmete und versuchte, sich vorzustellen, was passiert sein könnte. Nach ein paar Wochen intensiver Therapie und »Seelenerforschung« gab sie nach. »Vielleicht haben Sie recht«, sagte sie. »Vielleicht wußten sie es.«*

Ihr Therapeut wechselte erneut die Perspektive. »Wenn Ihre Eltern es wußten, warum ließen sie es dann geschehen?« Sie zuckte mit den Achseln und veranlaßte ihn damit, der Frage eine etwas andere Gewichtung zu geben. »Jetzt, da wir wissen, daß sie davon gewußt und nichts dagegen unternommen haben, müssen wir uns da nicht fragen: Konnten sie daran beteiligt gewesen sein? Wäre es möglich, daß Sie auch von Ihrem Vater oder Ihrer Mutter mißbraucht worden sind, oder vielleicht von beiden?«

Wieder war sie in der Defensive. Vielleicht wollten sie nicht darüber nachdenken, argumentierte sie. Vielleicht wußten sie es, aber wollten es nicht glauben. Vielleicht wußten sie nicht, wie sie mich schützen sollten. Vielleicht haben sie einfach ihr Bestes getan, auch wenn sie mich nicht beschützt haben, auch wenn sie den Mißbrauch nicht stoppen konnten. Sie waren nicht perfekt, aber sie haben ihr Bestes getan.

Sie versuchte, das Gespräch wieder auf ihre Eßstörung zu lenken. »Ich leide immer noch darunter, keine Kontrolle über meinen Körper zu haben. Ich kann einfach nicht aufhören, alles in mich hineinzustopfen und mich dann gewaltsam wieder zu entleeren.«

»Sie versuchen, einen Flashback herauszuwürgen, so etwas wie eine spontane Rückblende auf die Vergangenheit«, interpretierte der Therapeut. »Wenn Sie sich erst einmal an die wahren Ereignisse in Ihrer Vergangenheit erinnern, wird das Bedürfnis nach Reinigung von selbst aufhören, und Ihre Eßstörung wird nach und nach verschwinden.«

»Meine Mutter und mein Vater haben mich nie angefaßt!« sagte sie plötzlich ärgerlich.

»Lynn, Lynn«, antwortete er in dem bemüht geduldigen Ton, den Eltern aufmüpfigen Kindern gegenüber anschlagen, »Ihre Symptome sind viel zu ernst und dauerhaft, um sich allein durch den Mißbrauch durch Ihren Onkel erklären zu lassen, so furchtbar dieser auch war. Sie erinnern sich an diese Geschehnisse, Sie haben dem, was er Ihnen angetan hat, ins Auge gesehen und sind damit fertiggeworden. Aber Ihre Eßstörung hält an, Sie fühlen sich immer noch ausgeliefert, und Sie verstehen nicht, warum. Ich bin überzeugt, daß es da noch etwas anderes in Ihrer Vergangenheit

* Lynns Eltern erfuhren tatsächlich erst viele Jahre danach von der Tatsache des Mißbrauchs. »Meine Eltern wußten zu dieser Zeit nicht, was geschah – sie fanden es erst später heraus«, korrigierte sich Lynn hinterher.

geben muß, etwas viel, viel Schlimmeres, dem Sie sich noch nicht stellen konnten.«

Überlegen Sie, riet er ihr, schreiben Sie, träumen Sie, phantasieren Sie. Graben Sie in Ihrem Unbewußten, und ziehen Sie diese Erinnerungen hervor. Wenn Sie sich erst erinnern, versicherte er ihr, werden Sie sich sehr viel besser fühlen.

Nach einem Monat verzweifelter, aber ergebnisloser Suche nach Erinnerungen erklärte sich Lynn bereit, zusätzlich zu ihren Einzelsitzungen an einer wöchentlichen Gruppentherapie zusammen mit acht anderen Frauen teilzunehmen. »Sie sind hier in einer sicheren Umgebung, mit Menschen, denen sehr viel an Ihnen liegt«, erklärte der Therapeut den Frauen, deren Probleme von Eßstörungen über Depressionen bis zu sexuellem Mißbrauch reichten. »Lassen Sie die Erinnerungen kommen, haben Sie keine Angst vor ihnen. Wenn Sie die vor langer Zeit vergessenen Erinnerungen wiedererlangen, werden sie ihre Macht über Sie verlieren, und Sie können wieder Sie selbst sein.«

Er sprach gern über das »Tor« im menschlichen Geist. Jeder Mensch besitzt ein kleines, durch ein Schnappschloß gesichertes Tor im Inneren, erklärte er, das schmerzliche und traumatische Erinnerungen aus dem Bewußtsein ausschließt. Wenn wir uns »sicher« fühlen – emotional vorbereitet, körperlich beschützt und von Menschen umgeben, denen etwas an uns liegt und die wollen, daß es uns bessergeht –, springt das Schnappschloß spontan auf, und die Erinnerungen werden frei. »Lassen Sie das Tor offen«, ermutigte er die Frauen. »Haben Sie keine Angst.«

Lynn *hatte* Angst, sie hatte sogar Todesangst. Alles, woran sie glaubte und woran sie hing, wurde in Frage gestellt. Sie hatte immer geglaubt, daß ihre Mutter und ihr Vater sie geliebt und beschützt hatten – aber warum hatten sie sie nicht vor ihrem Onkel gerettet? Konnte der Therapeut doch recht haben? Konnte es sein, daß die Menschen, die sie am meisten auf der Welt liebte, denen sie in all den Jahren des Heranwachsens vertraut hatte, sie mißbraucht hatten? Aber wenn sie sie wirklich sexuell belästigt hatten, dann war ihr ganzes Leben auf Einbildung und Lüge aufgebaut. Wie hatte sie sich selbst so viele Jahre lang etwas vormachen können? Wie hatte ihr Verstand einen derart wichtigen Teil ihrer Vergangenheit einfach abwerfen können?

Als diese Fragen ständig in ihrem Kopf zu kreisen begannen, fürchtete Lynn, langsam verrückt zu werden. Wenn sie nicht einmal die Wahrheit über ihre eigene Vergangenheit kannte, wie dünn war dann überhaupt ihre Verbindung zur Realität? Wenn sie noch nicht einmal die Wahrheit über ihre eigenen Eltern kannte, wie konnte sie dann noch ihrer Menschenkenntnis trauen? Wenn sie so leicht getäuscht werden konnte, wer würde sie dann als nächstes ausnutzen?

Besorgt über ihre unberechenbaren Stimmungsumschwünge und zunehmend schwerer werdenden depressiven Anfälle, verwies ihr Therapeut sie an einen Arzt, der ihr Antidepressiva und Schlafmittel verschrieb. Die Medikamente schienen zu helfen, aber sie fühlte sich nur noch in den Sitzungen mit ihrem Therapeuten und den anderen Gruppenmitgliedern wirklich und als ganzer Mensch; nur in der Therapie fühlte sie sich verstanden und anerkannt. Ihr Therapeut schien genau zu wissen, was in ihr vorging. Er war so überzeugend und seiner selbst gewiß, wenn er der Gruppe versicherte, daß sie diese mysteriöse Wahrheit finden und dann all ihre akuten Probleme allmählich verschwinden würden.

»Gemeinsam werden wir die Wahrheit aufdecken«, intonierte er, »und die Wahrheit wird Sie befreien.«

Mit der Wahrheitssuche wurde nun ernst gemacht. Acht Frauen saßen dicht nebeneinander im Kreis und erzählten ihre Geschichten, wobei sie vom Therapeuten dazu angespornt wurden, alle Einzelheiten genau und ausführlich zu berichten. An einem Tag sprach Lynn anderthalb Stunden lang und beschrieb der Gruppe genauestens die Vergewaltigung durch ihren Onkel. Als sie geendet hatte, brach eine der Frauen in Tränen aus. »Ich verstehe, warum Lynn so viele Schwierigkeiten hat«, schluchzte sie. »Sie hat gute Gründe für ihre Probleme. Aber was ist mit mir los? Warum bin ich so unglücklich?«

»Suchen Sie weiter nach Ihren verlorenen Erinnerungen«, beruhigte sie der Therapeut. »Etwas in Ihrer Vergangenheit will sich bemerkbar machen. Hören Sie weiter zu, warten Sie, sehen Sie genau hin, lassen Sie Ihre Phantasie spielen. Die Erinnerungen werden kommen.«

Die erste Erinnerung blitzte in Lynn auf, als sie gerade zum Einkaufen fuhr. Während sie ungeduldig an einer roten Ampel wartete, sah sie im Geist plötzlich das Bild eines Mannes vor sich, der in der Ecke eines dunklen Zimmers stand. Das war alles, was sie sehen konnte. Als ob jemand ein verblichenes Schwarzweißfoto hervorgeholt, eine Ecke abgerissen und es dann in ihren Kopf gesteckt hätte. Aufgewühlt fuhr sie sofort nach Hause und rief ihren Therapeuten an.

»Können Sie den Mann erkennen?« fragte er.

»Ich glaube, es ist mein Vater«, antwortete sie. Während sie sprachen, wurde das Bild in ihrer Erinnerung schärfer. »Ja, ja, ich bin sicher, daß es mein Vater ist.«

»Was macht er?«
»Er steht in der Ecke. Ich kann nur seinen Kopf sehen.«
»Nicht seinen Körper?«
»Nein, nur seinen Kopf in der Ecke.«
»Bewegt er sich oder macht er Ihnen Zeichen?«
»Nein, er steht einfach nur da.«
»Wo sind Sie? Wie alt sind Sie?« Ihr Therapeut klang aufgeregt.
»Ich bin wahrscheinlich sechs oder sieben«, sagte Lynn. »Es sieht so aus, als ob ich auf einem Bett oder so etwas liege und ihn beobachte.«
»Stellen Sie sich vor, daß Ihr Vater auf Sie zukommt. Sehen Sie ihn vor sich, wie er sich dem Bett nähert. Können Sie mir sagen, was dann passiert?«
Lynn fing an zu weinen, als sich die abgerissene Ecke des Bildes plötzlich mit einem anderen ausgefransten Stück zusammenfügte.
»Er ist genau über mir«, flüsterte sie. »Ich fühle, wie er mich berührt. Er berührt mich. Er faßt meine Beine an.«
Ein weiteres Erinnerungsfragment fügte sich ein, dann noch eines und noch eines. Sie konnte jetzt alles erkennen.
»Er drückt meine Beine auseinander. Er steht über mir. Er ist auf mir.« Sie schluchzte unkontrolliert, und ihre Stimme war heiser, als sie versuchte, unter Tränen weiterzusprechen. »O Gott, o Gott, Daddy, nein, Daddy, nein!«
Einige Wochen später tauchte eine andere Erinnerung auf. Lynn erzählte der Gruppe gerade etwas aus der Zeit, als sie in die vierte Klasse ging. Ihre Mutter badete sie und rollte ihre Haare auf harte, rosa Wickler auf. »Sie zog an meinen Nackenhaaren«, erinnerte sich Lynn. »Ich haßte das. Es tat weh.«
Ihr Therapeut wollte über das Bad sprechen. »Ist irgend etwas in der Badewanne passiert, das Ihnen bedeutsam erscheint?« Lynn antwortete, nein, sonst wäre nichts passiert. Sie könne sich nur an die Wickler und das ziepende Gefühl erinnern. Der Therapeut legte ihr nahe, daß sie unterbewußt eine traumatische Erinnerung blockiere. »Denken Sie darüber nach, was in der Badewanne geschehen ist. Gehen sie nach Hause und überlegen Sie, schreiben Sie auf, was Ihnen einfällt, betreiben Sie etwas Seelenerforschung.«
Drei Tage später hatte Lynn einen weiteren Flashback. Sie war in der Badewanne. Ihre Mutter war dabei, ihr die Haare zu waschen, als ihre Hand langsam und zielsicher an Lynns Oberkörper hinunterglitt. Sie begann, Lynns Brüste zu reiben, und dann wanderte ihre Hand weiter, berührte, bohrte und untersuchte an verbotenen Stellen.
Als Lynn diese Erinnerung der Gruppe berichtete, wurde sie rot

vor Peinlichkeit und Scham. »Ihr Körper erinnert sich an die Scham, die Sie vor fünfundzwanzig Jahren gefühlt haben«, erklärte der Therapeut. »Eine Körpererinnerung ist ein starker Hinweis, der bedeutet, daß Ihr Körper eine Erinnerung als eine Art physischer Energie gespeichert hat. Jetzt, da Sie bereit sind, Ihrer Vergangenheit ins Auge zu sehen, taucht die vergessene Erinnerung spontan auf und löst eine starke physiologische Reaktion aus. Was wieder gespürt werden muß, *wird* gespürt, sowohl körperlich als auch emotional.«

Lynn war weniger als zwei Monate in Therapie, als ihr Therapeut vorschlug, ihre Eltern mit der Wahrheit über ihre Vergangenheit zu konfrontieren. Nur indem sie ihnen den durch ihre Hände erlittenen Mißbrauch vorhielt und offen darüber sprach, versicherte er ihr, würde sie fähig werden, sich von der Vergangenheit zu befreien. Die Vorstellung erfüllte Lynn mit Schrecken, aber ihr Therapeut erinnerte sie daran, daß er dabeisein und ihr bei jedem Schritt des Weges helfen würde. Eine Gegenüberstellung von Angesicht zu Angesicht wäre der einzig sichere Weg, durch ihren Schmerz hindurch- und über ihn hinauszukommen, beharrte er.

Lynn rief ihre Eltern an und erzählte ihnen, daß sie eine Therapie wegen ihrer Eßstörung mache. Sie erklärte, daß sie drei verschiedene ärztlich verschriebene Medikamente gegen Depressionen, Angstzustände und Schlaflosigkeit nehme und daß sie Selbstmordgedanken habe . Ihr Therapeut sei ihretwegen besorgt und glaube, daß es ihr helfen werde, wenn sie sich mit ihren Eltern treffe. Ob sie bereit seien, für ein Treffen zu ihr zu fahren? Ja, natürlich, antworteten sie, sag uns nur wann, und wir werden dasein.

In der Woche vor der »gemeinsamen Sitzung« übte Lynn für die Konfrontation mit ihren Eltern. »Sie sind viel zu nett«, sagten ihr die Frauen in ihrer Gruppe. »Sie müssen entschiedener zu Ihren Gefühlen stehen.«

»Sie leugnen«, sagte ihr Therapeut, »weil das Kind in Ihnen sich immer noch loyal zu den Eltern verhält. Denken Sie daran, daß sie über den Mißbrauch Bescheid gewußt haben müssen, und wenn sie Bescheid wußten, heißt das, daß sie daran beteiligt waren. Seien Sie stark und machen Sie keinen Rückzieher.«

Lynn ging mit einer Liste aller Verletzungen und Mißhandlungen, die ihre Eltern ihr angetan hatten, in die Sitzung. Der Therapeut erklärte zu Anfang, daß Lynn ernstlich krank sei; sie leide seit vielen Jahren an einer Eßstörung und habe in letzter Zeit eine schwere Depression entwickelt.

»Das Überleben Ihrer Tochter hängt von Ihnen ab«, schloß er. »Bitte hören Sie ihr aufmerksam zu und unterbrechen Sie sie nicht.«

Lynn las die Punkte auf ihrer Liste herunter: Ihr habt mich nie verstanden. Ihr habt mich nie richtig geliebt. Ihr seid nie zu meinen Basketballspielen gekommen. Ihr habt euch nie dafür interessiert, was in der Schule los war. Ihr habt mich angeschrien und geohrfeigt. Dad hat mich einmal eine dumme Kuh genannt. Mein Onkel hat mich sexuell mißbraucht, und ihr habt nichts getan, um ihn zu stoppen.

»Wir wußten nicht, daß er dich mißbrauchte«, stammelte ihr Vater. »Aber vielleicht hätten wir es wissen müssen. Wenn wir es gewußt hätten, Schatz, hätten wir dich beschützt.«

»Bitte unterbrechen Sie sie nicht«, sagte der Therapeut. Lynns Mutter weinte. Der Therapeut reichte ihr eine Packung Taschentücher.

Lynn fuhr mit ihrer Liste fort. Ganz am Schluß zögerte sie. In der Woche zuvor hatte sie während der Gruppentherapie eine traumatische Erinnerung besprochen, in der die Schwester ihres Vaters vorkam, die damals schon mehrere Aufenthalte in psychiatrischen Kliniken hinter sich hatte. Als Lynn etwa sieben Jahre alt war, hatte ihre Tante sie beiseite genommen und gesagt: »Deine Eltern haben erst zwei Wochen nach deiner Geburt geheiratet. Das heißt, daß dein Daddy vielleicht gar nicht dein Daddy ist. Soviel wir wissen, könntest du auch das Kind eines anderen Mannes sein.«

Als die Gruppenmitglieder die Liste durchgegangen waren, die Lynn ihren Eltern vorlesen würde, hatten sie darauf bestanden, daß sie ihnen auch diese Befürchtung mitteilen müsse. »Sie werden nie geheilt, wenn sie es nicht tun«, hatte der Therapeut zugestimmt.

Sie hatte eine einfache Frage aufgeschrieben. Ihren Vater direkt ansehend, stieß Lynn schließlich hervor: »Bist du mein Vater?«

Ihr Vater murmelte etwas, das wie »glaub' schon« klang.

Lynn stand auf und verließ den Raum, ihr Therapeut folgte ihr sofort. Im Flur umarmte er sie fest. »Sie waren wunderbar«, sagte er. Hinter der geschlossenen Tür konnte sie das erstickte Schluchzen ihrer Mutter hören.

Im Laufe des folgenden Jahres beging Lynn fünf Selbstmordversuche. Nach einem dieser Versuche wurde sie für zwei Tage in eine Klinik eingewiesen. Sie nahm mehrere unterschiedliche Medikamente zugleich, darunter Xanax gegen Angstzustände, Melleril um ihre Flashbacks zu kontrollieren, Lithium gegen die Stimmungsumschwünge, zwei Medikamente gegen Geschwüre, ein Schlafmittel und eines gegen Kopfschmerzen. Ihr Therapeut änderte ständig die Diagnosen. In weniger als einem Jahr wurde folgendes bei Lynn diagnostiziert: schizoaffektive Störung, bipolare Störung, schwere depressive Störung, chronische posttraumatische Streßstörung, klinische Depression, dissoziative Identitätsstörung, dysthymische Störung und Borderline-Syndrom.

Mit den anderen Frauen in der Gruppe ging es ebenfalls schnell bergab. Bei ihrer ersten Zusammenkunft, als sie sich vorgestellt und kurz ihre Probleme erläutert hatten, hatte sich nur eine Frau als Opfer sexuellen Mißbrauchs bezeichnet. Nach drei Monaten wöchentlicher Sitzungen hatte jede Frau in der Gruppe Erinnerungen an Mißbrauch durch eines oder mehrere Familienmitglieder wiedererlangt. Sie waren alle »Überlebende«.

Als der Therapeut es als erwiesen ansah, daß jede Frau in der Gruppe von jemandem in ihrer Familie mißbraucht worden war, empfahl er ihnen, alle Familienzusammenkünfte zu meiden. »Das Leugnungsgeflecht der Familie ist fest verwurzelt«, erklärte er, »und nur wenn Sie sich aus diesem Familiengeflecht lösen, können Sie hoffen, geheilt zu werden.«

Eines Tages brach eine der Frauen in Tränen aus. »Ich will mit meinem Bruder sprechen«, schluchzte sie. »Ich vermisse ihn so sehr. Bitte, ich will ihn nur anrufen und ihm sagen, wie sehr ich ihn liebe.«

»Das ist zu gefährlich«, sagte der Therapeut. »Auch Ihr Bruder leugnet, was mit Ihnen passiert ist. Wenn Sie versuchen, die Verbindung mit ihm wiederaufzunehmen, werden Sie von neuem in dieses Leugnen verstrickt werden. Sie sind im Augenblick zu verletzlich, Sie müssen zuerst stark werden. Denken Sie daran ... wir sind jetzt Ihre Familie. Wir sind die einzigen Menschen, denen Sie vertrauen können.«

Wenn Gruppenmitglieder Postkarten oder Briefe von ihren Familien bekamen, brachten sie sie in die Gruppe mit, um sie vorzulesen und zu analysieren. Lynn las eine kurze Nachricht von ihrem Vater vor, die mit »in Liebe, Dad« unterschrieben war. Nach einer langen Diskussion kam die Gruppe zu dem Schluß, daß ihr Vater versuchte, sie zu überzeugen, daß er tatsächlich ihr Vater war, um sie auf diese Weise in die Familie zurückzulocken. Halten Sie sich von ihm fern, wurde sie gewarnt. Passen Sie auf. Lassen Sie nicht nach in Ihrer Wachsamkeit.

Die Anstrengungen, vergrabene Erinnerungen wiederzuerlangen, wurden verstärkt. Eines Tages bat Lynns Therapeut sie, die Augen zu schließen, tief zu atmen und sich zu entspannen; nach ein paar Momenten versuchte er, sie auf den Tag ihrer Geburt zu »regredieren«. Lynn schloß die Augen, konzentrierte sich und versuchte angestrengt, die Erinnerungen an ihre Geburt zurückzubringen. Aber es wollten keine Bilder kommen. Der Therapeut ermutigte sie, es weiter zu versuchen. »Wenn Sie sich an keine Einzelheiten erinnern können, versuchen Sie einfach, sich vorzustellen, wie es gewesen sein muß«, sagte er. »Stellen Sie sich die Gebärmutter vor, sehen Sie sich selbst darin als winziges, hilfloses Baby, denken Sie daran, wie es sich angefühlt haben muß, auf die Welt zu kommen.«

Wenn die Regressionsmethode nicht half, vergrabene Erinnerungen zurückzubringen, wurden andere Techniken angewendet. »Trance-Schreiben« war eine beliebte Übung in der Gruppentherapie. Der Therapeut begann mit den üblichen Entspannungstechniken, bat die Frauen, ihre Augen zu schließen und tief zu atmen; immer wenn Gedanken oder Bilder in ihren Köpfen auftauchten – egal wie trivial oder abwegig – sollten sie sie in ihren Notizbüchern beschreiben. Eine Frau füllte mehrere Seiten mit einer sehr plastischen Beschreibung eines sexuellen Mißbrauchs, beendete ihre Erzählung aber mit den Worten: »Das ist nicht real.« Als der Therapeut vorlas, was sie geschrieben hatte, erklärte er, daß alle Opfer sexuellen Mißbrauchs glauben, daß ihr Leid nicht »real« ist, weil sie nicht zugeben wollen, daß diese furchtbaren Dinge wirklich passiert sind. Alle Überlebenden leugnen, sagte er.

»Leugnen« war das Schlagwort, das im Raum widerhallte, die schnelle Diagnose, die alles erklärte. Wenn eine Frau Zweifel darüber äußerte, daß sie mißbraucht worden war, »leugnete« sie. Wenn Sie leugnen, erklärte der Therapeut, ist das ein weiterer Beweis dafür, daß Sie tatsächlich mißbraucht worden sind. Wenn ein Elternteil oder ein Verwandter Ihrer Geschichte widerspricht, Sie beschuldigt, Tatsachen zu verdrehen, oder Beweise und Bestätigungen von neutraler Seite verlangt, dann »leugnet« er. Höchstwahrscheinlich hat er selbst Erinnerungen verdrängt.

Die Gruppensitzungen wurden immer unvorhersagbarer und emotional chaotischer. Im Verlauf einer typischen Sitzung beschrieb eine Frau einen »Flashback«, in dem sie von ihrem Vater, Bruder oder Großvater penetriert oder gefoltert wurde. In einem Kreis um sie herum saßen drei oder vier Frauen, die sich an den Händen hielten, während ihnen Tränen über die Gesichter strömten. Auf der anderen Seite des Raumes schlug eine Frau mit dem »Encounter-Schläger« – einem weichen Schaumgummistab – gegen die Wand, während eine andere stöhnend in der Ecke saß und die Hände auf die Ohren preßte und noch eine weitere in der Mitte auf dem Boden hockte und Seiten aus einem Telefonbuch riß.

Adrenalin wogte, Emotionen kochten über, und es wurde sich reichlich abreagiert. Allein schon in diesem von großen Dramen und wilden Gefühlsausbrüchen erfüllten Raum zu sein machte süchtig, denn nur dort war es möglich, alles loszulassen, zu schreien, zu weinen, zu fluchen und zu brüllen. Niemand befahl ihnen, aufzuhören, erwachsen zu werden, sich zu benehmen oder zusammenzureißen. Nach einer neunzigminütigen Sitzung erschien die Außenwelt zahm, belanglos und beinahe leicht zu handhaben.

Im Mai 1987 war Lynn akut selbstmordgefährdet, und ihr Therapeut nahm sie in eine stationäre psychiatrische Abteilung der Klinik auf. Drei Monate später war sie immer noch dort, immer noch selbstmordgefährdet, immer noch von derart brutalen und abwegigen Flashbacks gequält, daß sie wußte, daß sie den Verstand verlor. Jede neue Erinnerung an Mißbrauch, Penetration und Folter schien an ihrer dahinschwindenden geistigen Gesundheit zu nagen. Monate zuvor hatte sie jegliche Verbindung zu ihrer Familie abgebrochen; sie hatte keine Freunde außerhalb ihrer Therapiegruppe mehr. Sie war seit sechs Monaten arbeitslos, ihr Auto war ihr weggenommen worden, weil sie die Raten nicht mehr bezahlen konnte, und sie war so vollgestopft mit Psychopharmaka und Schlafmitteln, daß ihr Leben nur noch aus einem verschwommenen Traum nach dem anderen bestand.

Der Tropfen, der das Faß zum Überlaufen brachte, war ein Brief ihrer Versicherung an ihren Therapeuten, in dem diese ihm mitteilte, daß die letzten Diagnoseberichte unakzeptabel waren und daß alle weiteren Ansprüche abgewiesen wurden. Der Therapeut marschierte in Lynns Krankenzimmer und las ihr den Brief vor.

»Was wollen Sie jetzt machen?« fragte er mit vor Ärger gepreßt klingender Stimme.

»Ich weiß es nicht«, sagte sie unglücklich.

»Wie wollen Sie Ihre Krankenhaus- und Therapierechnungen bezahlen?«

»Ich habe keine Ahnung.« Sie fing an zu weinen.

Er stellte ihr immer wieder die gleichen Fragen. Was werden Sie tun? Wie wollen Sie Ihren Verpflichtungen nachkommen? Wohin wollen Sie jetzt gehen? Von dem Menschen im Stich gelassen, dem sie mehr als allen anderen auf der Welt vertraut hatte, sagte Lynn schließlich: »Ich muß wohl nach Hause gehen und dort verrotten.«

Am nächsten Tag kamen Polizeibeamte mit einer von ihrem Therapeuten und einem Psychiater unterschriebenen Anordnung ins Krankenhaus, um sie in Gewahrsam zu nehmen. Lynn wurden Handschellen angelegt, und man brachte sie zu einem Diagnosezentrum für Geisteskrankheiten, um sie dort für eine eventuelle Aufnahme in eine staatliche psychiatrische Anstalt zu untersuchen. Lynn erinnert sich an das Diagnosezentrum als an eine Vision der Hölle. Männer und Frauen hämmerten ihre Köpfe gegen die Wände, masturbierten in aller Öffentlichkeit, urinierten und entleerten sich auf dem Zementfußboden. Entsetzensschreie erschütterten die von Gestank durchdrungene Luft. Lynn hockte schluchzend in einer Ecke des großen, überfüllten Raumes; nach zwölf Stunden begann ihr Körper sich infolge des Medikamentenentzugs zu schütteln und zu winden. Als sie um Hilfe bat, befahl ihr ein Wärter, mit dem Heulen aufzuhören und sich zusammenzureißen. »Sie kommen bestimmt in die Anstalt«, sagte er und sah sie angewidert an.

Als der Wärter ihr erlaubte, ihren Therapeuten anzurufen, flehte sie ihn an, eine Anordnung für ihre Entlassung zu unterschreiben. »Ich werde alles tun«, bat sie ihn inständig. »Ich verspreche, daß ich hart arbeiten und einen Weg finden werde, Sie zu bezahlen, ich werde alles tun, was Sie wollen.«

»Es tut mir leid, Lynn«, sagte er. »Aber ich kann nichts machen. Sie haben keine Arbeit, Sie haben keine Versicherung mehr, und Sie sind selbstmordgefährdet. Ich kann Ihnen nicht einfach erlauben, nach Hause zu gehen und sich umzubringen. Die staatliche Psychiatrie ist die einzige Möglichkeit für Sie.«

Ihre Tränen schienen ihn etwas zu erweichen. »Es ist die einzige Lösung«, sagte er. »Aber wir treffen ein Abkommen. Wenn Sie sich bereit erklären, zwei Jahre in der Anstalt zu verbringen, verspreche ich Ihnen, Sie danach wieder als Patientin anzunehmen.«

»Ich kann nicht in die Anstalt gehen«, weinte Lynn. Ihre Tante war in eine staatliche Anstalt zwangseingewiesen worden, und Lynn erinnerte sich an die Erzählungen von den vergitterten Fenstern, dem Gestank, den schlurfenden Füßen, den wild rollenden Augen. »Bitte helfen Sie mir, bitte, ich flehe Sie an, ich tue alles, was Sie wollen, alles ...«.

»Es tut mir leid«, wiederholte er und legte auf.

Zweiundsiebzig Stunden später hatte Lynn ein Gespräch mit einem staatlich angestellten Psychiater. Mit rasendem Herzen und unkontrollierbar zitternden Händen sah sie zu, wie er ihre Akte durchlas. Nach einer Weile blickte er sie an und sagte: »Sie gehören nicht in eine Anstalt.« Während er ihr riet, nach Hause zu gehen und mit ihrem Leben weiterzumachen, unterschrieb er ihre Entlassungspapiere.

Lynn weiß nicht mehr viel über die darauffolgenden Wochen. Sie erinnert sich, daß sie in das Haus einer Freundin gebracht wurde, wo sie schlaflos, schwitzend und von den Entzugserscheinungen geschüttelt im Bett lag, weil sie kein Geld mehr hatte, um

Medikamente zu kaufen. Und sie erinnert sich, daß sie einen Therapeuten anrief, bei dem sie vor einigen Jahren schon einmal gewesen war, und ihn um Hilfe bat. Er war bereit, sie als Patientin anzunehmen und auf sein Honorar zu verzichten, bis sie wieder Geld hatte. Besorgt über ihre Entzugserscheinungen, verwies er sie an einen praktischen Arzt, der ihr schwache Beruhigungsmittel verschrieb und ihr kostenlose Ärztemuster gab.

Einige Monate vergingen. Lynn fand eine Wohnung, kaufte einen alten Gebrauchtwagen und bekam einen Job als Computerprogrammiererin. Als die Mißbrauchserinnerungen allmählich zu verblassen begannen, hielt sie sich für stark genug, ohne die Drogen auszukommen, und nahm an einem Programm zur Behandlung von Alkohol- und Tablettenabhängigkeit teil. Dort passierte etwas Seltsames. Ihr wurde gesagt, sie solle die Vergangenheit vergessen und ihr Leben wieder selbst in die Hand nehmen.

Was wollte sie jetzt, heute, in diesem Moment tun? fragten die Berater sie immer wieder. Wenn sie sagte, daß sie nicht aufhören könne, an die Vergangenheit zu denken, weil sie immer noch nicht sicher sei, was in ihrer Kindheit passiert wäre, rieten ihr die Leute von der Beratungsstelle, die Ursachen für ihr gegenwärtiges Leid nicht länger in der Vergangenheit zu suchen.

»Wer hat Ihnen versprochen, daß es im Leben keinen Schmerz geben würde? Sie sind deprimiert, na und?« sagten sie. »Wir haben alle Tage, an denen es uns miesgeht, aber wir stehen auf und gehen zur Arbeit. Wir schlafen, essen, duschen, kämmen uns die Haare, gehen zur Tür hinaus und auf die Straße. Sie müssen sich weiterbewegen, einen Fuß vor den anderen setzen.«

Lynn wußte nicht, wie sie auf diese Ratschläge reagieren sollte. In ihrer vorigen Therapie war ihr gesagt worden, daß sie nichts tun müsse, was sie nicht wolle. Wenn sie sich traurig, krank oder deprimiert fühlte oder einfach keine Lust hatte, den Anforderungen des Tages zu begegnen, konnte sie ihren Therapeuten anrufen, der ihr half, »mit ihren Gefühlen in Kontakt zu kommen«, ihr riet, Tagebuch zu schreiben oder ihre Frustrationen herauszulassen, indem sie die Möbel mit den Fäusten bearbeitete. Aber diese Berater sagten, sie solle damit aufhören, an sich »herumzudoktern« und anfangen, Verantwortung für sich selbst zu übernehmen. Sie fragte sich, was das Wort »Verantwortung« bedeutete.

Sie bemühte sich zu verstehen, was mit ihr in der Therapie geschehen war. Wo waren all diese intensiven, furchterregenden Erinnerungen hergekommen? Waren sie wirklich? Mit der Zeit ähnelten die Erinnerungen Comiczeichnungen, bunten Bildern, die allmählich ihre zerstörerische Macht über sie verloren. Als sie einige Monate nüchtern und drogenfrei war, erkannte sie die Wahrheit. All diese detaillierten Erinnerungen an den Mißbrauch durch ihre Eltern waren die Phantasien eines verwirrten und drogendurchsetzten Geistes gewesen. Sie fing an zu verstehen, daß ihre imaginierten Erinnerungen aus Ängsten, Träumen und Wünschen, vermischt mit Ausschnitten und Versatzstücken aus dem wirklichen Leben, entstanden waren. Die hohen Medikamentendosen, die ständige Beschäftigung mit sexuellem Mißbrauch, die vom Therapeuten geförderte Paranoia und die Massenhysterie in der Gruppe hatten zusammengenommen dazu beigetragen, eine traumatische, aber völlig fiktionale Welt zu schaffen. Es waren tatsächlich die Erinnerungen, die das Trauma geschaffen hatten.

Was hatte sie ihren Eltern angetan? Wie konnte sie ihnen jemals wieder gegenübertreten? Diese Fragen verursachten ihr körperliche Schmerzen. Sie sehnte sich schmerzlich danach, sie zu umarmen und um Verzeihung zu bitten, aber sie fand den Mut nicht dazu. Jede Woche rief sie ihre Schwester an, die sie über die Familie auf dem laufenden hielt. »Mom und Dad wollen dich unbedingt sehen, Lynn«, sagte ihre Schwester. »Sie vermissen dich so sehr.« Aber Lynn war noch zwei weitere Jahre lang viel zu beschämt über das, was sie ihnen angetan hatte.

Doch dann überwog eines Tages der Schmerz des Getrenntseins von ihren Eltern die Angst, ihnen zu begegnen. Sie war gerade im Haus ihrer Schwester, als sie zur Tür hereinkamen. Sie sahen ihre Tochter das erstemal nach drei Jahren wieder, und sie gingen auf sie zu und umarmten sie, als ob sie sie nie wieder loslassen wollten. Sie fragten Lynn nie nach einer Erklärung für das, was passiert war, noch verlangten sie eine Entschuldigung. Sie hatten nach Jahren der Hoffnungslosigkeit ihre Tochter wieder, wohlbehalten, gesund und lebendig.

Was für eine Geschichte, denken Sie vielleicht ..., was für eine erstaunliche, absurde, phantastische Geschichte. Vielleicht haben Sie sich, wie viele Leute, die ich kenne, Ihre eigene Meinung über Lynn gebildet. Wie konnte sie Erinnerungen als echt akzeptieren, von denen sie doch anfangs wußte, daß sie falsch waren? Stimmte vielleicht etwas grundsätzlich nicht mit ihr – irgendeine geistige Schwäche, ein psychischer Defekt, eine Unfähigkeit, Traum und Wirklichkeit auseinanderzuhalten? Sicher kann nur eine schwache, gestörte Persönlichkeit eine falsche Erinnerung am Ende für Realität halten ... ; und wenn sie so verwundbar, so leicht zu beeinflussen war, deutet das nicht darauf hin, daß tatsächlich etwas Furchtbares in ihrer Vergangenheit geschehen ist?

Oder vielleicht denken Sie: All diese Erinnerungen, die Lynn während ihrer Therapie wiederentdeckte, sind wahr; wenn nicht in allen Einzelheiten, so doch wenigstens in den groben Umrissen. Denn wie sollte der Verstand solche anschaulichen und emotionsbeladenen Erinnerungen aus dem Nichts schaffen können? Lynn nahm ihre Anschuldigungen später nicht zurück, weil die Erinnerungen falsch waren, sondern weil sie es nicht länger ertragen konnte, von ihrer Familie getrennt zu sein. Sie befand sich wieder, um die schon zitierten Worte zu benutzen, im Geflecht des Leugnens.

Vielleicht wollen Sie die Schuld auch überhaupt nicht bei Lynn suchen: Sie hatte einfach das Pech, einem fehlgeleiteten und übereifrigen Therapeuten zu begegnen. Oder vielleicht liegt das Problem auch in der Therapie und den Therapierenden selbst: ein Berufszweig, der zu unserer neuen Religion geworden ist, der schnelle und einfache Antworten auf die komplexen und im Grunde unbeantwortbaren Fragen des Lebens gibt. Hat die Therapie in ihrem Eifer, unsere Leiden zu vermindern, all unsere Probleme auf Symptome reduziert, Leiden mit Mißbrauch gleichgesetzt und die falsche Hoffnung geweckt, daß wir durch die Wiederherstellung der Unschuld erlöst werden könnten?

Was sollen wir von dieser Geschichte halten? Ist Lynn ein labiler und verstörter Mensch, dessen Erinnerungen eine verzerrte, aber im wesentlichen richtige Wiedergabe der Vergangenheit darstellen? Ist ihr Therapeut schuld? War die Gruppe ein leicht entzündliches Gemisch aus depressiven und abhängigen Frauen, die sich gegenseitig zu einer Feuersbrunst von falschen Erinnerungen anheizten? Was können wir aus den absonderlichen Wendungen dieser Geschichte einer Amok gelaufenen Therapie lernen?

4

Böse Geister

Es ist ungeheure Gefahr, nach bösen Geistern zu suchen.
Ich fürcht' es, ich fürcht' es.
Rebecca Nurse in Arthur Millers *Hexenjagd*

Eines kann ich mit Überzeugung sagen: Lynn ist nicht der einzige Mensch, der eine solche Erfahrung durchlitten hat; ihr Therapeut ist nicht der einzige klinische Psychologe, der seinen Patientinnen das Vorhandensein lange vergrabener Erinnerungen suggeriert; und ihre Therapiegruppe ist nicht die einzige Versammlung einsamer, verstörter Individuen, die innerhalb eines Zeitraums von wenigen Monaten zu selbstmordgefährdeten »Überlebenden« werden, besessen von bildhaften Erinnerungen an sexuellen Mißbrauch und sadistische Folterungen.

Ich habe mit fünf Frauen gesprochen – Elizabeth, Pamela, Melody, Laura und Erin –, deren Geschichten der von Lynn so ähnlich sind, daß es bei aller Fairneß unmöglich ist, bestimmte, mit unbequemen Wahrheiten durchsetzte Muster zu übersehen. Problembeladen, deprimiert, unruhig oder voller Ängste hatten sich diese Frauen (im Alter zwischen siebzehn und fünfunddreißig) an eine Therapeutin oder einen Therapeuten um Rat und Hilfe gewandt. Pamela und ihr Mann suchten bei einem staatlich anerkannten Sozialarbeiter Hilfe für ihre Eheprobleme. Melody befand sich wegen ihrer Depressionen in einer Klinik. Elizabeth hatte Depressionen und kämpfte mit Schwierigkeiten in ihrer Ehe. Laura litt an einer Eßstörung. Erin, die an klinischer Depression litt, hatte in der Hoffnung, ihre Beziehung zu ihrem Vater zu verbessern, eine Therapie begonnen. »Ich wollte ihm näher sein«, erklärt sie, »ich war wütend auf ihn, weil er immer meinen älteren Bruder vorgezogen hatte.«

Innerhalb weniger Monate (in zwei Fällen innerhalb der ersten

Stunde) hatten die Therapeuten die Frage gestellt: »Sind Sie als Kind sexuell mißbraucht worden?« Pamela wurde es einfach wie eine Tatsache präsentiert. »Mein Mann und ich waren seit zwei Monaten in Therapie und waren wieder positiver und optimistischer in bezug auf unsere Ehe. Wir hatten gelernt, miteinander zu sprechen, unsere Gefühle auszudrücken und mit unserer Wut auf konstruktive Weise umzugehen. Da wandte sich der Therapeut wie aus heiterem Himmel an mich und sagte: ›Also, Pamela, Ihr Vater hat Sie doch sexuell mißbraucht, nicht wahr?‹«

Pamelas erste Reaktion war typisch. »Ich war wie vor den Kopf geschlagen«, sagt sie. »Ich verstand überhaupt nicht, was der Therapeut wollte. Ich wußte nicht, ob er mich mit einer anderen Klientin verwechselte oder mich irgendwie beschuldigte zu lügen oder was. Ich sagte ihm, daß ich mich an nichts dergleichen erinnern könne; der Gedanke war mir nie gekommen. Er sagte, das heiße überhaupt nichts, sei ganz irrelevant. Ich würde wahrscheinlich ›dissoziieren‹ erklärte er, ein Trick meines Verstandes, um sich selbst zu schützen. Sexueller Mißbrauch sei sein Spezialgebiet, er habe mit Hunderten von mißbrauchten Frauen gearbeitet, und er sei zu fünfundneunzig Prozent sicher, daß ich auch mißbraucht worden sei. Er riet mir, nach Hause zu gehen und abzuwarten, ob ich mich an irgend etwas erinnern könne. Er sagte, die Erinnerungen würden schon kommen, sie würden plötzlich hervorströmen, wenn ich mir nur gestatten würde, mich zu erinnern.«

Bei jeder dieser Frauen löste der vermutete Mißbrauch verschiedene sofortige emotionale Reaktionen aus. Die erste war meist Schock verbunden mit Ungläubigkeit. »Meine Therapeutin fragte mich ohne Umschweife, ob mein Bruder mich sexuell mißbraucht habe«, sagte Erin. »Ich antwortete ihr, daß ich weder von meinem Bruder noch sonst jemandem mißbraucht worden sei. ›Sind Sie sicher?‹ fragte sie. ›Ja, ich bin sicher‹, antwortete ich. Sie sah hinauf zur Decke, als ob sie mir nicht glaubte. Dann begann ich zu hyperventilieren und hatte einen Panikanfall. Ich konnte mit den Gefühlen, die die Vorstellung eines möglichen Mißbrauchs in mir auslösten, nicht umgehen.«

Die zweite Reaktion war ein seltsames Gefühl von Erleichterung vermischt mit Hoffnung. »Ich hatte das verzweifelte Bedürfnis, mich an das zu erinnern, was mit mir passiert war, damit ich gesund werden und wieder normal leben konnte«, erzählt Melody.

»Vielleicht ist das die Erklärung für mein Leid und meine Schwierigkeiten«, grübelten sie alle. »Vielleicht bin ich deswegen so unbeherrscht, launisch, deprimiert und ängstlich. Wenn ich mißbraucht worden bin und wenn ich es schaffe, mich daran zu erinnern, werden sich vielleicht all meine Probleme auflösen, und ich kann ein neues und besseres Leben anfangen.«

Die Suche nach den Erinnerungen begann. Die Frauen lasen »Trotz allem. Wege zur Selbstheilung für sexuell mißbrauchte Frauen« von Ellen Bass und Laura Davis, woraus sie erfuhren, daß viele als Kind mißbrauchte Menschen keine Erinnerungen an den Mißbrauch haben und manche nie in der Lage sein werden, sie wiederzufinden. Aber auf die Erinnerungen komme es auch nicht wirklich an, jedenfalls nicht, um sich selbst oder anderen den Mißbrauch zu beweisen. Worauf es ankomme, sei das eigene Gefühl. »Wenn du glaubst, du seist mißbraucht worden, und dein Leben zeigt entsprechende Symptome, dann stimmt es auch.«

»Ich lernte ›Trotz allem‹ auswendig«, sagt Erin. »Ich habe es überall mit hingenommen – zum Arzt, zum Babysitten, wenn ich mit Freunden ausging –, weil ich Angst vor einem Flashback hatte und wußte, das Buch würde mir helfen, damit klarzukommen.«

Erin lernte auch ganze Passagen des Buches »Secret Survivors« der Therapeutin E. Sue Blume auswendig. Auf der allerersten Seite, noch vor dem Innentitel, entdeckte sie etwas, das sich »Checkliste der Nachwirkungen bei Inzestüberlebenden« nannte. Die Checkliste beginnt mit folgender Frage und Aussage: »Treffen viele Merkmale auf dieser Liste auf Sie zu? Wenn ja, könnten Sie eine Inzestüberlebende sein.« Die »Merkmale« umfassen die Angst, im Dunkeln allein zu sein; Alpträume; Unzufriedenheit mit dem eigenen Körper; Kopfschmerzen; Arthritis; Nervosität; Angst, die Kontrolle über sich selbst zu verlieren; Schuldgefühle; Scham; geringes Selbstwertgefühl; sich für verrückt halten, sich für anders halten.

»Ich habe mich ständig mit diesen Symptomen verglichen«, sagt Erin. »Mit jedem Symptom, das auf mich zutraf – und praktisch trafen sie alle zu –, hatte ich mehr Grund, mich selbst davon zu überzeugen, daß ich eine Inzestüberlebende war.«

Die Frauen arbeiteten sich durch die zwanzig Fragen der Gruppe »Anonyme Inzestüberlebende«, die Heilung in zwölf Schritten versprach, und verglichen ihre eigenen Erfahrungen mit den Fragen, die einen Mißbrauch aufdecken sollten. Einige dieser Fragen lauteten:

– Glauben Sie, daß Sie Ihre Gefühle kontrollieren müssen?
– Reagieren Sie in frustrierenden Situationen oft übertrieben, oder lassen Sie Ihre Wut an anderen aus? Haben Sie Angst vor Wut?
– Gibt es Abschnitte in Ihrer Kindheit, an die Sie sich nicht erinnern können? Haben Sie das Gefühl, daß »etwas passiert ist«? Haben Sie Erinnerungen an einen Mißbrauch, ohne die Gefühle zu empfinden, die mit diesen Erinnerungen verbunden sind?

– Haben Sie Probleme mit Alkohol, Drogen, Ihrem Eßverhalten, Migräne oder Rückenschmerzen?

Die Fragen schienen auf sie gemünzt zu sein, aber wo waren die Erinnerungen? Melody las »Trotz allem« Dutzende Male durch. »Ich habe kaum etwas anderes getan, als ›Trotz allem‹ zu lesen, zu weinen und deprimiert oder wütend zu sein«, erklärt sie. »Ich probierte alle ›Tricks‹ in diesem Buch und in dem dazugehörigen Arbeitsbuch aus, aber ich konnte mich immer noch nicht an etwas Konkretes erinnern, obwohl ich überzeugt war, daß etwas passiert sein mußte. Ich habe andauernd nachgedacht und angestrengt versucht, mich zu erinnern.«

Pamela nahm sich ihre alten Fotoalben vor und sah sich jedes Bild genau an, in der Hoffnung, daß der Anblick einer Hand auf ihrer Schulter oder des Blumenmusters auf einem Lieblingskleidchen plötzlich eine lang vergrabene Erinnerung befreien würde.

Elizabeth appellierte direkt an Gott. »Ich betete die ganze Zeit, ich bat Gott, mir die Erinnerungen wiederzugeben.« Pamela wandte sich ebenfalls an Gott um Hilfe bei der Suche nach den verlorenen Erinnerungen.

Sie suchten und beteten und dachten kaum an etwas anderes, weil ihre Therapeutinnen und Therapeuten darauf bestanden, daß ihr gegenwärtiges Leid so schwerwiegend war, daß es nur durch verdrängte Erinnerungen an einen traumatischen Mißbrauch erklärt werden konnte. »Der Mißbrauch in Ihrem Leben ist immer mindestens so schwerwiegend wie die schmerzlichen Gefühle, die Sie jetzt durchleiden«, wurde ihnen gesagt. »Wenn Ihr Schmerz extrem groß ist, dann muß der Mißbrauch schlimm gewesen sein, und wenn Sie sich nicht an ihn erinnern, dann müssen Sie die Erinnerung daran verdrängt haben.«

»Zu Beginn meiner Therapie brachte ich ein paar äußerst wirkliche Verletzungen und Enttäuschungen mit«, schreibt Laura. »Ich hatte eine meiner wichtigsten Beziehungen verloren. Mein Leben schien außer Kontrolle geraten zu sein. Ich hatte konkrete Gründe zur Sorge, aber mein Therapeut schien an ihnen nicht sonderlich interessiert zu sein. Der Schmerz mußte *tiefer* reichen, mußte vergraben, ›verdrängt‹ worden sein. Um einen so starken ›Todeswunsch‹ zu haben und so selbstdestruktiv zu sein, mußte ich etwas so Furchtbares und Traumatisches verdrängt haben, daß mir nur Langzeittherapie, Hypnose und harte Arbeit helfen konnten.«

Sie hatten den verzweifelten Wunsch, sich besser zu fühlen und ein besseres Leben führen zu können, aber ihre Qual schien nur zuzunehmen. Und daher ließen sie sich ganz auf die Therapie ein, gaben ihren Willen auf, ihre Vernunft, ihre Kontrolle. Lauras

Leben wurde »so verstrickt und verflochten« mit dem ihres Therapeuten, daß sie nicht mehr selbständig denken konnte. »Ich dachte, was er wollte. Ich glaubte, was er wollte. Ich wurde so, wie er mich haben wollte.«

»Meine Therapeutin hatte mein Foto auf ihrem Schreibtisch«, erinnert sich Erin. »Bei jeder Sitzung sagte sie mir mehrmals, daß sie mich liebe. Sie erklärte mir, daß ich mehr Zuwendung brauche.«

Als ihre Therapeuten eine Gruppentherapie anregten, die ihnen helfen sollte, ihre verlorenen Erinnerungen wiederzufinden, erklärten sie sich bereit, es zu versuchen, obwohl einige der Frauen anfangs skeptisch waren. »Ich wollte nicht in die Gruppe gehen«, erklärt Laura, »aber mein Therapeut sagte, daß ich nur die Angst vor meiner Familie auf die Gruppe übertragen würde. Er sagte, ich müsse hingehen.« Pamelas Therapeut ermutigte sie, an einer Gruppentherapie teilzunehmen, um ihre Einsamkeit zu überwinden. »In der Gruppe werden Sie viele Freundinnen finden«, sagte er. »Und Sie werden erstaunt sein, was Sie für Fortschritte machen werden, wenn Sie sich an die anderen Frauen anhängen.« Allein die Zugehörigkeit zur Gruppe beschleunigte die Dinge in der Tat. »Ich schloß mich selbst von allem außerhalb der Gruppe ab«, sagt Elizabeth, »und in der Gruppe sprachen wir alle ständig über dasselbe Zeug – Kindesmißbrauch, Inzest, alle möglichen Arten von Penetration, Folter –, und wir bestätigten uns dabei gegenseitig. Ich wollte endlich irgendwo dazugehören, und in der Gruppe hatte ich das Gefühl, dazuzugehören.«

»Der größte gemeinsame Nenner in meiner Gruppe war Einsamkeit«, bestätigt Pamela. »Wir waren alle einsam, verstört und verängstigt, und wir waren alle verzweifelt auf der Suche nach Erinnerungen. Ich dachte mir, daß diese Suche ihre Richtigkeit haben mußte, wenn all diese Frauen nach derselben Sache suchten.«

In der Gruppe probierten sie verschiedene ungewöhnliche Techniken aus, um die vergrabenen Erinnerungen wiederzuerlangen. Lauras Therapeut bevorzugte eine Methode, die sich Trance-Arbeit nannte. Er befahl ihr, die Augen zu schließen, sich vorzustellen, was damals in ihrer Vergangenheit passiert sein könnte, und dann aufzuschreiben, »was immer Ihnen durch den Kopf schießt«. Die dahinterstehende Theorie war, daß unzensiertes Schreiben die unbewußten Erinnerungen hervorlocken würde. Hinterher las der Therapeut die Ergebnisse laut vor. »Das ist wirklich«, sagte er stets. »Diese Ereignisse sind wirklich passiert.«

Wenn eine in der Gruppe darauf beharrte, daß sie phantasiert oder sich Sachen ausgedacht hatte, widersprach ihr der Therapeut heftig. »Sie haben sich das nicht ausgedacht. Ihr Verstand hat

Schwierigkeiten, die Wirklichkeit des Schreckens zu akzeptieren, und deshalb leugnen Sie die Wahrheit, um sich selbst zu schützen. Das sind Erinnerungen, und sie sind wirklich.«

In einer ihrer Tagebucheintragungen drückt Laura die Befürchtung aus, daß ihre Erinnerungen nicht echt sein könnten:

Es fällt mir schwer, meinen Träumen zu glauben. Meine Schultern schmerzen, meine Arme tun weh, und zwar so, daß ich sogar Schmerzmittel nehmen muß. Wirkliche Schmerzen oder Erinnerungen an wirkliche Schmerzen? Kann es so schlimm gewesen sein wie in meinen Träumen? Sind die Träume vielleicht symbolisch? Können böse Träume mit Flashbacks verwechselt werden? Wie konnte so viel passieren, ohne daß es jemand bemerkte oder sich darum kümmerte? Ich wünschte, ich könnte herausfinden, was wirklich ist und was mir durch Fernsehen, Horrorgeschichten oder die Phantasie eingegeben worden ist. Ist das alles wahr, oder ist es eine Art Spiel, das mein Geist spielt?

Ist das wahr? Denke ich mir das aus? fragten die Frauen oft. »Nein«, beruhigten ihre Therapeutinnen sie sanft, »lähmender Zweifel, begleitet von Selbsthaß und Schuldgefühlen, befällt Überlebende häufig. Das Vorhandensein von Zweifeln und Skepsis ist ein Hinweis darauf, daß die Erinnerungen tatsächlich existieren. Ignorieren Sie Ihre Zweifel. Vertrauen Sie Ihrem Gefühl. Lassen Sie vom Leugnen ab. Suchen Sie nicht nach äußeren Beweisen, denn in den meisten Fällen sind sie nicht verfügbar.«

Die Frauen wurden sorgsam vor jedem gewarnt, der ihre Erinnerungen bezweifeln oder in Frage stellen könnte. Die naheliegendste Zielscheibe für das Mißtrauen des Therapeuten war die Familie der Patientin. »Ihre Familien haben sehr viel investiert, um sicherzugehen, daß Ihre Erinnerungen begraben bleiben. Sie werden versuchen, Sie in Mißkredit zu bringen, weil sie in ihr eigenes Leugnen verstrickt sind.«

Leugnen war das allgegenwärtige Wort, es enthielt die unabänderliche, unstrittige Wahrheit. Überlebende leugnen, Familien leugnen, Täter leugnen. »Leugnen« ist die Antwort auf jede Frage. Wenn beschuldigte Familienmitglieder nicht auf die Anklage reagieren, dann weil sie schuldig sind; wenn sie behaupten, unschuldig zu sein, dann versuchen sie, etwas zu verbergen; wenn sie sich an ein Ereignis nicht auf dieselbe Weise erinnern wie die Überlebende, dann leugnen sie. Es gab immer eine Antwort, und die Antwort enthielt immer das Wort »leugnen«.

»Ihre ganze Familie leugnet«, sagte Erins Therapeutin.

»Einen Moment mal«, wehrte Erin ärgerlich ab. »Sie gehen so vor, als ob Sie sicher sind, daß ich eine Inzestüberlebende bin, obwohl ich immer noch nicht weiß, was mit mir passiert ist.«

»Viele meiner Klientinnen, die Inzestüberlebende sind, wissen nicht, was mit ihnen passiert ist«, entgegnete die Therapeutin. »Die meisten von ihnen leugnen.«

Wenn eine »leugnete«, mußte sie einfach härter arbeiten. Als Elizabeth die Notwendigkeit in Frage stellte, so viel Zeit mit der Suche nach Erinnerungen zu verbringen, die vielleicht noch nicht einmal existierten, sagte ihre Therapeutin: »Sie werden immer kränker, weil Sie sich nicht genug anstrengen.« Als Laura sich weigerte, an einigen der Trance-Schreibsitzungen teilzunehmen, befand ihr Therapeut, sie würde vor ihren Problemen davonlaufen. »Sie wollen einfach nicht hart arbeiten.« Später, als Laura einen Flashback hatte, in dem ein kleiner Junge ihr als Baby ein Kissen über das Gesicht hielt, stellte ihr Therapeut immer wieder dieselbe Frage – »Wann werden Sie die Tatsache akzeptieren, daß Ihr Bruder versucht hat, Sie zu töten?« –, bis sie schließlich zustimmte, daß ihr Bruder einmal versucht hatte, sie zu ersticken.

»Meine Therapeuten trieben mich an, mich an immer mehr zu ›erinnern‹, obwohl ich begann, während der Behandlungssitzungen Anzeichen einer Psychose zu zeigen«, berichtet Melody. »Ich verlor zusehends die Fähigkeit, zwischen meinen Phantasien und echten Erinnerungen zu unterscheiden.« Weil Pamela sich selbst so stark unter Druck setzte, sich zu erinnern, versuchte ihr Therapeut einen anderen Ansatz. »Sie arbeiten zu hart daran, die vergrabenen Erinnerungen aufzudecken. Haben Sie Geduld«, riet er ihr. »Oft genügt es schon, in therapeutischer Behandlung zu sein, um den Wiederauffindungsprozeß in Gang zu setzen. Die Erinnerungen werden kommen, wenn Sie dazu bereit sind.«

Als der innere und äußere Druck, sich zu erinnern, stärker wurde, begannen die Frauen, unter der Belastung zusammenzubrechen. Melody erlitt einen psychischen Zusammenbruch. Elizabeth beging einen Selbstmordversuch. Pamelas Ehe brach auseinander. Erins Depressionen verstärkten sich. Laura war besessen von Wut, Furcht und Mißtrauen. Konnten sie überhaupt noch jemandem auf der Welt vertrauen? fragten sich alle.

Vier der fünf Frauen bekamen Medikamente zur Behandlung ihrer Depressionen, Wutanfälle, Angstzustände und Selbstmordneigungen. Melody nahm vier verschiedene Mittel. Erin war von einem Tranquilizer abhängig. Laura nahm Schlaftabletten, Tabletten gegen die Depressionen, Tabletten, »um meine Wutanfälle zu dämpfen, Tabletten gegen wirklich alles«. Elizabeth nahm ein Mittel gegen Angstzustände und solch hohe Dosen eines Antidepressivums mit Schläfrigkeit als Nebenwirkung, daß sie fünfzehn bis zwanzig Stunden pro Tag schlief.

Es dauerte dann nicht mehr lange, bis die Erinnerungen sie überwältigten und völlig in Anspruch nahmen. Sie begannen als Flashbacks, als plötzlich auf sie eindringende Bilder und Visionen, die den Verstand aus seiner friedlichen Routine rissen und ohne Vorwarnung kamen – während die Frauen staubsaugten, sich die Zähne putzten, einen Stuhl rückten, um sich an den Tisch zu setzen, oder gerade ein Nickerchen machen wollten. Hinterher, wenn die verzerrten Eindrücke sich in ihren Köpfen festgesetzt hatten – ein anzügliches Grinsen, eine ausgestreckte Hand, ein Angstschrei, eine Brust, ein erigierter Penis, ein abgetriebener Fötus –, fragten sie sich, was davon Wirklichkeit und was Phantasie war. Waren diese grotesken Schreckensvisionen wirklich? Wenn sie nicht wirklich waren, was waren sie dann?

»Sie sind wirklich«, beteuerten die Therapeutinnen und Therapeuten, »und sie sind erst der Anfang.« In den Gruppen- und Einzelsitzungen, Stunde für Stunde und Woche für Woche, arbeiteten die Frauen mit ihren Flashbacks, schrieben sie auf, dachten über sie nach, träumten von ihnen, diskutierten und analysierten sie bei jeder Gelegenheit. Die blitzartigen Bilder wurden als Erinnerungsfetzen interpretiert; mit ein wenig mehr Zeit und Mühe wurden diese »Erinnerungen« schärfer und dreidimensional. Was zuerst nur ein formloses Gebilde war, undeutlich umrissen und mit kaum erkennbaren Konturen, wurde zu einer hell erleuchteten Szene, in der Einzelheiten wie das Gewebe einer Bettdecke, das Muster einer Tapete oder das unangenehme Kratzen eines Bartes auf einer weichen, glatten Wange von neuem gesehen, gefühlt, gehört und erfahren werden konnte.

»Ich machte Tiefenentspannungsübungen zu Hause, und ich brachte mich selbst in diese Trancezustände«, erzählt Erin. »Aber ich war beunruhigt wegen meiner Flashbacks, weil sie nicht so waren wie die in ›Trotz allem‹ beschriebenen, die einen so hart treffen, daß der Atem wegbleibt. Bei mir waren sie eher wie Geschichten, die sich in meinem Kopf entfalteten und entwickelten.«

Jede dieser Frauen entdeckte schließlich Erinnerungen an sexuellen Mißbrauch. Anfangs enthielten die Bilder in ihren Köpfen nur einen Täter, meistens den Vater, die Mutter oder einen Bruder; doch mit der Zeit dehnten sie sich auf Onkel, Tanten, Cousins und Cousinen, Großeltern, Pfarrer, Freunde und Nachbarn aus. Wenn sich eine Erinnerung entfaltete, umfaßte der Mißbrauch zuerst

Berührungen, Streicheln oder Abtasten; doch nach und nach erweiterte sich das Panorama der Bilder auf Vergewaltigungen mit vaginaler und analer Penetration. Bei einigen Frauen enthielt die Szenerie Satanskulte, sadistische Folterungen, Rituale des Bluttrinkens und sogar Mord.

Während die Erinnerungen zunahmen und sich zu einem Fels des Schreckens verdichteten, schlossen sich die Frauen in Lauras Gruppe enger zusammen. Loyalität zur Gruppe war die wichtigste Grundlage, und Kontakt mit Familienmitgliedern wurde als Verrat angesehen. »Ich wurde ständig getadelt und verbal attackiert, weil ich in der Nähe meiner Familie wohnte«, sagt Laura. Eine andere Frau in Lauras Gruppe wurde wiederholt von ihrem Therapeuten gewarnt, daß ihre Eltern führende Mitglieder einer Teufelssekte seien; wenn sie Kontakt zu ihnen aufnähme, würde sie getötet, weil sie ihre Geheimnisse verraten hätte. Geburtstags- und Weihnachtskarten von Familienangehörigen wurden von der Gruppe als versteckte Botschaften interpretiert, die sie zurück in die Sekte locken oder, falls das fehlschlug, in den Selbstmord treiben sollten.

Obwohl Erin in keiner Gruppe war, ermutigte ihre Therapeutin sie, bei ihren Eltern auszuziehen. »Sie sagte mir immer, daß ich ein hilfloses, schutzloses, verwundbares kleines Mädchen sei«, berichtet Erin. »Ich konnte ihre Stimme in meinem Kopf hören, wie sie ständig diese Worte wiederholte.«

Abgeschnitten von ihren Familien, von Flashbacks bedrängt und gelähmt von Mißtrauen und Furcht, klammerten sich die Frauen an ihre Therapeuten und Therapeutinnen wie verlorengegangene Kinder an ihre wiedergefundenen Eltern. Sie vertrauten ihnen mehr als sich selbst. »Ich habe ihn idealisiert«, sagt Pamela. »Er hatte auf alles eine Antwort. Er erwähnte nie auch nur die Möglichkeit, daß der Mißbrauch nicht stattgefunden haben könnte. Er strahlte so viel Autorität und Sicherheit aus, und ich traute mir selbst nicht über den Weg. Ich hatte Angst vor mir selbst.«

»Er war der Experte, der Doktor«, erklärt Melody. »Ich vertraute ihm. Ich nahm einfach an, daß er recht hatte.«

»Sie war mein persönlicher Guru«, sagt Elizabeth. »Ich glaubte fest daran, daß sie mir helfen würde, Klarheit über mich selbst zu gewinnen.«

»Sie war meine Retterin«, sagt Erin. »Ich vertraute ihr völlig.«

»Ich vertraute diesem Mann mit meiner ganzen Seele«, schreibt Laura. »Ich erzählte ihm meine Träume und beichtete ihm meine Sünden. Er war für mich Mutter, Vater, Bruder, Schwester, beste Freundin, Ehemann und Freund; er bestimmte meine Entscheidungen und Wünsche, er war mein Lehrer und Priester. Er war *alles* für mich geworden.«

Als die Therapie fortschritt und die Frauen angetrieben wurden, eine grausige Erinnerung auf die nächste zu türmen, wurden sie langsam von Angst und Wut verzehrt. »Ich war voller Zorn«, sagt Erin. »Ich wollte dauernd Gläser zerbrechen und Telefonbücher zerreißen.«

»Meine Wut hörte gar nicht mehr auf«, schreibt Laura. »Ich fuhr manchmal die Straße entlang und warf Colaflaschen aus dem Fenster. Wenn sie auf dem Pflaster zerschmetterten, war das wie ein Sedativum. Aber je mehr Wut ich ausdrückte, desto zorniger wurde ich. Ich befand mich in einem ununterbrochenen Zustand der Raserei.«

»Ich wurde erwerbsunfähig, weil ich nicht mehr arbeiten konnte, ohne Flashbacks zu haben«, berichtet Melody. »Die ›Erinnerungen‹ wurden immer schockierender und gewalttätiger, und ich wurde mit jeder Therapiesitzung kränker. Ich begann, Anzeichen einer multiplen Persönlichkeitsstörung zu zeigen. Meine Symptome wurden im Verlauf der Therapie ständig schlimmer, bis ich einen Zusammenbruch erlitt und in eine Klinik eingewiesen werden mußte.«

Pamela war so besessen von den Gedanken an Inzest und sexuellen Mißbrauch, daß sie jeden körperlichen Kontakt mit ihren Kindern vermied. »Ich hatte Angst, sie zu baden oder zu umarmen, weil ich fürchtete, daß mich plötzlich irgendein perverses Bild aus meinem Unterbewußten überwältigen könnte. Ich zwang mich, sie zu berühren, aber ich fühlte mich schuldig und hatte Angst, daß die Leute mich beobachteten, um zu sehen, ob ich sie mißbrauche. Ich hatte Angst, das Haus zu verlassen, ich hatte sogar Angst, vor die Tür zu treten. Ich verfiel zusehends.«

Elizabeth war überzeugt, daß sie in einer psychiatrischen Klinik enden und das Sorgerecht für ihre Kinder verlieren würde. Dann ist es besser zu sterben, dachte sie. Sie versuchte mehrfach, sich umzubringen, wobei sie die Anregungen für die Überdosen der sorgfältigen Lektüre des ärztlichen Nachschlagewerks im Büro ihrer Therapeutin verdankte.

Der Schrecken endete bei allen auf seltsame und überraschende Weise. In der Klinik, in die Melody nach ihrem Zusammenbruch eingewiesen worden war, wurde sie von zwei Psychiatern behandelt, die das Vorgehen, Erinnerungen, die vor der Therapie nicht existiert haben, für bare Münze zu nehmen, in Frage stellten. »Sie halfen mir zu verstehen, daß meine Erinnerungen nicht real waren, sondern so etwas wie Halluzinationen, Produkte meiner Phantasie.«

Nach mehr als zwei Jahren Therapie bei ihrer Psychiaterin wurde Elizabeths nächster Termin eines Tages telefonisch abgesagt. Ein Grund wurde nicht angegeben. Elizabeth rief nochmals in der Praxis an und bestand darauf, mit der Psychiaterin selbst zu sprechen, die ihr schließlich sagte, daß sie glaube, die Gruppenmitglieder hätten sich gegen sie »verschworen« und daß sie deshalb die schwere Entscheidung getroffen habe, ihre Verbindung mit ihnen allen abzubrechen. Am nächsten Tag erhielt Elizabeth einen Brief, in dem die Psychiaterin ihr anbot, ihre medikamentöse Behandlung vorläufig fortzusetzen und sie an eine andere Therapeutin zu überweisen, da sie selbst Elizabeth' Therapie hiermit beende.

Erin begann nach einem Anruf von einer alten Freundin an ihren Erinnerungen zu zweifeln. »Ich kenne dich, seit du vier Jahre alt warst, und deine Eltern haben dich nie mißbraucht«, sagte ihre Freundin. »Du bist ein Opfer falscher Behandlung. Ich habe seit zwei Jahren nichts von dir gehört – was ist das für eine Therapeutin, die dich deinen Freunden entfremdet?«

Nach diesem Anruf verfiel Erin zuerst in Panik. Ich habe alles dafür aufgegeben, dachte sie. Was, wenn ich auf eine Lüge hereingefallen bin? Einige Monate später, als sie als Betreuerin in einem Sommerlager arbeitete, nahm sie eines der Kinder mit auf eine Bootsfahrt auf dem See. »Ich muß dir etwas sagen«, begann das achtjährige Mädchen nach langem Schweigen, »mein Daddy schläft mit mir.«

Erin sah das Kind an, das auf die Planken des Bootes starrte und die Hände verkrampft zusammenpreßte, einen Ausdruck völliger Verzweiflung auf dem Gesicht. Die Wahrheit traf Erin wie ein Schlag. »Ich bin nie so introvertiert wie dieses Kind gewesen«, dachte sie. »Ich war nicht traurig und hoffnungslos. Ich war ein glückliches Kind.« Seit diesem Moment der Einsicht wußte sie, daß sie sich eine falsche Identität zugelegt hatte. Sie war keine Inzestüberlebende.

Pamelas Gemeindepfarrer kam eines Nachmittags bei ihr vorbei und hörte sich geduldig ihre lange Geschichte von Mißbrauch und Überleben an. So schonend wie möglich brachte er ihr bei, daß er befürchtete, daß sie von ihrem Therapeuten auf Abwege geführt und falsch behandelt worden war. »Verzeih, Pamela«, sagte er, »aber ich glaube, es steht außer Frage, daß es dir immer schlechter- statt bessergeht. Was auch immer mit dir in der Vergangenheit geschehen ist, das ist jedenfalls der falsche Weg, damit umzugehen.«

Zuerst widersprach Pamela ärgerlich, aber als er zwei Stunden später wieder ging, konnte sie zum erstenmal seit Jahren wieder lachen. »Er gab mir die Erlaubnis, damit aufzuhören«, weiß sie jetzt. Einige Tage später erzählte sie ihrem Therapeuten von der Begegnung mit dem Pfarrer. Der Therapeut, der gerade dabei war, eine Aktenmappe einzusortieren, warf die Schublade mit einem Knall zu. »Wie kann dieser Mann es wagen, Ihren Schmerz zu leugnen?« sagte er.

Pamela glaubt, daß Gott ihre Gebete auf unerwartete Weise erhört hat. »Immer wenn ich gebetet habe, habe ich im Inneren die Antwort ›Hab Geduld, es ist bald zu Ende‹ gefühlt. Ich denke, Gott hat mir geantwortet, aber anders als ich es erwartet hatte.«

Seitdem sind Jahre vergangen, und Elizabeth, Pamela, Melody, Laura und Erin haben ihre Kraft und ihre geistige Gesundheit wiedergewonnen. Aber der Genesungsprozeß ist noch lange nicht beendet. Sie trauern alle um die verlorene Zeit, um die Jahre, die sie mit der vergeblichen Mühe verbracht haben, eine Vergangenheit aufzudecken, die es nie wirklich gegeben hat. Sie bedauern das Leid, das sie ihren Männern, Kindern, Eltern und Freunden zugefügt haben. Sie sehnen sich nach ihrer verlorenen Unschuld zurück, nach der Fähigkeit zu vertrauen. Und sie geben ihren Therapeutinnen und Therapeuten die Schuld.

»Ich hatte mich wegen meiner Therapeutin völlig von meiner Familie abgeschnitten«, sagt Erin. »Als ich vor zwei Jahren mit der Therapie aufhörte, habe ich mich bei meinem Vater und meinem Bruder entschuldigt, denen ich beiden sexuelle Belästigung vorgeworfen hatte. Sie machen mich nicht für das Geschehen in der Therapie verantwortlich, aber ich habe trotzdem furchtbare Schuldgefühle. Manchmal überrollen mich Wellen von Traurigkeit und Angst, und oft meine ich, keine Kontrolle über mein Leben zu haben.«

»Diese Therapie hat mir Jahre genommen, die ich nie zurückbekommen kann, Jahre, in denen ich meiner Familie gefühlsmäßig total fern war«, schreibt Laura. »Es fällt mir schwer, jemandem zu vertrauen. Ich habe eine Heidenangst vor Ärzten. Meine Tochter und ich haben immer noch keine finanzielle Sicherheit und hätten beinahe unsere Wohnung verloren. Ich habe kein funktionierendes Auto. Ich bin eine alleinerziehende Mutter und hätte auch emotional für meine Tochter dasein müssen, aber das war ich nicht. Meine ganze Energie, mein ganzes Sein, alles, was ich hatte, gab ich meinem Therapeuten.«

»Ich habe meine Stelle verloren und meine Familie, und mein

Mann hat sich scheiden lassen«, berichtet Melody. »Ich fühle mich besser, seit ich mit der Therapie aufgehört habe, aber ich bin immer noch verwirrt und bestürzt: Wie konnte das passieren?«

Elizabeth kämpft oft mit der Verzweiflung und hat Probleme mit ihrer Selbstachtung. »Ich komme mir dumm vor, ich schäme mich und bin wütend. Wie konnte ich das mir selbst, meiner Familie und meinen Kindern zumuten?«

Pamela drückt dasselbe Gefühl aus: »Wie konnte das passieren?«

»Wie konnte die Beziehung zu einem Therapeuten über vier lange Jahre hinweg den Mittelpunkt meines Lebens bilden?« fragt sich Laura. »Wie konnte ich meine Seele an einen anderen Menschen verkaufen?«

Die Frauen wissen bis heute keine Antworten auf diese Fragen, und sie haben immer noch mit Gefühlen der Scham, Peinlichkeit, Trauer und Wut zu kämpfen. Sie machen sich Vorwürfe, weil sie so vertrauensselig und unvorsichtig waren. Sie schwören sich, nie wieder so töricht zu sein. Und sie sorgen sich um andere, die ahnungslos nach Antworten auf unbeantwortbare Fragen suchen.

Nach ihren Aussagen werden Familien durch »inkompetente Ratschläge« von »fehlgeleiteten« und »übereifrigen« Therapeuten »auseinandergerissen«. »Extrem grobe Fahrlässigkeit« und »moralisch nicht vertretbare und unprofessionelle Behandlungsmethoden« tragen zur »sinnlosen Zerstörung« von Familien bei. Freundinnen irren immer noch in dem »verwirrenden Labyrinth aus Lügen und Täuschungen« umher, sind noch in den »paranoiden Vorstellungen« der Therapeutinnen gefangen und durch »ihren Glauben an sie gebunden«.

Die grausamste Ironie dabei sind vielleicht die Befürchtungen, die Elizabeth, Pamela und Laura wegen ihrer eigenen Kinder hegen. Sie wissen, wie schnell die Unschuldigen und Arglosen einer Autoritätsfigur vertrauen, und sie wissen, wie schnell dieses Vertrauen mißbraucht werden kann. Vor kurzem las Elizabeth zusammen mit ihrer zwanzigjährigen Tochter die Symptomliste in einem weitverbreiteten Buch für Inzestüberlebende durch. »Weißt du, Mom«, sagte ihre Tochter lachend, »diese Liste trifft auf mich und auf jede meiner Freundinnen zu.«

»Wir haben darüber gelacht«, sagt Elizabeth, »aber das Gespräch hat mir angst gemacht. Woher weiß ich, daß meine Tochter in zehn oder fünfzehn Jahren nicht auf ihre Kindheit zurückblickt und sich fragt: Was ist damals wirklich passiert? Habe ich Erinnerungen verdrängt? Vielleicht wird sie mich eines Tages anrufen und sagen: ›Mom, ich gehe seit einiger Zeit zu diesem Therapeuten, und auf einmal habe ich mich wieder an etwas erinnert … ‹.«

Elizabeth stockt. Sie atmet tief durch. »Woher soll ich wissen, daß sie mich nicht eines Tages anklagt?«

5

Der Bart Gottes und die Hörner des Teufels

Unser Reich ist geteilt; die eine Hälfte unserer Gedanken, Gefühle und Handlungen ist von Gott und die andere von Luzifer. Es ist den meisten Menschen ebenso unmöglich, sich eine Sittenlehre ohne Sünde vorzustellen wie eine Erde ohne »Himmel«. Seit 1692 hat ein großer, aber oberflächlicher Wandel den Bart des lieben Gottes und die Hörner des Teufels abgeschafft, die Welt ist jedoch nach wie vor zwischen zwei diametral entgegengesetzten Absoluten festgehalten. Der Begriff der Einheit, in dem Positiv und Negativ Attribute derselben Kraft sind, Gut und Böse relativ, ewig wechselnd und stets in derselben Erscheinungsform vereint sind – ein solcher Begriff ist immer noch den Naturwissenschaften vorbehalten und jenen wenigen, die sich die Geistesgeschichte zu eigen gemacht haben.
Arthur Miller, *Hexenjagd*

Massenbewegungen können ohne den Glauben an Gott entstehen und sich ausbreiten, aber niemals ohne den Glauben an einen Teufel.
Eric Hoffer, *The True Believer*

Etwas läuft schief in diesen Therapien, und weil dieses Etwas mit Erinnerungen zu tun hat, befinde ich mich im Mittelpunkt einer immer bitterer und gereizter werdenden Kontroverse. Auf der einen Seite stehen die »Rechtgläubigen«, die darauf beharren, daß unser Verstand fähig ist, Erinnerungen zu verdrängen, und die die Authentizität wiedererlangter Erinnerungen ohne Vorbehalte oder Nachprüfung akzeptieren. Auf der anderen Seite stehen die »Skeptiker«, die einwenden, daß der Begriff der Verdrängung rein hypothetisch und grundsätzlich nicht durch Tests beweisbar ist, da er auf Spekulationen und Anekdoten beruht, die weder bestätigt noch widerlegt werden können. Einige Skeptiker sind weniger behutsam und bezeichnen Verdrängung als »Psychozauber«, »heiße Luft« oder einfach »Quatsch«.

Die Rechtgläubigen beanspruchen die Moral für sich. Sie bestehen darauf, daß sie an vorderster Front kämpfen, um Kinder vor Sexualverbrechern zu schützen und Überlebenden bei den Mühen des schwierigen Heilungsprozesses zu helfen. Die stillschweigende Folgerung daraus ist, daß jeder, der den Rechtgläubigen bei ihren Bestrebungen, die verborgene Vergangenheit aufzudecken und dem Begriff der Verdrängung zur Legitimität zu verhelfen, die Unterstützung verweigert, entweder frauenfeindlich, kinderfeindlich, fortschrittsfeindlich oder im schlimmsten Fall »schmutzig«, d. h. ein praktizierender Pädophiler oder Satansanhänger ist.

Die Skeptiker versuchen, diesen Anschuldigungen zu entgehen, indem sie von Beweisen, Bestätigungen und Wissenschaftlichkeit sprechen, aber sie scheuen sich ebenfalls nicht, ein paar scharfe Granaten zu schleudern. Nach Meinung der am unverblümtesten schimpfenden und schmähenden Skeptiker bewegen sich Therapeutinnen, die sich auf Therapien zur Wiedererlangung von Erinnerungen spezialisiert haben, in einem Traumland voller Nebelschwaden und mythischer Monstren. Jämmerlich weit von jeder modernen Forschung entfernt, »ungenaue psychiatrische Analysen« erstellend und der unzulässigen Vereinfachung und Überdehnung von Begriffen sowie des »inzestuösen Zitierens von Gutachten« schuldig, pflanzen diese fehlgeleiteten, schlecht ausgebildeten und übereifrigen Psychologen falsche Erinnerungen in die Köpfe leicht beeinflußbarer Patientinnen, machen aus ihnen »lebenslange Therapiefälle« und reißen Familien auseinander.

Hier geht es offensichtlich um mehr als um eine akademische Diskussion über die Fähigkeit des menschlichen Geistes, eine Erinnerung zu vergraben und sie Jahre später wieder ins Bewußtsein zurückzubringen. Die Kernfragen, die der Begriff Verdrängung aufwirft, gehören zu den kontroversesten Belangen der kognitiven und der klinischen Psychologie: die Rolle der Hypnose in der Therapie und vor Gericht; die Macht der Suggestion; die Theorie der sozialen Einflüsse; die zur Zeit beliebten Diagnosen der posttraumatischen Streßstörung (post-traumatic stress disorder, PTSD) und der multiplen Persönlichkeitsstörung (multiple personality disorder, MPD, diese Diagnose wird in der vierten Auflage des »Diagnostic and Statistical Manual« der American

Psychiatric Association in dissociative identity disorder, DID, umbenannt.) ; das Kind im Inneren und die Krise der Familie; Pornographie; Satanskulte; Gerüchteküchen; moralische Kreuzzüge; Entführungen durch Außerirdische; durch die Medien ausgelöste Hysterie und natürlich die Frage der politischen Korrektheit.

Ich sehe die Geschosse fliegen und ducke mich. Meine Forschungen zur Formbarkeit von Erinnerungen stellen mich auf die Seite der Skeptikerinnen, aber ich habe auch Verständnis für den Standpunkt der Rechtgläubigen. Ich möchte keine Wiederkehr der noch nicht allzu fernen Zeiten erleben, in denen die Hilferufe eines Opfers überhört wurden und Beschuldigungen wegen sexuellen Mißbrauchs automatisch als Einbildung oder gar Wunschdenken abgetan und in das Brackwasser des öffentlichen Gewissens abgeleitet wurden. Auch kann ich die These, daß eine nennenswerte Zahl fanatischer Therapeuten auf fahrlässige Weise Erinnerungen in die ahnungslosen Köpfe ihrer Patienten einpflanzt, nicht ohne weiteres akzeptieren.

Ich glaube nicht, daß die Welt so klar in Schwarz und Weiß eingeteilt ist. Deshalb bestehe ich darauf, die Grauzonen der Mehrdeutigkeit und des Paradoxons zu betreten, Fragen zu stellen, genau zuzuhören und sich zu bemühen, Klarheit über die gegensätzlichen und strittigen Standpunkte zu gewinnen. Ich beantworte zehnseitige, dichtbeschriebene Briefe der Rechtgläubigen; ich telefoniere stundenlang mit ihnen; ich treffe mich mit ihnen in Flughafencaféterias und Hotelrestaurants, wo sie mir ihre Erfahrungen und Erlebnisse erzählen und mich beschwören, auf ihre Seite überzuwechseln.

»Sehen Sie nicht, was Sie für einen Schaden anrichten?« fragen sie. »Alle Erfolge, die die Frauenbewegung in den letzten zwanzig Jahren erzielt hat, werden zunichte gemacht, wenn Sie und andere diese Erinnerungen weiter in Frage stellen«, insistieren sie.

»Wenn Sie nur das Leid sehen könnten, das ich sehe, wenn Sie nur den Schmerz meiner Patientinnen miterleben könnten«, beschwört mich eine Therapeutin, »würden Sie wissen, daß diese Erinnerungen auf wahre und nicht auf eingebildete Ereignisse zurückgehen.«

Ich höre zu und versuche, ihr leidenschaftliches Engagement mit dem Leid abzuwägen, von dem ich durch die Geschichten »der Angeklagten« erfahren habe. Ein Mann in den Siebzigern reicht mir einen Brief, den er vor kurzem vom Anwalt seiner Tochter erhalten hat. Er und seine Frau sitzen mir gegenüber und warten geduldig, während ich das amtlich aussehende Dokument durchlese. »Sehr geehrter Mr. Smith«, beginnt der Brief:

Im Auftrag Ihrer Tochter teile ich Ihnen mit, daß sie die Absicht hat, aufgrund der schweren seelischen Schäden, die ihr von Ihnen in ihrer Kindheit zugefügt worden sind, Klage gegen Sie zu erheben. Sie hat vor kurzem Erinnerungen an perverse sexuelle Mißhandlungen wiedererlangt, die ihr von Ihnen, ihrem Vater, als Minderjährige zugefügt wurden. Wir sind zu einer außergerichtlichen Einigung bei Zahlung von 250 000 Dollar bereit. Falls wir innerhalb einer Frist von vier Wochen ab Datum dieses Schreibens nichts von Ihnen gehört haben sollten, werden wir Klage einreichen und eine beträchtlich höhere Summe fordern.

Eine beschuldigte Mutter zeigt mir das verblichene Foto von ihrer »Kleinen«, dem jüngsten von fünf Kindern, das sie seit über drei Jahren nicht gesehen hat. »Sie suchte Hilfe bei einem Therapeuten, nachdem ihr Mann, ein Alkoholiker, sie brutal geschlagen hatte«, erklärt mir die grauhaarige Dame, wobei sie das dreißig Jahre alte Foto zärtlich in den Händen hält. »Während sie die Therapie machte, ließ sie ihre beiden kleinen Kinder bei uns. Aber nach zwei, drei Monaten begann sie, Flashbacks zu haben, blitzartige Erinnerungen, in denen ihr Vater sie sexuell mißbrauchte, als sie erst fünf Monate alt war. Sie schrieb uns, daß sie uns nie wieder sehen wollte, und verbot uns, unsere Enkelkinder zu sehen oder mit ihnen zu sprechen. »

»Ich bin kein Kinderschänder«, versichert mir ein beschuldigter Vater, während ihm die Tränen über das Gesicht laufen. »Wie kann meine Tochter so etwas von mir behaupten? Woher kommen diese Erinnerungen?«

Ich greife zum Telefon und rufe die anklagenden Kinder an, in der Hoffnung auf – ja, was? Versöhnung?

»Ich kann die Wahrheit nicht zurücknehmen«, bekomme ich zu hören.

»Er hat getan, was er getan hat, und er muß es zugeben und mich um Verzeihung bitten.«

»Ich bin nicht dafür verantwortlich, wenn meine Eltern jetzt leiden.«

»Man muß seinen Kindern Glauben schenken.«

»Die Welt ist gefährlich.«

»Ich will nur andere Kinder vor Unheil bewahren.«

»Die Wahrheit hat mich befreit.«

»Die Eltern lügen«, versichert mir eine Kinderschützerin mit zornrotem Gesicht. Sie zitiert die oft gehörte, aber immer wieder schockierende Statistik: Jede dritte Frau ist vor ihrem achtzehnten Geburtstag sexuell mißbraucht worden.

»Aber diese Statistiken«, unterbreche ich sie vorsichtig, »beruhen auf einer sehr weiten Definition von sexuellem Mißbrauch, die auch das Berühren der Brüste oder des Pos in bekleidetem Zustand, das Tätscheln eines Beins oder das Aufzwingen eines feuchten Kusses bei einer alkoholisierten Hochzeitsfeier einschließt.«

»Wenn Sie die Statistiken anzweifeln« – die Stimme der Frau wird lauter –, »dann statten sie doch mal den Vergewaltigungsnotrufen und Frauenhäusern in Ihrer Gegend einen Besuch ab. Die Frauen und Kinder dort sind keine statistischen Zahlen; es sind wirkliche Menschen mit wirklichem Leid.«

Ich habe es aufgegeben, über Statistiken zu diskutieren.

»Ich kann diesen Schmerz gar nicht beschreiben«, sagt eine angeklagte Mutter zu mir. »Wenn ein Kind stirbt, lernt man mit der Zeit, mit der Trauer zu leben, ich aber wache jeden Morgen mit diesem Alptraum auf und gehe jeden Abend mit ihm zu Bett, und nichts ändert sich.«

»Ich denke manchmal, mein Gott, kann das vielleicht doch passiert sein? Habe *ich* es verdrängt, daß ich meine Kinder mißbraucht habe?« faßt ihr Mann seine Qual in Worte. »Aber dann denke ich: Wie hättest du so etwas vergessen können? Wie hätte ich meine Kinder anrühren und jedes Wissen davon verdrängen können? Nein, nein, *nein*. Ich habe das nicht vergessen, weil es nie passiert ist. Es ist schlichtweg nie passiert.«

Sie sehen mich flehend an. *Verstehen Sie uns? Glauben sie uns?*

Eine der erschütterndsten Geschichten wurde mir von einer dreißigjährigen Frau berichtet, die selbst als Therapeutin ausgebildet ist. Ihre Geschichte ist vielleicht noch etwas komplizierter als die meisten, da sie als Kind ein Opfer sexuellen Mißbrauchs war:

Ich weiß einiges über Opfer, weil ich selbst ein Opfer bin. Als ich in die Grundschule ging, bin ich sexuell belästigt worden. Um es gleich klarzustellen: Es waren nicht meine Eltern. Und um noch etwas klarzustellen: Ich habe es nie vergessen, nicht einen einzigen Tag lang. Aber weil ich mich so sehr geschämt habe, eben wie viele andere Opfer auch, habe ich über zwanzig Jahre lang geschwiegen.

Eines Tages habe ich dann meiner Schwester von meiner Mißbrauchserfahrung erzählt. Bald darauf hatte sie den Verdacht, daß sie auch mißbraucht worden war. Sie hatte keine Erinnerungen, keine Hinweise, keine Gründe; sie konnte kein Gesicht beschreiben, keinen Namen nennen, sie hatte nicht den kleinsten Beweis. Sie und meine andere Schwester besprachen ihre Ahnungen und Vermutungen miteinander. Während sie sich in ihren Gedanken und Gefühlen gegenseitig bestätigten, begannen sie Träume zu haben, in denen sie sexuell belästigt wurden.

Sie beschuldigten meinen Großvater, meinen Onkel und dann

meinen Vater. Ihre Anschuldigungen wurden immer abstruser und dehnten sich auf meine Mutter und meinen Bruder, auf Tanten, Onkel, Cousins, Freunde und Nachbarn aus. Meine Eltern mußten hilflos zusehen, wie ihre Familie auseinanderfiel.

Dann begann mein sechsjähriger Neffe, der schon über ein Jahr lang in Therapie gewesen war und dann zu einem zweiten Psychologen geschickt wurde, weil der erste keinen Hinweis auf sexuellen Mißbrauch entdecken konnte, einige Enthüllungen zu machen. Er sagte, daß meine Mutter, mein Vater und mein älterer Bruder, den er vier Jahre lang nicht gesehen hatte, ihn sexuell belästigt hätten. Zwei Wochen nachdem er meine Eltern beschuldigt hatte, trat ich meine erste Stelle als Therapeutin an. Ich arbeitete dort drei Tage lang, am vierten Tag rief mich mein Vorgesetzter in sein Büro um mir mitzuteilen, daß mein Neffe noch mehr Personen genannt hatte, die ihn angeblich belästigt hatten. Mein Name war auch darunter. Ich wurde sofort gefeuert und von der Kinderfürsorge und der Polizei verhört. Die Vernehmungen dauerten fast zwei Monate, bevor meine Unschuld als erwiesen angesehen wurde.

Da ich selbst ein Opfer sexuellen Mißbrauchs bin, würde ich eher einen Mord begehen, als ein Kind sexuell zu belästigen. Kein Tag vergeht, an dem ich nicht die Leere empfinde, die der Verlust all dieser Menschen in mir hinterlassen hat. Niemand kann mir das Wissen nehmen, daß ich unschuldig bin – doch mit letzter Sicherheit ist diese Tatsache nur mir und Gott bekannt.

»Diese Leute leugnen«, entgegnen mir Therapeutinnen.

»Du läßt dich von ihnen benutzen«, meint ein Freund. »Sie brauchen dein Fachwissen, um ihrem Leugnen eine Art Legitimität zu verleihen. Du bist nur eine Schachfigur für sie.«

»Steig aus der ganzen Sache aus, bevor dein Ruf ruiniert ist«, warnt mich eine Freundin.

Die Skeptiker fordern mich dagegen auf, nicht so ein Wischiwaschi zu reden. »Das ist kein Thema, bei dem man neutral bleiben kann«, sagen sie.

»Gutgläubige Patienten werden von inkompetenten Therapeuten wie Lämmer zur Schlachtbank geführt.«

»Diese Therapeutinnen sind nicht einfach nur falsch unterrichtete und schlecht ausgebildete Dummköpfe«, schäumt eine Soziologieprofessorin. »Das sind gefährliche Fanatikerinnen, denen man das Handwerk legen muß.«

Beide Seiten raten mir, auf der Hut zu sein. »An Ihrer Stelle würde ich mich in acht nehmen«, schreibt ein Therapeut.

»Passen Sie auf«, warnt eine Kollegin.

»Vorsicht«, rät ein Journalist.

In einem anonymen Brief mit dem Poststempel einer mittelgroßen Stadt im Mittelwesten werde ich beschuldigt, gemeinsame Sache mit Satansanhängern zu machen. »Ihre Arbeit steht auf demselben Niveau wie die Leute, die die Existenz der Vernichtungslager im Zweiten Weltkrieg leugnen«, faßt der Briefschreiber zusammen.

»Ist dort die Gedächtnisforscherin, die Kinder haßt?« fragt eine sanfte weibliche Stimme, als ich ans Telefon gehe.

»Ich habe mir eine Meinung über Dr. Loftus gebildet«, verkündet eine Anruferin bei einem lokalen Radiosender. »Ich glaube, Sie steht in Verbindung mit rechten christlichen Gruppen, die die Sache des Patriarchats vorantreiben wollen ...«

Ich schlage die Zeitung auf und lese, daß ein Mann, für den ich in einem Verfahren wegen Kindesmißbrauch ausgesagt habe, brutal ermordet worden ist. Zwei Jahre zuvor waren Kaare Sortland und seine Frau Judy angeklagt worden, drei Kinder in ihrer Kindertagesstätte sexuell belästigt zu haben. Sie wurden in einem Fall freigesprochen, die anderen beiden Klagen wies der Richter ab, weil die Kinder es ursprünglich verneint hatten, mißbraucht worden zu sein und ihre Meinung erst nach zahlreichen Therapiesitzungen und intensiver Befragung geändert hatten.

In der Nacht, in der er ermordet wurde, hatte Kaare Geräusche vor dem Haus gehört und war hinausgegangen, um nachzusehen. Seine Frau hörte, wie er »Ich hab' es nicht getan« schrie. Sekunden später lag er sterbend in der Einfahrt, mit drei Schüssen aus einer großkalibrigen Handfeuerwaffe in der Brust.

Ich erinnere mich, wie ich – ist das wirklich erst ein paar Jahre her? – mit Herb Spiegel, einer Koryphäe auf dem Gebiet von Psychiatrie und Hypnose, und Ed Frischholz, einem jungen kognitiven Psychologen, der auch eine therapeutische Praxis in Chicago betreibt, in einer Hotelcaféteria in Washington D. C. saß. Wir führten eine lebhafte Diskussion über Erinnerungen, die Medien und die erstaunliche Wiedergeburt eines Phänomens namens Verdrängung. Ich erzählte von einigen der seltsamen Geschichten und verwirrenden Rechtsfälle, in die ich in der letzten Zeit verwickelt worden war, und wir sprachen über den Medienwirbel, den eine Titelstory des Magazins »People« ausgelöst hatte, die von den verdrängten Erinnerungen von Roseanne Barr Arnold und Marilyn Van Derbur, der Miss America von 1958, handelte. Während einer Gesprächspause lehnte Ed sich auf seinem Stuhl zurück und fragte: »Was glaubt ihr, was da draußen los ist?« Mit »da draußen« meinte er natürlich das wirkliche Leben.

Wir waren tatsächlich ratlos und auch etwas aus der Fassung

gebracht. Ich konnte zu diesem Zeitpunkt noch nicht wissen, wohin mich diese Frage führen würde, wie weit ich mich vom Elfenbeinturm der vertrauten, sicheren Forschungsarbeit entfernen würde. Ich weiß noch, daß ich etwas nervös auflachte, und dann meine Freunde zum Abschied umarmte und versprach, Kopien meiner letzten Aufsätze zu schicken. Das war vertraute Routine. Aber meine Welt und mein Leben waren schon im Begriff, sich radikal und unwiderruflich zu verändern.

Ich will verstehen, »was da draußen los ist«. Die »Verdrängung« bestimmt mein Leben, ich atme, esse und schlafe mit diesem Wort. Ich habe mich dieser Besessenheit ausgeliefert, weil ich glaube, daß das, was im wirklichen Leben vor sich geht, von grundlegender Wichtigkeit für das Verständnis der Erinnerung ist, sowohl für ihr Funktionieren als auch für ihr Versagen. Ich habe die Bereitschaft gefunden, aus meiner Rolle als Laborwissenschaftlerin herauszutreten und mich auf dieses chaotische Feldforschungsexperiment einzulassen, weil ich glaube, daß Wissenschaft genau hier beginnt: mit verwunderten Fragen nach den Ursachen eines Phänomens und dem akribischen Entwirren von Zufälligkeiten und Regelmäßigkeiten.

Was ist Verdrängung? Woher kommen verdrängte Erinnerungen? Sind es authentische Überbleibsel, die aus einem vergessenen Teil der Vergangenheit herausgefischt werden, oder sind es Bilder aus »heißer Luft«, die entstehen, wenn einer abhängigen Person etwas suggeriert wird? Wie auch immer die Antworten ausfallen werden, dies sind die entscheidenden Fragen. Ich glaube, daß das Phänomen der Verdrängung uns einen Spiegel vorhält, in dem wir Einblicke in unsere eigene Psyche erhaschen können. Wenn wir bereit sind, vorurteilslos hineinzusehen, können wir tiefgehende Erkenntnisse über unsere Bedürfnisse nach Zugehörigkeit, Liebe, Anerkennung, Verständnis und Heilung gewinnen.

Heilung – wovon? Das ist natürlich die Frage.

6

Die Wahrheit, die es nie gegeben hat

Das ist das Traurigste daran, wenn man einen geliebten Menschen verliert – er verwandelt sich ständig im Gedächtnis. Und nach einiger Zeit fragt man sich dann: Ist es noch derselbe Mensch, den ich verloren habe? Vielleicht hat man in Wirklichkeit mehr verloren, vielleicht weniger – zehntausend verschiedene Dinge, aber wie soll man wissen, ob sie aus der Erinnerung stammen oder aus der Einbildung, was wahr ist und was falsch?
Amy Tan, *Die Frau des Feuergottes*

Mein Gedächtnis ist das, womit ich vergesse.
Definition eines Kindes

In seinem Roman »The Things They Carried« unterscheidet Tim O'Brien zwischen zwei Arten von Wahrheit: Der Erzähl-Wahrheit und der Ereignis-Wahrheit. Die Ereignis-Wahrheit ist die unstrittige, farblose Wirklichkeit der Ereignisse: »Zu dieser und jener Zeit ist erst dies passiert und dann das und dann jenes.« Die Erzähl-Wahrheit ist die farbige Version, die der trägen Hülle der Vergangenheit leuchtendes Leben einhaucht, die Toten aufweckt, Gefühle entfacht und die Suche nach dem Sinn anregt.

Geschichten über die Vergangenheit zu erfinden ist »eine Möglichkeit, Körper und Seele wieder zusammenzubringen oder neue Körper zu schaffen, in denen die Seelen wohnen können«, erklärt O'Brien. In der Schilderung seiner Erfahrungen als Soldat in Vietnam bietet er zwei »wahre« Versionen seiner Vergangenheit an.

Hier ist die Ereignis-Wahrheit. Ich war einmal Soldat. Es gab viele Leichen, richtige Körper mit richtigen Gesichtern, aber ich war noch sehr jung damals und hatte Angst hinzusehen. Und jetzt, noch zwanzig Jahre später, trage ich an einer gesichtslosen Verantwortung und an einem gesichtslosen Kummer.

Hier ist die Erzähl-Wahrheit. Er war ein schlanker, toter, fast zierlicher junger Mann um die Zwanzig. Er lag mitten auf einem Pfad aus rotem Lehm in der Nähe des Dorfes My Khe. Sein Kiefer steckte in seinem Hals. Ein Auge war geschlossen, anstelle des anderen sah man nur noch ein sternförmiges Loch. Ich hatte ihn getötet.

Geschichten machen die Vergangenheit lebendig. Wir können unser jüngeres Selbst in der Phantasie neu erstehen lassen, Gefühle empfinden, die wir einst empfunden haben (oder vor denen wir uns gefürchtet haben), die Dämonen bekämpfen, vor denen wir damals nur weglaufen konnten, weil wir zu verängstigt, zu jung oder zu hilflos waren, ein neues Ende erträumen und sogar die Toten wieder lebendig werden lassen.

Aber es gibt da einen Haken. Indem wir dem dürren Gerippe der Ereignis-Wahrheit Fleisch und Blut verleihen, können wir in unsere eigenen Geschichten verstrickt bzw. von ihnen gefangengenommen werden. Wir wissen nicht mehr, wo die Ereignis-Wahrheit aufhört und die Erzähl-Wahrheit anfängt, weil die Erzähl-Wahrheit , die so viel lebendiger, detaillierter und *realer* ist, zu unserer Wirklichkeit wird. Unsere Erfindungen werden ein Teil unseres Lebens.

Ich erinnere mich an einen Sommer vor vielen Jahren. Ich war damals vierzehn. Meine Mutter, meine Tante Pearl und ich waren zu Besuch bei meinem Onkel Joe in Pennsylvania. An einem schönen, sonnigen Morgen wachte ich auf, und meine Mutter war tot, ertrunken im Swimmingpool.

Dies ist die Ereignis-Wahrheit. Die Erzähl-Wahrheit ist etwas ganz anderes. Im Geist bin ich schon oft an den Ort des Geschehens zurückgekehrt, und jedesmal wird die Erinnerung deutlicher und gehaltvoller. Ich sehe die schattenspendenden Kiefern vor mir, atme ihren harzigen Duft, spüre das algengrüne Wasser des Sees auf meiner Haut, schmecke Onkel Joes Eistee mit frischgepreßter Zitrone auf der Zunge. Aber der Tod meiner Mutter selbst ist in meiner Erinnerung immer vage und verschwommen geblieben. Ich habe ihre Leiche nie gesehen, und ich konnte sie mir nicht als Tote vorstellen. Die letzte Erinnerung, die ich an meine Mutter habe, ist, wie sie auf Zehenspitzen am Abend vor ihrem Tod in mein Zimmer kommt, mich sacht umarmt und »ich hab' dich lieb« flüstert.

Dreißig Jahre später erzählte mir ein Verwandter auf Onkel Joes neunzigstem Geburtstag, daß ich diejenige war, die meine Mutter im Pool gefunden hatte. Nach dem ersten Schock – *Nein, es war Tante Pearl, ich habe doch noch geschlafen, ich kann mich nicht daran erinnern* – kamen die Erinnerungen herbeigeweht, langsam und unregelmäßig, wie die beißenden, nach Kiefernholz riechenden Rauchschwaden der abendlichen Lagerfeuer. Ich sah mich selbst, ein dünnes dunkelhaariges Mädchen, wie ich in das flimmernde Blau und Weiß des Pools starrte. Meine Mutter, mit einem Morgenmantel bekleidet, trieb mit dem Gesicht nach unten darin. »Mom? Mom?« rief ich mehrmals mit vor Angst schriller Stimme. Ich fing an zu schreien. Ich erinnerte mich an die Polizeiwagen, das rotierende Blaulicht und an die Bahre mit dem sauberen, weißen Tuch, in das die Leiche gewickelt ist.

Natürlich. Jetzt verstand ich alles. Kein Wunder, daß mich die Umstände des Todes meiner Mutter immer beschäftigt hatten ... die Erinnerung daran war die ganze Zeit dagewesen, ich konnte nur nicht an sie herankommen. Aber jetzt, durch diese neue Information, paßte alles zusammen. Vielleicht erklärte diese einst tote und nun wiederbelebte Erinnerung meine Besessenheit von Erinnerungsentstellungen, meine zwanghafte Arbeitswut und meine unerfüllte Sehnsucht nach Sicherheit und bedingungsloser Liebe.

Drei Tage lang dehnten sich meine Erinnerungen aus und schwollen an. Dann rief eines frühen Morgens mein Bruder an, um mir zu sagen, daß der Onkel noch einmal über alles nachgedacht und gemerkt hatte, daß er sich irrte: Sein Gedächtnis hatte ihn getrogen. Jetzt wußte er wieder (und andere Verwandte bestätigten es), daß Tante Pearl die Leiche meiner Mutter im Swimmingpool gefunden hatte.

Nach diesem Anruf schrumpften meine Erinnerungen zusammen wie ein Ballon, aus dem man die Luft herausließ, und mir blieb nur die Verwunderung über eine offenbar angeborene Leichtgläubigkeit, vor der auch ein skeptischer Geist nicht gefeit war. Es bedurfte nur einer nebenbei erwähnten suggestiven Bemerkung, und schon ging ich auf eine innere Phantomjagd, eifrig nach Einzelheiten suchend, die die Aussage bestätigten. Als sich meine Erinnerungen als Produkt meiner Phantasie herausstellten, empfand ich eine merkwürdige Sehnsucht nach den leuchtenden Farben und dem dramatischen Schwung meiner erfundenen Erzähl-Wahrheit. Diese ausgefeilten, aber ganz und gar selbst fabrizierten Erinnerungen hatten mich mit ihrer Detailtreue und Genauigkeit und mit ihrem völligen Mangel an Zweideutigkeit und Ungewißheit getröstet. Wenigstens wußte ich nun, was an jenem Tag passiert war; wenigstens hatten meine Erinnerungen einen Anfang, eine Mitte und ein Ende; wenigstens ergab jetzt alles einen Zusammenhang. Als sie mir wieder genommen wurden, blieben mir nur ein paar düstere Einzelheiten, viele weiße Flecken und ein nicht enden wollender Kummer.

Eileen Franklin, eine rothaarige, sommersprossige Viertkläßlerin, und ihre beste Freundin, Susan Nason, wohnten in Foster City, einem mittelständischen Vorort dreißig Kilometer südlich von San Franzisko. Am 22. September 1969, fünf Tage vor ihrem neunten Geburtstag, verschwand Susan. Zwei Monate später wurde ihre Leiche in einem bewaldeten Gebiet in der Nähe der Half Moon Bay Road, ungefähr acht Kilometer westlich von Foster City, gefunden; ihr Schädel war mit einem schweren Gegenstand zertrümmert worden.

Zwei Jahrzehnte lang blieb der Mord ein Rätsel. Dann geschah etwas, das den Begriff »Verdrängung« zu einem Modewort und Eileen Franklin über Nacht zu einer Berühmtheit machte: Die Polizei verhaftete George Franklin, einundfünfzig Jahre alt, wegen Mordes an Susan Nason. Der einzige Beweis gegen ihn war die Aussage seiner Tochter, die behauptete, daß sie den Mord mit angesehen, die Erinnerung daran aber über zwanzig Jahre lang verdrängt hätte.

Das ist die Ereignis-Wahrheit der Eileen-Franklin-Geschichte. Weitere Fakten, die ebenso unstrittig sind, werden in dieser Geschichte von sexuellem Mißbrauch, Mord und verdrängten Erinnerungen dargelegt werden, aber diese sind so geschickt in den Teppich einer Es-war-einmal-Erzählung verwoben, daß niemand, noch nicht einmal Eileen Franklin, mit Sicherheit sagen kann, was tatsächlich geschehen ist. Die »wahre« Wahrheit liegt mit einem kleinen Mädchen begraben, das vor langer Zeit ermordet wurde.

Alles begann in einem hellen, sonnendurchfluteten Zimmer. Eileen Franklin, eine schöne, neunundzwanzig Jahre alte Frau mit langen roten Haaren, hielt ihren zweijährigen Sohn im Arm und sah zu, wie er zufrieden an seiner Flasche saugte. Ihre Tochter und zwei Spielgefährtinnen saßen zu ihren Füßen auf dem Teppich, umgeben von Buntstiften und Malbüchern. Es war ein warmer, sonniger Wintertag in Kalifornien, und Eileen sah aus dem Fenster und überlegte, ob es wohl warm genug war, um die Kinder im Pool schwimmen zu lassen.

»Stimmt's, Mommy?« Das sommersprossige Gesicht der sechsjährigen Jessica sah zustimmungheischend zu ihr auf. Das durch die Vorhänge gefilterte Sonnenlicht ließ Reflexe in Jessicas rotblondem Haar aufleuchten und warf komplizierte Muster aus Licht und Schatten auf den Fußboden. In diesem Augenblick, als sie ihrer Tochter ins Gesicht sah, kam die Erinnerung wieder, und Eileen Franklins sorgsam geordnete Welt stürzte ins Chaos.

In der deutlichen, bildhaften Szene, die in ihrem Kopf aufblitzte*, sah Eileen ihre beste Freundin, die achtjährige Susan Nason, auf einem Stein in einer waldigen Umgebung sitzen. Hinter ihr, durch die Sonne in seinem Rücken nur als Silhouette erkennbar, hielt ein Mann einen schweren Stein über seinem Kopf. Als der Mann auf sie zuging, hob Susan ihre Hände wie zum Schutz und sah Eileen an, die Augen vor Angst und Hilflosigkeit geweitet. Sekunden später schnellten die Arme des Mannes mit ungeheurer Kraft herab. Der Stein zerschmetterte Susans Schädel, und Eileen hielt sich die Ohren zu, um das Geräusch zermalmt werdender Knochen nicht hören zu müssen.

Nach diesem schmerzlichen Erinnerungsblitz glaubte Eileen, die Verbindung zur vergessenen Vergangenheit wiederhergestellt zu haben. Eine Erinnerung, die sie zwei Jahrzehnte lang, fast zwei Drittel ihres Lebens, vergraben hatte, war ohne Warnung oder Vorahnung wieder aufgetaucht, um die schockierende Wahrheit zu enthüllen: Sie hatte den Mord an ihrer besten Freundin mit angesehen. Aber der Flashback eröffnete noch eine weitere furchtbare Tatsache: Der Mann, der sie ermordet hatte, war George Franklin, Eileens Vater.

Monatelang versuchte Eileen, dieser Erinnerung auszuweichen, aber trotz ihrer Bemühungen, sie aus ihrem Bewußtsein zu verbannen, kehrte sie immer wieder und gewann an Deutlichkeit und Genauigkeit. Von den auftauchenden Erinnerungen verängstigt, fürchtete Eileen, verrückt zu werden. Schließlich teilte sie ihr Geheimnis mit ihrem Therapeuten, der ihr versicherte, daß sie nicht verrückt sei; nach und nach vertraute sie sich auch ihrem Bruder, ihren drei Schwestern und ihrer Mutter an. Im November 1989, zehn Monate nachdem die Erinnerung das erstemal wiedergekehrt war, erzählte Eileen ihrem Mann davon, der darauf bestand, die Polizei anzurufen. Nach mehreren Gesprächen mit der Staatsanwaltschaft des Bezirks, in denen Eileen ein detailliertes Wissen über den Mord zu Protokoll gab, entschied der stellvertretende Staatsanwalt Marty Murray, daß ihre Geschichte glaubwürdig genug war, um eine Untersuchung einzuleiten. Die Detectives Robert Morse und Brian Cassandro wurden mit dem Fall beauftragt.

Am 25. November 1989 setzte sich Eileen Franklin mit Morse und Cassandro in ihrem Wohnzimmer zusammen, um die befremdlichen Einzelheiten eines fröhlichen Ausflugs zu beschrei-

* Harry MacLean, dem Autor von »Once Upon a Time« zufolge, ist dies nur eine von fünf verschiedenen Versionen, mit denen Eileen die Wiederkehr der Erinnerung beschrieb.

ben, der mit Vergewaltigung und Mord endete. Ihre Erinnerungen waren sehr realistisch, sie enthielten Farben, Geräusche, Beschaffenheiten von Materialien, Gefühle und wörtlich nacherzählte Dialoge. Während sie Detail an Detail reihte, wobei sie nur gelegentlich zögerte, wechselten die Detectives Blicke. So unfaßlich es auch war, diese Frau schien die Wahrheit zu sagen.

Ihre Geschichte begann an einem frühen Montagmorgen, dem 22. September 1969, sie ging zu dieser Zeit in die vierte Klasse. George Franklin fuhr Eileen und ihre Schwester Janice in dem beigen Familien-VW-Bus zur Schule, als Eileen Susan Nason entdeckte. Sie fragte ihren Vater, ob sie Susan mitnehmen könnten. Eileen erinnerte sich, daß ihr Vater Janice aufforderte auszusteigen, als Susan in den Bus hüpfte.

George Franklin fuhr mit Eileen und Susan eine Weile herum und hielt dann irgendwann vor der Grundschule an, als ob er sie aussteigen lassen wollte. Aber statt dessen verkündete er, daß sie an diesem Tag die Schule schwänzen würden. Sie fuhren weiter durch die Gegend und kamen schließlich zu den Hügeln um die Half Moon Bay Road, wo sie vom Highway abfuhren und in einem Waldstück hielten. Eileen und Susan spielten eine Zeitlang zwischen den Büschen und Bäumen und kletterten dann wieder in den Bus. Drinnen rannten sie zwischen den Vordersitzen und dem hinteren Teil hin und her, wo sie auf eine Matratze sprangen, die auf einem kastenartigen Bettrahmen aus Sperrholz lag.

George Franklin stieg auch in den Bus und fing an, mit ihnen auf dem Bett zu spielen. Eileen war gerade auf dem Vordersitz, als sie sah, wie ihr Vater auf Susan kletterte. »Mein Vater hatte Susan unter sich eingeklemmt«, berichtete Eileen den Beamten, »ihre Beine hingen über den Rand des Bettes in Richtung der Vordersitze heraus, er hielt ihre Arme mit seinen Händen und Ellbogen fest und saß rittlings auf ihr, er begann, sich ... an ihr zu reiben und stoßende Bewegungen zu machen, ... und, er machte immer weiter, und ich lief vom Vordersitz zu ihnen nach hinten, und ich bekam Angst, als ich Susans Gesicht sah.« Als ihr Vater Susans Kleid hochschob, sah Eileen »etwas Weißes darunter«, vielleicht eine Unterhose oder ein Hemd.

Eileen rollte sich neben dem Bett zusammen, bis ihr Vater mit Susan fertig war. Dann stiegen sie und Susan, die jetzt weinte, aus dem Bus. Susan ging hinüber zu einer Art »Aussichtspunkt oder Anhöhe«, wo sie sich hinsetzte. Eileen blieb in der Nähe des Wagens und hob ein Blatt auf, das von einem Baum gefallen war. Als sie aufblickte, sah sie die Sonnenstrahlen zwischen die Bäume fallen, und dann sah sie ihren Vater, der über Susan stand und einen

Stein über seinen Kopf hielt. Susan sah auf und blickte dann schnell zu Eileen hinüber, wobei sie die Hände über ihren Kopf hob. Der Stein sauste herab. Eileen schrie auf, als sie das Geräusch der zerschmetternden Knochen hörte.

Dann riß ihr Vater sie an sich, warf sie auf den Boden und drückte ihr Gesicht in das Laub; er sagte, daß er sie töten würde, wenn sie irgend jemandem etwas verriete, und daß ihr sowieso niemand glauben würde – sie würden sie abholen und in die Irrenanstalt stecken. Als sie aufhörte zu schreien, zog er sie hoch und setzte sie auf seine Knie. Er befahl ihr, alles zu vergessen, es wäre vorbei. Er nahm einen Spaten oder eine Schaufel aus dem Wagen und fing an zu graben. Mit Eileens Hilfe zog er die Matratze aus dem Auto, wobei er über ihre Ungeschicklichkeit fluchte. Sie kletterte wieder in den Bus und rollte sich hinter den Vordersitzen zusammen. Die Schiebetür schloß sich, und sie fuhren davon. Sie flehte ihren Vater an, Susan nicht allein zu lassen, weil sie sich fürchten würde und weil ihr kalt werden würde. Aber er fuhr weiter und beachtete ihre verzweifelten Bitten nicht. Als sie nach Hause kamen, ging Eileen sofort auf ihr Zimmer und legte sich ins Bett.

Nachdem sie ihre Geschichte beendet hatte, befragten die Kriminalbeamten sie eindringlich, und ihre Antworten förderten weitere Einzelheiten zutage. Gab es dort viele Bäume? Es war »nicht sehr dicht bewaldet«, antwortete sie und beschrieb die Anordnung der in der Nähe stehenden Bäume. Wie sah die Straße aus, auf der sie gefahren waren? Ungeteert, ein Schotterweg. Hatte sie nicht in einem ihrer Telefonate mit der Polizei einen Ring erwähnt? Ja, Susan trug einen »Silberring mit einem Stein darin«. Wie weit war Eileen von Susan entfernt, als ihr Vater sich ihr mit dem Stein näherte? Etwas sechs Meter. Als er anfing, Susan zu belästigen, sagte er da etwas? Er sagte »Susie«. Nicht »Susan«, fügte Eileen hinzu, sondern »Susie«. Trank er dabei? Ja, er trank Bier aus einer »Blechdose, die silbern, hellbraun und weiß war, mit einem Berg darauf«. Was hatte er an? Braune Levi's-Cordhosen und ein Wollhemd mit einem weißen, kurzärmeligen T-Shirt mit rundem Ausschnitt darunter. Welche Farbe hatte sein Haar? »Rötlichbraun mit ein wenig Grau.« Sagte Susan irgend etwas, während George Franklin sie bedrängte? Sie sagte »nein«, und dann »aufhören«.

Die Befragung endete um 15.22 Uhr, nach drei Stunden. Als die Tonbandaufnahmen transkribiert worden waren, umfaßten sie dreiunddreißig maschinengeschriebene Seiten.

Die Beamten verließen Eileen Franklins Haus in der Überzeugung, daß sie die Wahrheit sagte. Der Ring, der Stein, die Matratze, das Waldstück, sogar die Beschreibung von Susans Händen über ihrem Kopf paßten zu den Spuren, die am Tatort aufgenommen worden waren.

»Glaubst du ihr?« fragte Cassandro seinen Kollegen, als sie wegfuhren.

»Yeah«, antwortete Morse.

»Ich auch«, sagte Cassandro.

Drei Tage später fuhren die Beamten zu George Franklins Wohnung in Sacramento und teilten ihm mit, daß sie den ungelösten Fall Susan Nason wieder aufrollten.

»Werde ich verdächtigt?« fragte Franklin. Cassandro bejahte.

»Brauche ich einen Anwalt?« war die zweite Frage.

Aber es war seine dritte Frage, die die Sache für die Detectives entschied. »Haben Sie mit meiner Tochter gesprochen?«

Sie waren der Meinung, daß ein Unschuldiger nicht sofort gefragt hätte, ob er des Mordes verdächtigt werde. Außerdem hätte er seine Tochter nicht erwähnt, es sei denn, er befürchtete, daß sie etwas verraten hätte.* Ein Unschuldiger wäre verstört, besorgt oder ängstlich gewesen. Aber George Franklin stand ihnen völlig ungerührt gegenüber, als hätte er sie erwartet.

Am 28. November 1989 wurde George Franklin wegen Mordes an Susan Nason verhaftet. Das einzige Beweismittel gegen ihn waren die Erinnerungen seiner Tochter.

Als Doug Horngrad, George Franklins Verteidiger, mich im Sommer 1990 anrief und fragte, ob ich bereit wäre, im Prozeß als Sachverständige auszusagen, dachte ich: Das ist die verrückteste Geschichte, die ich je gehört habe. Wo waren die Beweise? In Mordfällen kann sich das Gericht normalerweise auf irgendwelche konkreten Beweise stützen – Blutflecke, Spermaspuren, die Tatwaffe – oder auf eine Reihe von Indizien, die auf einen bestimmten Täter hinweisen. Aber diese Anklage beruhte einzig und allein auf der Glaubwürdigkeit der Erinnerung einer Frau an ein Ereignis, das sie vor zwanzig Jahren als Achtjährige miterlebt hatte – eine Erinnerung, die offenbar, ohne Spuren zu hinterlassen, begraben worden und erst kürzlich wieder ans Licht gebracht worden war. Wie zuverlässig konnte eine solche Erinnerung sein? Wie konnte die Staatsanwaltschaft lediglich aufgrund dieser zwanzig Jahre alten, durch nichts belegten Erinnerung Anklage erheben?

* Die Detectives waren sich im nachhinein nicht einig, ob Franklin »daughter« (Tochter) oder »daughters« (Töchter) gesagt hatte. Seine Tochter Janice hatte fünf Jahre zuvor Kontakt mit der Polizei aufgenommen, weil sie ihren Vater verdächtigte, etwas mit dem Mord an Susan Nason zu tun gehabt zu haben.

Anklage und Verteidigung würden jeweils die beiden grundsätzlichen Möglichkeiten ins Feld führen, erklärte Horngrad. Die Staatsanwälte würden ihre Anklage auf der Theorie aufbauen, daß die Erinnerung authentisch sei; wenn das von den Geschworenen akzeptiert würde, bedeutete das, daß George Franklin schuldig gesprochen würde. Die Verteidigung würde versuchen zu beweisen, daß die Erinnerung nicht authentisch sei, sondern eine Mischung aus Tatsachen (Susan wurde ermordet) und Phantasien (Eileen Franklin hat den Mord mit angesehen). Meine Aufgabe als Sachverständige würde es sein, die maßgeblichen Abläufe bei der Entstehung von Erinnerungen sowie bei deren Veränderungen und Entstellungen zu erläutern. Wenn Eileens Erinnerung nicht der Wahrheit entsprach, woher kamen dann diese plastischen und im wesentlichen stimmigen Einzelheiten? Woher wußte sie von all den Gegebenheiten am Tatort, und warum war sie so sicher und überzeugt, als sie beschrieb, was an jenem Tag geschehen war?

»Hat sie bei der Polizei Angaben gemacht, von denen nur eine Augenzeugin wissen konnte?« fragte ich Horngrad.

»Jedes Detail, das sie den Beamten beschrieb, findet sich auch in den Zeitungsberichten von Susans Verschwinden und vom Auffinden ihrer Leiche zwei Monate später«, antwortete er. Er war bereit, mir die Zeitungsausschnitte und eine Kopie von Eileens erster Aussage zu schicken, damit ich die Einzelheiten ihrer Aussage mit den Angaben in der Lokalpresse zu jener Zeit vergleichen konnte.

Die Staatsanwaltschaft argumentierte damit, daß Eileen Einzelheiten über den Mord wußte, die nur einer Augenzeugin bekannt sein konnten. Wenn die Verteidigung nachweisen konnte, daß über die prägnantesten Details ihrer Geschichte – besonders über den Stein, den Ring und die Matratze – ausführlich in den Medien berichtet worden war und daß sie daher jedem zugänglich waren, der Zeitung las, fernsah oder anderen zuhörte, die sich über den Mord unterhielten, dann hatte Eileen der Polizei nichts erzählt, was diese nicht schon wußte. Der Prozeß gegen George Franklin würde ausschließlich auf den Schlußfolgerungen und Beweisführungen beruhen, die aus »Erinnerungen« abgeleitet wurden, von denen Eileen, wie sie selbst sagte, bis zu dem Moment nichts gewußt hatte, in dem sie ihrer Tochter in die Augen blickte und die Mordszene deutlich ablaufen »sah«. Wenn alle Einzelheiten ihrer Erinnerung auch in den veröffentlichten Berichten über den Mord gefunden werden konnten, dann gab es keinen stichhaltigen Beweis dafür, daß George Franklin der Mörder war, ... und wie kann man einen Menschen ohne Beweise wegen Mordes verurteilen?

Die Zeitungsartikel waren aufschlußreich. Die Angaben, die Eileen in ihrer ersten Aussage gemacht hatte, deckten sich fast genau mit den Einzelheiten in den Berichten über den Mord. Zwei Monate nach Susans Verschwinden war ihre Leiche unter einer Matratze im Unterholz am Fuß eines steilen Erdwalls gefunden worden, nicht weit von einem Highway-Abzweig entfernt. Ihr Schädel war zertrümmert, und auf einem zirka drei Pfund schweren Stein, der in der Nähe gefunden wurde, hatte man Blutspuren entdeckt. Das Mädchen trug ein blaugemustertes Baumwollkleid, weiße Socken und Schuhe aus braunem Sattelleder. Ein Silberbrokatring an Susans rechter Hand war zerdrückt, und der Stein fehlte; er wurde später von einem Suchteam entdeckt.

Aber einige der in den Artikeln berichteten Fakten waren nicht ganz korrekt wiedergegeben worden. Susan hatte in Wirklichkeit zwei Ringe getragen: einen silbernen Indianerring an der rechten und einen Goldring mit einem Topas an der linken Hand. Ein Zeitungsbericht verwechselte die beiden Ringe und behauptete, der Silberring hätte den Stein enthalten; zwanzig Jahre später beging Eileen in ihrer ersten Aussage gegenüber den Detectives denselben Fehler, indem sie sich an einen zerdrückten Ring mit einem kleinen Stein an Susans rechter Hand erinnerte.

Weiteren Anlaß zur Verwechslung gab die Matratze, die die Leiche bedeckt hatte. Ein Artikel erwähnte eine Matratze, während ein anderer den Gegenstand korrekt als »box spring«, eine Art Sprungfedermatratze mit Rahmen, identifizierte (der, wie sich herausstellte, zu groß war, um in George Franklins Bus zu passen). Bei der Voranhörung, sechs Monate nach ihrer ursprünglichen Aussage, änderte Eileen die »Matratze« in ein »Ding«: »Er hockte über Susans Körper und legte Steine auf sie. Ich glaube, ich habe gesehen, wie er dieses Ding auf ihre Leiche zog.«

»Steine auf sie legen« war ein weiteres Detail, das sich mit den veröffentlichten Informationen über den Mord deckte. Ein einzelner Stein wurde in den Falten von Susans Kleid entdeckt und ein größerer neben ihrem Körper gefunden. Den Pathologen zufolge kam jeder der beiden als Mordwaffe in Frage. Warum hatte Eileen das »Steine auf sie legen« nicht früher erwähnt, als sie ihre ausführlichen Angaben gegenüber Morse und Cassandro machte?

In der Voranhörung änderte Eileen außerdem ihre Angabe der Tatzeit vom späten Vormittag auf den späten Nachmittag. George Franklin konnte Susan nicht am Morgen mitgenommen haben, wie Eileen zuerst erklärte, weil Susan an diesem Tag in der Schule war. Sie war kurz nach 15.00 Uhr nach Hause gekommen, hatte ihre Mutter begrüßt und gefragt, ob sie zu einer Klassenkameradin gehen könne, um ihr ein Paar Tennisschuhe zu bringen, die diese in der Schule vergessen hatte. Susan verließ ihr Zuhause wieder gegen 15.15 Uhr. Mehrere Nachbarn erinnerten sich, sie auf dem Gehweg gesehen zu haben.

Gegen 16.30 Uhr begann Margaret Nason sich Sorgen um ihre Tochter zu machen, die schon genügend Verantwortungsbewußtsein und Rücksichtnahme besaß, um ihre Mutter immer über ihren Aufenthaltsort zu benachrichtigen (und die nie ihren Nachmittagssnack ausließ). Margaret fuhr mit ihrem Fahrrad durch die Nachbarschaft und hielt nach Susan Ausschau, aber als nach einiger Zeit immer noch keine Spur von ihr zu finden war, geriet sie in Panik. Gegen 20.00 Uhr riefen die Nasons die Polizei an.

Irgendwann nach dem Gespräch mit Morse und Cassandro änderte Eileen die Tatzeit und paßte sie den in den Zeitungsberichten stehenden Umständen des Mordes an. Je mehr sie über die Silhouette ihres Vaters vor der Sonne nachdachte, erklärte sie, desto klarer wurde ihr, daß der Mord nicht am Vormittag stattgefunden haben konnte. Susan mußte am späten Nachmittag ermordet worden sein, entschied Eileen, weil sie in ihrer Erinnerung die Strahlen der tiefstehenden Sonne schräg durch die Bäume fallen sah. Obwohl sie später angab, ihre Erinnerung Ende November oder Anfang Dezember 1989 korrigiert zu haben, informierte sie die Staatsanwaltschaft jedoch erst am 9. Mai 1990 von der Änderung, zwei Wochen vor der Voranhörung.

Eileen änderte auch ihre Ansicht über die Anwesenheit von Janice im Bus. Ursprünglich hatte sie den Beamten erzählt, daß Janice zuerst mit im VW-Bus war, als ihr Vater anhielt, um Susan mitzunehmen. Aber in ihrer Aussage gegenüber dem Staatsanwalt vom 9. Mai revidierte sie erneut ihre Erinnerung und behauptete, Janice auf einem Feld in der Nähe der Stelle gesehen zu haben, an der ihr Vater angehalten hatte, um Susan einsteigen zu lassen.

»Je mehr ich mich konzentrierte, um mir über den Ablauf des Geschehens sicher zu sein«, sagte Eileen bei der Voranhörung aus, »desto unsicherer wurde ich, ob Janice im Bus war oder nicht. Und je unsicherer ich wurde, desto mehr versuchte ich, mich zu konzentrieren und zu erinnern. Nach ... während einer Zeit von vielleicht mehreren Wochen, in denen ich einfach ... schien es mir immer deutlicher, daß ich mich erinnere, sie außerhalb des Busses gesehen zu haben, und daß ich mir nur nicht im klaren war, ... ob sie vorher drinnen war oder was. Ich glaube eher, sie war draußen. Und ich weiß nicht, warum ich zuerst dachte, sie wäre drinnen gewesen.«

All diese Hinzufügungen und Auslassungen in Eileens Bericht über den Mord bestätigen, was Forscher über die Verformbarkeit von Erinnerungen herausgefunden haben. Erinnerungen verändern sich mit der Zeit, und je mehr Zeit vergeht, desto mehr Veränderungen und Verzerrungen sind zu erwarten. Wenn sich neue Geschehnisse ereignen, verbindet das Gedächtnis die zusätzlichen Informationen und Einzelheiten mit den alten, und die ursprüngliche Erinnerung verwandelt sich allmählich.

Eileens Erinnerungsvermögen erschien mir vollkommen normal. Sie erinnerte sich genau an ihre beste Freundin, und sie hatte nie vergessen, daß Susan brutal ermordet worden war. Aber was geschah während der folgenden zwanzig Jahre mit diesen beiden grundlegenden, unvergeßlichen Tatsachen? Es ist zumindest plausibel, daß Eileen ihrer Erinnerung Fakten einverleibt hat, die den Zeitungs- und Fernsehberichten entnommen waren, und daß sie weitere, aus beiläufigen Unterhaltungen erfahrene Einzelheiten hinzufügte und so eine zusammenhängende Geschichte entstehen ließ. Dieser Theorie zufolge sammelte Eileen die verstreuten Fakten und Details eines sinnlosen Mordes, vermischte sie unbewußt mit Phantasien und Ängsten, fügte Gerüchte und Andeutungen hinzu und kam zu der falschen Schlußfolgerung, daß sie im Wald dabeigewesen war und zugesehen hatte, wie ihr Vater ihre beste Freundin zuerst vergewaltigte und dann ermordete. Ihre Phantasie schmückte die Ereignis-Wahrheit mit den anschaulichen Details, dem dramatischen Schwung und der moralischen Klarheit der Erzähl-Wahrheit aus.

Die Anklage machte geltend, daß diese ausführlichen Erinnerungen eine exakte Wiedergabe der Vergangenheit darstellten, und führte den Mechanismus der Verdrängung an, um zu erklären, warum Eileen ihre Anwesenheit bei dem Mord zuerst vergessen hatte und sich trotzdem zwanzig Jahre später wieder genau an das Geschehen erinnern konnte. Sie argumentierte, daß man Änderungen und Widersprüchlichkeiten in Eileens Geschichte nicht als Beweis für ihre Fehlerhaftigkeit ansehen sollte, sondern als Bestätigung dafür, daß es sich um eine weit zurückreichende, aber zuverlässige Erinnerung handelte, die nur hier und da ein wenig aufgefrischt werden mußte.

Doch wann war der Begriff der Verdrängung überhaupt im Zusammenhang mit diesem Fall aufgetaucht? Als Eileen im November 1989 die Polizei anrief und dann ihre erste Aussage gegenüber Morse und Cassandro machte, erwähnte sie zu keiner Zeit eine »verdrängte« Erinnerung. Im Gegenteil, als die Beamten sie fragten, warum sie mit dieser belastenden Aussage zwanzig

Jahre gewartet hatte, erklärte sie, daß ihre Erinnerung erst vor kurzem deutlicher geworden sei, daß sie erst jetzt nicht mehr so »vage« sei. In einem Telefonat mit Staatsanwalt Marty Murray ein paar Wochen darauf behauptete sie, daß die Erinnerungen an die Einzelheiten des Mordes während einer Intensivtherapie wiedergekommen seien. In anderen, auf Tonband aufgezeichneten Telefongesprächen erwähnte sie mehrfach, daß sie ihre Erinnerungen für sich behalten habe, weil ihr Vater gedroht habe, sie umzubringen, wenn sie etwas über den Mord verlauten ließe.

Doch Ende Dezember 1989 erzählte Eileen Staatsanwalt Murray, daß die Erinnerung erst vor kurzer Zeit in ihr Bewußtsein zurückgekehrt war. Bald danach gab sie zwei Zeitungsinterviews, in denen sie erklärte, daß die Erinnerung an den Mord »blockiert« gewesen sei und plötzlich in einem »Flashback« wieder aufgeblitzt sei. Sie erzählte einem Reporter des San Jose »Mercury«, daß sie das Verbrechen gleich ein paar Tage später vergessen und sich an nichts mehr erinnert hatte, bis diese Flashbacks anfingen. Sie erinnerte sich nur daran, wie ihr Körper sich in eine andere Richtung drehte, wenn sie als Kind am Haus der Nasons vorbeiging (eine »Körpererinnerung«); diese merkwürdige körperliche Reaktion hatte sie nicht verstehen können, bis die vollständige verdrängte Erinnerung in ihr Bewußtsein zurückgekehrt war. Einem Reporter der »Los Angeles Times« gegenüber sagte Eileen, daß die Erinnerung an den Mord sofort danach »blockiert« worden war; erst als die Flashbacks anfingen, die unter anderem auch ein Bild von ihrem Vater zeigten, wie er mit einem Stein in den Händen über Susan Nason stand, hatte sie sich entschlossen, die Polizei anzurufen.

Was löste diese Flashbacks aus? Dazu konnte Eileens Bruder, George Junior, eine interessante Geschichte erzählen. Eileen rief ihren Bruder im August 1989 an, um ihn zu sich einzuladen. Gleich nach seiner Ankunft, vertraute sie ihm an, daß sie eine Therapie machte und hypnotisiert worden war. Am nächsten Tag erzählte sie ihm, daß sie unter Hypnose ihren Vater vor sich gesehen hatte, wie er Susan Nason tötete. Im September 1989 berichtete Eileen ihrer Mutter von der Erinnerung und sagte auch ihr, daß sie während einer Hypnose-Therapiesitzung wiedergekommen war.

Nur wenige Monate später klang Eileens Geschichte wieder anders. Nachdem ihr Vater wegen Mordes verhaftet worden war, rief Eileen ihren Bruder an und fragte, ob er mit der Verteidigung gesprochen habe. Als er das bejahte, korrigierte sie sofort die Version mit der Hypnose und bat ihn, ihre neue Version zu bestätigen. Die Erinnerung wäre in einer normalen Therapiesitzung wiedergekommen; sie wäre nie hypnotisiert worden. Wenn die Polizei bei dir anruft, sag bitte nichts von Hypnose, beschwörte sie ihren Bruder.

Horngrad glaubte, daß Eileen irgendwann erfahren hatte, daß ihre Erinnerung vor Gericht nicht als Beweis zugelassen würde, wenn sie durch Hypnose hervorgerufen worden war. Er nahm an, daß entweder Eileens Mutter, die eine praktizierende Anwältin war, oder ein Anwalt in Los Angeles, den sie konsultiert hatte, bevor sie die Polizei anrief, sie über die juristischen Feinheiten aufgeklärt hatte. Wie viele andere Staaten läßt auch Kalifornien Zeugenaussagen nicht zu, die auf durch Hypnose wiedererlangten Erinnerungen beruhen. Zu viele Untersuchungen haben überzeugend nachgewiesen, daß Hypnose in einen höchst suggestiblen Zustand versetzt, in dem Erinnerungen erweitert, verfestigt oder sogar erst in das Gedächtnis der hypnotisierten Person eingesetzt werden können.

In der Voranhörung im Mai 1990 gestand Eileen, ihren Bruder und ihre Mutter angelogen zu haben. Sie sei nie hypnotisiert worden und habe nur gegenüber ihren Familienangehörigen von Hypnose gesprochen, damit diese ihr glaubten. In der Zeit habe sie gedacht, daß Hypnose der Geschichte mehr Glaubwürdigkeit verleihen würde. Eileen bestritt außerdem die Aussage ihrer älteren Schwester Kate, nach der Eileen sie Anfang November 1989, also kurz bevor sie Kontakt mit der Polizei aufnahm, angerufen und gesagt hatte, daß die Erinnerung an Susans Ermordung in einem Traum wiedergekehrt sei. Sie habe seit längerer Zeit Alpträume gehabt und sich entschieden, wieder eine Therapie zu machen. Kurz darauf habe sie einen Traum gehabt, in dem ihr Vater Susan ermordete.

War dieses innere Bild, das Eileen von dem Mord hatte, ein Flashback, ein Traum oder eine hypnotisch suggerierte Pseudoerinnerung? Nichts dergleichen, beharrte die Staatsanwaltschaft. Es handele sich eindeutig um eine verdrängte Erinnerung. »Verdrängt« bedeutet, daß die Erinnerung weder einfach vergessen noch willentlich verschwiegen worden ist. Bedingt durch die traumatische Qualität des Mordes hatte Eileens Verstand die Erinnerung aus ihrem Bewußtsein entfernt. Sie verschwand, ohne eine Spur zu hinterlassen, und war zwei Jahrzehnte lang im Unbewußten versiegelt gewesen. Wenn jemand sie irgendwann in diesen zwanzig Jahren gefragt hätte: »Eileen, besteht die Möglichkeit, daß du dabeiwarst, als Susan ermordet wurde?« oder noch direkter: »Hat dein Vater deine beste Freundin ermordet?« hätte sie schockiert und ungläubig reagiert und diese Vermutung weit von sich gewiesen, ohne daß das leiseste Aufflackern einer Erinnerung ihre Überzeugung ins Wanken gebracht hätte. Die Erinnerung war gestorben oder jedenfalls so gut wie tot und gab nicht das kleinste Lebenszeichen von sich.

»Verdrängung« ... Das Wort flüstert von dunklen Geheimnissen und vergrabenen Schätzen, von Zimmern voller Spinnweben und Staub, in deren Ecken ein seltsames, schauerliches Rascheln zu hören ist. Verdrängung ist der geheimnisvollste und romantischste Begriff in der Psychologie der Erinnerung: *Etwas geschieht*, etwas so Schreckliches und Beängstigendes, daß es zu einem geistigen Kurzschluß kommt und die normalen Prozesse im Gedächtnis ernsthaft gestört werden. Eine vollständige Erinnerung oder vielleicht nur ein grober Ausschnitt aus einer Erinnerung wird abgespalten und versteckt. Wo? Das weiß niemand, aber wir stellen uns das Knistern von Elektrizität und blaue Funken schlagende Neuronen vor, wenn eine Erinnerung in die entferntesten und unzugänglichsten Winkel des Bewußtseins abgeschoben wird. Dort bleibt sie dann jahre- oder jahrzehntelang, vielleicht auch für immer, isoliert und geschützt in einem todesähnlichen Schlafzustand. Weit vom Fieber des Bewußtseins entfernt, ruht sie.

Die Zeit vergeht. Und dann *geschieht etwas.* Sonnenstrahlen fallen durch Baumwipfel. Ein schwarzer Ledergürtel liegt zusammengerollt wie eine Schlange auf dem Fußboden. Ein Wort oder ein Satz fällt, oder es entsteht ein seltsam vertrautes Schweigen. Und plötzlich taucht die Erinnerung aus der Tiefe auf: Perfekt konserviert schwebt sie durch die stillen Wasser des einst gefrorenen Teiches nach oben.

Wodurch schmilzt diese vereiste Oberfläche im Verstand und erlaubt einer Erinnerung, wieder im Bewußtsein aufzutauchen? Wo war diese Erinnerung in all den Jahren versteckt? Und woher wissen wir, daß diese wiederaufgetauchte Erinnerung, auch wenn sie echt aussieht, sich echt anhört und einen echten Eindruck macht, nicht eine Mischung aus Tatsache und Einbildung, Traum und Phantasie, Angst und Wunsch ist?

Als ich begann, in Aufsätzen und Lehrbüchern nach Antworten auf diese Fragen zu suchen, wurde ich mit einem seltsamen Schweigen konfrontiert. Es war, als sei die Verdrängung selbst in einen hundertjährigen Schlaf gefallen, seit Freud die Theorie von einem Abwehrmechanismus aufstellte, der das Bewußtsein vor schmerzlichen Gefühlen und Erfahrungen schützt. Ich sah die zweite Ausgabe von Roberta Klatzkys »Human Memory« durch und fand im Register keinen Eintrag unter »Verdrängung«. Auch Eugene Zeckmeisters und Stanley Nybergs Lehrbuch über das menschliche Gedächtnis erwähnte Verdrängung nicht im Stichwortregister.

Schließlich fand ich einige Informationen in Alan Baddeleys Buch über das Gedächtnis. Baddeley, einer der hervorragendsten Gedächtnisforscher Großbritanniens, setzt sich kritisch mit Freuds Überzeugung auseinander, daß Gefühle die Macht haben, Erinnerungen zu blockieren. Er zitiert den Fall einer zwanzigjährigen Frau (einer Patientin Pierre Janets, eines Zeitgenossen Freuds), die an Gedächtnisstörungen litt, welche durch die lange Krankheit und den Tod ihrer Mutter verursacht worden waren. Die Frage der absichtlichen Vermeidung von Erinnerungen ist entscheidend für Baddeley, der folgert, »daß es sehr schwer festzulegen ist, inwieweit ein Patient oder eine Patientin wirklich keinen Zugang zu den streßverursachenden Erinnerungen hat und inwieweit er oder sie sich nicht erinnern möchte«.

Baddeley verdeutlicht, daß es zwar viele Belege für die Auswirkungen von Gefühlen auf Gedächtnis und Erinnerungen gibt, daß aber die Belege für das Vorkommen von Verdrängung im täglichen Leben »deutlich weniger überzeugend« sind und daß »Bemühungen, Verdrängung im Experiment nachzuweisen, ... sich überraschend schwierig gestalteten«. Obwohl viele klinische Psychologen darauf bestehen, daß Verdrängung ein nachweislich existierendes Phänomen ist, »sagen solche Ermahnungen mehr über die Überzeugungen des Mahners als über die Stichhaltigkeit der Behauptung aus. Wenn jemand überall Verdrängung sieht, dann entsteht diese vielleicht wie die Schönheit im Auge des Betrachters.«

Dann wandte ich mich den wissenschaftlichen Veröffentlichungen im klinischen Bereich zu und durchforstete mehrere bekannte Bücher über Inzest und Trauma. In dem hochgelobten Buch »Father-Daughter Incest« der Psychiaterin Judith Lewis Herman fand sich der Begriff »Verdrängung« weder im Register noch irgendwo im laufenden Text. Dagegen fand ich einige Hinweise in Alice Millers klassischer Arbeit zu den Auswirkungen von Kindheitstraumen »Das Drama des begabten Kindes«. Miller betont die Notwendigkeit, die Wahrheit über unser Leben herauszufinden, die »im Dunkel der Vergangenheit verborgen liegt«. Jedoch macht Miller deutlich, daß wir diese Wahrheit nicht entdecken, indem wir nach wirklichen, historischen Erinnerungen suchen, sondern indem wir die intensiven Bedürfnisse und Gefühle wiederfinden, die traumatisierte Kinder aus dem Bewußtsein drängen, weil sie in einer gleichgültigen und unfreundlichen Umgebung leben. Im Vorwort ihres Buches schreibt sie: »Die Erfahrung lehrt uns, daß wir im Kampf mit den seelischen Erkrankungen auf die Dauer nur ein einziges Mittel zur Verfügung haben: die Wahrheit unserer einmaligen und einzigartigen Kindheitsgeschichte emotional zu finden und sie anzunehmen.« Und auf den letzten Seiten zieht sie den Schluß: »Hat der Patient dank der emotionalen Verarbeitung der Kindheit seine Lebendigkeit wiedergewonnen, ist das eigentliche Ziel erreicht.«

Es schien mir zulässig, aus Alice Millers Schrift zu schließen, daß jegliche »Wahrheit«, die wir in unseren verdrängten oder unbewußten Erinnerungen entdecken, ganz allein unsere subjektiven Gefühle betrifft. Sigmund Freud, der die Idee der Verdrängung in die psychoanalytische Literatur einführte, hat ebenfalls den emotionalen Gehalt des verdrängten Materials betont. Freud sah Verdrängung als einen Abwehrmechanismus an, der dazu dient, Gefühle, Bedürfnisse oder Absichten abzulehnen oder zu unterdrücken, um psychischen »Schmerz« (der als Trauma, Angst, Schuld- oder Schamgefühl erfahren werden kann) zu vermeiden. In einer 1915 veröffentlichten Schrift beschreibt Freud das Phänomen Verdrängung klar und prägnant: Das »Wesen« der Verdrängung besteht »nur in der Abweisung und Fernhaltung vom Bewußten«.

Elizabeth von R., eine von Freuds berühmtesten Patientinnen, wird immer als das klassische Beispiel für einen Fall von Verdrängung angeführt. In ihren Sitzungen mit Freud empfand Elizabeth immer dann qualvolle körperliche Schmerzen, wenn sie kurz davor war, den unbewußten Wunsch (der schließlich bewußt gemacht wurde) auszudrücken, ihren Schwager heiraten zu können. Freud verglich den Prozeß des Aufdeckens der verdrängten Vorstellungen und Wünsche mit der schichtweisen Ausgrabung einer verschütteten Stadt. Doch solche »Grabungen« auf dem Gebiet der verdrängten Erinnerungen mußten zwangsläufig langsam voranschreiten, denn bei jeder Schaufel Erde, die Freud entfernte, kämpften die Patientinnen verzweifelt darum, das entstandene Loch wieder aufzufüllen. Die vergrabenen Gefühle und Erfahrungen sind, wie Freud bildlich erläutert, »konzentrisch um den pathogenen Kern geschichtet; je tiefer man geht, desto schwieriger werden die auftauchenden Erinnerungen erkannt, bis man nahe am Kerne auf solche stößt, die der Patient noch bei der Reproduktion verleugnet«.

Träume und verbotene Wünsche wurden als Signale für das bevorstehende Auftauchen verdrängten emotionalen Materials angesehen. Der Wolfsmann, ein weiterer berühmter Fall Freuds, erinnerte sich nach einigen vorwarnenden Träumen daran, daß er von seiner Schwester verführt worden war. Und die verdrängten erotischen Gefühle für ihren Arbeitgeber trugen offenbar zu den hysterischen Symptomen von Fräulein Lucie R. bei. In einer 1895 veröffentlichten Schrift gibt Freud einen Wortwechsel mit Fräulein Lucie wieder:

Wenn Sie aber wußten, daß Sie den Direktor lieben, warum haben Sie es mir nicht gesagt? – Ich wußte es ja nicht oder besser, ich wollte es nicht wissen, wollte es mir aus dem Kopfe schlagen, nie mehr daran denken, ich glaube, es ist mir auch in der letzten Zeit gelungen.

Freud erläuterte am Fall Lucie R. seine Hypothese, daß »eine Vorstellung absichtlich aus dem Bewußtsein verdrängt« werden muß, damit hysterische Symptome entstehen. Daher kann Verdrängung nach der ursprünglichen Freudschen Definition ein absichtlicher, willentlicher Vorgang sein, um Gefühle, Vorstellungen oder Gedanken aus dem Bewußtsein zu verbannen.

Ich fragte mich, was Freud wohl zu Eileen Franklin gesagt hätte, die eine andere Art von verdrängter Erinnerung für sich in Anspruch nahm – eine, die durch völlig *unbewußte* Mechanismen aus dem Bewußtsein entfernt worden war. Paßten ihre Angaben über einen zwanzig Jahre anhaltenden Verlust einer Erinnerung an ein schwer traumatisches Ereignis zu Freuds Theorie, oder stellte ihr Fall eine moderne Abweichung von seinen Überlegungen zum Arbeiten des Unbewußten dar? Als ich mit meiner Suche nach Informationen fortfuhr, fand ich einen faszinierenden Artikel mit dem Titel »Let's Not Sweep Repression Under the Rug: Toward a Cognitive Psychology of Repression« von Matthew Erdelyi. Erdelyi vertritt die Auffassung, daß das ursprüngliche Freudsche Konzept der Verdrängung als eines potentiell bewußten, absichtlichen Aktes von den heutigen Theoretikern und klinischen Psychologinnen völlig vernachlässigt wird, die darauf beharren, daß Verdrängung immer als ein unbewußter Abwehrmechanismus funktioniert.

Zu diesem Punkt hat sich ein fast allumfassender Konsens herausgebildet ... Es herrscht die Meinung, daß die Abwehrmechanismen ohne Ausnahme unbewußt operieren. Diese Meinung ist so weit verbreitet, daß die meisten Theoretiker diesen Aspekt jetzt nicht mehr als Hypothese, sondern als integralen Bestandteil der Definition des Phänomens ansehen.

Erdelyi führte eine formlose Umfrage bei jüngeren Studenten durch, um herauszufinden, wie die Verbreitung von Verdrängungserfahrungen (bewußt oder unbewußt) im alltäglichen Leben eingeschätzt wird. Fünfundachtzig von sechsundachtzig Personen im Collegealter gaben an, »bewußte Verdrängung« anzuwenden, die als »Ausschluß von schmerzlichen Erinnerungen oder Gedanken aus dem Bewußtsein mit dem Zweck, psychisches Unbehagen zu vermeiden« definiert wurde. Darüber hinaus konnten die meisten der Befragten sich an bestimmte *unbewußte* Vorgänge erinnern, die dazu dienten, unangenehme Inhalte aus dem Bewußtsein auszuschließen; mit Ederlyis Worten »waren sie sich jetzt vorhergehender unbewußter Anwendung von Abwehrtechniken bewußt«. Ederlyi schloß daraus, daß es »eine beinahe lückenlose Anerkennung des Phänomens Verdrängung gibt«.

Was bedeutet das alles? überlegte ich. Es schien mir, als ob etwas, das Freud als freie Metapher formuliert hatte (als poetische Vorstellung von Gefühlen und Erfahrungen, die in einer geheimen, unzugänglichen Kammer des Gehirns verschlossen sind), jetzt wörtlich als Definition aufgefaßt wurde. Freud hatte den Begriff der Verdrängung allegorisch benutzt, als ein Phantasiegebilde, um die unerforschlichen und unbegreiflichen Bereiche des menschlichen Geistes zu beschreiben. Heutzutage verwirrt uns diese metaphorische Ausdrucksweise vielleicht, da wir dazu neigen, die Dinge wörtlich zu nehmen, und glauben, daß wir das Unbewußte und seinen Gehalt wie einen Gegenstand erfassen können. Daher behaupten manche, daß vollständige Erinnerungen jahrelang vergraben und dann ohne Alterungs- oder Verfallserscheinungen wieder ausgegraben werden können.

Während Freud von den komplexen Wechselwirkungen der sexuellen und aggressiven Gefühle, Wünsche, Phantasien und Impulse im Kindesalter und ihrer Fähigkeit, im Erwachsenenalter Krankheiten und Störungen auszulösen, fasziniert war (wobei er stets den verdrängten *emotionalen* Gehalt der frühen Erfahrungen betonte), haben sich die heutigen Analytiker und Therapeuten auf eine Expedition nach einer faktischen historischen Wahrheit begeben. Wir haben einen Gedanken wie einen Schmetterling eingefangen, ihn aufgespießt und zu Tode analysiert. Und dann wundern sich manche noch, daß er nicht mehr fliegt.

Aber die wirklichen Probleme fingen erst an, als forschungsbedingte Spekulationen über Verdrängung von klinischen Psychologinnen, die für ein Massenpublikum schrieben, umgeformt und neu interpretiert wurden. So wird Verdrängung zum Beispiel in E. Sue Blumes Buch »Secret Survivors« selbstbewußt als eine Vorratskammer für unbewußte Verhaltensweisen definiert, die bei allen Inzestüberlebenden verbreitet sind.

Die Inzestüberlebende entwickelt ein Repertoire an Verhaltensweisen, die dazu dienen, das Geheimnis zu bewahren ... diese Ver-

haltensweisen sind nicht beabsichtigt oder auch nur bewußt. Sie werden automatisiert und mit den Jahren fast Teil ihrer Persönlichkeit. Sie leugnet, daß sie mißbraucht worden ist, indem sie die Erinnerung an ihr Trauma verdrängt. Das ist die wichtigste Eigenschaft des ›Geheimnisses‹: Der Inzest ist das Geheimnis, das sie sogar vor sich selbst verbirgt. Verdrängung findet sich in irgendeiner Form praktisch bei allen Überlebenden.

Mehr als eine halbe Million Exemplare sind von der US-Ausgabe von »Trotz allem. Wege zur Selbstheilung für sexuell mißbrauchte Frauen« (auch die Bibel der Inzestheilungs-Bewegung genannt) verkauft worden. Im Vorwort weist die Koautorin Ellen Bass die Leserinnen darauf hin, daß sie »nie Psychologie studiert hat« und daß »nichts von dem, was hier steht, auf psychologischen Theorien basiert«. Nach dieser Verwahrung gehen die Autorinnen dazu über, spezifische Ratschläge in bezug auf verdrängte Erinnerungen zu geben. »Wenn du dich nicht an solche konkreten Geschehnisse erinnern kannst und trotzdem das Gefühl hast, mißbraucht worden zu sein, stimmt es vermutlich.« Dieser groben Generalisierung folgt ein Abschnitt mit der Überschrift »Aber ich erinnere mich nicht«, in dem der Leserin gesagt wird, daß ihre Gefühle als Beweis dafür gelten können, daß »etwas passiert ist«, selbst wenn bisher keine Erinnerungen aufgetaucht sind.

Möglicherweise glaubst du, dich an nichts zu erinnern, aber wenn du anfängst, über das, was du noch weißt, zu sprechen, kann es gut sein, daß eine Mischung von Gefühlen, Reaktionen und Erinnerungen aufsteigt, die zusammen durchaus wichtige Informationen enthält. Um sagen zu können »Ich bin mißbraucht worden« brauchen deine Erinnerungen nicht so zu sein, daß sie einer Gerichtsverhandlung standhalten könnten.

Der Gedanke, daß Erinnerungen an Inzest mit vagen Gefühlen und Bildern beginnen, die schließlich zu richtigen Erinnerungen verschmelzen, wird in einem anderen verbreiteten Buch für Inzestüberlebende wiederholt: »Weiterleben nach dem Inzest. Traumabewältigung und Selbstheilung«. Die Autorinnen Karen Lison und Carol Poston beschreiben die Erfahrungen einer Frau mit »verdrängten Erinnerungen« an einen Inzest, die von einem kleinen Mädchen träumte, das auf einem zugefrorenen Fluß Schlittschuh lief. In ihrem Traum versuchte die Frau verzweifelt, das Kind davor zu warnen, daß Monster und Schlangen sich durch das Eis bohrten, um es zu verschlingen. Aber wie das oft in Träumen so ist, war sie machtlos und konnte das Mädchen nicht warnen. Ein paar Tage später begann die Patientin, sich an inzestuöse Erfahrungen aus ihrer Kindheit zu erinnern. Nun da sie

»ein Vertrauensverhältnis zu ihrer Therapeutin und ihrer Selbsthilfegruppe aufgebaut hatte und wußte, daß die anderen Frauen sie verstehen und annehmen würden«, begannen die Erinnerungen zu fließen. »Gewöhnlich stellen die Frauen erst einmal keinen Zusammenhang zum Inzest her«, folgern die Autorinnen aus dieser Geschichte. »Es kann Jahre dauern, bis sie sich überhaupt daran erinnern: Es ist geradezu unheimlich, daß die Erinnerungen so oft erst dann wieder hochkommen, wenn die Überlebende mit ihnen umgehen kann.«

In »Endlich lieben können. Gefühlstherapie für erwachsene Kinder aus Krisenfamilien« verbindet der Autor Steven Farmer den Schweregrad des früheren Mißbrauchs mit der Fähigkeit, die Erinnerung daran zu verdrängen. (»Je schwerer der Mißbrauch, desto wahrscheinlicher haben Sie jede bewußte Erinnerung an ihn verdrängt.«) Er stellt verschiedene Übungen vor, die den Lesern helfen sollen, (»den Deckel der Verdrängung zu heben«).

Während ich in diesen populären Büchern zur Inzestheilung las, konnte ich mich nur schwer der Schlußfolgerung entziehen, daß etwas wirklich *ist*, wenn es sich wirklich *anfühlt* – und pfeif drauf, wenn du keine Erinnerungen hast (geschweige denn Beweise). Wie bei Freud sind es die Empfindungen und Gefühle, die zählen, aber in dieser neuen Umkehrung eines alten Themas sind die Gefühle wichtig, *weil sie als Symptome fungieren*, die anzeigen, daß irgendwo im Unbewußten eine Erinnerung an einen Mißbrauch schläft und nur darauf wartet, geweckt zu werden. Wenn Sie (die Leserin oder der Leser dieser Bücher) glauben, daß Sie vielleicht mißbraucht worden sind und die Wut und den Schmerz empfinden, die so oft die Erinnerungen an Mißbrauch begleiten, dann werden Sie dazu aufgefordert, sich blindlings an diesen Gefühlen den schlüpfrigen Abhang des Unbewußten entlangzuhangeln und sich auf die Suche nach verborgenen und lange vergessenen Erinnerungen zu machen.

Wenn eine Patientin darauf beharrt, sich nicht zu erinnern, schlagen Therapeuten eine Vielzahl von kreativen Techniken vor, um dem Gedächtnis etwas nachzuhelfen. Das Selbsthilfe-Arbeitsbuch zu »Trotz allem« enthält beispielsweise eine Schreibübung für Leute, die glauben, daß sie mißbraucht worden sein könnten, aber ihre Erinnerungen noch nicht ausfindig machen konnten. Gefühle von Scham oder Demütigung werden als Einstiegsmöglichkeit gesehen, um vergessene Mißbrauchserinnerungen hervorzurufen.

Wenn du dich nicht daran erinnerst, was mit dir passiert ist, dann schreibe über das, was du noch weißt. Oder schreibe über irgend etwas in deiner Erinnerung, das sexuellem Mißbrauch am nächsten kommt – das erste Mal, daß du dich geschämt hast oder dich gedemütigt gefühlt hast zum Beispiel ... Beginne mit dem, was du hast. Wenn du das voll ausschöpfst, bekommst du meistens noch mehr.

Sogar akademisch ausgebildete Autorinnen schlagen »Vermutungen« als Mittel vor, um Zugang zu vergrabenen Erinnerungen zu finden. »Wenn die Patientin sich nicht daran erinnert, was mit ihr passiert ist, kann die Aufforderung des Therapeuten, zu ›vermuten‹ oder ›eine Geschichte zu erzählen‹, helfen, wieder Zugang zu dem verlorenen Material zu gewinnen«, schreibt die Therapeutin Karen Olio. Olio beschreibt die Erfahrung einer ihrer Patientinnen, die den Verdacht hatte, sexuell mißbraucht worden zu sein, aber keine bestimmten Vorkommnisse wiedergeben konnte. Dann wurde sie auf einem Fest außerordentlich nervös in der Gegenwart eines dreijährigen Kindes. Sie wußte nicht, warum sie so besorgt war, obwohl sie sich des Wunsches bewußt war, dem kleinen Mädchen zu sagen, sie solle den Saum ihres Kleides herunterziehen. Als sie in der Therapie ermutigt wurde, eine Geschichte darüber zu erzählen, was mit dem Kind geschehen würde, berichtete die Patientin schließlich weinend und zitternd ihre ersten Erinnerungen an einen Mißbrauch. Sie brauchte diese Geschichte, wie es ihre Therapeutin ausdrückte, um »ihr inneres Erkenntnisverbot zu umgehen und den Inhalt der Erinnerung wiederzugeben«. Später »bezog sie die Erkenntnis mit ein, daß sie tatsächlich das kleine Mädchen in der Geschichte war«.

Die heilende Kraft der Erinnerung wird oft in diesen Fällen von verdrängten Erinnerungen betont. In einem bemerkenswerten Fall wurde Betsey, eine achtunddreißigjährige Frau, deren Krankengeschichte Bulimie, Alkoholmißbrauch und Anfälle von Selbstverstümmelung aufwies, nach einem Tobsuchtsanfall durch Alkoholeinfluß in eine Klinik eingewiesen. Zuerst stritt sie ab, als Kind mißbraucht worden zu sein, aber nach sechs Monaten Therapie begann sie, sich zu »erinnern«, wie ihr Vater sie auf die Knie gezwungen hatte, damit sie ihn oral befriedigte. Sie erinnerte sich auch an die Drohungen ihres Vaters, ihr »die Arme abzuschneiden«, wenn sie jemals etwas verriete. Ihre Therapeutin glaubte, daß die Selbstverstümmelungen ein Ausleben ihres Traumas in der Vergangenheit waren; die Mißbrauchserinnerungen begannen, ins Bewußtsein vorzustoßen. Betsey erholte sich allmählich und hörte auf, sich selbst zu verletzen. »Die Erinnerungen an ihren Inzest wiederzuerlangen und sie mit einem anderen Menschen zu teilen, hat die Fähigkeit dieser Frau verbessert, enge Beziehungen einzugehen«, folgerte die Therapeutin.

Einige Therapeuten scheinen bereit zu sein, an die Echtheit jeglicher offenbarter Erinnerungen zu glauben, egal wie absonderlich sie daherkommen. In ihrem Sachbuch-Bestseller »Michelle Remembers« berichtet Michelle Smith von ihren Psychotherapiesitzungen, in denen sie regelmäßig hypnotisiert wurde; nach einigen Monaten begann sie sich daran zu »erinnern«, wie sie im Alter von fünf Jahren von ihrer Mutter und den Anhängern einer Teufelssekte gefangengehalten wurde. Michelle erinnerte sich an blutige Rituale, die von einem Mann namens »Malachi« zelebriert wurden, an eine sadistische Krankenschwester in Schwarz und an Dutzende von singenden und tanzenden Erwachsenen, die lebende Kätzchen mit ihren Zähnen zerrissen, Föten zerschnitten und ihren Bauch mit den zerstückelten Körperteilen einrieben. Sie penetrierten sie mit einem Kruzifix und zwangen sie, auf die Bibel zu urinieren und zu defäkieren. Als Michelle sich an diese und andere Vorkommnisse rituellen Mißbrauchs erinnerte, entwickelte sie körperliche Symptome, die sich »Körpererinnerungen« nennen, darunter einen Ausschlag am Hals, den sie und ihr Therapeut als den Abdruck von Satans Schweif interpretierten. Das Buch enthält eine Schwarzweißnahaufnahme des Ausschlags zusammen mit dieser Erläuterung: »Immer wenn sie die Augenblicke wieder durchlebte, in denen Satan seinen brennenden Schweif um ihren Hals geschlungen hatte, erschien ein deutlich umrissener Ausschlag in der typischen Form seiner Schwanzspitze.«

Diese weitverbreiteten Bücher weisen ihre Leserschaft selten darauf hin, daß es ratsam sein könnte, Nachweise und Bestätigungen von neutraler Seite für die zurückgeholten Erinnerungen zu suchen. Der Tenor des Großteils dieser Literatur ist im Gegenteil, daß Forderungen nach Beweisen die Patientinnen nur erneut zu Opfern machen. Wenn eine Patientin Zweifel an ihren Erinnerungen äußert, so soll die Therapeutin die Ereignisse als wirklich bestätigen und die Patientin von der faktischen Realität des Mißbrauchs überzeugen. Egal, wie abwegig die Erinnerungen oder wie ernst und potentiell zerstörerisch die aus ihnen folgenden Anschuldigungen sind, der Überlebenden wird gesagt, daß sie nicht dafür verantwortlich ist, Beweise oder Erhärtungen für ihre Erinnerungen zu liefern. Wie Bass und Davis in »Trotz allem« schreiben:

Wenn deine Erinnerungen an den Mißbrauch noch verschwommen sind, werden sie dich vielleicht nach Einzelheiten fragen ... Es ist nicht deine Aufgabe zu beweisen, daß du mißbraucht worden bist.

Das Problem sowohl für die Anklägerinnen als auch für die Angeklagten besteht darin zu entscheiden, ob eine wiedererlangte

Erinnerung eine einigermaßen genaue Wiedergabe eines vergangenen tatsächlichen Ereignisses oder eine Mischung aus Fakten und Fiktionen oder ein komplettes Phantasieprodukt ist. Die Psychologie hat trotz ihrer vielen Errungenschaften während der letzten hundert Jahre noch keine Methode entwickelt, um Gedanken zu lesen; ohne aussagekräftige Beweise haben wir einfach keine Möglichkeit, die absolute »Wahrheit« festzustellen. Vielleicht haben deswegen Sigmund Freud, Alice Miller und andere Theoretiker und Theoretikerinnen der Psychologie immer wieder nachdrücklich die *emotionale* Erzähl-Wahrheit der verdrängten Erinnerungen im Gegensatz zu ihrer historischen Ereignis-Wahrheit betont.

Doch im für Inzest hoch sensibilisierten Klima der siebziger und achtziger Jahre begannen wohlmeinende klinische Psychologen das Verfahren des »Glaubenssprungs« zu befürworten, indem sie die Richtigkeit einer wiedergewonnenen Erinnerung einfach voraussetzten, um das überaus wichtige therapeutische Vertrauensverhältnis aufzubauen. In einer Fachpublikation von 1979 zum Beispiel erkennen die Autoren Alvin Rosenfeld et al. die Schwierigkeit an einzuschätzen, ob der Bericht einer Patientin über einen Inzest Phantasie oder Realität ist; dennoch legen sie den Therapierenden nahe, vorsichtshalber dem Glauben den Vorzug zu geben, da Zweifel manche Patientinnen aus der Therapie und eventuell in eine Psychose treiben könnte. Obwohl »es schwierig ist festzustellen, ob ein Bericht über sexuelle Belästigung eine Erinnerung, eine Phantasievorstellung oder eine Erinnerung an eine Phantasievorstellung ist«, schreiben die Autoren, sollten die Therapeutinnen »aufgeschlossen« sein, denn »die Gefahr, Realität für Phantasie zu halten, ist wahrscheinlich größer als umgekehrt«. Indem Therapeuten von der Richtigkeit der Angaben einer Patientin über einen Inzest ausgehen, schaffen sie eine »Atmosphäre des Vertrauens, in der die Anschuldigung gründlich untersucht und zurückgenommen werden kann, falls sie falsch ist«.

In Behandlungssituationen, während derer eine Patientin persönlich und vertraulich mit einer Therapeutin spricht, mag es relativ unwichtig sein festzulegen, ob eine Erinnerung wahr oder eingebildet ist. Solange Patienten geheilt werden, würden viele Therapeuten argumentieren, kommt es nicht eigentlich darauf an, ob sie traumatische Wirklichkeiten oder traumatische Phantasien verarbeitet haben. Wenn eine Erinnerung nicht wirklich ist, aber der Person, die sich erinnert, wirklich erscheint, wer kann dann sagen, daß sie nicht in einem entscheidenden und ursächlichen Sinne wirklich ist? Jede persönlich erlebte Erfahrung hat ihre emotionale

Erzähl-Wahrheit, die nicht geleugnet oder geschmälert werden kann und sollte.

Aber wenn eine Erinnerung plötzlich und explosionsartig nach zwei Jahrzehnten wieder an die Oberfläche kommt und Farben, Eigenschaften, Geräusche, Gerüche und Gefühle enthält, die bemerkenswert gut erhalten scheinen und aufgrund derer ein Mann des Mordes angeklagt wird, dann muß sich die behandlungsrelevante Bedeutung der Erinnerung wenigstens mit ihren juristischen Konsequenzen abwägen lassen. Eileen Franklin, überwältigt von unkontrollierbaren Vergangenheitsbildern, »sah« die Vergewaltigung und den Mord ihrer besten Freundin ständig vor sich und durchlebte in ihrer Vorstellung diesen Horror wieder und wieder. Während der Fall sich immer schneller dem Gerichtssaal näherte und die Freiheit eines Menschen auf dem Spiel stand, wurde es dringend erforderlich, daß jemand die skeptische Frage stellte: War diese ausgefeilte und erschreckende Erinnerung ein Alptraum, war sie ein Anzeichen von Wahnsinn, oder war sie tatsächlich ein Durchbruch der Wahrheit aus der fernen Vergangenheit?

Dr. Lenore Terr war als Sachverständige von der Anklage im Franklin-Prozeß vorgeladen worden. Ich war neugierig zu hören, wie diese Psychiaterin und Psychologieprofessorin, die mit traumatisierten Kindern arbeitet (sie ist durch ihre Arbeit mit den entführten Kindern aus Chowchilla, Kalifornien berühmt geworden), den Begriff der Verdrängung erklären würde. Ich bestellte mir ihr neu erschienenes Buch »Too Scared to Cry« und las es von Anfang bis Ende durch. Was ich dort fand, überraschte mich.

Während ich an keiner Stelle des Buches eine Definition oder Erklärung des Ausdrucks »Verdrängung« fand (wie in den meisten anderen wissenschaftlichen Veröffentlichungen zu Trauma und Inzest tauchte der Begriff noch nicht einmal im Register auf), stieß ich jedoch auf eine Definition für »Unterdrückung«, von Terr als »vollständig bewußt und daher kein Abwehrmechanismus« charakterisiert. War demnach Verdrängung (von Freud als Abwehrmechanismus definiert und als solcher von den meisten Psychologen akzeptiert) ein vollständig unbewußter Prozeß? Das schien mir nicht der Fall. Terr erklärte deutlich und konsequent, daß plötzliche, schnell ablaufende Ereignisse die Abwehr des Kindes durchbrechen und »klare, überdeutliche, abbildungsähnliche Erinnerungen« entstehen lassen, die »weitaus deutlicher, detaillierter und dauerhafter sind als ... normale Erinnerungen«. Nur wenn ein Kind einem *andauernden* Trauma oder Schrecken ausgesetzt ist, werden die Abwehrmechanismen aktiviert und nehmen Einfluß auf Bildung, Speicherung und Abrufbarkeit von Erinnerungen.

Wie ließ sich diese Traumatheorie auf Eileen Franklins Erinnerung anwenden? Es erschien mir eindeutig, daß Eileens Erlebnis in die »plötzliche, schnell ablaufende« Kategorie eines Traumas gehörte, die nach Terr eine dauerhafte und unauslöschliche Spur in ihrem Gedächtnis hinterlassen würde. Terr wußte einiges über das Wesen traumatischer Erinnerungen zu sagen, und ihre Theorien schienen zu bestätigen, daß Eileen, wenn sie den Mord an ihrer besten Freundin mit angesehen hätte, sich für immer daran erinnert hätte. »Furchtbare Erfahrungen lassen dauerhafte mentale Bilder entstehen«, schreibt Terr.

... traumatisches Erinnern ist weitaus deutlicher, detaillierter und dauerhafter als normale Erinnerungen ... Traumatisierte Kinder leugnen im allgemeinen ein einzelnes, entsetzliches Ereignis nicht ...

Besonders verblüfft war ich von Terrs Vergleich des traumatisierten Verstandes mit einer Kamera, die mit teuren Objektiven und einem korrosionsbeständigen Film ausgestattet ist:

Die Erinnerung an ein traumatisches Erlebnis wird mit stärkerer Belichtung aufgenommen als normale Erinnerungen. Und der Film scheint sich nicht wie ein gewöhnlicher Film mit der Zeit abzunutzen. Es werden nur die besten Objektive verwendet, Objektive, die jedes kleinste Detail, jede Linie, jede Falte und jeden Fleck erfassen.

Diese Analyse der Erinnerung stimmte überhaupt nicht mit meinen Experimenten zu den zersetzenden Auswirkungen von Streß und Trauma überein. Ich habe mehr als zwanzig derartiger Studien durchgeführt, von denen die meisten die Theorie unterstützen, daß Erlebnisse unter starkem Streß Erinnerungen entstellen. Um bei Terrs Kameraanalogie zu bleiben, lassen Sie uns annehmen, daß unser Gedächtnis wie eine teure Kamera mit Hochleistungsobjektiven und unzersetzbarem Film funktioniert. Lassen Sie uns weiterhin annehmen, daß die Lichtverhältnisse immer optimal sind. Was passiert, wenn wir unter Streß stehen? Vielleicht vergessen wir, das Filmfach zu schließen, und alle Aufnahmen auf der Rolle werden verschwommen. Oder wir spulen den Film zurück und vergessen, ihn durch einen neuen zu ersetzen und belichten die ganze Rolle doppelt. Oder wir denken nicht daran, die Linsenschutzkappe zu entfernen. Oder unsere Hände zittern so stark, daß die Bilder verwackelt und undeutlich werden. Oder wir konzentrieren uns auf ein Detail – eine Pistole zum Beispiel – und bewahren diesen Teil als Erinnerung auf, während wir viele andere

Aspekte desselben Erlebnisses vergessen. Ich will damit sagen, daß die Gedächtnisausrüstung noch so gut sein kann – wenn wir unter Streß stehen, vergessen wir oft, sie richtig anzuwenden.

Die Anklage wird einwenden, daß die Ergebnisse meiner Experimente wenig über Ereignisse im wirklichen Leben aussagen. In einem psychologischen Experiment können wir die Versuchspersonen nicht entführen oder foltern. Wir können keine geladene Waffe auf sie richten oder ihnen sagen, sie sollen ein Auto vom Gewicht einer Tonne anheben, weil ihr Kind darunter begraben liegt. Wir können ihnen nicht mit Liebesentzug drohen oder sie einer ständigen Todesangst aussetzen. Die traumatischen Situationen, die wir im Experiment künstlich herbeiführen, sind natürlich harmlos im Vergleich zu vielen Traumen im wirklichen Leben.

Aber Experimentalpsychologen können die grundlegenden Abläufe bei der Bildung und Speicherung und beim Wiederauffinden von Erinnerungen studieren, und unsere dokumentierten und wiederholbaren Ergebnisse können auf lebensechte Situationen übertragen werden. Außerdem schien mir eines klar zu sein: Egal welcher Seite man glaubte – meinen experimentellen Studien, die zeigen, daß Streß die Exaktheit und Differenziertheit von Erinnerungen verringert, oder Terrs Fallbeispielen, die besagen, daß traumatische Ereignisse »dauerhafte, mentale Bilder entstehen lassen« – beide Meinungen sprachen gegen die Echtheit und Exaktheit von Eileen Franklins verdrängten Erinnerungen. Wenn Streß (und natürlich die Zeit) Erinnerungen angreifen und beeinträchtigen, wie konnte dann Eileen Franklins Erinnerung nach zwanzig Jahren mit solch erstaunlich plastischer Genauigkeit wiederkommen? Wenn, wie Lenore Terr argumentierte, traumatische Ereignisse klare, detaillierte und dauerhafte Erinnerungen formen und traumatisierte Kinder ihre Erinnerungen nicht »weg-leugnen«, wie konnte Eileen dann die Erinnerung an den Mord an Susan Nason fast zwanzig Jahre lang aus ihrem Bewußtsein verbannen?

Verwirrter denn je rief ich den Verteidiger Doug Horngrad an. »Haben Sie eine Ahnung, wie Dr. Terr gegen ihre eigenen, erst kürzlich veröffentlichten Theorien über bleibende, unauslöschliche Erinnerungen bei traumatisierten Kindern argumentieren will?« fragte ich.

Er hatte tatsächlich eine Ahnung, denn Dr. Terr hatte vor kurzem ihre Theorie erweitert. In einem wissenschaftlichen Aufsatz, der bald veröffentlicht werden sollte, unterschied sie zwischen zwei Typen von psychischen Traumen: Typ I und Typ II. Das Trauma vom Typ I entstand durch ein kurzes, einzelnes Ereignis oder durch eine einzelne Erfahrung; dieses führte nach ihrer Hypothese zu klaren, genauen und unauslöschlichen Erinnerungen. Trauma Typ II entstand durch eine Vielzahl von Zwischenfällen oder durch fortdauernde, längere Ereignisse. Verdrängte Erinnerungen kommen bei diesem zweiten Typus ins Spiel, denn nach Terrs Theorie lernen Kinder, die wiederholten Mißhandlungen ausgesetzt sind, diese Mißhandlungen vorauszuahnen und schützen sich selbst, indem sie die Erinnerungen daran abspalten und verdrängen. Auf diese Weise vermeiden sie die schmerzhafte Erinnerung an das fortdauernde Trauma und finden einen Weg, in einer Umgebung, die sie durch ständige Mißhandlung andauerndem Streß aussetzt, »normal« zu funktionieren.

Die Anklage, fuhr Horngrad fort, würde versuchen, diese Theorien auf Eileen Franklins Geschichte anzuwenden. Sie würde behaupten, daß das einzelne traumatische Ereignis in Eileens Leben (Zeugin bei dem Mord an Susan gewesen zu sein) innerhalb einer ganzen Serie von ständigen, alltäglichen traumatischen Ereignissen stattfand, die in körperlichen, seelischen und sexuellen Mißhandlungen im Franklin-Haushalt bestanden. Die Staatsanwälte sammelten Zeugen, die aussagen würden, daß George Franklin seine Frau und seine Kinder mißbraucht hatte; diese Aussagen würden ein plausibles Szenario ergeben, das erklärte, warum Eileen die Erinnerung an den Mord an ihrer besten Freundin verdrängt hatte.

Die Typ-I- und Typ-II-Theorien waren als hypothetisches Material sicher äußerst spannend, aber mir war keine einzig Untersuchung bekannt, die die Vorstellung bestätigte, daß ein Typus einer traumatischen Erinnerung in einen anderen Typus eingeschlossen und ihm untergeordnet werden kann, so daß die Erinnerungsprozesse, die für den ersten Typ gelten, von denen, die beim zweiten Typ ablaufen, aufgehoben werden. Während ich versuchte, dieses theoretische Labyrinth zu widerlegen, begann ich zu verstehen, daß man diese spezielle Auseinandersetzung nicht mit logischen Mitteln gewinnen konnte. Meine Studien und experimentellen Erkenntnisse waren ein dünner Papierschild gegen den doppelköpfigen Drachen der traumatischen Erinnerung. Wer konnte hoffen, eine solche Kreatur zu besiegen?

Noch mehr war ich von dem Plan der Staatsanwaltschaft beunruhigt, den behaupteten körperlichen, sexuellen und seelischen Mißbrauch im Franklin-Haushalt mit dem Mord an Susan Nason in Verbindung zu bringen. Kein einziges forensisches oder auf anderen wissenschaftlichen Untersuchungen beruhendes Beweisstück verband George Franklin mit dem Mord an Susan Nason.

Aber wenn die Anklage den Gedanken, daß George Franklin ein Monster war, das seine eigenen Töchter mißbrauchte, in das kollektive Bewußtsein der Geschworenen einpflanzen konnte, dann war es für die Jury auch nicht schwer, sich vorzustellen, daß er Susan ebenfalls mißbraucht und sie dann ermordet hatte, um sich selbst zu schützen, und schließlich gedroht hatte, die einzige Augenzeugin, seine eigene Tochter, zu töten, wenn sie ein Sterbenswörtchen von dem Geschehen verriet.

War George Franklin ein Mann, der seine Frau schlug, seine Kinder mißbrauchte und sich überhaupt wie ein Untier benahm? Im Kontext dieses Prozesses spielte die Antwort auf diese Frage keine Rolle, denn Franklin war nicht wegen seelischer, sexueller oder körperlicher Mißhandlungen angeklagt. Er war des Mordes an einem achtjährigen Mädchen angeklagt. Ein Pädophiler mag ein Monster sein – aber das macht ihn noch nicht notwendigerweise zu einem Mörder.

Tief beunruhigt wandte ich mich wieder Terrs Buch zu. Auf der Suche nach der Logik, die ihrer Argumentation unterlag, wurde ich von einigen faszinierenden Bemerkungen über den Horrorautor Stephen King abgelenkt. Nachdem sie Kings Bücher gelesen und Interviews mit ihm analysiert hatte, hatte Dr. Terr zwei große Traumen in seinem Leben identifiziert: das Verschwinden seines Vaters, als er erst zwei Jahre alt war, und ein Zugunglück, das er als Vierjähriger miterlebte. Sie glaubt, daß diese Traumen ihn immer noch beeinflussen (»Stephen King leidet immer noch unter den Auswirkungen eines traumatischen Ereignisses in seiner Kindheit.«), wie seine anhaltenden Symptome beweisen: Alpträume, Ängste, ein »Gefühl der Zukunftslosigkeit« und »aktives Leugnen«.

Das Leugnen ist aus Kings Beharren darauf, das er sich nicht an das Zugunglück erinnern kann, abgeleitet. Hier ist seine Version des Traumas aus seinem Buch »Danse Macabre«:

Das Ereignis fand statt, als ich kaum vier Jahre alt war, daher kann man vielleicht entschuldigen, daß ich mich zwar an den Bericht (meiner Mutter) erinnere, aber nicht an das tatsächliche Ereignis.

Wie Mutter sagte, war ich zum Spielen zu den Nachbarn gegangen – ein Haus, das in der Nähe von Eisenbahnschienen lag. Etwa eine Stunde nachdem ich weggegangen war – erzählte sie –, kam ich weiß wie ein Laken zurück. Ich habe den ganzen Tag über kein Wort mehr gesagt; ich sagte ihr nicht, warum ich nicht gewartet hatte, bis sie mich holte, oder warum ich nicht angerufen hatte, daß ich abgeholt werden wollte; ich sagte ihr nicht, warum die Mutter meines Freundes mich nicht heimgebracht, sondern zugelassen hatte, daß ich alleine ging.

Es stellte sich heraus, daß das Kind, mit dem ich gespielt hatte, beim Spielen oder Überqueren der Gleise von einem Güterzug überfahren worden war (Jahre später erzählte mir meine Mutter, daß sie seine Überreste in einem Weidenkorb eingesammelt hatten). Meine Mutter wußte nicht, ob ich in seiner Nähe gewesen war, als es geschah, ob es geschehen war, bevor ich dort war, oder ob ich weggelaufen war, nachdem es geschehen war. Vielleicht hatte sie ihre eigenen Vorstellungen zu diesem Thema. Aber wie ich schon sagte, ich selbst kann mich überhaupt nicht an dieses Ereignis erinnern; nur daran, daß es mir, ein paar Jahre nachdem es tatsächlich stattgefunden hatte, erzählt worden war.

King besteht darauf, daß er keinerlei Erinnerung daran hat, wie sein Freund von einem Zug überfahren wurde, doch Lenore Terr glaubt, daß er die Erinnerung nur verdrängt hat. Um ihren Standpunkt zu bekräftigen, behauptet sie, daß vier Jahre »etwas zu alt ist, um von totaler Amnesie aufgrund entwicklungsbedingter Unreife sprechen zu können«. Terr bezieht sich auf die Kindheitsamnesie, die Unfähigkeit Erwachsener, sich an Ereignisse zu erinnern, die vor dem dritten oder vierten Lebensjahr liegen. Da King vier Jahre alt war, als sein Freund getötet wurde, und die Kindheitsamnesie im allgemeinen im Alter von drei Jahren endet, argumentiert Terr, daß er sich wenigstens an *irgend etwas* erinnern müßte. Außerdem, fährt sie fort, zeigt King mehrere verräterische Symptome, die darauf schließen lassen, daß er den Unfall mit angesehen hat – vor all diesen Jahren war er weiß wie ein Laken nach Hause gekommen und wollte den ganzen Tag nicht mehr sprechen, und jetzt, in der Gegenwart, inszeniert er das ursprüngliche Trauma immer wieder in seinen schreckensbeladenen Romanen, in denen wildgewordene Züge, mordende Autos und explodierende Feuerhydranten vorkommen. Sie gewinnt weitere stützende Beweise aus Kings Figuren in »Es« und »Friedhof der Kuscheltiere«, die an »An-Aus«-Amnesien leiden und bruchstückhafte Erinnerungen haben, die vielleicht »dem wirklichen Erleben des Autors näherkommen als seine autobiographische Behauptung der totalen Amnesie«.

Mit anderen Worten (wenn ich dies alles richtig interpretierte, und ich war nur zu bereit zuzugeben, daß ich etwas verwirrt war): Es ist klar, daß Stephen King, entgegen seiner Behauptung, keine Erinnerung an dieses ausgesprochen traumatische Ereignis zu haben, zugesehen hat, als sein Freund von einem Zug überfahren wurde, weil er die bei Traumaüberlebenden bekannten Symptome aufweist, und er lebt seine Erinnerungen (die zu schmerzlich sind, um sich ihre Existenz einzugestehen) beständig durch seine Romanfiguren aus, die stellvertretend dem Trauma gegenübertreten sollen.

Terrs Theorie war wunderbar schlüssig, sie ließ keine Fragen offen, und niemand konnte sie widerlegen. Wer konnte nachweisen, daß Stephen King *nicht* dabei war, als sein Freund umkam? Selbst wenn King sich nicht an das Ereignis erinnert, wie kann er beweisen, daß er es nicht mit angesehen hat? Dieselbe Argumentation konnte im Fall Eileen Franklin herangezogen werden. Wenn Terr voller Überzeugung behaupten konnte, daß Stephen King gesehen hat, wie sein Freund von einem Zug überfahren wurde (obwohl er sich nicht daran erinnert), weil er bestimmte Symptome zeigt, wieviel mehr (und mit noch mehr Überzeugung) würde sie erst zu Eileen Franklin zu sagen haben, die nicht nur ihre Theorien akzeptierte, sondern sie auch um ihre Aussage als Sachverständige ersucht hatte, um ihre Geschichte einer verdrängten Erinnerung beglaubigen zu lassen?

Terr sprach sogar über Stephen King in ihrer Aussage im Franklin-Prozeß. Sie erzählte den Geschworenen von einer wirklichen Begegnung: Sie hatte in einer Hotelcaféteria zufällig ein Gespräch an einem Nachbartisch mit angehört. Ein Mann erklärte da sein Bedürfnis, dauernd viele Menschen in seinen Büchern und Filmen umzubringen, »weil das wirklich ein Teil von mir ist«. Der Mann war natürlich Stephen King. Terr faßte die Bedeutung dieser Anekdote für den Gerichtssaal zusammen: »Eine traumatisierte Person kann eine solche Verhaltensweise nicht ändern; es ist ein zwanghaftes Verhalten. Und sie mag sich der Verbindung zwischen der Verhaltensweise und einem Trauma nicht bewußt sein, aber sie existiert, und daher muß die Verhaltensweise ständig wiederholt werden.«

Mit dieser unterhaltsamen Anekdote wollte Lenore Terr deutlich machen, daß Eileen Franklins verdrängte Erinnerung schließlich gar nicht so ungewöhnlich war. Weil er die Erinnerung an das Ereignis noch nicht wiedererlangt hatte, wußte Stephen King nicht, daß sein zwanghaft sich wiederholendes Verhalten von seinem Kindheitstrauma bestimmt wurde; aber Eileen Franklin, die ihre traumatischen Erinnerungen wiedergewonnen hatte, konnte nun verstehen, wie sehr diese sie geprägt hatten. Der Schriftsteller und die Hausfrau hatten durch tragische Ereignisse, die in ihrer Kindheit geschehen waren, etwas Gemeinsames; ihre Erfahrungen waren so schmerzhaft gewesen, daß ihr Verstand sich vor ihnen verschlossen und die Erinnerungen ins Unbewußte abgeschoben hatte. Über Jahre hinweg waren nur die Symptome geblieben, obsessive Verhaltensweisen, die ihnen die Diagnose »Traumaopfer« einbrachten und sie für immer stigmatisierten.

Mit dieser Diagnose ließen sich alle Eigenarten und Besonderheiten von Eileen Franklins Persönlichkeit erklären. Ja, sie hatte gelogen, als sie sagte, sie wäre hypnotisiert worden, ... aber das ist verständlich, denn sie ist ein *Traumaopfer*. Ja, sie hatte Drogen genommen und war wegen Prostitution verhaftet worden, ... aber das erklärt sich dadurch, daß sie ein *Traumaopfer* ist. Ja, sie verdrängte die Erinnerung zwanzig Jahre lang, ... aber das ist eine Abwehrreaktion, die normal bei *Traumaopfern* ist. Alles, was die Verteidigung vorbringen konnte, um Eileens Glaubwürdigkeit als Zeugin zu unterhöhlen, konnte umgedreht und als ein weiterwirkendes Symptom des ursprünglichen Traumas präsentiert werden, das eine tiefe und bleibende Narbe in ihrer Psyche hinterlassen hatte.

Ich betrat am Dienstag, dem 20. November 1990, den Zeugenstand und legte zwei Stunden lang meine Experimente dar, die sich mit Erinnerungsentstellungen beschäftigten. Ich erklärte dem Gericht, daß Erinnerungen mit der Zeit verblassen und an Detailtreue und Genauigkeit verlieren; im Laufe der Zeit werden die undeutlicher gewordenen Erinnerungen immer empfänglicher für »nachträgliche Informationen« – Fakten, Vorstellungen, Andeutungen und Meinungen, mit denen ein Zeuge oder eine Zeugin in Berührung kommt, nachdem ein Ereignis schon völlig abgeschlossen ist. Ich erzählte den Geschworenen von einer Versuchsreihe mit einer schockierenden Filmsimulation eines Überfalls. Am Ende des kurzen Films wird ein Kind durch einen Schuß in den Kopf getötet. Versuchspersonen, die den Film mit dem schockierenden Ende gesehen hatten, konnten sich nur mit erheblich geringerer Genauigkeit an Einzelheiten erinnern als Personen, die den gleichen Film ohne das gewaltsame Ende gesehen hatten.

Diese Studie, erklärte ich, verrät uns etwas über Entstellungen, die in der Erwerbsphase der Erinnerung entstehen können, während ein Ereignis geschieht und die Information im Gedächtnis gespeichert wird. Andere Studien sagen etwas über die Aufbewahrungs- und Wiederauffindungsphasen aus, wenn eine gewisse Zeit vergangen ist und wir uns an ein bestimmtes Ereignis oder eine Erfahrung erinnern sollen. Hunderte von Experimenten mit Tausenden von Versuchspersonen haben gezeigt, daß nachträgliche

Informationen der Erinnerung einverleibt werden und diese verfälschen, ersetzen oder verzerren können.

Ich beschrieb eine Studie, in der Versuchspersonen einen Film von einem Überfall mit einer Schießerei sahen und dann einen Fernsehbericht über das Ereignis gezeigt bekamen, der mehrere falsche Informationen enthielt. Als sie gefragt wurden, was bei dem Überfall geschehen war, flochten viele Versuchspersonen diese Fehlinformationen in ihre Nacherzählung ein. Wenn einmal einer Person falsche Details untergeschoben worden waren, indem man sie nachträglichen Informationen aussetzte, wurden diese genauso für wahr gehalten und glühend vertreten wie die ursprünglichen, »wirklichen« Fakten. Die Versuchspersonen lehnten typischerweise jede Andeutung ab, daß ihre detailreichen Erinnerungen vielleicht fehlerhaft oder verfälscht sein könnten, und behaupteten mit großer Sicherheit, daß sie wirklich gesehen hatten, was ihre revidierten und angepaßten Erinnerungen ihnen diktierten.

Elaine Tipton, die Staatsanwältin, versuchte die Geschworenen zu überzeugen, daß meine Untersuchungen zu Erinnerungsentstellungen wenig oder gar nichts mit Eileen Franklins verdrängten Erinnerungen zu tun hatten. Sie untersuchen normales Erinnern und Vergessen, na und? implizierten ihre Fragen. Was hat das mit diesem Sonderfall zu tun?

»Sie sollten noch nie ein Urteil darüber abgeben, ob jemand in der Lage ist, den eigenen Vater wiederzuerkennen oder zu identifizieren, oder?« fragte Tipton.

»Nein, ich glaube nicht, daß ich je einen Fall mit genau dieser Fragestellung hatte«, antwortete ich.

»Sie haben bisher keine Untersuchung durchgeführt«, fuhr sie fort, »bei der Sie die Fähigkeit einer Person getestet haben, ein Ereignis wiederzugeben oder zu beschreiben, das sie vor zwanzig Jahren mit angesehen hat. Ist das richtig?«

»Ich kann mich nicht erinnern, selbst eine solche Untersuchung durchgeführt zu haben, und in der Fachliteratur gibt es nicht viele Studien, die einen derartig langen Zeitraum betreffen«, sagte ich.

»Und keine Ihrer Untersuchungen bezog den Fall mit ein, daß jemand die Erinnerung an ein Ereignis zuerst verdrängt hatte; ist das richtig?«

Ich gab zu, daß ich in meinen Experimenten Entstellungen von nicht verdrängten Erinnerungen erforschte. Ich war versucht zu fragen: Wie kann ich Erinnerungen untersuchen, die nicht existieren oder zumindest dem Bewußtsein nicht zugänglich sind? Aber ich hielt mich zurück.

Tipton hob immer wieder den Punkt hervor, daß verdrängte Erinnerungen nicht nach denselben Regeln funktionieren wie normale. »Aufgrund der Tatsache, daß keine dieser Untersuchungen die Auswirkungen von, sagen wir, nachträglichen Informationen auf eine Erinnerung umfaßt, die dem Bewußtsein nicht zugänglich ist – das heißt, die verdrängt wurde –, würden Sie doch zugeben, daß diese Ergebnisse nicht notwendigerweise auch für verdrängte Erinnerungen gelten müssen, oder?«

Ich erklärte, daß ich über solche Auswirkungen nur Hypothesen aufstellen könnte. Aber nach meiner wissenschaftlichen Erfahrung würde ich behaupten wollen, daß nachträgliche Informationen dieselben entstellenden und verfälschenden Auswirkungen auf verdrängte wie auf nicht verdrängte Erinnerungen haben.

Tipton verlagerte das Gewicht auf die Arten von Verzerrungen, die in meinen Experimenten vorkommen. Meine Untersuchungen befassen sich im allgemeinen mit den Einzelheiten eines gegebenen Ereignisses; sie fragen nicht danach, ob es überhaupt stattgefunden hat oder nicht. Die Wahrnehmung dieser Einzelheiten wird zum Beispiel durch Fragen wie »In welcher Hand hielt er die Waffe?« oder »Trug der Räuber einen Schnurrbart?« oder »Trug der Räuber Handschuhe oder nicht?« getestet.

»Aber Sie sind nie einer Versuchsperson begegnet, die glaubte, daß ein Mann Baseball spielte, statt einen Überfall in einem Supermarkt zu begehen, oder ?«

»Meines Wissens ist das in keiner meiner Untersuchungen je vorgekommen«, antwortete ich.

»Ihre Untersuchungen konzentrieren sich also auf die Fähigkeit einer Person, die einzelnen Details eines Ereignisses wahrzunehmen, aber nicht die eigentliche Handlung – die übergreifende Handlung eines Ereignisses. Korrekt?«

»Ja, der Schwerpunkt liegt auf der Erinnerung an bestimmte Aspekte eines Ereignisses.«

Wieder betonte Tipton, daß diese besondere Erinnerung nicht den Regeln normaler Erinnerungen unterlag. Da Eileen Franklins Erinnerung verdrängt worden war, entzog sie sich offenbar jeder Festlegung. Wissenschaftlerinnen konnten sie nicht untersuchen oder verstehen, weil Verdrängung viel zu komplex und mysteriös ist, ein Teil der unbewußten und unerforschlichen Prozesse im menschlichen Gehirn.

Ich fühlte mich langsam frustriert. In der Wissenschaft hängt alles von Belegen und Beweisen ab. Das nennen wir die wissenschaftliche Methode. Wissenschaftler können nicht einfach behaupten, daß die Erde rund ist oder daß die Schwerkraft unsere

Füße auf dem Boden hält, ohne ihre Theorien durch Beweise zu stützen (jedenfalls nicht, wenn sie sich als Wissenschaftler bezeichnen wollen). Eine wissenschaftliche Theorie muß falsifizierbar sein, das heißt, daß zumindest prinzipiell ein anderer Wissenschaftler widersprechen und ein Experiment durchführen kann, das beweisen soll, daß die Erde nicht rund ist oder die Schwerkraft nicht existiert.

Aber wie soll eine Wissenschaftlerin einen unbewußten geistigen Prozeß beweisen oder widerlegen, der eine Reihe von inneren Abläufen umfaßt, die sich spontan und ohne Vorwarnung oder äußere Anzeichen ereignen, die darauf hindeuten würden, daß etwas bald passieren wird, gerade passiert oder schon passiert ist? Und wie kann ein Wissenschaftler beweisen oder widerlegen, daß eine spontan wiedererlangte Erinnerung die Wahrheit darstellt, die ganze Wahrheit und nichts als die Wahrheit, anstatt einer kreativen Mischung aus Wirklichkeit und Phantasie oder anstelle purer Erfindung?

Während ich im Zeugenstand saß und die Fragen der Staatsanwältin beantwortete, begann ich eine Ahnung von der Macht zu bekommen, die dieses Ding namens Verdrängung besaß. Ich fühlte mich, als würde ich in der Kirche mit dem Pfarrer über die Existenz Gottes debattieren.

Ich fing an zu begreifen, daß Verdrängung ein philosophisches Gebilde war, das einen Glaubenssprung erforderte. Diejenigen, die bereit waren, diesen Sprung zu machen, würde keinerlei wissenschaftliche Argumentation mehr von etwas anderem überzeugen. Die Wissenschaft mit der ihr eigenen Notwendigkeit, zu messen und zu begründen, war hilflos gegenüber der mythischen Macht der Verdrängung. Der Gerichtssaal war trunken vor Gläubigkeit, das Urteil der Geschworenen und der Zuschauer schien schon im voraus festzustehen, und meine sorgfältig erarbeiteten wissenschaftlichen Studien waren nur eine altmodische Unbequemlichkeit, ein notwendiger, aber folgenloser Umweg zu einem Ziel, an dem Eileen Franklins Erinnerung bestätigt und George Franklin des Mordes für schuldig befunden werden würde.

Neun Tage später, am 29. November 1990, begannen die Beratungen der Geschworenen. Sie kamen am nächsten Tag zu einem Urteil: George Franklin war des Mordes schuldig.

Ich bezweifle nicht, daß Eileen Franklin mit jeder Faser ihres Wesens glaubt, daß ihr Vater Susan Nason umgebracht hat. Ihre inneren Eindrücke von dem Mord waren so lebhaft und detailliert, daß sie sich nicht vorstellen konnte, daß sie etwas anderes als die Wahrheit darstellten. Mit der Zeit hatten sich die seltsamen, flackernden Flashbacks zu einem zusammenhängenden, fast greifbaren Bild gefügt. Als weitere Erinnerungsfragmente herangeschwemmt wurden, wurden sie dem ursprünglichen Kern hinzugefügt, und es entstand ein komplexes, verzweigtes System von Bildern, Gefühlen, Erfahrungen und Überzeugungen.

Dennoch halte ich die Wahrscheinlichkeit für groß, daß das ganze Gewebe nicht aus soliden Fakten gesponnen wurde, sondern aus Nebelschwaden von Wünschen, Träumen, Ängsten und Sehnsüchten. Eileens Vorstellungskraft, die unabhängig von der Wirklichkeit arbeitete, glättete die Vieldeutigkeiten und Widersprüchlichkeiten und enthüllte ihr in einem blendenden Augenblick der Einsicht ein zusammenhängendes Bild der Vergangenheit, das nichtsdestoweniger absolut falsch war. Eileens Geschichte ist *ihre* Wahrheit, aber es ist eine Wahrheit, die es nie gegeben hat.

Dr. David Spiegel, der auch für die Verteidigung im Franklin Fall aussagte, stimmt meiner Darstellung zu. Er ist Professor für Psychiatrie an der Stanford Medical School und glaubt, daß es möglich ist, das Bewußtsein von traumatischen Erinnerungen durch einen Abwehrmechanismus zu verlieren, der als »Dissoziation« bekannt ist und dazu dient, schmerzliche Gefühle zu kontrollieren, indem er den Zugang einer Person zu ihren Erinnerungen beschränkt. Doch selbst wenn eine traumatische Erinnerung dem Bewußtsein verlorengeht, treten stets bestimmte Symptome auf. Wie Spiegel in einem Aufsatz schreibt, der nach dem Prozeß veröffentlicht wurde:

Forschungsergebnisse weisen nach, daß Kinder, die schweren Traumen ausgesetzt waren, das Ereignis fast einheitlich als Streßfaktor identifizieren (87% einer Stichprobe), an Zwangsvorstellungen und Angst vor einer Wiederholung des Traumas leiden, das Interesse an gewöhnlichen Aktivitäten verlieren, es vermeiden, an das Ereignis erinnert zu werden, und bei seiner Erwähnung verstört reagieren. Der Mangel an Nachweisen eines dieser Symptome bei Eileen nach dem Mord unterstützt nicht gerade die Behauptung, daß sie ihn mit angesehen hat.

Spiegel folgert, daß »eine Kombination aus Phantasien und Schuldgefühlen wegen des Todes ihrer Freundin, gepaart mit Eindrücken von der Grausamkeit ihres Vaters, sie dazu gebracht haben könnte, eine falsche Erinnerung zu konstruieren und an sie zu glauben«.

Wenn Eileens Erinnerung falsch ist (und natürlich müssen wir die unangenehme Tatsache akzeptieren, daß wir in diesem und anderen Fällen von verdrängten Erinnerungen nie sicher wissen werden, was wirklich geschah), was sagt das dann über ihre Psyche aus? Ist sie irgendwie »krank«, im Sinne von geistig labil oder gestört? Das glaube ich nicht, sonst könnten die meisten von uns als krank bezeichnet werden. Bedenken Sie die Tatsache, daß Tausende von geistig gesunden und intelligenten Menschen ohne psychopathologische Anzeichen mit angsterstickter Stimme von ihren Erfahrungen an Bord fliegender Untertassen berichten. Sie *erinnern sich* klar und deutlich, von Außerirdischen entführt worden zu sein. Oder denken Sie an die zahlreichen vernünftigen, normal agierenden Menschen, die ganz ruhig und mit tiefer Überzeugung von Erfahrungen in früheren Leben berichten. Sie *erinnern sich daran*, schon einmal gelebt zu haben.

Tausende mehr neigen zu spontanen Fehlzündungen des limbischen Cortex (ein Gehirnbereich, der einen Teil des Cortex und benachbarte Zentren umfaßt und von dem man annimmt, daß er für Gefühlsäußerungen zuständig ist). Wenn die Neuronen in ihren Gehirnen fehlzünden, erscheinen ihnen Angehörige, die schon lange tot sind, oder – noch gruseliger – Gott, die heilige Jungfrau oder der Teufel. Diese Wahrnehmungen können sich als Erinnerungen einprägen, die mit großer Bewegtheit wiedergegeben werden.

Der im zwölften Jahrhundert lebenden Mystikerin Hildegard von Bingen erschien die Stadt Gottes in Visionen von strahlendem Licht, Engeln und glänzenden Heiligenscheinen. Wurde ihr wirklich ein Blick ins Jenseits zuteil? Heutige Beobachter glauben, daß Hildegards himmlische Erscheinungen von Migräneanfällen ausgelöst wurden. Wie der Neurologe Oliver Sacks in seinem Buch »Migräne« schreibt:

(Hildegards Visionen) stellen ein einzigartiges Beispiel dafür dar, wie ein physiologischer Vorgang, der für die allermeisten anderen Menschen banal, unangenehm oder bedeutungslos wäre, bei einem Menschen, dessen Bewußtsein ihn von der breiten Masse abhebt, zur Grundlage höchst ekstatischer Inspirationen werden kann.

Die Adventistin vom Siebten Tage und Prophetin Ellen White fiel manchmal plötzlich in Trance, wobei sich ihre Augen verdrehten, während sie monoton bestimmte Phrasen und Gesten wiederholte. Ihre »Visionen« offenbarten ihr, daß Masturbation zum Tod führt, Perücken Wahnsinn verursachen und bestimmte Rassen aus dem Geschlechtsverkehr mit Tieren niederer Ordnung hervorgegangen sind. War White verrückt? Simulierte sie ihre Visionen, um Leute zu ihrer Religion zu bekehren? Während die Gläubigen ihre Visionen als von Gott gesandt ansehen, vermutet man heute, daß ihre »Zustände« von epileptischen Anfällen verursacht wurden, die wahrscheinlich von einer Kopfverletzung, die sie im Alter von neun Jahren erlitten hatte, herrührten.

Seltsame Visionen, merkwürdige Erscheinungen und überweltliche Halluzinationen müssen nicht apokalyptischer Natur sein. Schätzungsweise zehn bis fünfundzwanzig Prozent der sich normal verhaltenden Menschen haben schon wenigstens einmal im Leben eine intensive Halluzination gehabt – eine Stimme gehört, nicht vorhandene Blumen gerochen oder eine ihnen einst nahestehende Person gesehen, die seit vielen Jahren tot ist. Carl Sagan, Professor für Astronomie und Weltraumwissenschaften an der Cornell University, behauptet, daß er vielleicht ein dutzendmal seit dem Tod seiner Eltern gehört hat, wie sie seinen Namen riefen. »Ich vermisse sie immer noch so sehr, daß es mich nicht erstaunt, daß mein Gehirn hin und wieder eine Art klarer Aufzeichnung ihrer Stimmen hervorbringt«, schreibt Sagan.

Halluzinationen gehören zum menschlichen Leben. Was sind Träume anderes als Halluzinationen des schlafenden Geistes? Kinder phantasieren von Monstern und Feen; Erwachsene behaupten steif und fest, daß sie Besuch von Außerirdischen gehabt haben; und rund zehn Prozent der US-Amerikaner geben an, den einen oder anderen Geist gesehen zu haben. Diese Menschen lügen nicht. Sie haben *etwas* gesehen, gehört, gefühlt und erfahren. Aber war dieses *etwas* wirklich?

Wenn Patienten Episoden aus ihrer Kindheit detailreich und realistisch mit den intensiven Gefühlen, die dem jeweiligen Ereignis angemessen sind, beschreiben, sind Therapeuten (und alle anderen, die gerade zuhören) verständlicherweise beeindruckt. Der intensive Ausdruck von Gefühlen, die körperlichen Anzeichen von Angst oder Panik und die Vielzahl anschaulicher Einzelheiten überzeugen die Zuhörer davon, daß tatsächlich etwas passiert ist. Wie kann jemand sich eine solche Erinnerung ausdenken, so viel Wut, Angst, Schrecken und Kummer vortäuschen, fragen wir uns. Warum sollten sich Menschen diesen seelischen Qualen aussetzen?

Doch selbst wenn Therapeutinnen die Möglichkeit einer fingierten Erinnerung in Betracht ziehen, befinden sie sich in einer Zwickmühle. Einfühlsame und gewissenhafte Psychologen arbeiten hart daran, eine Atmosphäre der Sicherheit und des Vertrauens zu schaffen, in der Patientinnen ihre Gefühle ausdrücken und sich mit ihrer Vergangenheit auseinandersetzen können. Das Geschick und die Klugheit einer Therapeutin können sogar an ihrer Fähigkeit gemessen werden, schmerzliches und tief vergrabenes Material zutage zu fördern. Wie können sie dann das Vertrauen ihrer Patienten mißbrauchen (und ihre eigene Methode in Frage stellen), indem sie nicht davon ausgehen, daß die hervorgebrachten Erinnerungen und Gefühle nachweislich wahr sind?

Es ist nicht schwer zu verstehen, warum Therapierende von der seelischen Qual ihrer Patientinnen so beeindruckt sind, wenn diese sich an Mißhandlungen erinnern, oder warum sie sich schwertun, verdrängte Erinnerungen an sexuellen Mißbrauch anzuzweifeln, zu hinterfragen oder nach Bestätigung von anderer Seite für sie zu suchen. Sie haben Angst, Vertrauen zu zerstören, die therapeutische Beziehung zu gefährden und die Patientin aus der Therapie und schlimmstenfalls in eine Psychose zu treiben.

Aber der zwingendste Grund, an die Geschichten von wiedererlangten Erinnerungen zu glauben, liegt vielleicht darin, daß *nicht* an sie zu glauben mit zu vielen unangenehmen Verwicklungen und Problemen belastet ist. Nicht zu glauben geht an die Substanz unseres eigenen Selbstgefühls. Im Fall von Eileen Franklin wollen wir glauben – wie sie selbst eindeutig und überzeugend glaubt und wie uns ihre detaillierten Erinnerungen glauben machen –, daß ihre Geschichte richtig wiedergegeben ist und der Wahrheit entspricht. Wir wollen und müssen ihrer Geschichte glauben, weil der Glaube an ihre Erinnerung bestätigt, daß unser eigener Verstand gründlich und effizient arbeitet, Informationen aufnimmt, ordnet, ablegt und sie später wieder in allen Einzelheiten deutlich und unverändert hervorbringen kann. In einer chaotischen Welt, in der sich so vieles unserer Kontrolle entzieht, haben wir das dringende Bedürfnis zu glauben, daß wir wenigstens unseren Verstand beherrschen. Wir müssen glauben können, daß unsere Erinnerungen verläßlich sind und daß sie die Verbindung zur Vergangenheit herstellen und unserem Leben einen Sinn geben können. Wie die Sozialpsychologin Carol Tavris schreibt, sind unsere Erinnerungen das Inhaltsverzeichnis unseres Lebens. Wer hat schon die Energie und die Kraft, das ganze Buch neu zu schreiben?

Die Vorstellung, daß unser Verstand uns Streiche spielt, uns an eine entstellte Wirklichkeit glauben läßt, sogar an Phantasien und Hirngespinste, ist tief beunruhigend. Wenn wir unserem eigenen Verstand nicht trauen können, was bleibt dann noch? Wenn unser Gehirn in der Lage ist, uns ungeheuerliche Geschichten aus der Vergangenheit mit solch halluzinatorischer Intensität und Detailgenauigkeit vorzuspiegeln, daß wir nie auf die Idee kommen, sie in Frage zu stellen, wo ist dann die Grenze zwischen Wahrheit und Lüge, Wirklichkeit und Phantasie, geistiger Gesundheit und Wahnsinn?

Ich glaube, daß die Grenze durchlässig und unbewacht ist, denn wir überschreiten sie dauernd in unseren Träumen, Wünschen und Vorstellungen. Die Erinnerung ist das Vehikel, mit dem wir uns selbst aus der Wirklichkeit in die Phantasie und wieder zurück transportieren, so oft wie es nötig ist, um zusammenhängende und bunte Geschichten aus dem farblosen Stroh des wirklichen Lebens zu spinnen. Unsere Erinnerungen erzählen uns Geschichten, und wir hören gebannt zu. Wir wollen wissen, was in unserer Vergangenheit passiert ist, wir brauchen Antworten auf unsere Fragen, wir wollen die Unsicherheiten und Mehrdeutigkeiten auflösen. Und die Erinnerung, unser loyalster und treuester Diener, bemüht sich, unsere Wünsche zu erfüllen.

Wie kam Eileen Franklin zu dem Glauben, daß sie gesehen hat, wie ihr Vater ihre beste Freundin umbrachte? Wie konnte ihr Verstand eine Erinnerung aus Tatsachen- und Phantasiefragmenten konstruieren und dann glauben, daß das die absolute, hundertprozentige Wahrheit war? Etwas pragmatischer ausgedrückt, welches Motiv konnte sie haben, ihren Vater für einen Mord ins Gefängnis zu bringen, den er nicht begangen hat?

In ihrem Buch »Die Sünden des Vaters« liefert Eileen einige Antworten auf diese Fragen. Sie beschreibt, daß ihre Kindheit in einem Umfeld extremer Gewalttätigkeit stattgefunden hat. »Die Schläge meines Vaters und die Art, wie er uns beschimpfte, waren furchtbar.« Sie erinnert sich, wie ihr jüngerer Bruder George jr. ihr sagte, daß er eine solche Angst vor ihrem Vater hatte, daß er einen Baseballschläger zur Verteidigung unter seinem Bett aufbewahrte. Ihre Mutter erlitt körperliche und seelische Mißhandlungen, und ihre Schwester Janice behauptete, daß sie wiederholt von ihrem Vater sexuell mißbraucht worden war.

Während ihrer Kindheit und Jugend leugnete Eileen, daß ihr Vater sie mißbraucht hätte, aber nach Jahren der Therapie erinnerte sie sich schließlich an einige spezifische Mißbrauchshandlungen. In einem besonders aufwühlenden Bericht beschreibt sie, wie sie im Alter von fünf Jahren von ihrem Vater in der Badewanne mißbraucht wurde.

Ein paar Wochen nachdem die Erinnerung an das Badewannenerlebnis wiedergekehrt war, erinnerte sich Eileen an ein weiteres Ereignis, das geschah, als sie acht oder neun Jahre alt war. Sie war in einem merkwürdigen Haus mit ihrem Vater und einem anderen Mann. »Ich lag auf einem Tisch oder einem ähnlichen Möbelstück. Mein Vater drückte mit einer Hand meine linke Schulter nach unten, mit der anderen hielt er mir den Mund zu. Das Gesicht des schwarzen Mannes beugte sich über mich. Die Männer lachten. Plötzlich spürte ich einen schrecklichen, brennenden Schmerz im

Unterleib. Ich wollte schreien, aber mein Vater hielt mir ganz fest den Mund zu.«

Sechs Monate lang glaubte Eileen, daß sie von einem unbekannten Schwarzen vergewaltigt worden war. Erst als ihre Mutter andeutete, daß der Vergewaltiger ein Freund der Familie gewesen sein könnte, begann Eileens Erinnerung die Szene zu rekonstruieren und tauschte den unbekannten Schwarzen gegen einen Weißen aus, den sie sehr gut kannte.

Aber wie auch immer diese Erinnerungen ursprünglich zustande kamen und anschließend auseinandergenommen und wieder zusammengesetzt wurden, sie sind jedenfalls voller zerstörerischer Gefühle und drücken die Trauer und Wut einer erwachsenen Frau aus, die auf ihre Kindheit zurückblickt und sich an unsagbare Qualen erinnert, die sie durch die Hand ihres Vaters erlitten hat. Die wichtigste von Eileen geschilderte Erinnerung mag jedoch eine sein, die auf eine Zeit zurückgeht, als sie schon erwachsen war. Ihre Tochter Jessica war zwei Jahre alt. George Franklin kam zu Besuch, und Eileen ließ ihn im Wohnzimmer allein mit ihrer Tochter. Als sie zurückkam, fand sie ihren Vater, wie er das Kind auf einem kleinen Tisch festhielt und ihre Geschlechtsteile begutachtete, wobei er die Schamlippen mit seinen Fingern auseinanderhielt. »Ich war entsetzt. ›Was machst du denn da?‹ war alles, was ich hervorbrachte.«

Was ging in diesem Augenblick und auch später in Eileens Kopf vor, als die Erinnerung daran, wie ihr Vater die Genitalien ihrer zweijährigen Tochter anfaßte, sie verfolgte? Vielleicht kamen ihr andere Bilder in den Sinn, Bilder davon, wie ihr Vater ihre Schwester belästigte, ihre Mutter ohrfeigte und ihren kleinen Bruder trat? Vielleicht produzierte ihre Vorstellung Zukunftsvisionen, in denen sie ihre heranwachsende, schöne Tochter sah, die schüchtern darum bemüht war, ihrem sie anbetenden Großvater zu gefallen. Projizierte Eileens Vorstellung eine erinnerte Vergangenheit auf eine imaginierte Zukunft und schürte damit ihre Ängste in bezug auf die Sicherheit ihrer Tochter?

Bestimmt war ihr Leid groß und ihre Sorge überwältigend. Jahrelang hatte sie darum gekämpft, einer von Gewalt geprägten und unglücklichen Kindheit, in die auch der sinnlose Mord an ihrer besten Freundin fiel, einen Sinn zu geben. Als Jugendliche war sie unruhig und deprimiert gewesen, ging vorzeitig von der High-School ab, experimentierte mit Drogen und Prostitution und versuchte einen Selbstmord. Mit Anfang Zwanzig heiratete sie einen dominanten, tyrannischen Mann und ertrug viele Jahre lang eine lieblose Ehe. Es schien, daß sich hier ein Lebensmuster verfestigt hatte und sie der unerträglichen und fortdauernden Qual des Opferdaseins nicht entkommen konnte.

Ihre Wut und ihr Schmerz, die so formlos und ungerichtet waren, brauchten ein Ziel und ein Ventil. In der Therapie lernte sie, daß ihre Symptome – ihre ständigen Ängste, die aufblitzenden Bilder, die wiederkehrenden Erinnerungen – ein klares Anzeichen für eine posttraumatische Streßstörung waren. Ihr wurde gesagt, daß sie das Recht hatte, sich als Opfer zu fühlen, denn sie wiederholte nur die selbstzerstörerischen Muster, die in ihrer Kindheit entstanden waren. Sie erfuhr, daß ihre Verwirrung, ihre Wut, ihre Trauer und ihre Depressionen als weitere Beweise dafür angesehen werden konnten, daß sie in ihrer Vergangenheit ein Opfer war und eine traumatische Erfahrung gemacht hatte.

Die oft wiederholten Worte ihrer Therapeutin hallten in ihrem Kopf wider: Sie hatte jedes Recht dazu, wütend und von Kummer erfüllt zu sein. Nur wenn sie ihre Gefühle ernst nahm, würde sie die Freiheit gewinnen, sie auszudrücken, die Verletzungen ihrer Kindheit loszulassen und zu ihrem wahren Selbst zu finden. Diese Suche nach dem wahren Selbst durfte nicht behindert werden, und jeder, der sie in der Vergangenheit schlecht behandelt hatte, war eine legitime Zielscheibe ihres Zorns. Jeder, der ihre Erinnerungen anzweifelte oder nach Bestätigungen oder Beweisen fragte, stellte eine Behinderung des Heilungsprozesses dar. Eileen war ein Traumaopfer, aber irgendwie war sie gesund und lebendig aus allem hervorgegangen. Sie hatte durchgehalten. Sie war eine Überlebende.

Eingedenk Eileens Zorn und Leid können wir vielleicht besser nachvollziehen, wie es schließlich zu dieser Szene in ihrem Wohnzimmer kam, als Jessica sich zu ihrer Mutter umdrehte und sie mit fragender Miene ansah. Nach Eileens Bericht sah sie ihrer Tochter in die Augen und war von der erschreckenden Ähnlichkeit mit der achtjährigen Susan Nason getroffen. Die beiden Mädchen, das eine seit zwanzig Jahren tot und das andere sehr lebendig, hätten Schwestern sein können.

Die Verbindung zwischen beiden Bildern entstand durch Eileens Schuldgefühle, durch ihre Wut und Angst und – vielleicht am wichtigsten – durch ihr verzweifeltes Bedürfnis, ihre Kinder zu beschützen. Sie hatte ihre beste Freundin nicht beschützen können – »Ich konnte sie nicht beschützen, ich konnte ihn nicht stoppen. Ich wußte nicht, daß das passieren würde.« –, aber als Mutter im Alter von neunundzwanzig Jahren konnte sie jetzt wenigstens ihre eigenen Kinder retten.

Den Schmerz erleichtern, die Qual beenden, das »Richtige« tun, ihre Kinder beschützen ... waren das ausreichende Motive, die

Schrecken der Vergangenheit und die Befürchtungen für die Zukunft zu einer falschen Erinnerung zu verschmelzen? Oder hatte Eileens Sehnsucht nach Gerechtigkeit und Rache noch eine andere Ursache? War es möglich, daß ihr Verstand diese Erinnerung in dem verzweifelten Versuch schuf, eine unkontrollierbare Vergangenheit endlich zu kontrollieren und ihrem schwierigen Leben einen Sinn zu geben?

Auf den letzten beiden Seiten ihres Buches beschreibt Eileen den Schmerz, den die ausgegrabene Erinnerung verursachte. »Ich blicke in den Spiegel und vergleiche das Gesicht darin mit Fotos von mir, die vor der Wiederkehr der Erinnerung aufgenommen wurden .... Alle Freude ist aus meinen Augen verschwunden.«

»Alle Freude ist verschwunden«, aber an ihrer Stelle hatte Eileen ein Gefühl der Kontrolle und Macht über ihren Vater gewonnen.

Er hatte die Macht, einen großen Teil meiner Erinnerungen zu unterdrücken ... Wenn ich nicht die Herrschaft über all das erlange, was er mir angetan hat, wenn ich einem Teil meiner Erinnerungen gestatte, verdrängt zu bleiben, gewinnt mein Vater. Ich muß den ganzen Schrecken hervorholen und ihn erfolgreich verarbeiten, bevor ich wirklich sagen kann, daß ich ihn besiegt habe. Wenn ich mein Leben in der Furcht verbringe, mich an mehr zu erinnern, dann hat er gewonnen.

Und so erzeugte Eileen diese Erinnerung vielleicht in dem Versuch, die Macht ihres Vaters über sie zu brechen und den Rest ihres Lebens ohne Angst zu verbringen. Mit der erfinderischen Kraft der Erinnerung als Waffe konnte sie ihren Vater für seine Grausamkeiten der Familie gegenüber bestrafen und die Herrschaft über ihre Vergangenheit gewinnen. Aber nicht, ohne einen Preis dafür zu bezahlen. Denn als die Schleusen einmal geöffnet waren, kamen beängstigende Bilder in einer unaufhörlichen Sintflut hervorgeströmt. Nirgends bot sich ein rettender Hafen; kein Ende war in Sicht. »Ich möchte davonlaufen und die Erinnerungen zurücklassen, aber sie laufen genauso schnell wie ich. Es gibt keinen Ort, an den ich mich vor ihnen flüchten kann.«

Eileen Franklins »Erinnerungen« haben ihren Preis gefordert.

Ich habe noch eine letzte Geschichte zu erzählen. Ich bin Eileen Franklin nur einmal persönlich begegnet, und zwar in New York in der NBC-Nachmittagstalkshow »A Closer Look«. Nachdem Eileen ihre verdrängte Erinnerung an den Mord beschrieben hatte, wandte sich die Gastgeberin Faith Daniels an mich und fragte erstaunt: »Und Sie glauben wirklich, daß das, woran sich Eileen erinnert, nicht geschehen ist?«

»Ich denke, daß es zumindest eine zweite Theorie gibt, nämlich daß Eileen zwar an das glaubt, woran sie sich erinnert, daß es aber eine von ihr selbst erzeugte Erinnerung ist«, sagte ich.

Einige Leute im Publikum rückten unruhig auf ihren Sitzen herum und schüttelten die Köpfe. Daniels wandte sich an das Publikum und sagte: »Ich glaube nicht, daß sie ihr das abnehmen.« Sie hielt das Mikrophon einer Frau im mittleren Alter unter die Nase. »Warum nehmen Sie ihr das nicht ab?«

»Ich kann einfach nicht glauben, daß jemand sein Leben mit solchen Gefühlen belastet«, sagte die Frau. »Warum sollte sie freiwillig leiden? Warum sollte sie freiwillig so etwas durchmachen wollen? Das ergibt keinen Sinn.«

Eileen, die ein elegantes schwarzes Kleid mit rosa und blauen Streifen an den Schultern trug, nickte dazu mit schmerzlichem Gesichtsausdruck. Ich trug ein beiges Kostüm und eine lange Perlenkette. Während das Publikum weiterhin seiner feindseligen Einstellung gegenüber meinem skeptischen Standpunkt Luft machte, versuchte ich, stoisch lächelnd auszuharren.

Nach der Aufzeichnung fuhr ich mit dem Aufzug in den ersten Stock. Im Foyer fiel mein Blick auf eine auffallend gutaussehende Frau mit langen roten Haaren, die in den NBC-Souvenirshop ging. Ich ging etwas näher heran (ich war nicht auf eine direkte Konfrontation aus) und beobachtete Eileen, wie sie zwischen den Ständen herumstöberte, die mit Schlüsselanhängern, Bechern, T-Shirts und anderen Andenken mit dem NBC-Logo gefüllt waren. Einmal nahm sie einen Becher in die Hand, drehte ihn um, um auf das Preisschild zu sehen, und stellte ihn wieder zurück. Dann ging sie hinüber zu den T-Shirts und hielt eines in die Höhe. Zu groß? Zu klein? Genau richtig?

Ich sah ihr zu, fasziniert von ihrer Schönheit und Gelassenheit. Ich nehme an, ich wollte irgendwie verstehen, wer sie war und was sie antrieb, jetzt wo keine Kameras und Mikrophone auf sie gerichtet waren. Einmal sah sie hinaus ins Foyer, als ob sie jemanden erwartete, der sie abholen sollte. Sie sah mich direkt an, gab aber kein Zeichen des Erkennens. Ein paar Minuten später nahm ich meine Aktenmappe und ging hinaus, um ein Taxi herbeizuwinken und mich auf den Nachhauseweg zu machen.

Das ist die Erlebnis-Wahrheit meiner Begegnung mit Eileen Franklin. Die Ereignis-Wahrheit ist längst nicht so interessant. Ich war im Januar 1992 in New York und trat mit Eileen Franklin in der NBC-Show »A Closer Look« auf. Ich trug ein beiges Kostüm und Eileen ein schwarzes Kleid. Das Publikum hatte mehr Sympathien für Eileens Version der Geschichte. Sie runzelten die Stirn und wurden unruhig, als ich mich bemühte zu erklären, wie eine Erinnerung entstellt und verzerrt werden kann, und ich wand mich unbehaglich und versuchte, mein Lächeln angesichts ihrer Bezeugungen von Unglauben und direkter Feindseligkeit zu bewahren.

All diese Fakten kann ich nachweisen, weil ich eine Videoaufzeichnung der Show habe. Aber der Rest der Geschichte, den ich klar und lebhaft im Gedächtnis bewahrt habe, läßt sich nicht bestätigen. Stand ich wirklich vor dem Souvenirshop und beobachtete Eileen Franklin? (Gibt es überhaupt einen Souvenirladen im NBC-Gebäude? Könnte es auch ein Zeitungsstand gewesen sein?) Hielt sie ein T-Shirt in die Höhe? (War es vielleicht eines für Kinder?) Habe ich sie wirklich ein paar Minuten lang vom Foyer aus beobachtet, oder habe ich nur einen Blick auf sie (oder auf jemand anderen mit roten Haaren) erhascht, als ich hinauseilte, um ein Taxi herbeizuwinken? Hat sie mich direkt angesehen und mich nicht erkannt? Konnte ich mir die ganze Szene eingebildet haben?

Selbst bei dieser relativ unbedeutenden Begegnung mit meiner Vergangenheit bin ich mir nicht sicher, wo die Ereignis-Wahrheit endet und die Erlebnis-Wahrheit beginnt.

7

Verloren im Einkaufszentrum

Ich erinnere mich, wie ich euch verloren hatte und nach euch gesucht habe. Ich erinnere mich wirklich daran. Und wie ich dann geweint habe und Mom auf mich zukam und sagte: »Wo warst du denn? Mach das nie wieder!«
Chris, *Versuchsperson bei einem Forschungsprojekt der University of Washington*

The flying rumours gather'd as they roll'd
Scarce any tale was sooner heard than told;
And all who told it added something new,
And all who heard it made enlargements too.
Alexander Pope, *Temple of Flame**

Eileen Franklins Geschichte erfüllt unsere Erwartungen an die Funktionstüchtigkeit von Gedächtnis und Erinnerung. Unsere beliebtesten und vertrautesten Metaphern betonen die Genauigkeit und Leistungsfähigkeit der Erinnerung. Wir stellen uns vor, daß Erinnerungen in sich ständig erweiternden, mikroskopisch kleinen Bibliotheken katalogisiert werden. Oder daß sie vielleicht sorgfältig als Informationen auf einem unbegrenzten Vorrat an Computerchips gespeichert oder sogar auf unbespielten Videokassetten aufgenommen werden, ordentlich beschriftet und zum zukünftigen Gebrauch aufbewahrt und einsortiert.

Diese modernen technologischen Metaphern verraten ein tiefgehendes Bedürfnis nach Ordnung und Beständigkeit. Wir möch-

* Die verstreuten Gerüchte sammelten sich unterwegs.
Kaum gehört, war die Geschichte auch schon erzählt;
Und alle, die sie erzählten, fügten etwas hinzu,
Und alle, die sie hörten, bauten sie noch aus.

ten gerne glauben, daß unser Geist nach einer bestimmten Methode arbeitet, daß es irgendwo in dem chemischen Eintopf unseres Gehirns eine Strategie zu entdecken gibt, auch wenn wir nur vage vermuten können, wie diese »aussieht«. Wir würden gerne glauben, daß irgend etwas irgendwie irgendwo immer die Kontrolle behält.

Vor fünfzig Jahren schien eine faszinierende Reihe von Gehirnoperationen zu bestätigen, daß unser Gehirn tatsächlich die absolute Kontrolle hat, und mit erstaunlicher Leistungsfähigkeit die Vielzahl von komplizierten Reizen reguliert, die jeden Tag auf uns einströmen. Der Neurochirurg Wilder Penfield führte über tausend Hirnoperationen an epileptischen Patienten aus, wobei er einen Teil des Schädels anhob und Stücke aus dem Cortex mit dem Ziel entfernte, die Zahl der Anfälle zu reduzieren. Die Patienten wurden betäubt, blieben aber während der Prozedur bewußt. Bevor er irgendwelches Hirngewebe entfernte, benutzte Penfield einen elektrischen Stimulator, um die Funktionen von verschiedenen Bereichen des Gehirns zu bestimmen.

Als er die Schläfenlappen stimulierte, berichteten vierzig Patienten, einen »Flashback« gehabt zu haben – ein geistiges Bild oder eine sensorische Erfahrung, die sie als Erinnerung interpretierten. Eine junge Frau rief: »Ich habe irgendwo eine Mutter ihren kleinen Jungen rufen hören. Das schien etwas zu sein, das vor Jahren passiert ist … in meiner Nachbarschaft.« Als die Elektrode etwas weiterbewegt wurde, sagte sie: »Ich höre Stimmen. Es ist Nacht, irgendwo beim Volksfest – eine Art Wanderzirkus. Ich habe viele von diesen großen Anhängern gesehen, in die sie die Tiere verladen.«

Diese Berichte von Erinnerungs-»Flashbacks« waren absolut überzeugend und schienen den Beweis dafür zu liefern, daß Erfahrungen und Gefühle dauerhaft im Gehirn gespeichert werden. Ein Reporter der »New York Times« folgerte: »Es besteht kaum Zweifel, daß Wilder Penfields Elektroden Aktivität im innerhalb der Schläfenlappen gelegenen Ammonshorn auslösten und ruckartig weit zurückliegende und sehr persönliche Erinnerungen aus dem Bewußtseinsstrom des Patienten herausfischten.« Die Angelmetapher läßt eine plastische und unterhaltsame Szene vor unserem inneren Auge entstehen: wie eine Elektrode auf dem ruhigen Wasser des Gehirns schwebt und dann einen plötzlichen, scharfen Ruck erhält. Eine Erinnerung, lebendig und voller Energie, taucht aus dem gallertartigen Gewässer auf und wird auf das Ufer des Bewußtseins geworfen: ein beeindruckender Fang.

In seinen ersten Schriften bevorzugte Penfield die etwas geschäftsmäßigere Analogie eines Tonbandes und stellte fest, daß Erinnerungen »einen dauerhaften Abdruck im Gehirn hinterlassen, ... als wären sie auf einem Tonband aufgezeichnet«.

Aber beweisen Penfields Hirnstimulationen wirklich, daß all unsere Erinnerungen genau aufgezeichnet und irgendwo im Innern der Schläfenlappen aufbewahrt werden? Bei genauerem Nachforschen zeigt sich, daß nur ein geringer Prozentsatz (3,5%) seiner Patientinnen von Erinnerungsflashbacks berichtete; darüber hinaus existieren keine Beweise dafür, daß diese Erinnerungen tatsächliche Geschehnisse abbildeten. Von den vierzig Patienten, die von Erinnerungen sprachen, gaben vierundzwanzig an, nur die Hintergrund»geräusche« einer Erinnerung gehört zu haben: Stimmen, Musik oder ein anderes identifizierbares Geräusch. Eine Patientin beschrieb ihre Erinnerung als »eine Art ferne Musik, wie wenn Leute singen«. Als sie gefragt wurde, was die Leute sangen, sagte sie: »Ich weiß nicht. Irgendwas, was alte Leute singen, wahrscheinlich irgendwelche Hymnen.«

Neunzehn Patientinnen gaben an, eine Person, einen erkennbaren Gegenstand oder eine ganze Szene gesehen zu haben, und zwölf berichteten sowohl von visuellen als auch von auditiven Erfahrungen. Aber es scheint wahrscheinlich, daß sogar diese kleine Gruppe von Patienten Wirklichkeit und Phantasie vermischten und ihre Vorstellungskraft benutzten, um Lücken zu schließen. Zum Beispiel erinnerte sich die junge Frau, die »eine Mutter nach ihrem kleinen Jungen rufen« gehört hatte, daß das irgendwo in ihrer Nachbarschaft passiert war. Später sagte sie, es wäre »auf dem Holzlagerplatz« gewesen. Aber als man sie danach fragte, behauptete sie, sich nicht erinnern zu können, je auf einem Holzlagerplatz gewesen zu sein.

Diese Patientin vermischte offenbar Bruchstücke aus Phantasie und Wirklichkeit zu etwas, das sie für eine Erinnerung hielt, ähnlich wie unser schlafender Geist das Öl der Tatsachen und den Essig der Dichtung auf den extravaganten Salat unseres Traumlebens träufelt. In einer Besprechung von Penfields Arbeiten stellte denn auch der kognitive Psychologe Ulric Neisser fest, daß der Inhalt dieser Erinnerungen »mit dem Inhalt von Träumen absolut vergleichbar ist, die ja auch im allgemeinen als synthetische Konstruktionen und nicht als wirklichkeitsgetreue Erinnerungen angesehen werden«.

Wenn die wilde Kakophonie der Träume, Wünsche und Sehnsüchte einsetzt, beginnen die eleganten, geradlinigen Metaphern zu wackeln und zusammenzustürzen. Auch wenn es beruhigend sein mag, sich die Erinnerung als einen vorhersagbaren, verläßlichen

Vorgang vorzustellen, die Wahrheit ist weitaus weniger beruhigend. Neueste computergestützte Forschungen über den Aufbau des Gehirns zeigen, daß die Erinnerung keine breitangelegte, einzelne Fähigkeit ist, die aus einem Zentrallager von Bildern und Erfahrungen schöpft, sondern ein Netzwerk zahlreicher unterschiedlicher Aktivitäten, von denen jede in einem bestimmten Teil des Gehirns stattfindet.

Wissenschaftler glauben, daß die Bildung einer Erinnerung mit dem Erkennen von Gegenständen und Merkmalen im Raum durch den Sehapparat beginnt. Bei jeder ersten Wahrnehmung werden Gehirnzellen darauf gelenkt, bestimmte Eindrücke zur späteren Wiederauffindung zu speichern; nachdem sie ihre Instruktionen erhalten haben, durchlaufen die Zellen physische Veränderungen. Das winzige Organ mit dem Namen Ammonshorn* (von denen es zwei gibt, eins auf jeder Seite des Gehirns) verbindet die verschiedenen Bereiche, wobei es mannigfaltige Wahrnehmungen und Empfindungen zu einer einzigen Erfahrung integriert, die dann als Erinnerung gespeichert wird. Jedesmal wenn eine bestimmte Erinnerung wiederaufgerufen wird, verstärken sich die Verbindungen zwischen den Zellen.

Wir können uns also vorstellen, daß das Gehirn mit Hunderttausenden von sich überlagernden Informations»netzen« gefüllt ist, die separate und unterschiedliche Hirnbereiche verbinden. Wenn man an dem Faden einer bestimmten Erinnerung zieht, verschiebt sich das gesamte Netz; auch die umgebenden und sich überschneidenden Erinnerungsschichten werden davon betroffen. Um die Sache noch mehr zu komplizieren, besteht der Stoff, aus dem die Erinnerung ist, aus Blut, Chemikalien und Elektrizität, also einer recht glitschigen und unbeständigen Mischung. Netze verwirren sich, Knoten entstehen, Fransen und Löcher lösen allmählich das dicht geknüpfte Gewebe auf. Obwohl der Verstand sich tapfer bemüht, die mangelhaften Stellen zu flicken, ist er nicht immer ein geschickter oder sorgfältiger Netzeflicker. Betrachten Sie hierzu die folgende Erinnerung an ein Ereignis, das am 18. August 1967 im Bostoner Fenway Park passierte. Der dreiundzwanzig Jahre alte Tony Conigliaro, ein Außenfeldspieler der Boston Red Sox und einer der größten Schläger aller Zeiten, stand

* Das Ammonshorn ist wahrscheinlich nur für die »episodische« Erinnerung von Bedeutung – die Erinnerung an Ereignisse und Erfahrungen in unserem Leben. Beim »prozessualen Lernen«, das Fähigkeiten wie Fahrradfahren oder einen Schuh zubinden umfaßt, werden offenbar noch andere Hirnstrukturen mit einbezogen.

am Heimmal dem Werfer Jack Hamilton von den California Angels gegenüber. Hamilton setzte zum ersten Wurf an und warf einen harten Ball, der die linke Seite von Conigliaros Gesicht zerstörte.

»Ich habe noch nie jemanden so hart getroffen«, sagte Hamilton später. »Er fiel sofort um, brach einfach zusammen.« Conigliaro erholte sich nie richtig von seinen Verletzungen und zog sich 1975 vom Baseball zurück; er starb 1990 im Alter von fünfundvierzig Jahren. Aber auch Hamilton war nie wieder derselbe. »Ich muß damit leben, und ich denke oft daran«, sagte Hamilton der »New York Times«, damals einundfünfzig Jahre alt und inzwischen Besitzer einer Restaurantkette im Mittelwesten, nachdem er von Conigliaros Tod erfahren hatte. »Immer wenn ich Baseball im Fernsehen sehe und ein Typ einen Ball abkriegt, muß ich daran denken. Es war etwa das sechste Inning, als es passierte. Ich glaube, es stand zwei zu eins, und er war der achte Schläger in ihrer Schlägerreihenfolge. Da als nächstes ihr Werfer drankam, hatte ich keinen Grund, auf ihn zu zielen.« Das Spiel hatte tagsüber stattgefunden, erinnerte sich Hamilton, weil er Conigliaro später am Nachmittag im Krankenhaus besucht hatte. Er erinnerte sich auch, wie er nach dem Unfall überlegte, ob er später im Jahr zur nächsten Runde noch mal zum Fenway Park Stadion zurückkehren sollte; schließlich entschied er sich mitzufahren.

Im Laufe der Jahre dachte Hamilton über dieses Ereignis, das sein Leben veränderte und über das in den Medien ausführlich berichtet worden war, Hunderte Male nach. Aber seine Erinnerung kam der Wahrheit nicht besonders nahe. Der Unfall passierte nicht im sechsten Inning, sondern im vierten; es stand nicht zwei zu eins, sondern null zu null; Conigliaro war nicht der achte Schläger in der Reihe, sondern der sechste; das Spiel fand nicht tagsüber statt, sondern abends; und Hamilton fuhr in jenem Jahr nicht noch einmal zum Fenway Park, weil die Tragödie während der letzten Reise der Angels nach Boston geschah.

Das sind natürlich Einzelheiten, und alle wissen, daß die Zeit selbst die bedeutendsten und hervorstechendsten Erinnerungen im Leben verzerrt. Eine echte Erinnerung leicht zu verändern oder zu beeinflussen ist nicht dasselbe, wie eine Erinnerung an ein nie geschehenes Ereignis zu erzeugen. Und doch haben Forscher sowohl anhand anekdotischer Erzählungen als auch experimenteller Untersuchungen gezeigt, daß Leute an etwas glauben können, das nie geschehen ist. Eine der berühmtesten Anekdoten über eine falsche Erinnerung wird von dem Kinderpsychologen Jean Piaget erzählt:

Eine meiner ältesten Erinnerungen würde, wenn sie wahr wäre, in mein zweites Lebensjahr hineinreichen. Ich sehe noch jetzt mit größter visueller Genauigkeit folgende Szene, an die ich noch bis zu meinem fünfzehnten Lebensjahr geglaubt habe: Ich saß in meinem Kinderwagen, der von einer Amme auf die Champs-Elysées geschoben wurde, als ein Kerl mich entführen wollte. Der gestraffte Lederriemen über meiner Hüfte hielt mich zurück, während sich die Amme dem Mann mutig widersetzte (dabei erhielt sie einige Kratzwunden im Gesicht, deren Spuren ich noch heute vage sehen kann) .... Doch als ich fünfzehn Jahre alt war, erhielten meine Eltern einen Brief von jener Amme, in dem sie ... ihren Wunsch ausdrückte, ihre früheren Verfehlungen zu bekennen, besonders aber die Uhr zurückzugeben, die sie als Belohnung für diese ... völlig erfundene Geschichte bekommen hatte. Ich mußte also als Kind diese Geschichte gehört haben, an die meine Eltern glaubten. In der Form einer visuellen Erinnerung habe ich sie in die Vergangenheit projiziert.

Natürlich war Piaget noch sehr jung, und obwohl das erinnerte Ereignis aufregend und hochdramatisch war, hatte es doch einen glücklichen Ausgang. Bei älteren Kindern und einer traumatischeren Erinnerung würden die Einzelheiten doch sicher zuverlässiger erhalten werden. Würden sie das wirklich?

Am 24. Februar 1984 schoß ein Heckenschütze mehrere Munitionsladungen auf Kinder und Lehrer auf einem Spielplatz einer Grundschule in Los Angeles ab. Ein Kind und ein erwachsener Passant wurden getötet; dreizehn andere Kinder und eine Spielplatzaufsicht wurden verwundet. Mehrere Wochen nach dem Überfall des Heckenschützen befragten Forscher eines Interventionsprogramms der University of California in Los Angeles für Kinder mit Traumen, Gewalterfahrungen und plötzlichen Verlusterlebnissen 113 Kinder (zehn Prozent der Schülerschaft) in der Hoffnung, zu einem besseren Verständnis des Wesens und der Folgen ihrer traumatischen Erinnerungen zu gelangen.

Eines der Kinder erinnerte sich, wie es mit dem Mädchen, das kurz darauf erschossen wurde, durch den Haupteingang des Gebäudes auf den Spielplatz ging. Als die Schüsse begannen, war es die Treppe zur Hälfte heruntergegangen und war dann sofort zurückgelaufen, um seine Schwester zu holen. Das Mädchen sagte den Forschern, daß es gesehen hatte, wie das tote Kind auf dem Spielplatz lag und der Angreifer neben seinem Körper stand, als es kurz darauf wieder auf den Treppenabsatz hinausgetreten war. Aber von der Treppe aus konnte das Mädchen das Opfer gar nicht gesehen haben. Außerdem befand sich der Heckenschütze zu keinem Zeitpunkt auf dem Spielplatz. Einige Stunden nach den Schüssen hatte eine Spezialeinheit eine Wohnung gegenüber gestürmt und entdeckt, daß der Schütze sich umgebracht hatte.

Ein Junge, der gar nicht nicht in der Schule war, als die Schüsse fielen, erzählte von seinen lebhaften »Erinnerungen« an den furchtbaren Tag. Er wäre auf dem Weg zur Schule gewesen, sagte er, als er jemanden auf dem Boden liegen sah, Schüsse hörte und schnell wieder nach Hause zurücklief. Ein anderes Kind sagte den Befragern, daß es am Schultor gestanden hätte und damit dem Schützen am nächsten gewesen wäre, als das Schießen begann. Aber in Wirklichkeit war es nicht nur außerhalb der Schußlinie, sondern sogar einen halben Block vom Spielplatz entfernt gewesen. Viele Kinder, die an jenem Tag gar nicht in der Schule gewesen waren, kamen am nächsten Tag, um sich den Schulhof anzusehen; während der Rekonstruktion des Ereignisses erinnerten sie sich jedoch, daß sie am Tag der Schüsse selbst dagewesen wären.

Selbstverständlich kann man aus ethischen Gründen solche Gewaltszenen nicht im Experiment simulieren, um mehr über das Funktionieren von traumatischen Erinnerungen herauszufinden. Aber Forscher können Suggestionstechniken anwenden und versuchen, eine schwach traumatische Erinnerung in das Gedächtnis der Versuchspersonen einzusetzen. Das haben der Psychologe Jeffrey Haugaard und seine Kollegen in einem kürzlich durchgeführten Experiment getan, in dem Kinder im Alter von vier bis sieben Jahren einen kurzen (dreieinhalb Minuten langen) Videofilm vorgeführt bekamen. Eine Version des Films zeigt ein Mädchen, das an einem Teich in einem Nachbargarten spielt, obwohl ihr vorher verboten worden war, dort zu spielen. Der Nachbar entdeckt sie an dem Teich, kommt bis auf etwa eineinhalb Meter an sie heran, sagt, daß er sie bei der Polizei anzeigen werde, und schickt sie nach Hause. Zu keiner Zeit faßt der Nachbar das Mädchen an oder macht eine drohende Geste, die darauf schließen ließe, daß er sie schlagen will. Nach dieser Begegnung verläßt das Mädchen den Teich und geht wieder nach Hause.

In der nächsten Szene belügt das Mädchen einen Polizisten, der sie zu Hause aufsucht. Sie gibt zu, am Teich gewesen zu sein, fügt jedoch hinzu: »Aber er (der Nachbar) hat mich zweimal geschlagen, bevor er mich nach Hause gehen ließ.« Der Polizist darauf: »Er hat dich geschlagen? Er hat dich geschlagen, bevor er dich gehen ließ?« Und das Mädchen antwortet: »Ja, er hat mich geschlagen.«

Nachdem sie die »Lüge« des Mädchens gehört hatten, glaubten einige Kinder, daß sie tatsächlich gesehen hatten, wie der Nachbar sie schlug. Doch sie erinnerten sich nicht nur an die nicht existenten Schläge, sondern fügten auch noch eigene Details hinzu. Von den einundvierzig, die falsche Angaben machten (29% der Kinder), erinnerten sich neunundreißig, daß der Mann das Mädchen in der Nähe des Teiches geschlagen hatte; ein Kind verlegte den Angriff in das Haus des Mädchens und eines konnte nicht genau sagen, wo das Mädchen war, als der Mann es schlug.

Alison Clarke-Stewart und William Thompson von der University of California in Irvine führten ein anderes interessantes Experiment mit kleinen Kindern durch. Fünf- bis sechsjährige Kinder beobachteten eine Handlung, bei der ein Hausmeister (dem die Forscher den Spitznamen »Chester the Molester« gegeben hatten) einer von zwei Verhaltensvarianten folgte, während er sich mit einer Puppe beschäftigte. Chester machte die Puppe entweder sauber, oder er ging auf eine Gewalt suggerierende Weise mit ihr um. Wenn Chester der »Saubermach«-Variante folgte, führte er verschiedene Handlungen an der Puppe aus, während der er Äußerungen machte, die mit Saubermachen zu tun haben. Zum Beispiel bespritzte er das Gesicht der Puppe mit Wasser und murmelte dabei: »Diese Puppe ist schmutzig, ich muß sie wohl saubermachen.« Dann sah er unter die Kleider der Puppe und sagte: »Ich seh' mal lieber nach, ob sie da auch schmutzig ist.« Chester bog auch die Arme und Beine gerade und biß einen losen Faden an den Kleidern ab.

Wenn Chester der »Gewalt«-Variante folgte, führte er genau die gleichen Handlungen aus, nur seine Worte waren anders. »Oh ja«, sagte er, »ich spiele gern mit Puppen. Ich spritze ihnen gern Wasser ins Gesicht. Ich sehe gern unter ihre Kleider. Ich beiße sie gerne und verdrehe ihre Arme und Beine.«

Nach der Begegnung mit Chester und der Puppe wurden den Kindern Fragen gestellt; in manchen Fällen enthielten die Fragen Anschuldigungen und bezichtigten Chester herumzuspielen, statt seine Arbeit zu tun. Als die Kinder beschreiben sollten, was Chester mit der Puppe machte, waren die Antworten derer, denen keine suggestiven Fragen gestellt worden waren, ziemlich wahrheitsgetreu. Aber viele Kinder, die auf suggestive Weise befragt wurden, paßten ihre Antworten den Suggestionen an und erinnerten sich, daß Chester gewalttätig war, wenn er die Puppe in Wirklichkeit nur saubergemacht hatte.

In einer Reihe von Untersuchungen von Nicholas Spanos wurde erwachsenen Versuchspersonen durch Hypnose suggeriert, daß sie über ihre Geburt hinaus auf ein früheres Leben regredieren konnten. Eine erhebliche Zahl von Teilnehmern entwickelte tatsächlich eine Identität aus einem früheren Leben, die die hypnotisch vermittelten Erwartungen widerspiegelten. Wenn Versuchspersonen suggeriert wurde, daß sie als Kind sexuell mißbraucht worden waren, erinnerten sich die meisten, in einem früheren Leben mißbraucht worden zu sein. »Diese Ergebnisse«, folgerte Spanos, »stimmen mit Berichten darüber überein, daß Klienten in der Psychotherapie manchmal komplexe und ausführliche Pseudoerinnerungen erfinden, die mit den Erwartungen ihrer Therapeuten einhergehen.«

Aus diesen und anderen Experimenten schließen Psychologen, die sich auf Erinnerungsentstellungen spezialisiert haben, daß Erinnerungen aus faktischen und fiktiven Elementen rekonstruiert werden und daß durch Erwartungen und Suggestionen falsche Erinnerungen hervorgerufen werden können. Aber wie können wir als Wissenschaftlerinnen Menschen außerhalb unseres Kreises davon überzeugen, daß diese Untersuchungen für das Phänomen der verdrängten Erinnerungen und für Therapien, die mit der Wiedererlangung von Erinnerungen arbeiten, relevant sind? Nach dem Fall George Franklin wurde diese Frage noch dringlicher, denn die ganze Welt schien über den verdrängten Erinnerungen den Verstand zu verlieren.

»Ein Inzest-Drama: Miss Americas Triumph über die Scham« verkündete das Titelblatt des Magazins »People« vom 10. Juni 1991. »Die Leute fragen mich, warum ich niemandem etwas von dem, was mit mir passierte, gesagt habe«, schrieb die ehemalige Miss America Marilyn Van Derbur in der Einleitung ihrer vierseitigen Enthüllung über ihren sexuellen Mißbrauch als Kind. »Um überleben zu können, spaltete ich mich in ein Tag-Kind auf, das kicherte und lächelte, und in ein Nacht-Kind, das in der Fötusstellung wach im Bett lag, bis sein Vater bei ihm eindrang. Bis ich vierundzwanzig war, war sich das Tag-Kind der Existenz des Nacht-Kindes nicht bewußt.«

Vier Monate später veröffentlichte »People« eine weitere Titelgeschichte über verdrängte Erinnerungen an sexuellen Mißbrauch: »Roseannes tapferes Geständnis: Ich bin eine Inzestüberlebende«. Roseanne Arnolds Erinnerungen begannen mit einer Reihe von Alpträumen, in denen sie sexuell belästigt wurde. Immer wenn sie schreiend erwachte, griff ihr Mann zu Stift und Papier und notierte schnell die wichtigsten Einzelheiten ihres Traums, so daß Roseanne sich später an sie erinnern konnte. Während der folgenden Monate begann Roseanne unter Selbstmordneigungen zu leiden und hatte Schwierigkeiten, anderen zu vertrauen oder nahe zu sein. Sie suchte Hilfe in einer Therapie; in Einzel- und Gruppensitzungen erinnerte sie sich allmählich, wie ihre Mutter sie als Kleinkind mißbrauchte, bis sie etwa sechs Jahre alt war, und daß ihr Vater sie sexuell belästigte, bis sie mit siebzehn von zu Hause wegging. »Er hatte dauernd seine Hände irgendwo an meinem Körper«, enthüllte Roseanne in dem »People«-Artikel. »Er zwang mich, auf seinem Schoß zu sitzen, mit ihm zu schmusen und in der Badewanne mit seinem Penis zu spielen. Er machte groteske und widerwärtige Sachen: Er jagte mit seinen Exkrementen in der Hand hinter mir her und versuchte, sie mir auf den Kopf zu schmieren. Er legte sich manchmal auf den Fußboden und fummelte an sich herum. Es war das Widerwärtigste, was man sich vorstellen kann.«

In einem Kasten neben Roseannes Geständnis spekulierte die Psychiaterin Judith Lewis Herman über die Fähigkeit des Verstandes, einen besonderen Platz für traumatische Erinnerungen zu schaffen. »Viele Kinder lernen, ein Geheimfach in ihrem Verstand einzurichten, in dem Erinnerungen gespeichert, aber erst zu einem späteren Zeitpunkt wieder zugänglich gemacht werden. Der Auslöser ist oft ein deutlicher Hinweis auf den Mißbrauch. Wenn die Erinnerungen erst einmal freigelassen sind, können sie flutartig hervorströmen.«

»Newsweek« veröffentlichte zum selben Zeitpunkt wie »People« einen Artikel über Inzestüberlebende. In dem »Newsweek-Artikel« erklärte Arnold, daß ihre Erinnerungen, die sie über dreißig Jahre lang verdrängt hatte, als »kleine Erinnerungsblitze wiederkamen. Und dann kamen immer mehr, und sie dauerten länger und wurden deutlicher ... als ob mein Kopf aufplatzte. Es war wie eine Folge von schlechten Erinnerungen, nur zehnmal schlimmer.« Trotzdem hatte sie Selbstzweifel. »Stimmen in meinem Inneren sagten, du denkst dir das aus. Vielleicht hast du alles falsch verstanden. Vielleicht hast du es dir eingebildet. Vielleicht denkst du dir das aus, um Aufmerksamkeit zu erregen.«

Viele nicht berühmte Leute verstärkten mit ihren Stimmen den anschwellenden Chor von Erwachsenen, die in einer Therapie Erinnerungen an sexuellen Mißbrauch wiedererlangt hatten. »Time« bot den Fall einer sechsunddreißigjährigen Frau aus Chicago, die von Erinnerungen an einen Mißbrauch überschwemmt wurde, der stattgefunden hatte, als sie noch in den Windeln lag. Sie behauptete, sich daran erinnern zu können, wie ihr Großvater sie unzüchtig berührte, während sie hilflos auf dem Wickeltisch lag. Eine andere Frau, die in »Time« erwähnt wurde, schlief gerade in ihrer Hochzeitsnacht mit ihrem Ehemann, als sie sich plötzlich erinnerte, wie sie zwei Jahrzehnte zuvor von einem Lehrer vergewaltigt worden war. Sie erstattete Anzeige und erhielt eine Entschädigung von 1,4 Millionen Dollar von ihrer ehemaligen kirchlichen Schule.

Verdrängte Erinnerungen schafften es sogar auf die Bestsellerlisten. In Jane Smileys Roman »Tausend Morgen«, für den sie den Pulitzer-Preis erhielt, hat die Hauptfigur Ginny jede Erinnerung an den Mißbrauch durch ihren Vater verdrängt, obwohl ihre Schwester Rose oft mit Ginny über ihre nicht verdrängten Mißbrauchserinnerungen spricht. Eines Tages, als Ginny die Treppe in ihrem Elternhaus hinaufgeht und sich auf ihr früheres Bett legt, wird eine Erinnerung herangeschwemmt, die sie buchstäblich durch ihre emotionale Gewalt umwirft.

Als ich da lag, wußte ich, daß er hier bei mir gewesen war, daß mein Vater mit mir auf diesem Bett gelegen hatte, daß ich oben auf seinen Kopf gesehen hatte, auf die kahle Stelle in dem graubraunen Haar, während ich fühlte, wie er an meinen Brüsten saugte. Das war die einzige Erinnerung, die ich ertragen konnte, bevor ich mit einem Schrei aus dem Bett sprang. Mein ganzer Körper zitterte, und Stöhnen drang aus meinem Mund .... Ich legte mich auf den Holzfußboden im Flur, weil ich das Gefühl hatte, ich würde ohnmächtig die Treppe hinunterfallen.

Betsy Petersen beschreibt ihr plötzliches Wiedererlangen von verdrängten Erinnerungen in dem autobiographischen Roman »Meines Vaters Tochter«. Petersen war eines Tages beim Joggen, da »stand plötzlich ein Gedanke in meinem Kopf, als würde er auf eine Leinwand projiziert: *Ich habe Angst, daß mir mein Vater etwas angetan hat*« .Weil sie das dringende Bedürfnis hatte zu wissen, ob wirklich etwas passiert war, besprach sie ihre Befürchtungen mit ihrer Therapeutin:

»Es gibt da eine Geschichte, die ich Ihnen erzählen möchte«, sagte ich ein paar Tage später zu Kris, meiner Therapeutin .... Ich zögerte und sagte dann: »Ich weiß nicht, ob ich sie mir ausgedacht habe oder ob sie wahr ist.«

Sie hörte mir zu. »Es kommt Ihnen wie eine erfundene Geschichte vor«, sagte sie, »weil fast immer, wenn so etwas passiert, alle so tun, als wäre nichts.«

»Sie meinen, es könnte wirklich passiert sein?« Jetzt war ich mir gar nicht mehr sicher, ob ich es wirklich wissen wollte.

Es spräche manches dafür, meinte sie.

Um ihrer Vermutung Gewicht zu verleihen, wies die Therapeutin auf Betsys Symptome als Indizien für den Mißbrauch hin. Die gespannte Beziehung zu ihrem alkoholsüchtigen Vater, wiederkehrende erschreckende Träume, die Unfähigkeit, sich ihren Kindern nahe zu fühlen und verschiedene sexuelle Schwierigkeiten deuteten nach Meinung der Therapeutin alle auf einen Mißbrauch hin. Als Petersen fragte, wie es möglich sei, solche einschneidenden und furchtbaren Erfahrungen zu vergessen, antwortete die Therapeutin, daß Opfer sexuellen Mißbrauchs oft ihre Erinnerungen verdrängen, um zu überleben. Wenn sie mißbraucht worden sei, so beruhigte sie ihre Klientin, würden die Erinnerungen früher oder später auftauchen.

Aber Petersen wollte nicht abwarten, bis die Erinnerungen von selbst auftauchten; sie begann sofort zu graben und griff dabei auf ihr Talent zum Schreiben und Recherchieren zurück. »Ich konnte mich nicht erinnern, was mein Vater mit mir gemacht hatte, also versuchte ich, es zu rekonstruieren«, erklärt sie in ihrem Buch. »Ich setzte meine ganzen Fähigkeiten – als Reporterin, Schriftstellerin, Wissenschaftlerin – daran, diese Rekonstruktion so präzise und plastisch wir irgend möglich zu gestalten. Ich setzte an dem an, was ich erinnerte, um mir das zu erschließen, was mir fehlte.«

Wie im Fall der Frau aus dem »Time«-Artikel, die einen Prozeß gegen ihren ehemaligen Lehrer anstrengte, wurden viele dieser verdrängten Erinnerungen im Gerichtssaal verhandelt.

Ein Anwalt aus Illinois bat mich um Informationen bezüglich der »Unzuverlässigkeit« von verdrängten Erinnerungen und beklagte die Tatsache, daß auf diesem strafrechtlichen Gebiet die Angeklagten von vorneherein für schuldig befunden würden. »Ich habe mehrere Klienten, die von Familienmitgliedern zwischen fünfzehn und fünfundzwanzig Jahren nach der ihnen zur Last gelegten Tat angeklagt wurden«, schrieb er. »Menschen, denen eine sexuelle Straftat vorgeworfen wird, werden heutzutage offenbar als schuldig angesehen, selbst wenn sie noch nicht einmal offiziell angeklagt wurden.«

Schuldig, bis die Unschuld erwiesen ist. Die Ängste und Frustrationen, die von dieser automatischen Schuldvermutung herrührten, durchdrangen jeden Brief, den ich von »den Angeklagten« erhielt. Eine Frau aus Michigan schrieb mir von ihrer sechsunddreißigjährigen Tochter, die »mich nach einem Jahr therapeutischer Beratung jetzt des Mißbrauchs anklagt, ... genau wie bei Roseanne Arnold und der früheren Miss America, Marilyn Van Derbur«. Ein achtzigjähriger Mann aus Georgia suchte verzweifelt nach einer Erklärung dafür, warum seine dreiundfünfzigjährige Tochter plötzlich Erinnerungen daran entdeckt hatte, daß er sie in ihrer Kindheit bis zum Teenageralter mißbraucht hatte. Eine Frau aus Kalifornien berichtete, daß ihr vor kurzem verstorbener Mann von ihrer fünfunddreißig Jahre alten Tochter des sexuellen Mißbrauchs angeklagt worden war. Die Anklage enthielt auch die Beschuldigung, daß das ältere Paar seinen Enkelsohn sexuell belästigt hätte.

Ich bin nicht sicher, ob ich am Anfang, als die Epidemie der verdrängten Erinnerungen die Massenmedien infizierte und sich unter ihnen ausbreitete, je die wirklich wichtigen Fragen stellte: Was geht da vor sich? Wo führt es hin? Warum passiert es gerade jetzt, in den neunziger Jahren, in diesem Land? Wie können wir es untersuchen und verstehen? Vielleicht hatte ich dieses »es« noch nicht als ein Phänomen erkannt, das untersucht werden konnte, und selbst wenn ich die Fragen gestellt hätte, hätte ich keine Zeit gehabt, nach den Antworten zu suchen. Ich war zu sehr damit beschäftigt, mich durch die Berge von Briefen und Telefonnotizen auf meinem Schreibtisch zu wühlen, die täglich mehr außer Kontrolle zu geraten schienen. Ich wußte, wenn ich den heutigen Stapel nicht schaffte, würde ich morgen unter der Lawine begraben werden. Das kann nicht so weitergehen, dachte ich, aber das tat es, und es wurde schlimmer. Tag für Tag fluteten die Hilfegesuche herein, die immer dringlicher und verzweifelter wurden.

Ziemlich erleichtert, dem Chaos meines Büros entrinnen zu können, und in der Hoffnung, neue Einsichten in das Problem der verdrängten Erinnerungen zu gewinnen, flog ich am 18. August 1991 nach San Franzisko, um am Jahrestreffen der American Psychological Association teilzunehmen. In derselben Woche hatte Michail Gorbatschow den bevorstehenden Zerfall der Sowjetunion verkündet. Als Kind der fünfziger Jahre mit lebhaften Erinnerungen an die Luftangriffsübungen, während der wir unter unseren Schulbänken hockten und die Köpfe mit den Händen bedeckten, hätte ich mich mit dem Rest der wirklichen Welt freuen sollen. Aber in diesem seltsamen Universum, das mich völlig umgab, fühlte ich mich isoliert und emotional betäubt. Ich las die Zeitungen und sah mir abends die Nachrichten an, lächelte und stimmte zu, daß alles ganz erstaunlich und wunderbar war, und zog mich dann dankbar wieder in mein Beanspruchtsein von den verdrängten Erinnerungen zurück. Die ganze Welt war mit dem Ende des Kalten Krieges beschäftigt, und alles, woran ich denken konnte, waren vergrabene Erinnerungen an sexuellen Mißbrauch.

Die jährlichen APA-Kongresse sind riesig, mit Tausenden von Teilnehmern und einem gedruckten Programm vom Umfang eines Lehrbuchs. Ich sah das Programm durch, kennzeichnete die Vorträge und Podiumsdiskussionen, zu denen ich gehen wollte, und kritzelte einen Terminplan für die Woche zusammen. Ein Vortrag machte mich besonders neugierig. George Ganaway, ein Psychiatrieprofessor an der Emory-Universität und der Direktor der Abteilung für dissoziative Störungen in einer psychiatrischen Klinik, sollte über »Alternative Hypothesen betreffend Erinnerungen an rituellen Mißbrauch durch Satanskultanhänger« sprechen. Ganaway war, erfuhr ich durch die Gerüchteküche, die solche Treffen immer begleitet, in die Kontroverse über den Zusammenhang zwischen multiplen Persönlichkeitsstörungen (multiple personality disorder, MPD) und Erinnerungen an Mißbrauch durch Satanskultanhänger (satanic ritual abuse, SRA) verstrickt.* Während viele seiner Kollegen zu dem Schluß gekommen waren, daß traumatische Kindheitserlebnisse zu multiplen Persönlichkeitsstörungen führen können, wobei sich die einzelne Persönlichkeit aufspaltet und eine oder mehrere Zweitpersönlichkeiten die Stammpersönlichkeit schützen, indem sie die furchtbaren Erinnerungen geheimhalten, glaubte Ganaway, daß multiple Persönlichkeitsstörungen massiv überdiagnostiziert wurden und riet dringend zur Vorsicht bezüglich der Hervorbringung von Mißbrauchserinnerungen. Ganaway bezeichnete solche Erinnerungen als »Neukonstruktionen« und »Pseudoerinnerungen« und betonte, daß die brutalen Szenarien von blutigen Ritualen und satanischen Folterungen eine »psychische Realität« widerspiegeln und keine historische, auf Tatsachen gegründete Wirklichkeit.

Wenn die Erinnerungen nicht echt sind, woher kommen sie dann, und warum glauben Patienten so bereitwillig an sie? In seinem Vortrag führte Ganaway die falschen Erinnerungen auf die übermäßige und unsachgemäße Anwendung der Hypnose zurück. Er machte die Therapeutinnen verantwortlich und äußerte sein Erstaunen über die große Zahl erfahrener Therapeuten, die die situationsbedingte Suggestibilität ihrer Patientinnen nicht erkennen. Personen mit schweren dissoziativen Störungen sind äußerst empfänglich für Hypnose, Suggestion und Phantasieanstöße, erklärte er, und sie können sich spontan in »autohypnotische Trancezustände« versetzen, vor allem während aufreibender Befragungen (zum Beispiel in Therapiesitzungen). In ihrer Arbeit mit diesen Patienten können leichtgläubige Therapeuten deren Selbst-

* Die Bezeichnung »multiple personality disorder«, MPD (multiple Persönlichkeitsstörung), wird gerade durch »dissociative identity disorder« , DID (dissoziative Identitätsstörung) ersetzt. Dr. David Spiegel, Vorsitzender eines der Komitees der American Psychiatric Association, die mit der Überarbeitung des psychiatrischen »Diagnostic and Statistical Manual« III-R (überarbeitet) beauftragt sind, erklärt, daß die neue Bezeichnung verwendet wird, weil Patienten, die an dem leiden, was bisher MPD genannt wurde, »noch nicht einmal eine vollständige Persönlichkeit und nicht mehrere Persönlichkeiten haben«. Das Komitee hofft, daß sowohl das Stigma als auch die Kontroverse, die sich mit MPD verbinden, durch die neue Bezeichnung relativiert werden.

täuschungen verstärken oder ihnen sogar unwissentlich Erinnerungen einpflanzen.

Ernsthafte Probleme entstehen, warnte Ganaway, wenn Therapeutinnen in die auftauchenden »Erinnerungen« ihrer Patientinnen verstrickt werden und sie für bare Münze nehmen. Er listete eine ganze Reihe von klinischen Gebilden auf, die bei den neukonstruierten Erinnerungen eine Rolle spielen, darunter Phantasiegebilde, Entstellungen, Verschiebungen, Verkürzungen, Symbolisierungen und Konfabulationen (Vorgänge, bei denen die jeweilige Person unwissentlich die Lücken und Leerstellen in ihrer Erinnerung durch Schlußfolgerungen, Plausibilitäten und bloße Vermutungen schließt). Wenn man in dieses Gebräu noch die hohe Beeinflußbarkeit und Hypnotisierbarkeit sowie die Neigung zum Phantasieren der Patienten mischt, so erhält man, in Ganaways Worten, »ein Potpourri aus Fakten, Phantasien, Entstellungen und Konfabulationen«, das auch die erfahrensten Therapeuten verwirren kann. Unzureichend ausgebildete Therapeutinnen und solche, die mit einem starren System von Überzeugungen arbeiten (zum Beispiel: »Alle Patienten mit multipler Persönlichkeitsstörung sind rituell mißbraucht worden«; »Die Erinnerung funktioniert wie ein innerer Videorecorder«; »Heilung ist nur möglich, wenn die Klientin Zugang zu den vergrabenen Erinnerungen findet und das traumatische Erlebnis dadurch freisetzt und in ihr Bewußtsein integriert«), unterliegen dem größten Risiko, Fakten und Fiktionen zu verwechseln. Durch den Klang ihrer Stimme, die Formulierung von Fragen und durch Signale, die Zustimmung oder Zweifel ausdrücken, kann eine Therapeutin ungewollt eine Patientin dazu ermutigen, die auftauchenden »Erinnerungen« als real zu akzeptieren und damit deren Selbsttäuschung verstärken oder sogar falsche Erinnerungen erst entstehen lassen. Ganaway warnte davor, daß solche Therapeuten ihren Patienten und ihrem Berufsstand großen Schaden zufügen könnten.

Er fuhr fort, die Leichtgläubigkeit von Therapeuten und die Notwendigkeit von »Vorsicht und Behutsamkeit« hervorzuheben. Therapeutinnen müßten darauf achten, daß ihre Interaktionen mit Patienten keine illusionären Erinnerungen verstärken oder erzeugen. Sie müßten stets darauf bedacht sein, das Einpflanzen von Erinnerungen an Mißbrauch, sei es durch Suggestion oder eigene Erwartungen, zu vermeiden, denn wenn eine Suggestion erst einmal eingepflanzt ist, kann sie sich zu einer ausgefeilten »Deckerinnerung« auswachsen, die dazu dient, die verwirrenden und schmerzhaften, aber relativ gewöhnlichen Kindheitserlebnisse einer Patientin auszuschließen. Ein phantasiertes Trauma wird allmählich zu einer überzeugt geglaubten Erinnerung geformt, die klare und logische Unterscheidungen zwischen Gut und Böse enthält und dem Patienten erlaubt, sich selbst als »besonders« und der Aufmerksamkeit und des Mitgefühls der Therapeutin wert anzusehen.

Ganaway veranschaulichte seinen Vortrag durch mehrere interessante Fallgeschichten. Sarah, eine fünfzigjährige Multiple-Persönlichkeits-Patientin, benutzte »Deckerinnerungen«, um sich vor einem verstörenden Kindheitserlebnis abzuschirmen. Während einer Therapiesitzung tauchte eines Tages spontan »Carrie«, eine fünfjährige »Zweitpersönlichkeit« auf , die Sarah bis dahin völlig unbekannt war, um ihre Anwesenheit bei einem Massenmord in der Nähe ihres Elternhauses zu beschreiben. Zwölf kleine Mädchen aus ihrer Sonntagsschulklasse waren gefesselt, vergewaltigt und brutal ermordet worden, enthüllte »Carrie«, aber Sarah war von dem Anführer der Sekte (der ein Mitglied ihrer Kirche war) verschont worden. »Carrie« erzählte die grausame Geschichte mit tiefem Gefühl; es war, als wäre sie in die Vergangenheit zurückgekehrt und würde die furchtbare Szene noch einmal mit ansehen.

Nachdem »Carrie« sich zurückgezogen hatte, suchte Sarah nach Bestätigungen für diese Erinnerung. Weitere Zweitpersönlichkeiten, behauptete sie, sagten ihr, daß »Carrie« noch mehr schreckliche Geschichten zu erzählen hatte. Ganaway blieb neutral, weigerte sich, eine Meinung über die Echtheit der Erinnerung abzugeben, und ließ seine Patientin ihre eigenen Schlüsse ziehen. Zwei Sitzungen später meldete sich »Sherry«, ein schon bekanntes Kindheits-Alter-ego, und gestand, daß sie sich die ganze Geschichte ausgedacht und »Carrie« geschaffen hatte, um die Furcht zu maskieren, die sie bei einer echten Kindheitserinnerung empfand: wie ihre Großmutter ihr aus Krimiheftchen vorgelesen und keines der schauerlichen und blutrünstigen Details ausgelassen hatte.

Ganaway folgerte, daß Sarah die Deckerinnerung an den Massenmord in der Sonntagsschule erfunden hatte, um sich das Bild ihrer Großmutter als einer liebevollen und beschützenden Figur zu bewahren. Indem sie ihrer Zweitpersönlichkeit erlaubte, Teile aus den Krimis mit wirklichen Erfahrungen zu verweben, konnte sie die unerträgliche Wahrheit der seelischen Grausamkeit ihrer Großmutter hinter einem dichten Gewebe aus Phantasie und Illusion verbergen. Die erfundene Erinnerung lief wie ein schreiend bunter Film ab, der den tristen Hintergrund verbergen sollte.

Von Patienten in dem Versuch hervorgerufen, alltäglichere Formen der Kindesmißhandlung zu verbergen oder zu maskieren, ist die überdeckende Funktion ein Grund für die Entstehung von

Erinnerungen an rituellen Mißbrauch. »Iatrogene Implantation« ist eine noch häufigere Quelle dieser Erinnerungen, erklärte Ganaway. Ein »iatrogenes« Leiden wird durch die Behandlung des Arztes (oder Therapeuten) erzeugt oder resultiert aus dieser. Die Haltung, die Erwartungen und das Verhalten der Therapeutin können einer Patientin lebhafte Erinnerungen an einen schrecklichen Mißbrauch nahelegen und diese dann verstärken. Die Behandlung erzeugt die Krankheit; das Leiden ist ärztlich hervorgerufen.

Ganaway erzählte die unglaubliche Geschichte von Ann, einer jungen Frau, die vor mehreren Jahren erfolglos wegen multipler Persönlichkeitsstörung behandelt worden war, welche von einem Mißbrauch durch ihre psychotische Großmutter herrührte. Als Ann mit ihrem zweiten Kind schwanger war, kehrten ihre dissoziativen Symptome wieder, und sie begann sofort eine Therapie bei einem promovierten Therapeuten, der sich auf die Behandlung von multiplen Persönlichkeitsstörungen spezialisiert hatte. Der Therapeut, der an einigen Seminaren über rituellen Mißbrauch durch Satansanhänger teilgenommen hatte und bestimmte Erwartungen sowie eine genau definierte Vorgehensweise zu haben schien, begann die Möglichkeit zu erforschen, daß Anns Großmutter in Verbindung mit »Satanisten« gestanden hatte. Hatte es eine Gruppe oder Sekte gegeben? Trugen sie bestimmte Gewänder? Waren Babys dabei, und hatte Ann an einem Kult teilgenommen?

Als Ann jede dieser Fragen verneinte, wurde sie nach Hause geschickt, um über diese Möglichkeit nachzudenken und zu versuchen, sich an Bruchstücke zu erinnern. In den Nachfolgesitzungen gab Ann schließlich unter Hypnose zu, daß sie an einem Kult beteiligt gewesen war. Indem er sich fast ausschließlich auf Ja-Nein-Antworten durch Fingersignale stützte, während Ann in Trance war, »kontaktierte« ihr Therapeut erfolgreich mehrere teuflische Zweitpersönlichkeiten, die gestanden, daß die Sekte beabsichtigte, ihr neugeborenes Baby zu opfern. Als sie aus der Hypnose erwachte und sich den Bericht ihres Therapeuten über die Pläne ihrer Zweitpersönlichkeiten anhörte, war Ann skeptisch und wandte ein, daß die »Erinnerungen« ihr nicht real vorkamen. Sie glaubte, daß die Zweitpersönlichkeiten logen, und bat den Therapeuten, ihr bei der Trennung von Phantasie und Wirklichkeit zu helfen. Die Bedenken seiner Patientin ignorierend, informierte er sie, daß der Detailreichtum und die Schlüssigkeit ihrer Erinnerungen bestätigten, daß sie in einen Teufelskult verwickelt gewesen war.

Die Sitzungen gingen weiter, und der Therapeut fuhr fort, Anns

Erinnerungen zu bestärken und durch Handzeichen* mit ihr zu kommunizieren, während er suggestive und dirigierende Fragen stellte. Als Anns Wehen begannen, bestand er auf einer Überwachung rund um die Uhr, um das Baby zu schützen. Ann durfte ihr Neugeborenes nur kurz und immer nur unter Bewachung sehen, weil ihr Therapeut befürchtete, daß eine in Anns Kopf programmierte teuflische Zweitpersönlichkeit auftauchen und das verlangte Opfer vollziehen würde. Das Krankenhauspersonal und die Sicherheitskräfte beachteten die Warnungen des Therapeuten und bemühten sich gemeinsam um eine Verstärkung der Krankenhaussicherheit, um das Baby vor den mörderischen Klauen der Teufelssekte zu bewahren.

Ann wurde schließlich auf Betreiben ihres Mannes, eines Arztes, der verständlicherweise durch die Therapie seiner Frau und die merkwürdigen Schutzbestimmungen, die sein neugeborenes Kind umgaben, alarmiert war, in Dr. Ganaway psychiatrische Abteilung verlegt. Innerhalb von zwei Tagen, während der das Personal der psychiatrischen Abteilung weder die Erinnerungen an den Mißbrauch durch Satanskultanhänger verstärkten noch versuchten, ihr diese auszureden, löste sich das gesamte Gespinst von Erinnerungen »spontan in Luft auf«. Ann verstand schließlich, daß sie selbst diese Erinnerungen im Austausch gegen das Wohlwollen und die Aufmerksamkeit ihres Therapeuten erzeugt hatte, die nur zu haben waren, wenn sie ihre Verwicklung in die Teufelssekte eingestand. Ihre größte Furcht war, daß sie noch einmal von einem Therapeuten, der manipulierende Hypnosetechniken anwandte, ausgenutzt werden könnte.

Ich hörte gebannt zu. Ganaway stellte klar, nachdrücklich und zweifelsfrei fest, daß Therapeutinnen und Therapeuten unbeabsichtigt Dinge suggerieren können, die zur Entstehung und zur schnellen Ausweitung von falschen Mißbrauchserinnerungen führen. Ein geachteter Wissenschaftler und geschätzter Psychiater gab offen und ehrlich zu, daß er in seiner psychiatrischen Praxis Nachweise für dieselben Prozesse von Erinnerungsentstellungen und Suggestionen erhalten hatte, die ich unter künstlichen Bedingungen beobachtet hatte. Er bestätigte, daß bei empfänglichen

* Diese nonverbale Kommunikation durch Handzeichen wird ideomotorisches Signalisieren genannt. Ein Finger der rechten Hand bedeutet »ja«, ein anderer der rechten Hand »nein«, und ein Finger der linken Hand signalisiert »stopp« (d. h. mit der Befragung aufhören). Wenn Ann hypnotisiert und in einem Trancezustand war, benutzte ihr Therapeut diese Zeichen, um mit ihr zu kommunizieren.

Personen Erinnerungen durch die Stimmodulation, die Formulierung einer Frage, subtile nonverbale Signale und das Zeigen von Langeweile, Ungeduld oder großem Interesse entstellt und sogar erst erzeugt werden können. Kurz gesagt, er glaubte, daß in einigen Fällen – viel zu vielen Fällen seiner Meinung nach – die Therapeuten genau die Probleme schufen, bei denen sie helfen wollten.

Inwieweit waren Ganaways Schlußfolgerungen verallgemeinerbar? Wenn eine Therapeutin einer hochsuggestiblen Patientin ungewollt eine Erinnerung einpflanzen kann und diese Erinnerung sich zu einem ganzen Garten auswächst, wäre es dann nicht für eine Patientin mit weniger schwerwiegenden, aber dennoch bedeutenden Problemen möglich, auf die Erwartung eines möglichen Mißbrauchs von seiten der Therapeutin zu reagieren und sich an Ereignisse zu erinnern, die nie geschehen sind? Die Erinnerungen müßten nicht so ungewöhnlich und spektakulär sein wie bei diesen Multiple-Persönlichkeits-Patientinnen mit ihren blutigen paranoiden Visionen von Folterungen und rituellem Mißbrauch. Aber wäre es unter den richtigen Bedingungen nicht möglich, klar umrissene und detaillierte Pseudoerinnerungen auf dem fruchtbaren Boden eines ganz normalen Verstandes zu züchten?

Ich stellte mich Ganaway nach seinem Vortrag vor und informierte ihn kurz über meine Erfahrungen im Franklin-Fall und über den kürzlichen Ansturm von Briefen und Telefonanrufen von beschuldigten Eltern.* »Sie begegnen in Ihrer Arbeit mit MPD-Patienten und SRA-Erinnerungen den extremen Fällen«, sagte ich und tat mich etwas schwer mit den ungewohnten Abkürzungen. »Aber ist es nicht möglich, daß dasselbe Potential für Beeinflussung und Erinnerungsverzerrungen auch bei der großen Zahl von Leuten existiert, die auf der Suche nach Antworten auf ihre Lebensprobleme in die Praxen der Therapeuten strömen?«

»Ich denke, daß da eine ähnliche Gefahr besteht«, sagte Ganaway. »Es gibt zwei Hauptquellen der Beeinflussung, die zur Entstehung von Pseudoerinnerungen führen können. Wir unterliegen alle der Beeinflussung durch Bücher, Zeitungs- und Zeitschriftenartikel, Predigten, Vorträge, Kino und Fernsehen. Zum Beispiel kann das Anschauen von Dokudrama-Fernsehshows, die Tatsachen mit dramatisch aufbereiteten Bildern von angeblichen Verbrechen vermischen, eine wichtige Quelle der Beeinflussung sein, die Ängste, Vorurteile, Träume und Phantasien bei anfälligen Personen hervorruft. Die zweite Beeinflussungsquelle liegt in den

* Mein Gespräch mit Dr. Ganaway wurde mit seiner Hilfe rekonstruiert.

Suggestionen und Erwartungen einer Autoritätsperson, zu der ein Patient oder eine Patientin eine besondere Beziehung haben möchte.«

»Mit anderen Worten, ein Therapeut«, warf ich ein.

Er nickte. »Nehmen wir an, eine Patientin möchte die Anerkennung eines Therapeuten erlangen und denkt, sie müsse interessant, ungewöhnlich oder jedenfalls irgendwie besonders sein. Oder die Patientin hat das Gefühl, daß sie in ihrer Therapie ›feststeckt‹, daß sie nicht weiterkommt. Jetzt nehmen wir an, daß der Therapeut dieser Patientin der Überzeugung ist, daß sexueller Mißbrauch epidemische Ausmaße ansteuert und daß die Mehrheit der Leute, die seine Praxis aufsuchen, sexuell und/oder rituell mißbraucht worden ist. Gehen wir außerdem davon aus, daß der Therapeut glaubt, daß die Erinnerung wie ein Videorecorder arbeitet und jeden Gedanken, jedes Gefühl und jede Erfahrung genau aufzeichnet und sicher aufbewahrt. Das sind genau die richtigen Bedingungen für die Erzeugung einer falschen Erinnerung, und ich glaube, daß diese Bedingungen täglich in Hunderten von Therapiesitzungen gegeben sind.«

»Aber warum sollten Patienten in ihre eigene Geschichte und in ihr Bild von sich selbst solche brutalen und schmerzhaften Erinnerungen einschließen?« Ich stellte ihm die Frage, die auch mir alle stellten. »Was könnte diese Menschen motivieren, sich selbst als Opfer zu sehen und ihre Lieben als grausam und gefühllos hinzustellen?«

»Die Deckerinnerungen verleihen eine Aura der Wichtigkeit und Besonderheit, sogar des Abenteuers«, erklärte Ganaway. »Vielleicht hat sich ein Patient als Kind unbeachtet und vernachlässigt gefühlt, oder vielleicht fand er sich zu durchschnittlich, weil ihm nie etwas Aufwühlendes oder Außergewöhnliches passiert ist. Alle möglichen Arten von Erfahrungen können suggestible Patienten veranlassen, sich in die Phantasie zurückzuziehen. Ihre ausgefeilten Pseudoerinnerungen helfen ihnen, sich außergewöhnlich und der Aufmerksamkeit oder sogar des besonderen Interesses der Therapeutin wert zu fühlen. Wenn die Therapeutin offen starkes Interesse bekundet und spezifische, suggestive Fragen stellt, Überraschung, Widerwillen, Glauben oder Unglauben ausdrückt, eine Meinung äußert oder aufgeregt und unruhig wird, kann sich der Patient unter Druck gesetzt fühlen, eine Erinnerung für echt zu halten. Mit anderen Worten, die Reaktionen der Therapeutin können als Katalysator dienen, um Phantasiematerial zu einer konkreten Erinnerung zu erhärten.«

Ich hatte noch eine letzte Frage: »Wie können Sie als Psychiater feststellen, ob die Erinnerungen eines Patienten echt oder erfunden sind?«

»Ohne unabhängige Bestätigung von außen wüßte ich keinen Weg, wie ein Therapeut jemals absolut sicher sein kann«, sagte Ganaway. »Liebesverlust und Mißbrauch wirken sich sicherlich auf das Wesen der sich entwickelnden psychischen Realität eines Kindes aus, aber nicht in einer Weise, die es einem Therapeuten noch Jahre später erlaubt, mit Gewißheit auseinanderzuhalten, was wirklich und was erfunden ist.

Die meisten Therapeutinnen, die schon einmal etwas von Psychodynamik gehört haben, verstehen und respektieren diese Tatsache«, fuhr Ganaway fort, »denn es ist das sorgsame und systematische Erforschen und Verstehen der *Bedeutung* der unbewußten Phantasien in bezug auf Wünsche und Ängste, das im Mittelpunkt der modernen, auf psychoanalytischen Erkenntnissen beruhenden Therapien steht, und nicht die Feststellung der faktischen Grundlage von erinnerten persönlichen Erfahrungen. Erst seit kurzer Zeit, als einige Therapeuten aus verschiedenen theoretischen Überzeugungen und persönlichen Motiven heraus anfingen, den psychodynamischen Einfluß unbewußter Phantasien auf die Erinnerungen ihrer Patienten zu ignorieren, begann sich die Epidemie der ›Mißbrauchserinnerungen‹ auszubreiten, und die ›Psychologie der Opfer‹ in unserer Gesellschaft florierte. Freud würde sich im Grab umdrehen, wenn er wüßte, wie diese Therapeutinnen seine komplexe Theorie über einen Aspekt des menschlichen Geistes vereinfacht, verzerrt und banalisiert haben, um sie für ihre Absichten passend zu machen. Es kann Jahre dauern, bevor das Vertrauen der Öffentlichkeit in die Wirksamkeit der traditionellen psychoanalytischen Therapie wiederhergestellt ist, nach dem Schaden, den das, was ich ›McTherapie‹ nenne – die Fast-food-Pseudotherapien der achtziger und neunziger Jahre –, angerichtet hat.«

Extreme Suggestibilität. Dissoziative Abwehrmechanismen. Von Therapeuten bestimmte Glaubenssysteme. Iatrogene Einflüsse.

Ich flog mit einem Gefühl der Entschlossenheit und Zielstrebigkeit nach Seattle zurück. Ganaways klinische Beobachtungen lieferten alle Puzzleteile – anfällige Klienten, leichtgläubige Therapeutinnen, eine leicht manipulierbare Gesellschaft, allgegenwärtige Furcht vor sexuellem Mißbrauch. Alles, was ich jetzt zu tun hatte, war herauszufinden, wie man diese Teile in einem psychologischen Experiment zusammenfügen konnte. Die größte Schwierigkeit war dabei, zum Kern des Problems vorzudringen – zu der zentralen Frage nach der Authentizität der wiedergefundenen Erinnerungen.

Wenn ich auch nicht beweisen konnte, daß eine bestimmte, in der Therapie aufgetauchte Erinnerung falsch war, so konnte ich doch das Problem vielleicht von der anderen Seite her angehen. Vielleicht konnte ich mittels sorgfältiger experimenteller Planung und nachprüfbarer Untersuchungen den theoretischen Rahmen für die Erzeugung von falschen Erinnerungen liefern und zeigen, daß es möglich ist, eine vollständige Erinnerung an ein traumatisches Ereignis, das nie stattgefunden hat, zu erzeugen.

Am Tag nach meiner Rückkehr nach Seattle setzte ich mich mit einer Gruppe graduierter Studenten mit dem Hauptfach Psychologie zusammen und machte mit ihnen ein Brainstorming zu dem Plan, im Experiment eine Erinnerung an ein fiktives Ereignis zu implantieren. Während Dutzende von Ideen vorgebracht und wieder verworfen wurden, merkten wir, daß wir mit einer Reihe scheinbar unüberwindlicher Probleme konfrontiert waren. Erstens mußte die eingepflanzte Erinnerung zumindest leicht traumatisch sein, denn wenn wir erfolgreich eine erfreuliche oder nicht eindeutig unerfreuliche Erinnerung in die Köpfe unserer Versuchspersonen einsetzten, würden die Kritiker argumentieren, daß unsere Ergebnisse nicht auf wiedererlangte Erinnerungen an sexuellen Mißbrauch übertragbar waren.

Zweitens mußte, parallel zum therapeutischen Prozeß, die Erinnerung von jemandem eingepflanzt werden, dem die Versuchsperson Vertrauen und Achtung entgegenbrachte, entweder von einer Verwandten, einem Freund oder einer respektierten Autoritätsperson. Aber wir konnten nicht so offenkundig manipulieren und dabei die Beziehung zwischen der Versuchsperson und dem »Implanteur« gefährden. Drittens konnten wir unsere Versuchspersonen nicht übermäßigem emotionalem Streß aussetzen, weder bei der Erzeugung der Pseudoerinnerung noch bei der Nachbesprechung, in der sie erfuhren, daß sie absichtlich getäuscht worden waren. Der Kniff lag darin, eine Studie zu entwerfen, die überzeugend genug war, um zu beweisen, daß man eine falsche Erinnerung einpflanzen konnte, und die gleichzeitig die Zustimmung der Ethik-Kommission der Universität gewann, die geplante Forschungsprojekte beurteilte, um sicherzustellen, daß die Versuche den Teilnehmern keinen Schaden zufügten.

Wir produzierten weiterhin Ideen und verwarfen sie wieder, weil sie zuwenig erfolgversprechend oder die fiktiven Erlebnisse zu traumatisch waren. Ich begann mich zu fragen, ob es überhaupt möglich war, ein Experiment mit falschen Erinnerungen zu entwerfen. Vielleicht konnte man dieses Problem nur lösen, indem man es indirekt anging und sich auf Berichte und Beweise aus dem Leben stützte, die zeigten, daß auch Erinnerungen an die traumatischsten Erlebnisse verformbar sind. Ein Freund und Kollege war gerade dabei, genau das in seinen Experimenten mit »Blitzlicht«-Erinnerungen an die Explosion der Raumfähre »Challenger« im Januar 1986 zu tun.

Am Morgen nach der Explosion und dann noch einmal zweieinhalb Jahre später stellte der kognitive Psychologe Ulric Neisser vierundvierzig Studierenden die folgende Frage: »Wie haben Sie zuerst von der ›Challenger‹-Katastrophe erfahren?« Obwohl die meisten der Befragten ihre zweieinhalb Jahre alte Erinnerung als »sehr deutlich« beschrieben, war keine der Erinnerungen ganz korrekt, und über ein Drittel waren in Neissers Worten »kaum noch wiederzuerkennen«. Betrachten Sie die folgenden Aussagen:

Januar 1986:

Ich war in meinem Religionsseminar, und ein paar Leute kamen herein und redeten über die (Explosion). Ich wußte nichts Genaueres, nur daß sie explodiert war und daß die Schüler der Lehrerin alle zugeguckt hatten, was ich so traurig fand. Nach dem Seminar ging ich auf mein Zimmer und sah einen Fernsehbericht darüber und erfuhr so die Einzelheiten.

Zweieinhalb Jahre später hatte diese Studentin ihr Religionsseminar ganz vergessen; in ihrer neuen Erinnerung kamen jetzt eine Mitbewohnerin, ein Nachrichtentelegramm und ein Telefonat vor:

September 1988:

Als ich zuerst von der Explosion hörte, sah ich gerade in meinem Erstsemesterzimmer mit meiner Mitbewohnerin fern. Es wurde in einem Nachrichtentelegramm gezeigt, und wir waren beide völlig geschockt. Ich war ganz verstört und ging in das Stockwerk über mir, um mit einer Freundin zu sprechen, und dann rief ich meine Eltern an.

Noch erstaunlicher als diese krassen Änderungen gegenüber der ursprünglichen Erinnerung waren die überraschten Reaktionen der Versuchspersonen, als sie mit ihren ersten schriftlichen Berichten konfrontiert wurden. Sie wollten einfach nicht glauben, daß ihre revidierten Erinnerungen fehlerhaft waren; sogar nachdem sie die Fragebogen, die sie am Morgen nach der Explosion ausgefüllt hatten, noch einmal durchgelesen hatten, bestanden sie darauf, daß ihre geänderten Erinnerungen richtiger und »realer« waren. »Das ist meine Schrift, also muß es stimmen«, sagte ein Student, »aber ich erinnere mich trotzdem an alles so, wie ich es Ihnen gesagt habe (zweieinhalb Jahre später). Ich kann es nicht ändern.«

»Soweit wir es beurteilen können«, schloß Neisser, »sind die ursprünglichen Erinnerungen einfach weg.«

Neissers Untersuchung stellt die verbreitete Theorie über »Blitzlicht«-Erinnerungen in Frage, die besagt, daß intensive Gefühle deutliche und korrekte Erinnerungen erzeugen. Oder wie der Psychologe William James es vor über hundert Jahren formulierte: »Ein Eindruck kann emotional so überwältigend sein, daß er fast eine Narbe in der Hirnsubstanz hinterläßt.« Die »Challenger«-Explosion hinterließ mit Sicherheit einen deutlichen Eindruck im Gedächtnis der Zuschauer, aber es war fast so, als ob das Gehirn in einem jährlichen Anfall von Frühjahrsputz das vernarbte Gewebe herausgeschnitten und an eine andere Stelle plaziert hatte. Wodurch kam es zu diesen Transplantationen?

Das war die Frage, die ich in meinen Experimenten zu den entstellenden Auswirkungen von nachträglichen Informationen zu beantworten versuchte. Aber jetzt war ich von einer Art »Schöne neue Welt«-Experiment besessen. Ich wollte dem Gehirn eine »Narbe« durch etwas zufügen, das nie geschehen war, ich wollte einen deutlichen, aber ganz und gar phantasierten Eindruck erzeugen. Ich wußte nur noch nicht, wie ich das anstellen sollte.

Ende Oktober flog ich zur University of Georgia, um dort meinen üblichen Vortrag über den von mir so genannten Fehlinformationseffekt zu halten. Wenn Menschen ein Ereignis miterleben und später neuen und irreführenden Informationen über dieses Ereignis ausgesetzt werden, was passiert dann mit ihrer ursprünglichen Erinnerung? Ich beantworte diese Frage meistens mit Beobachtungen aus dem Alltag und bei Experimenten, die zeigen, daß Menschen dazu gebracht werden können zu glauben, daß sie Ereignisse oder Gegenstände auf eine andere Weise als in Wirklichkeit wahrgenommen haben oder sogar daß sie sich an etwas erinnern, das gar nicht existierte. Wenn eine Person erst einmal eine konstruierte Erinnerung angenommen hat, neigt sie dazu, an diese genauso fest zu glauben wie an echte Erinnerungen und sogar frühere Erinnerungen durch die neuen, erfundenen Fakten zu ersetzen.

Diese Rede bietet immer gute Gelegenheiten, ein paar amüsante Anekdoten einzuflechten, und ich erzählte eine kleine Geschichte über die Neigung des Expräsidenten Ronald Reagan, Wirklichkeit und Phantasie zu verwechseln. Wie zu erwarten, stammte das Phantasiematerial in Reagans eigenen Anekdoten aus populären Filmen zu seiner Filmstarzeit. Während der Wahlkampfveranstaltungen von 1976, 1980 und 1984 erzählte Reagan immer wieder eine Geschichte von Heldentum und Opferbereitschaft, die während eines Bombenangriffs über Europa im Zweiten Weltkrieg spielte. Ein B-1-Bomber war von Flakfeuer getroffen worden, und der verwundete Schütze, ein unerfahrener junger Mann, schrie vor Angst, als er seinen Schleudersitz nicht betätigen konnte. Sein Kommandant, älter, weiser und sehr tapfer, tröstete ihn, indem er zu ihm sagte: »Macht nichts, mein Sohn, wir fliegen sie zusammen runter.« Reagan beendete die Geschichte immer mit verschleierten Augen und erwähnte, daß der Kommandant posthum die Ehrenmedaille des Kongresses für sein Heldentum verliehen bekam.

Ein neugieriger Journalist sah die Liste der 434 Ehrenmedaillenträger des Zweiten Weltkriegs durch und fand den besagten Mann nicht darunter. Er stieß jedoch auf eine Szene in einem Film von 1944 (»A Wing and a Prayer«), in der der Pilot eines Torpedobombers der Navy mit dem verwundeten Funker im Flugzeug blieb, nachdem der Bordschütze abgesprungen war. »Wir fliegen zusammen runter«, sagte der Pilot. Der Journalist entdeckte außerdem eine Reader's-Digest-Geschichte, in der der Bordschütze, nicht der Pilot, mit dem verwundeten Kameraden abstürzte. »Bleib ruhig, wir fliegen zusammen runter«, hörte der letzte, der mit dem Fallschirm absprang, den Schützen sagen.

Als das Weiße Haus über die Genauigkeit von Präsident Reagans Darstellungen, die er immer wie Tatsachenberichte präsentierte, befragt wurde, sagte ein Sprecher: »Wenn Sie dieselbe Geschichte fünfmal erzählt haben, dann ist sie wahr.« Trotz dieser witzigen Bemerkung entspann sich eine ernsthafte Debatte im Weißen Haus darüber, ob der Präsident wußte, was er tat, wenn er diese erfundenen Geschichten zum besten gab, oder ob er tatsächlich Kino und Wirklichkeit nicht auseinanderhalten konnte.

Diese Geschichte ruft immer viel Schmunzeln hervor, und ich nutzte die Welle des Wohlwollens, um in die gefährlichen Gewässer der verdrängten Erinnerungen zu schwimmen. Ich erzählte die Geschichte von Eileen Franklins wiederentdeckter Erinnerung und schloß meinen Vortrag mit einer hypothetischen Frage und einer einfachen Bitte um Hilfe. »Könnte es sein«, fragte ich, »daß Eileens Erinnerung von einer überaktiven Einbildungskraft aus Versatzstücken der tatsächlichen Geschichte zusammengesetzt wurde, die durch Zeitungsartikel, Fernsehberichte und zahlreiche Gespräche im Laufe der Jahre bekannt geworden waren? Ich suche nach einer Möglichkeit, das Phänomen der falschen Erinnerungen im Experiment zu untersuchen, aber ich weiß noch nicht, wie ich das bewerkstelligen soll. Falls jemand von Ihnen irgendwelche Vorschläge hat, wäre ich äußerst dankbar, sie zu hören.«

Am nächsten Morgen nahm mich Denise Park, eine kognitive

Psychologin, die Informationsverarbeitung bei älteren Menschen untersucht, zum Flughafen von Atlanta mit. Ihre beiden Kinder, Rob und Colleen, saßen auf dem Rücksitz und hörten höflich zu, während ich ihrer Mutter erklärte, wie sehr mich das Projekt mit der Implantation von Erinnerungen zu frustrieren begann.

»Ich will eine vollständige Erinnerung einpflanzen«, erzählte ich Denise, »nicht nur einen Teil einer Erinnerung. Und die Erinnerung muß traumatisch sein, aber nicht so traumatisch, daß das Experiment als ethisch nicht vertretbar abgelehnt würde.«

Denise schwieg eine Weile. Dann sagte sie in einer plötzlichen Eingebung, »Wie wär's mit Verlorengehen?«

»Verlorengehen«, wiederholte ich. Wir fuhren gerade an einem riesigen Einkaufszentrum vorbei, und da schoß mir die Idee durch den Kopf. »Wie wär's mit Verlorengehen im Einkaufszentrum?«

»Perfekt«, sagte Denise, »denn das entspricht einer der schlimmsten Angstvorstellungen aller Eltern – ihr Kind an einem unübersichtlichen Ort voller fremder Leute aus den Augen zu verlieren. Was meint ihr, Rob, Colleen?« Sie sah ihre Kinder über den Rückspiegel an. »Wie wäre das für euch, im Einkaufszentrum verlorenzugehen?«

»Gruselig«, antworteten sie einstimmig.

Colleen wand sich auf ihrem Sitz. »Ich mag noch nicht mal daran denken.«

»Wie wäre es, wenn ein Eltern- oder ein älterer Geschwisterteil die erste suggestive Bemerkung machen würde?«

»Ja, das wäre perfekt!« Denise war von der Idee begeistert. »Du hättest alle Komponenten, die du für das Implantieren brauchst – das traumatische Ereignis, die Autoritätsfigur, der vertraut wird und die den suggestiven Kommentar abgibt, und die anfällige, suggestible Versuchsperson.«

»Das ist bestimmt harmlos genug«, überlegte ich. Ich fragte mich, ob diese Idee von der Ethik-Kommission akzeptiert werden würde. Vielleicht.

»Und wenn es funktioniert, kannst du dich darauf berufen, daß du eine vollständige Erinnerung an ein fingiertes Kindheitserlebnis eingepflanzt hast. Es wäre noch besser als die Piaget-Anekdote.«

Jean Piagets Geschichte einer versuchten Kindesentführung, dic ich schon zitiert habe, ist bisher das beste in der Psychologie bekannte Beispiel für das Einpflanzen einer zusammenhängenden Erinnerung in einen vertrauensvollen, beeinflußbaren Verstand durch eine Autoritätsfigur. Aber es ist kein perfektes Beispiel, denn die Geschichte wurde zweifellos so viele Male wiederholt und nacherzählt, bis sie zu einem Teil der Familiensaga wurde. Wir wissen nicht, wann und wie Piagets Erinnerung ihren Anfang nahm und wie oft sie sich im Laufe der Jahre veränderte. Doch die Idee mit dem Einkaufszentrum würde uns in die Lage versetzen, genau zu wissen, was den Versuchspersonen suggeriert wurde; und wenn sie die Suggestion annahmen, konnten wir beobachten, wie die Erinnerung Wurzeln schlug und wuchs.

Je mehr ich über diese Möglichkeit nachdachte, desto aufgeregter wurde ich. Es konnte klappen. Ein oder zwei Wochen später war ich auf einer Party und unterhielt mich mit einem Freund, den ich lange nicht gesehen hatte. »Was gibt's Neues in der Erinnerungsforschung?« fragte er. Ich erzählte ihm von der Kontroverse über die verdrängten Erinnerungen und meine Versuche, das Phänomen im Experiment zu untersuchen, und ich erwähnte auch die neue Idee mit dem Einkaufszentrum-Experiment.

»Der Alptraum aller Eltern«, sagte er und reagierte spontan genau wie Denise Park. »Ich will mir gar nicht vorstellen, was für einen Schreck ich bekommen würde, wenn Jenny verlorenginge, auch wenn es nur für ein paar Minuten wäre.« Er deutete auf seine Tochter, die in einer Ecke des Raumes saß, sichtlich gelangweilt von den Cocktailgesprächen.

»Wie alt ist sie?« fragte ich.

»Sie ist gerade acht geworden.«

»Glaubst du, es wäre möglich, sie davon zu überzeugen, daß sie in einem Einkaufszentrum verlorengegangen war, als sie fünf war?«

»Niemals«, sagte er lachend. »Jenny denkt sehr logisch, sie ist sehr rational und hat ein erstaunliches Gedächtnis.« Er zuckte mit den Schultern. »Aber wir können es ja versuchen.«

Er rief Jenny zu sich, legte seinen Arm um sie und machte uns miteinander bekannt. Ich fragte nach den Plänen der Familie für die bevorstehenden Feiertage. Was wollte sie in den Ferien machen? Hatte sie eine Weihnachtswunschliste? Ihr Vater benutzte diese Fragen, um in die Einkaufszentrum-Suggestion einzusteigen.

»Hey, Jenny, weißt du noch, wie du im Bellevue-Einkaufszentrum verlorengegangen bist?«

Ein verwirrter Ausdruck erschien auf Jennys Gesicht, als ob sie versuchte, sich zu erinnern, aber keine Anhaltspunkte fand.

»Du warst fünf Jahre alt«, half ihr Vater nach, »und es war so um diese Jahreszeit, etwa einen Monat vor Weihnachten.«

»Das war vor drei Jahren, Dad.« Jenny sah leicht verlegen aus und stieß ihren Vater in die Seite. »Wie kannst du erwarten, daß ich mich noch daran erinnere?«

»Weißt du das nicht mehr? Ich mußte in einen Laden gehen und ein Geschenk für Mom kaufen, und du wolltest auf dem Dampfer spielen.« Der Dampfer ist ein vertrauter Orientierungspunkt im Zentrum der Bellevue-Einkaufsmeile. »Und als ich ein paar Minuten später wieder aus dem Geschäft kam, warst du verschwunden.«

Jenny sah immer noch perplex aus.

»Ich suchte in Nordstroms, dem Spielzeugladen, und in einem Schuhgeschäft nach dir, bevor ich dich fand.«

Jenny nickte langsam. »O ja, ich glaube, ich erinnere mich jetzt«, sagte sie. »Ich hab' dich überall gesucht und konnte dich nicht finden.«

»Hattest du Angst, Jenny?« fragte ich. Sie schüttelte unsicher den Kopf.

»Ich hatte Angst«, sagte ihr Vater.

Jenny lächelte und schmiegte sich an ihn. »Nicht soviel wie ich«, entgegnete sie.

Ich konnte nicht glauben, was ich da gerade erlebt hatte. Innerhalb von fünf Minuten hatte Jenny durch ein paar Bemerkungen und durch leichtes Nachhelfen ihres Vaters eine falsche Erinnerung akzeptiert und sie noch mit eigenen Einzelheiten ausgeschmückt. Sie erinnerte sich daran, daß sie verlorengegangen war, sie erinnerte sich, wie sie überall nach ihrem Vater gesucht hatte, und sie erinnerte sich, Angst gehabt zu haben. In weniger Zeit, als man braucht, um ein Ei hart zu kochen, hatten wir eine falsche Erinnerung erzeugt.

In der folgenden Woche verkündete ich in meinem Seminar über kognitive Psychologie das Semesterprojekt. »Ich möchte, daß Sie hinausgehen und versuchen, jemandem eine Erinnerung an eine Handlung in den Kopf zu setzen, die nie stattgefunden hat. Sie können versuchen, Ihre Mitbewohnerin davon zu überzeugen, daß sie am Abend zuvor Hühnchen statt Hamburger gegessen hat. Oder Sie können versuchen, einem Freund einzureden, daß er Ihnen Geld schuldet und daß es jetzt an der Zeit ist, es zurückzuzahlen.«

Ich stelle jedes Jahr dieselbe Aufgabe, aber diesmal erweiterte ich sie noch etwas. »Ich habe in letzter Zeit häufig darüber nachgedacht, ob es möglich ist, jemandem eine vollständige Erinnerung an ein fiktives Ereignis einzusetzen. Wäre es zum Beispiel möglich, jemanden glauben zu lassen, daß er oder sie als Kind in einem Einkaufszentrum verlorengegangen war, wenn das in Wirklichkeit nie passiert ist?«

Ich hatte meinen Vorschlag erfolgreich eingepflanzt. Als die Ergebnisse der Aufgabe drei Wochen später eingereicht wurden, hatten eine Studentin und ein Student einen Weg gefunden, eine

Erinnerung an ein Verlorengehen-Erlebnis zu erzeugen. Die achtjährige Brittany war von ihrer Mutter überzeugt worden, daß sie im Alter von fünf Jahren mit ihrer besten Freundin in der Selby Ranch, einer Eigentumswohnanlage, verlorengegangen war. Das ist die Geschichte, die Brittanys Mutter ihr als wahr verkaufte:

Eine freundliche alte Dame, die in der Anlage wohnte, fand Brittany und nahm sie mit in ihre Wohnung und gab ihr einen Keks. Die Dame hatte eine schöne Tochter, die in San Franzisko als Model arbeitete, und die Tochter gab Brittany einen Strauß Luftballons.

Achtzehn Tage später interviewte ein Freund der Familie Brittany unter dem Vorwand, Informationen für einen Artikel für ein Schülermagazin zu sammeln, in dem es um Kindheitserinnerungen gehen sollte. Der Freund nahm das Gespräch auf Band auf und fragte zuerst nach ein paar echten Erinnerungen und dann nach der falschen. Brittany konnte sich an eines der wirklichen Ereignisse, ihre Geburtstagsfeier auf der Farm ihrer Tante, überhaupt nicht mehr erinnern.

»Weißt du das nicht mehr?« fragte der Interviewer.

»Nein. Es war in unserem Haus in Houston.«

»Weißt du nicht mehr, was ihr gemacht habt?«

»Nein«, antwortete Brittany.

»Weißt du noch, wer da war?«

»Nein, ..., ich weiß, daß Samantha da war. Nein doch nicht. Sie war ja noch nicht geboren.«

Aber als sie nach der falschen Erinnerung gefragt wurde, hatte Brittany einiges zu erzählen.

»Weißt du noch, wo du warst?«

»Selby Ranch ... . Ich weiß nicht mehr, wie es dort aussah. Aber ich glaube, es war da. Da war so was wie Heu. Es war so um Halloween, deshalb waren da Kürbisse ... .«

»Wer war bei dir?«

»... Christina, Camille ... und ich und meine Mom haben meine Großeltern besucht.«

»Was habt ihr gemacht?«

»Na ja, wir haben gespielt, und ... aber dann ging Christina weg. Ich glaube, sie mußte telefonieren oder so was. Und dann gingen Camille und ich im Wald spielen. Und ... ich weiß nicht mehr so genau, aber ich glaube, das war, als wir zu dem Haus von diesem Mädchen gingen. Ihre Tochter war ein Model. Und dann haben wir in ihrem Haus Kekse gebacken. Und dann hat uns meine Mom endlich gefunden.«

Britanny schmückte die falsche Erinnerung immer weiter aus. Die freundliche Frau, die sie zu sich hereinnahm, gab ihnen nicht nur einen Keks, sondern backte mit ihrer Hilfe eine ganze Ladung davon. Die Wohnung der Frau wurde zu einem »kleinen Cottage außerhalb des Geländes der Selby Ranch«. (In Wirklichkeit sind die meisten Häuser in der Gegend typische kalifornische Ranchhäuser von 270 bis 380 m.^{2}) Und Brittany erinnerte sich an die genauen Worte, die ihre Mutter sagte, als sie sie fand: »Gott sei Dank, daß ich dich gefunden habe, ich habe überall nach dir gesucht.«

Ein anderer Student, Jim Coan, erzeugte eine falsche Erinnerung bei seinem vierzehnjährigen Bruder Chris. In der ersten Phase seines Experiments gab Jim ihm kurze schriftliche Beschreibungen von vier Kindheitserlebnissen, von denen nur drei wirklich passiert waren. Chris sollte über alle vier Erlebnisse fünf Tage lang jeden Tag etwas schreiben, an das er sich in bezug auf das jeweilige Erlebnis erinnerte. Wenn ihm zu einem Erlebnis nichts weiter einfiel, sollte er »Ich kann mich nicht erinnern« schreiben.

Die falsche Erinnerung wurde mit dieser Beschreibung eingeführt:

Es war 1981 oder 1982. Ich weiß, daß Chris fünf Jahre alt war. Wir waren zum Einkaufen ins University City Einkaufszentrum nach Spokane gefahren. Nach einigen panischen Minuten entdeckten wir Chris, wie er von einem großen, älteren Mann durch die Passage geführt wurde. (Ich glaube, der Mann trug ein Flanellhemd.) Chris weinte und hielt sich an der Hand des Mannes fest. Der Mann erklärte, daß er Chris vor wenigen Augenblicken gefunden hatte, wie er herumirrte und sich die Augen ausweinte, und daß er ihm daher geholfen hatte, seine Eltern zu finden.

In seinem fünftägigen Journal machte Chris die folgenden Angaben:

Tag 1: Ich kann mich ein bißchen an den Mann erinnern. Ich weiß noch, wie ich dachte: »Wow! Der ist echt cool!«

Tag 2: Ich hatte an diesem Tag solche Angst, daß ich meine Familie nie wiedersehen würde. Ich wußte, daß ich in Schwierigkeiten steckte.

Tag 3: Ich weiß noch, wie Mom zu mir sagte, daß ich das nie wieder tun solle.

Tag 4: Ich kann mich auch an das Flanellhemd des alten Mannes erinnern.

Tag 5: Ich erinnere mich irgendwie an die Geschäfte.

In der Zusammenfassung dieser Erinnerung fügte Chris noch ein neues Faktum hinzu und erinnerte sich an den Wortwechsel mit dem Mann, der ihn fand: »Ich erinnere mich, daß der Mann mich fragte, ob ich meine Eltern verloren hätte.«

Versuchte Chris einfach, seinem älteren Bruder zu helfen, indem er auf diese »Erinnerung« einging? Chris' Reaktion auf eines der echten Erlebnisse schien gegen diese Möglichkeit zu sprechen. Am ersten Tag schrieb Chris: »Ich kann mich nicht erinnern.« Und während der folgenden vier Tage schrieb er: »Ich kann mich immer noch nicht erinnern.«

War Jim vielleicht unabsichtlich auf eine wirkliche Erinnerung gestoßen?

Vielleicht war Chris ja wirklich mal als kleiner Junge im Einkaufszentrum verlorengegangen. Um diese Möglichkeit zu überprüfen, bekam Chris' Mutter seine »Erinnerungen« an diesen Tag vorgelegt und wurde gefragt, ob sie sich an den Zwischenfall erinnere. Am ersten Tag sagte sie: »Ich habe über diesen Tag nachgedacht, aber ich kann mich nicht richtig erinnern.« Am zweiten Tag: »Ich habe dauernd versucht, mich zu erinnern. Ich sehe uns, wie wir unter den Kleiderständen Ausschau nach Christophers Füßen halten, aber ich kann ehrlich nicht sagen, ob das an diesem Tag war.« Nach fünf Tagen angestrengter Erinnerungsversuche faßte sie ihre Empfindungen so zusammen: »Aus irgendeinem Grund fühle ich mich schuldig, weil ich mich nicht erinnern kann.«

Ein paar Wochen später wurde Chris noch einmal interviewt und sollte jedes der vier Erlebnisse beschreiben und es auf einer Skala von 1 (überhaupt nicht klar) bis 11 (sehr klar und deutlich) danach einstufen, wie klar er sich an es erinnerte. Für die drei wirklichen Erlebnisse gab Chris die Punktzahlen 1, 10 und 5. Für die falsche Einkaufszentrum-Erinnerung gab er seine zweithöchste Punktzahl: 8. Als er diese Erinnerung noch einmal beschreiben sollte, lieferte Chris zahlreiche Einzelheiten.

Ich war einen Moment bei den anderen, und dann bin ich, glaube ich, hinüber zu dem Spielzeugladen gegangen, um mir die Sachen im Fenster anzugucken, und wir haben uns verloren, und ich hab' überall gesucht und gedacht: »Au wei, jetzt bin ich aber in Schwierigkeiten.« Du weißt schon. Und dann hab' ich ... ich hab' gedacht, jetzt sehe ich meine Familie nie wieder. Ich hatte schreckliche Angst, weißt du. Und dann kam dieser alte Mann, ich glaube, er trug ein blaues Flanellhemd ... er war ziemlich alt. Er war irgendwie schon etwas kahl, ... er hatte so einen Kranz von grauen Haaren, ... und er trug eine Brille.

Im letzten Abschnitt des Experiments wurde Chris von seinem Bruder darüber informiert, daß eine der Erinnerungen gefälscht war. Wußte er, welche man ihm eingepflanzt hatte? Chris wählte eine der echten Erinnerungen. Als ihm gesagt wurde, daß es die

Erinnerung an das Verlorengehen im Einkaufszentrum war, wollte er es nicht glauben.

Wirklich? Nein, komm ... ich hab' doch gedacht, ich war .... Ich erinnere mich, wie ich euch verloren hatte und nach euch gesucht habe ... ich erinnere mich wirklich daran .... Und wie ich dann geweint habe und Mom auf mich zukam und sagte: »Wo warst du denn? Mach das nie wieder!«

Ich las die Resultate meiner Studentinnen und hörte mir mehrmals die Aufnahmen an, auf denen Chris und Brittany ihre falschen Erinnerungen beschrieben. Bei jedem neuen Anhören war ich mehr davon überzeugt, daß wir die richtige Idee für unser formelles Experiment hatten. Diese groben, vorläufigen Ergebnisse zeigten, daß es möglich war, im Experiment einer suggestiblen Person eine vollständige – und vollständig falsche – Erinnerung an ein Kindheitserlebnis einzupflanzen. Es war nicht nur möglich, es war sogar unglaublich einfach.

Die Methode, mit der Chris' falsche Erinnerung erzeugt worden war, schien fast ideal, obwohl wir noch ein paar Probleme klären mußten, bevor wir einen formellen Antrag für die Studie formulierten. Zum Beispiel wollten wir auch ältere Versuchspersonen in die Studie miteinbeziehen, aber Einkaufszentren waren erst seit den siebziger Jahren verbreitet. Also nahmen wir einige Abwandlungen vor und testeten unsere Ideen an dem zweiundzwanzigjährigen John und dem zweiundvierzigjährigen Bill.

Mit Hilfe seiner Tante überzeugten wir John, daß er im Alter von fünf oder sechs in einem großen Sportfachgeschäft verlorengegangen war. (»Ich habe eine vage Erinnerung daran, wie ich oben an der Rampe stand und weinte«). Und durch seine Schwester überzeugten wir Bill, daß er mit fünf oder sechs in einem Sears-Laden verlorengegangen war.« Ich weiß noch, wie Sears in Santa Monica aussah – oder war es J. C. Penney's ?« sagte Bill und versuchte, die Details seiner frisch eingeimpften Erinnerung zu ordnen. »Ich war panisch – wo waren Mom und Linda? Ich hatte Angst ... Ich erinnere mich, wie ich die Treppe bei Sears rauf- oder runterging. Ich erinnere mich an die Aufzugklingel bei Sears. Jetzt weiß ich es wieder – es war Sears, nicht J. C. Penney's.«

Diese fünf Fälle lieferten den Beweis – den Wissenschaftler Existenzbeweis nennen, nämlich einfach, daß etwas existiert oder möglich ist – für die Tatsache, daß es möglich ist, gefälschte Erinnerungen an Kindheitserlebnisse zu erzeugen. Fünf Menschen im Alter von acht bis zweiundvierzig waren dazu gebracht worden, eine Erinnerung an etwas zu entwickeln, das nie geschehen ist. War die Erinnerung für sie wirklich? Die Bereitschaft der Probanden, die Erinnerung zu erweitern und Einzelheiten hervorzubringen, auf die noch nicht einmal angespielt worden war, schien darauf zu deuten, daß die Erinnerung in der Tat sehr wirklich für sie war. Jenny erinnerte sich, Angst gehabt zu haben. Brittany schmückte ihre Erinnerung mit Heu, Kürbissen und einer Ladung Kekse aus. Chris erinnerte sich an wortwörtliche Äußerungen, an eine Halbglatze und eine Brille. John erinnerte sich, weinend am Kopf einer Auffahrt gestanden zu haben. Bill hörte eine Aufzugklingel.

Wir hatten jetzt einen klaren Versuchsablauf vor Augen, wir waren optimistisch, daß wir falsche Erinnerungen an ein Verlorengehen als Kind produzieren konnten, und wir waren überzeugt, daß der Versuch den Personen, die an unserer Untersuchung teilnahmen, keinen Schaden zufügen würde. (Im Gegenteil, all unseren ersten Versuchspersonen hat ihre Rolle bei der Untersuchung großen Spaß gemacht, und sie haben mit gutmütigem Erstaunen auf die Nachricht reagiert, daß die Experimentatoren erfolgreich ihre Erinnerungen manipuliert hatten.) Wir füllten endlose Fragebogen aus und schickten unseren Antrag an die Ethik-Kommission, damit diese ihre Zustimmung gab.

Die formelle Studie würde in zwei Hauptphasen durchgeführt werden. In der ersten Phase würden die Versuchspersonen gebeten werden, über vier Kinheitserinnerungen zu schreiben. Drei davon würden sich auf wirkliche Ereignisse beziehen, die stattgefunden hatten, als sie etwa fünf Jahre alt waren, aber die vierte würde die gefälschte Erinnerung an das Verlorengehen im Einkaufszentrum oder an einem anderen öffentlichen Ort sein. Die Versuchspersonen würden an mehreren Tagen über die vier Erinnerungen schreiben; eine Gruppe würde fünf Tage lang ein Journal führen, während die andere es nur zwei Tage lang führen würde. In der zweiten Phase des Experiments, die ungefähr zwei Wochen später ablaufen würde, würde ein Forscher oder eine Forscherin die Versuchspersonen über ihre Erinnerungen befragen, um festzustellen, ob sie sich an die fingierten Ereignisse aktiv »erinnerten«. Die Versuchspersonen würden dann gebeten werden, die Klarheit ihrer Erinnerungen auf einer Skala von 1 bis 10 einzuordnen, wobei 1 für eine äußerst vage Erinnerung stand und 10 für eine besonders klare.

Wir konnten es kaum erwarten, mit der Untersuchung zu beginnen und ein paar der zentralen Fragen über die Implantation von falschen Erinnerungen zu beantworten. Wie oft würde es uns gelingen, eine gefälschte Erinnerung einzupflanzen? Wie würden die Probanden die Klarheit ihrer falschen Erinnerung beurteilen? Was würde uns der Vergleich von »wahren« und »falschen« Erinnerungen lehren? Würden die wirklichen Erinnerungen mehr Gefühl aufweisen, mehr Details, mehr inhärente Glaubwürdigkeit?

Wir mußten zwei Monate auf eine Antwort warten. Die Ethik-Kommission hatte unsere beantragte Studie auseinandergenommen. »Was passiert, wenn Ihre Versuchspersonen unter seelischem Streß stehen und von der Täuschung, die die Versuchssituation beinhaltet, aus dem Gleichgewicht gebracht werden?« fragten die Kommissionsmitglieder in ihrer schriftlichen Begründung. »Wie wollen Sie labile Versuchspersonen aussondern? Was wollen Sie tun, wenn jemand ernstlich verstört reagiert, wenn er oder sie über die Täuschung aufgeklärt worden ist? Was ist, wenn eine Versuchsperson in einer gefälschten Erinnerung eine beunruhigende Ähnlichkeit mit einem wirklichen Ereignis erkennt? Werden Ihre Versuchspersonen sich durch die Manipulation verraten fühlen?«

Wir gingen sorgfältig auf die Bedenken der Kommission ein und entwickelten ein Verfahren, um psychisch instabile Versuchspersonen auszusondern, ein weiteres, um auf Personen einzugehen, die verstört auf die eingepflanzte Erinnerung reagierten, und zusätzliche Strategien, um Verwirrungen zu klären, Spannungen aufzulösen und eventuelle Vertrauensbrüche zu reparieren. Dann warteten wir wieder und drückten uns die Daumen. Als wir schließlich die Nachricht erhielten, daß die Kommission unsere modifizierte Version der Studie gebilligt hatte, begannen wir sofort, Studentinnen und Studenten zu rekrutieren, die helfen sollten, Versuchspersonen anzuwerben und Material auszuwerten.

Einige Monate später, als die Untersuchung bereits in vollem Gange war, klopfte eine der studentischen Forscherinnen an die Tür meines Büros. In der Hand hielt sie eine Ausgabe der Zeitschrift »Cosmopolitan«.

»Normalerweise lese ich ja so was nicht«, sagte sie lachend und hielt das Heft mit einem verführerischen Model im Bikini auf dem Titelblatt in die Höhe, »aber ich konnte diesem Artikel mit der Überschrift ›Fragen über Sex (auf die auch die abenteuerlustigsten Cosmo-Girls noch eine Antwort haben wollen)‹ nicht widerstehen. Sehen Sie sich die dritte Frage an.«

Ich las die Frage und die Antwort darauf laut vor.

FRAGE: *Meine Brüste sind so sensibel – ich will nicht, daß jemand sie auch nur leicht berührt. Ich weiß, daß mich das bei Männern nicht gerade beliebt macht; soll ich also das unbehagliche Gefühl lächelnd ertragen? Da meine Brüste klein sind, könnte die Sensibilität vielleicht vor allem psychischer Natur sein?*

ANTWORT: *Unbehagen dieser Art bedeutet meistens, daß es eine Verbindung zwischen Ihren Brüsten und einer unerfreulichen Erfahrung in Ihrer Vergangenheit gibt. Vielleicht hat jemand, als Sie sehr jung waren, Ihre Brüste angefaßt oder sich abfällig über sie geäußert; es muß so unangenehm gewesen sein, daß Sie die ganze Erinnerung daran verdrängt haben ... Ich würde Ihnen raten, herauszufinden, woher das Unbehagen kommt.*

Ich weiß noch, daß ich die Zeitschrift niederlegte und den Kopf schüttelte, nicht aus Bestürzung oder Ungläubigkeit, sondern beinahe in dem Versuch, meinen Skeptizismus zu vertreiben und mich auf eine Welt einzustellen, die ich nicht mehr verstand.

»Nun, was meinen Sie?« fragte mich die Studentin munter.

»Ich meine, daß da bald eine weitere verdrängte Erinnerung ausgegraben wird«, sagte ich.

8

Eine Familie wird zerstört

Mein Vater liebte Kinder. Er spielte immer mit unseren vielen kleinen Cousins und Cousinen, wenn sie zu uns kamen. Er verbrachte eine Menge Zeit mit den Jugendlichen in der Kirchengemeinde und so was, Sie wissen schon. Er war auch ein guter Vater.
Jennifer Nagle

In einer von der Psychotherapie hervorgerufenen ausweglos widersprüchlichen Situation, die typisch ist für unsere Zeit, wird Leugnen selbst zum Beweis dafür, daß jemand leugnet, *zum pathologischen Anzeichen, das Unschuldsbeteuerungen praktisch zum Schuldbeweis werden läßt*
Family Therapy Networker, September/Oktober 1993

Keine Eltern-Kind-Beziehung ist perfekt. Wenn wir über die Vergangenheit nachdenken, wünschen wir uns oft, daß uns unsere Eltern mehr Aufmerksamkeit, mehr Respekt, mehr Liebe gegeben hätten. Das sind Sehnsüchte, die alle haben, und sogar Menschen, die in den glücklichsten Familien aufgewachsen sind, kennen Augenblicke des Bedauerns und der Enttäuschung, wenn sie das, was war, mit dem vergleichen, was hätte sein können.

Die Geschichte von *Doug Nagle** und seiner Familie wirft meh-

* Dieses Kapitel basiert auf einer wahren Geschichte, aber um die Privatsphäre der Familie zu schützen, haben wir bestimmte Tatsachen abgewandelt und Pseudonyme verwendet. (Die einzigen mit ihrem richtigen Namen genannten Personen sind Doug Nagles Anwalt Steve Moen und die Sachverständigen John Yuille und Elizabeth Loftus.) Die Geschichte wurde aus zahlreichen juristischen Dokumenten rekonstruiert, darunter eidesstattliche Erklärungen, dem Prozeß vorausgehende Vernehmungen, Transkripte von Therapiesitzungen und gerichtliche Zeugenaussagen. In Gesprächen mit Steve Moen wurde die Richtigkeit der zugrunde gelegten Fakten und Handlungsabläufe bestätigt.

rere wichtige Fragen auf. Können diese unverarbeiteten, konfliktreichen Sehnsüchte sich mit der Zeit durch Suggestionen, Andeutungen und anhaltenden Druck von anderen Personen in falsche Erinnerungen an sexuellen Mißbrauch verwandeln? Die fünfzehnjährige Jennifer Nagle begann eine Therapie, ohne Erinnerungen an einen Mißbrauch zu haben, doch nach über zehn Monaten intensiver Psychotherapie entdeckte sie plötzlich detaillierte Mißbrauchserinnerungen – woher kamen diese Erinnerungen, und warum tauchten sie so plötzlich und mit solch zwingender emotionaler Wucht auf? Die Suche nach Antworten wird durch die Tatsache erschwert, daß es in diesem speziellen Fall zwei anklagende Töchter gab. Es scheint, daß damit auch die Forderung der Skeptiker nach »Beweisen« zufriedengestellt sein müßte, denn die Anschuldigungen der einen Tochter liefern die notwendige Bestätigung für die der anderen.

Als ich mich bereit erklärte, als Zeugin der Verteidigung in Doug Nagles Prozeß auszusagen, war ich mir darüber im klaren, wie erdrückend die Beweise auf den ersten Blick schienen. Aber wie Sie sehen werden, können die Sachverhalte in diesem Fall nicht auf Formeln und einfache Schlußfolgerungen reduziert werden. Das einzige, was man mit Sicherheit sagen kann, ist, daß eine intakte Familie langsam und methodisch von einem System zerstört wurde, das einmal errichtet worden war, um die Unschuldigen zu schützen.

»Sie haben mich gewarnt, daß du leugnen würdest.«

»Leugnen bedeutet, daß du gefährlich bist.«

»Du leugnest hartnäckig vor dir selbst.«

Doug Nagle hatte das Gefühl, in einen Alptraum geraten zu sein. Er blickte um sich, faßte die Bettdecke an, bohrte einen Fuß in den Teppich, drehte an seinem Ehering. Er blinzelte, seufzte, hustete und hielt die Luft an, alles, um den Traum zu verscheuchen und die Wirklichkeit zurückzubringen. Aber es half nichts. Das war die Wirklichkeit. Er war in seinem Schlafzimmer, es war neun Uhr morgens, und seine Frau Debbie hatte ihn gerade beschuldigt, zwei ihrer vier Töchter vor fast zehn Jahren sexuell mißbraucht zu haben.

Debbies Stimme war unnatürlich ruhig und distanziert, als sie die Anschuldigungen erläuterte. Die dreiundzwanzigjährige Kristen, ihre älteste Tochter, hatte vor kurzem Erinnerungen daran wiederentdeckt, daß ihr Vater sie sexuell mißbraucht hatte. Kristen teilte auch ihrer fünfzehnjährigen Schwester Jennifer mit, daß sie glaubte, gesehen zu haben, wie ihr Vater sie belästigte. Als Kristen

Jennifers psychologische Beraterin anrief und ihre Befürchtungen mit ihr besprach, rief die Beraterin sofort Debbie an, und zusammen entschieden sie, den Kinderschutzdienst (CPS – Child Protective Services) zu benachrichtigen.

»Kinderschutzdienst?« fragte Doug. Er konnte nicht glauben, was er da hörte.

Debbie nickte. »Uns wurde von Jennifers Beraterin und den Sozialarbeitern vom Kinderschutzdienst geraten, daß du eine Zeitlang ausziehen solltest.«

»Aber ich habe meine Kinder nie mißbraucht«, protestierte Doug.

»Sie haben mich gewarnt, daß du leugnen würdest.«

»Das kann doch nicht wahr sein.«

»Leugnen bedeutet, daß du gefährlich bist.«

»Bitte, Debbie, du mußt mir erklären ... was habe ich denn getan?«

»Du leugnest hartnäckig vor dir selbst.«

Drei Wochen später saß Doug in der Praxis eines Psychologen und versuchte, sich auf eine Untersuchung für eine Beurteilung über sexuell abweichendes Verhalten vorzubereiten. Debbie hatte ihn vor die Wahl gestellt: Entweder ließ er sich von einem staatlich zugelassenen Psychologen beurteilen, oder sie würde darauf bestehen, daß er das Haus verließ und seine Kinder nie wiedersah. Doug, ein kleiner, zierlicher Mann von Mitte Vierzig, der einen dreiteiligen Anzug und eine Brille gegen seine Kurzsichtigkeit trug, wartete nervös in der verzweifelten Hoffnung, einen Einblick in die Katastrophe zu gewinnen, die über seine Familie hereingebrochen war. In seiner Stellung als Anwalt für Rohstoff- und Naturschutzangelegenheiten in einem großen Sägewerk war er daran gewöhnt, Streitfragen zu verhandeln, Kontroversen beizulegen und Kompromisse zu empfehlen. Wenn nur alle miteinander sprechen würden, sagte er sich immer wieder, wenn wir nur alle Gedanken, Gefühle und Fakten auf den Tisch legen könnten, würde bestimmt irgendeine Form von Kompromiß gefunden werden, und alles wäre wieder normal.

Aber niemand wollte mit ihm sprechen. Niemand wollte ihm sagen, was er seinen Kindern angetan haben sollte. Jennifer war ausgezogen und wohnte bei einer Freundin. Er schrieb ihr einen Brief, traute sich aber nicht, ihn abzuschicken, ohne ihn vorher Debbie zu zeigen und ihr Einverständnis über den Inhalt einzuholen. Debbie sagte, daß sie den Brief an Jennifer weiterreichen würde, aber Doug konnte nicht wissen, ob sie das auch getan hatte.

Als er fragte, ob er mit seiner Familie zur Kirche gehen könne, sagte Debbie, daß seine Anwesenheit dort »unpassend« wäre. Sie wollte ihm noch nicht einmal erlauben, mit der zwölfjährigen Anna, seiner jüngsten Tochter, die ihm gar nichts vorgeworfen hatte, allein zu sein.

Innerhalb von nur drei Wochen war sein ganzes Leben durcheinandergeraten. Er war verwirrt, frustriert und ständig abgelenkt; er konnte plötzlich ohne Vorwarnung in Tränen ausbrechen. Er war unfähig zu arbeiten, weil er sich nicht auf komplizierte juristische Fragen konzentrieren konnte. Freunde und Kollegen boten ihm Trost und Rat an, aber ihre Ratschläge vermehrten sein Elend noch. Ein Strafverteidiger warnte ihn, bei allem, was er sagte und tat, vorsichtig zu sein. »In den letzten zehn Jahren ist eine ganze Kleinindustrie von unqualifizierten und ideologisch motivierten Sex-Mißbrauchs-Therapeuten aus dem Boden geschossen«, vertraute ihm der Anwalt an, »und sie haben mindestens zwei gute Gründe, jemandem, der wegen sexuellen Mißbrauchs angeklagt ist, nicht zu helfen. Erstens fürchten sie eine Anzeige wegen Vernachlässigung der beruflichen Sorgfaltspflicht – was ist, wenn du hingehst und andere sexuell belästigst? –, und zweitens wollen die Kinderschutzdienste nichts mit Therapeuten zu tun haben, die auf seiten der Verteidgung stehen. Es ist letztlich eine Frage des Geldes. Therapeuten können von der Verteidigungsseite nicht leben.«

»Mr. Nagle«, unterbrach eine tiefe Stimme seine Gedanken. Dr. Barker schüttelte Dougs Hand und führte ihn in ein dunkles Büro mit von Büchern verdeckten Wänden und bequemen Sesseln, in die man einsank. Nach den einleitenden Bemerkungen bat der Psychologe seinen neuen Klienten, sein Problem zu beschreiben.

Doug erzählte die kurze Geschichte aus seiner Sicht. Seine Frau hatte ihm mitgeteilt, daß ihre älteste Tochter Kristen ihn beschuldigt hatte, sie sexuell mißbraucht zu haben; Kristen glaubte, daß er auch ihre jüngere Schwester Jennifer mißbraucht hatte. Ihm war nichts Näheres über den behaupteten Mißbrauch gesagt worden – wann, wo oder wie er geschehen sein sollte –, und er wußte nicht, ob Jennifer mit den Behauptungen ihrer Schwester übereinstimmte.

»Ich habe keine Ahnung, was ich ihnen angetan haben soll«, sagte Doug und bezwang mühsam seine Gefühle. »Debbie hat mir nichts gesagt, und ich erinnere mich nicht, meine Kinder mißbraucht zu haben. Ich versuche, verantwortungsbewußt mit diesen Anklagen umzugehen – ich habe sogar versucht, mich selbst davon zu überzeugen, daß es passiert sein könnte und daß ich die Erinnerung daran irgendwie verdrängt habe, so wie die Mädchen offenbar ihre Erinnerungen verdrängt haben. So nennt Debbie diesen Vorgang – Verdrängung. Ich bin bereit, diese Möglichkeit zu akzeptieren. Aber ich verstehe nicht, wie ich meine Kinder sexuell belästigt haben soll, ohne mich daran zu erinnern, nicht an das kleinste Detail. Das scheint mir unmöglich, obwohl Debbie sagt, daß so etwas häufig vorkommt.«

Doug begann zu weinen. »Ich mache gerade viel durch«, sagte er entschuldigend. »Ich bin total verwirrt und aus dem Gleichgewicht gebracht. Ich werde angeklagt, aber ich weiß nicht, was ich getan haben soll. Und ich habe keine Ahnung, was ich machen soll, wen ich um Hilfe bitten kann.«

»Ich würde Ihnen zwei Dinge raten«, sagte Dr. Barker, nachdem er seinem Klienten etwas Zeit gegeben hatte, sich zu beruhigen. »Erstens denke ich, daß wir eine Beurteilung vornehmen sollten, ob sexuell abweichendes Verhalten vorliegt. Und zweitens empfehle ich dringend, daß Sie begleitende psychologische Beratung erhalten, die Ihnen hilft, mit Ihrer Situation fertigzuwerden. Ich kann das eine oder das andere für Sie tun, aber nicht beides.«

Nach einigem Hin und Her erklärte sich Doug bereit, eine Therapeutin zur Beratung aufzusuchen. Er wollte seine Frau und seine Töchter in die Beratungssitzungen miteinbeziehen und glaubte, daß sie lieber mit einer Frau sprechen würden. Er bat Dr. Barker, die Untersuchung auf sexuelle Abweichung durchzuführen.

»Wie viele von diesen Beurteilungen haben Sie schon vorgenommen?« fragte Doug.

»Über zweitausend.«

Zweitausend! dachte Doug. Das schien ihm eine Menge Beurteilungen für einen noch recht jungen Psychologen zu sein. Er brauchte etwas Mut, um die nächste Frage zu stellen. »Wie viele von diesen zweitausend waren nach Ihrer Meinung unschuldig?«

Dr. Barker zögerte einen Moment. »Einer, vielleicht zwei«, antwortete er schließlich.

In seiner zweiten Sitzung unterzog sich Doug einer ganzen Reihe psychologischer Tests, nach denen Dr. Barker ihm detaillierte Fragen über seine sexuelle Entwicklung stellte. Doug war es nicht gewohnt, so offen über intime Angelegenheiten zu sprechen – er gehörte der »spießigen« Generation an, die mit Elvis und Sandra Dee aufgewachsen war und ihr zweites Jahrzehnt mit dem Mord an John F. Kennedy beendet hatte – aber er bemühte sich, seine Verlegenheit zu überwinden und jede Frage vollkommen ehrlich zu beantworten.

Als er elf oder zwölf war, hatte er an ein paar sexuellen Experimenten mit Jungen aus seiner Pfadfindergruppe teilgenommen. »Oraler oder analer Sex?« fragte Barker und setzte seinen Stift an. Nichts dergleichen, antwortete Doug, nur ein bißchen Anfassen und Erforschen. In der Junior-High und der High-School hatte er ein paar Verabredungen mit Mädchen, bei denen es zu ein wenig Schmusen und Petting kam, aber zu nichts Ernsterem. Auf dem College hatte er seine erste längere sexuelle Beziehung gehabt, die etwa sechs Monate dauerte, und direkt nach dem College hatte er Debbie geheiratet. Er war ihr immer treu gewesen, bis auf ein paar »Unfälle« mit Arbeitskolleginnen. Aber diese bedauerlichen Zwischenfälle waren schon vor vielen Jahren passiert.

Er und Debbie waren seit dreiundzwanzig Jahren verheiratet und hatten ein konventionelles Liebesleben. Ja, er wollte wahrscheinlich öfter mit ihr schlafen als sie mit ihm, aber war das nicht auch bei anderen Paaren häufig der Fall? Das war kein wichtiges Thema zwischen ihnen. Doug beschrieb sich als eher passiven Menschen, bereit, sich nach den Wünschen anderer zu richten, überhaupt nicht »macho«. Er haßte Streit und Zank und zog Schlichtungen und Kompromisse vor. Er würde Debbie nie zu Intimitäten zwingen, wenn sie keine Lust dazu hatte. In den letzten ein oder zwei Jahren schien sie allerdings jedes Interesse an Sex verloren zu haben. Vielleicht lag es an ihm. Vielleicht war er nicht gerade der beste Liebhaber aller Zeiten.

Aber schließlich, überlegte er laut, ist es auch schwer, ein guter Liebhaber zu sein, wenn die Partnerin kein Interesse zeigt, nie die Initiative im Bett ergreift und einen deutlich spüren läß, daß sie das Ganze so schnell wie möglich hinter sich bringen will. Vielleicht hatte Debbie keine Lust auf Sex, weil sie die Erziehung von vier Kindern und das Leben mit einem Mann, der von seinem Beruf sehr in Anspruch genommen war, ermüdete und erschöpfte. Wenn sie an einem Wochenende mal ohne die Kinder wegfuhren und das Telefon, die Hausaufgaben, die Streitereien, Krisen, Arzttermine, Sportveranstaltungen und Abgabetermine hinter sich ließen, war auch der Sex gut.

»Aber ist das nicht normal?« fragte Doug Dr. Barker. »Kann man in unserem Alter mehr erwarten?«

Barker sah ihn kommentarlos an.

»Debbie ist sehr religiös«, wechselte Doug auf einmal das Thema. »Vor fünf oder sechs Jahren trat sie einer Gruppe bei, die sich die Gemeinschaft der Kolosser nannte und verkündete, daß die meisten Leute, die sich für Christen halten, nicht wirklich ›errettet‹ sind. Nur ganz wenige sind ›wahre Christen‹, die anderen sind Opfer einer New-Age-Verschwörung. Sie kam zu dem

Schluß, daß sie eine wahre Christin war und ich nicht. Diese Feststellung schien ihr viele Sorgen zu bereiten, aber es war auch ein Funken Schadenfreude dabei, nach dem Motto ›Ich meine es ernst mit dem Glauben und du nicht‹. Ihre Religion machte mir angst, weil sie auf Wut, Furcht und Mißtrauen zu beruhen schien. Wo blieben Friede und Freude? Wozu sollte eine Religion gut sein, die einen ängstlich, sorgenvoll, mißtrauisch und wütend macht?«

Barker rutschte unruhig auf seinem Stuhl hin und her.

»Ich komme darauf«, erklärte Doug, »weil Debbie nach ein paar Jahren die Gemeinschaft der Kolosser wieder verließ. Wir haben nie darüber gesprochen, aber ich war sehr erleichtert. Aber dann behauptete sie ein paar Tage, nachdem sie mich beschuldigt hatte, Kristen und Jennifer belästigt zu haben, daß ich sie der Gemeinschaft entfremdet hätte. Sie hätte nie austreten wollen, aber sie hätte sich dazu verpflichtet gefühlt, weil ich nie damit einverstanden gewesen wäre. Ich frage mich, ob das auch einer der Gründe dafür ist, weshalb wir auf einmal sexuelle Probleme hatten. Vielleicht hängt das alles auch irgendwie mit diesen Anschuldigungen zusammen.«

Dr. Barker hörte höflich zu, machte sich Notizen und nickte ab und an. Aber es war klar, daß er über Doug sprechen wollte und nicht über seine Frau, über Dougs sexuelle Erfahrungen und nicht über die Religion seiner Frau. Vorsichtig lenkte er das Gespräch auf Dougs ehrenamtliche Arbeit mit Jugendlichen. Hatten sich in den Jahren, die er mit sozial benachteiligten Jugendlichen gearbeitet hatte, irgendwelche Jungen oder Mädchen zu ihm hingezogen gefühlt? Hatte er sich jemals zu ihnen hingezogen gefühlt?

Doug gab zu, daß er sich manchmal von den Heranwachsenden, die er betreute, körperlich angezogen fühlte, aber er bestand darauf, daß er nie etwas Anzügliches gesagt oder getan hatte.

»Aber es gibt da ein sexuelles Element in Ihrem Interesse für die Teenager?« fragte Dr. Barker.

»Na ja, möglich ist es schon«, sagte Doug. »Ich finde wirklich viele dieser Kinder attraktiv, und ich arbeite gern mit ihnen. Aber nie ist etwas auch nur entfernt Sexuelles in meinem Umgang mit ihnen vorgekommen. Ich bin mir der Probleme bewußt, die in der Arbeit mit Jugendlichen auftauchen können, und ich habe immer versucht, mich ihnen gegenüber sensibel und verantwortungsvoll zu verhalten.«

Doug wußte nicht recht, was er von diesen Fragen halten sollte. Er hatte nie ein Problem mit den »ALKs« gehabt, wie seine Familie sie nannte – Anderer Leute Kinder. Seit Jahren hatte er Teenagern, die in Schwierigkeiten geraten waren, Ausreißern, Pflegekindern und Mitgliedern seiner Kirchenjugendgruppe mit seinem Rat, seiner Freundschaft und emotionaler und finanzieller Unterstützung zur Seite gestanden. Debbie hatte den Vorschlag gemacht, daß die Familie einen »ALK-Topf« mit einem Betrag von fünfundzwanzig Dollar pro Woche einrichtete, aus dem Pizzas, Hamburger, Kegel- und Minigolfpartien, Kinobesuche etc. für ALKs bezahlt werden sollten. Die Familie hatte mehrere Pflegekinder auf Zeit adoptiert, darunter Ryan, einen von zu Hause ausgerissenen Teenager mit Alkohol- und Drogenproblemen. Nachdem Ryan auf einem dreitägigen Alkohol- und Drogentrip einen Scheck, der für seine Eltern bestimmt war, durchgebracht hatte, hatte Debbie ihn aus dem Haus geworfen. Aber Doug kümmerte sich weiter um ihn, kaufte ihm Essen, holte ihn von der Notaufnahme ab, als er zusammengeschlagen worden war, fuhr ihn zum Haus seiner Eltern, wenn er Angst hatte, daß Drogendealer ihn verfolgten, schickte ihm Postkarten, Briefe und Carepakete, um ihm zu zeigen, daß es jemanden gab, dem es nicht egal war, was mit ihm passierte.

Das schien ihm eine gute, sinnvolle Aufgabe zu sein, ein kleiner, aber ehrlich gemeinter Beitrag, um die Welt ein wenig besser zu machen. Aber der Tenor von Dr. Barkers Fragen schien zu implizierern, daß Doug auf eine anormale Weise von Jugendlichen besessen war, die auf seine homosexuellen Erfahrungen in seiner Pfadfindergruppe zurückging.

»Ich kann Ihnen etwas gegen Ihre Probleme mit Jugendlichen geben«, sagte Dr. Barker an einer Stelle. »Ich gebe Ihnen einige Ampullen mit Ammoniak mit, und wenn Sie eine sexuelle Anziehung oder Erregung spüren, brechen sie eine der Ampullen auf und riechen daran.«

Doug versuchte, nicht zu widersprechen. Der Doktor war der Experte hier, und er wollte seine Autorität oder sein diagnostisches Können nicht in Frage stellen. Trotzdem, er saß nicht in diesem Büro und ließ immer zudringlicher werdende Fragen über seine Sexualität über sich ergehen, weil er Probleme mit den ALKs hatte. Er war hier, weil er fälschlicherweise beschuldigt worden war, seine Töchter sexuell belästigt zu haben.

»Vielleicht können wir uns später noch darüber unterhalten«, sagte Doug. »Im Moment habe ich ein schwerwiegendes Problem mit meiner Familie, und ich brauche Hilfe. Wie wäre es mit einem Lügendetektortest? Ich bin bereit, mich einem Test zu unterziehen, um meine Unschuld zu beweisen.«

»Ich würde Ihnen davon abraten«, sagte Dr. Barker. »Die Fehlerquote ist zu hoch, weil das Thema so stark emotional besetzt ist und die Anschuldigungen so vage sind.«

»Was ist mit einem Wahrheitsserum?« Doug klammerte sich an jeden Strohhalm. Er war Anwalt für Zivilrecht, hatte keine Erfahrungen im Strafrecht, und sein Examen lag zwanzig Jahre zurück. Aber er wußte, daß es hierbei um Wahrheit und Genauigkeit ging und daß es Hilfsmittel zur Feststellung der Wahrheit gab. Er war bereit, alles zu probieren.

Barker schüttelte nachdrücklich verneinend den Kopf. »Ein solches Mittel«, erklärte er, »kann genausogut phantasierte Gedanken und Gefühle hervorbringen wie faktische Erinnerungen, und auch erfahrene Psychiater haben große Schwierigkeiten, dabei Dichtung und Wahrheit auseinanderzuhalten.«

»Was kann ich denn tun, um ein für allemal herauszufinden, ob ich das getan habe, von dem sie glauben, daß ich es getan habe?« Doug war sich der holprigen Logik seiner Frage bewußt. Es ist eigentlich zum Lachen, dachte er, aber mir ist eher nach Heulen zumute.

»Sie können gar nichts tun«, antwortete Barker. »Es gibt keine Möglichkeit, mit absoluter Sicherheit herauszufinden, ob Sie diese Erinnerungen verdrängt haben oder nicht.«

»Ich weiß nicht, ob ich Sie richtig verstehe«, sagte Doug, wobei er sich mühsam beherrschte. Er wußte, daß sein Ärger nur der oberflächliche Ausdruck einer furchtbaren Angst war, die gerade in ihm aufstieg. »Ich kann also nie einfach sagen: ›Ich habe meine Kinder nicht mißbraucht‹ und Sie oder einen anderen Experten davon überzeugen, daß ich sie wirklich nicht belästigt habe. Wenn ich mich an diese angeblichen Vorkommnisse nicht erinnern kann, dann habe ich die Erinnerungen daran entweder verdrängt und bin schuldig oder ich leugne – und mein Leugnen wird ebenfalls als Beweis meiner Schuld angesehen?«

»Es ist kompliziert«, gab Barker zu. Er schwieg einen Moment, um seine Notizen durchzusehen. »Wann begannen Sie zu pubertieren?«

Doug seufzte. Noch mehr intime Fragen. »Ich habe kurz nach meinem elften Geburtstag das erstemal ejakuliert.«

»Vorzeitige Pubertät ist oft ein Anzeichen für sexuellen Mißbrauch«, sagte Dr. Barker und schrieb etwas in sein Notizbuch. »Hatten Sie je irgendwelche Ejakulationsschwierigkeiten?«

»Ich hatte Probleme wegen vorzeitiger Ejakulation, als ich so um die Zwanzig war. Aber als ich mich bewußt bemühte, beim Verkehr langsamer und entspannter zu sein, verschwanden diese Probleme.«

»Vorzeitige Ejakulation kann auch ein Anzeichen für sexuellen Mißbrauch sein«, sagte Barker.

Doug verstand gar nichts mehr. Wollte Barker damit sagen, daß er als Kind sexuell mißbraucht worden war?

Der Psychologe sah auf die Uhr und verkündete, daß die Sitzung zu Ende war. »Wir sehen uns nächste Woche zur gleichen Zeit wieder«, sagte er. »Und bitten Sie Ihre Frau, mitzukommen.«

Eine Woche später saß Doug im Wartezimmer, während Debbie anderthalb Stunden mit Dr. Barker in seinem Büro sprach. Als Doug schließlich hinzugebeten wurde, teilte ihm Barker mit, daß er zu einem wichtigen Entschluß gekommen war. Nach seiner Meinung sollte Doug zu Hause ausziehen.

Doug war wie vor den Kopf geschlagen. »Würden die meisten anderen Therapeuten auch so entscheiden?« fragte er. Er wandte sich an Debbie. »Findest du nicht, daß ich ein zweites Gutachten verdient habe?«

»Die meisten qualifizierten und angesehenen Experten würden mir zustimmen«, sagte Barker gelassen. Debbie sah aus, als ob sie sich über Doug ärgerte, weil er Dr. Barkers Meinung anzweifelte.

Doug überdachte seine Chancen. Barker wurde als einer der besten Fachleute für sexuellen Mißbrauch in der ganzen Gegend angesehen. Wenn er darauf bestand, mit einem anderen Psychologen zu sprechen, konnte es Wochen dauern, bis er einen Termin bekam, und er würde noch einmal dieselben Fragen beantworten und denselben emotionalen Aufruhr durchmachen müssen, und am Ende käme nichts anderes dabei heraus. Eine zweite Meinung einzuholen würde nur Zeit kosten und ihn seiner Frau und seinen Kindern noch mehr entfremden.

»Wenn Sie glauben, daß es das Richtige ist und zum Besten der Familie, dann werde ich ausziehen«, sagte Doug.

Dr. Barker wandte sich an Debbie. »Ist er immer so impulsiv?«

In den folgenden Sitzungen fühlte sich Doug einem ständig wachsenden Druck ausgesetzt, ein Geständnis ablegen zu sollen. Barker schien zu glauben, daß er ihm nur helfen könne, sich zu erinnern, wenn er zuerst gestand, seine Töchter mißbraucht zu haben. Aber wie konnte er etwas gestehen, an das er sich nicht erinnerte?

»Wenn Sie gestehen und sich bereit erklären, eine Langzeittherapie zu machen«, antwortete Barker, »dann wird keine Strafanzeige gegen Sie erhoben. Sie können ihre Kinder sehen, und nach einer intensiven Behandlungsphase können Sie nach Hause zurückkehren. Ihr Leben wird wieder normal sein.«

»Ich werde nichts zugeben, an das ich mich nicht erinnern kann«, wiederholte Doug. »Aber ich bin bereit, die Möglichkeit in Betracht zu ziehen, daß ich Erinnerungen verdrängt habe, und ich werde alle in Frage kommenden Techniken ausprobieren, um an diese Erinnerungen heranzukommen.«

»Vielleicht hilft Ihnen visuelle Imagination«, regte Barker an. Debbie hatte ihm vor kurzem anvertraut, daß ihr Mann ihrer Überzeugung nach von Onkel Frank, dem jüngeren Bruder seiner Mutter, sexuell mißbraucht worden war, der dreiunddreißig Jahre lang in Dougs Elternhaus gelebt hatte – von dem Zeitpunkt an, als Doug drei Monate alt war, bis zu Onkel Franks Tod im Jahre 1987. Als Barker ihn fragte, ob sein Onkel ihn je auf eine Weise angefaßt hatte, die ihm unangenehm war, bestritt Doug das. Onkel Frank war recht merkwürdig und exzentrisch gewesen, räumte er ein, aber er hatte ihn nie belästigt.

»Entspannen Sie sich und stellen sie sich vor, daß Sie wieder in Ihrem Elternhaus sind«, forderte Barker ihn auf. »Sie sind jung und sehr verletzlich, und Sie haben beschlossen, Onkel Frank in seinem Zimmer zu besuchen. Können Sie mir sagen, wie es dort aussieht und wie es riecht?«

»Es riecht muffig und feucht«, sagte Doug mit geschlossenen Augen. »Onkel Franks Zimmer ist im Souterrain, und es gibt nur ein kleines Fenster hoch oben in der Wand.«

»Wie fühlt sich die Bettdecke an? Können Sie sie an Ihren Armen, Ihren Beinen fühlen? Können Sie sich an irgendeine Form von sexueller Stimulation dort erinnern?«

»Ja«, antwortete Doug. »Ich erinnere mich, daß ich dort einmal maturbiert habe, als ich zwölf Jahre alt war.«

»Woher wissen Sie, daß Sie zwölf waren?«

»Im Radio lief ein Bericht über den ersten ›Sputnik‹-Start. Das war 1956. Ich bin 1944 geboren.«

»Denken Sie an die Zeit, als Sie noch ein Kind waren«, sagte Barker, als ob er noch einmal von vorn anfinge. »Haben Sie sich je vergewaltigt gefühlt? Gab es Momente, in denen sie das Gefühl hatten, daß Ihre Intimsphäre verletzt wird?«

»Ja.« Doug wollte ganz wahrheitsgetreu antworten. Die Wahrheit war seine einzige Chance.

»Wo?«

»In der Badewanne.«

»Wer war bei Ihnen?«

»Meine Mutter.«

»Was passierte dort?«

»Meine Mutter badete mich, bis ich zehn oder elf Jahre alt war. Sie sagte, daß ich nicht richtig sauber würde, wenn ich mich alleine badete. Ich weiß noch, daß ich das letztemal, als sie mich wusch, schon ein paar Schamhaare hatte. Das war mir peinlich.«

»Das ist sexueller Mißbrauch«, verkündete Barker.

Doug widersprach, da weder seine Mutter noch er selbst irgendeine Art »sexueller Stimulation« aus dieser Situation bezogen hatten. Doch innerhalb weniger Minuten überzeugte Barker ihn davon, daß seine Mutter ihn mißbraucht hatte. Am Ende der Sitzung war Doug in Tränen aufgelöst.

Einige Tage später beschloß Doug, seiner Frau von der erschütternden Entdeckung zu berichten. Er hoffte, daß sie einsehen würde, wie sehr er sich bemühte und bereit war, auf alles einzugehen. Aber als er ihr die in der Therapiesitzung entdeckten Erinnerungen beschrieb, wich sie zurück und sah ihn mit einer Mischung aus Widerwillen und Triumph an. »Ich wußte es!« rief sie. »Du bist selbst mißbraucht worden, und das erklärt, warum du deine Kinder mißbraucht hast!«

»Was?« Doug war völlig bestürzt durch ihre Reaktion.

»Man hat nachgewiesen, daß sexueller Mißbrauch von einer Generation an die nächste weitergegeben wird«, sagte Debbie. »Wenn jemand von seinen Eltern oder Verwandten mißbraucht worden ist, wird er aller Wahrscheinlichkeit nach auch seine eigenen Kinder mißbrauchen.«

Doug starrte sie nur an. Was konnte er noch tun oder sagen, das nicht sofort gegen ihn gewendet wurde?

Zwei Wochen später verkündete Dr. Barker, daß er genug Informationen zusammengetragen hatte, um seine Untersuchung abzuschließen.

»Das verstehe ich nicht«, protestierte Doug. »Ich habe keine Ahnung, was hier vorgeht, und dabei bin ich eine der Hauptpersonen. Wie können Sie nach ein paar Gesprächen mit mir und meiner Frau ein Urteil über meine Situation abgeben? Sie haben nicht mit meinen Kindern gesprochen, mit meinen Eltern, meinen Freunden – Sie kennen mich doch gar nicht! Wie können Sie denn überhaupt genug Informationen haben, um mich zu beurteilen und Empfehlungen auszusprechen, die Auswirkungen auf mein ganzes weiteres Leben haben?«

Barker versuchte, seinen Klienten zu beruhigen. Er würde Doug erlauben, einen Entwurf seines Berichtes zu lesen und Ergänzungen einzufügen, bevor er eine endgültige Fassung aufsetzte.

Doug lehnte das Angebot ab. »Wie kann ich Ergänzungen einfügen, wenn ich mich nicht erinnere, meine Kinder mißbraucht zu haben?« fragte er. »Wir brauchen klare Fakten, Tatsachen, nicht diese ganzen Vermutungen und Spekulationen und all das Gerede über verdrängte Erinnerungen. Ich tue alles, was nötig ist, um dieser Sache auf den Grund zu gehen. Ich mache einen Lügendetektortest und schlucke eine Wahrheitsdroge, ich mache alles. Sagen Sie mir, was ich tun soll, und ich tue es.«

»Diese Verfahren sind zu riskant«, wiederholte Barker. »Ich würde Ihnen raten, einen Anwalt aufzusuchen.«

»Ich habe im Moment keine juristischen Probleme, und ich erwarte auch keine. Dies ist ein medizinisches Problem, eine Frage der geistigen Gesundheit. Meine Famile bricht auseinander. Wir brauchen Hilfe.«

Barker starrte seinen Klienten einen Moment lang an und schüttelte dann langsam den Kopf. Er griff nach einem Notizblock, schrieb den Namen und die Telefonnummer eines Spezialisten auf, der Lügendetektortests durchführte, und wies Doug darauf hin, daß es eine Weile dauern könne, bevor er einen Termin bekomme.

»Was kann ich in der Zwischenzeit tun?« fragte Doug.

»Sie brauchen therapeutische Betreuung«, sagte Barker und empfahl ihm eine Kollegin.

»Nennen Sie mir doch einfach die Gründe, aus denen Sie sich weigern könnten zuzugeben, daß Sie ihre Kinder mißbraucht haben«, forderte ihn die Therapeutin auf.

»Das ist nicht schwer«, sagt Doug. »Da fallen mir viele Gründe ein. Erstens will niemand seinen Kindern weh tun oder es zugeben, falls er es getan hat. Ich könnte ins Gefängnis kommen, meine Stelle verlieren, meine Freunde, ich könnte zu einem gesellschaftlich Ausgestoßenen werden. Es gibt alle möglichen Gründe. Aber ich erinnere mich nicht, meine Kinder mißbraucht zu haben. Zweitens bin ich kein Mensch, der Kinder sexuell mißbrauchen würde, ganz zu schweigen von meinen eigenen Kindern. Ich finde, daß Kindesmißbrauch eines der schrecklichsten Verbrechen ist, die es gibt. Ich liebe meine Kinder und würde ihnen nie absichtlich weh tun.«

Doug fragte sich, ob er einen Fehler gemacht hatte, als er das Wort »absichtlich« gebrauchte. Würde die Therapeutin jetzt denken, daß er seine Kinder *un*absichtlich mißbraucht hatte? Würde das Wort »absichtlich« der Verdrängungstheorie noch mehr Substanz und Gewicht verleihen?

»Es geht nicht darum, daß ich nicht zugeben will, daß ich sie mißbraucht habe«, erklärte er vorsichtig. »Ich erinnere mich einfach nicht, sie mißbraucht zu haben. Und ich glaube nicht, daß ich etwas so Furchtbares vergessen würde. Mein Verstand arbeitet nicht so. Alle sagen mir ständig, daß ich meine Kinder mißbraucht und die Erinnerungen daran verdrängt habe, aber ich tue mich wirklich schwer mit dem Gedanken, daß ich ein ganzes Ereignis oder eine Reihe von Ereignissen einfach ausgeblendet haben soll.«

»Haben Sie denn nicht viele Erfahrungen in Ihrem Leben vergessen?« fragte die Therapeutin.

»Natürlich«, sagte Doug, »ich habe viele Dinge vergessen, so wie das jeder tut.«

»Und Sie sind doch ein optimistischer Mensch, der lieber die positive Seite betrachtet und auf das Beste hofft?«

»Ja, ich glaube, das könnte man von mir sagen.«

»Denken Sie, daß Debbie Gründe dafür hat zu glauben, daß Sie ihre Kinder mißbraucht haben?«

»Sie behauptet jedenfalls, daß sie Gründe hat.«

»Können Sie mir diese Gründe aufzählen?«

»Sie sagt, daß sie den Kindern glaubt, und die denken offenbar, daß ich sie mißbraucht habe. Sie glaubt, daß ich selbst als Kind mißbraucht worden bin, und argumentiert damit, daß Kindesmißbrauch an die nächste Generation weitergegeben wird. Aber ich bin überhaupt nicht davon überzeugt, daß ich als Kind mißbraucht worden bin. Und vor allem weiß ich, daß ich niemals meine eigenen Kinder mißbrauchen würde, und es erscheint mir einfach unmöglich, daß ich sie mißbrauchen und die ganze Erinnerung daran verdrängen könnte.«

»Wie können Sie so etwas sagen, Mr. Nagle?« Die Therapeutin schien aufgebracht zu sein.

Doug versuchte, seine Gefühle gegenüber seinen Kindern zu verdeutlichen. Er liebe sie mehr als alles andere, mehr als seine Arbeit, mehr als sein eigenes Leben. Er würde diese Liebe niemals durch Schläge oder sexuelle Gewalt verraten. Seine Mutter habe seine Intimsphäre nicht respektiert, aber das mache ihn im Gegensatz zu dem, was Debbie glaubte, mehr und nicht weniger sensibel für die Bedürfnisse seiner eigenen Kinder.

»Mr. Nagle, Sie erinnern sich nur an das, an was Sie sich erinnern wollen«, sagte die Therapeutin. »Sie haben wahrscheinlich Ihre Erinnerungen neu geordnet, damit sie zu dem passen, was Sie von sich selbst glauben wollen.«

»Wollen Sie damit sagen, daß die einzigen Erinnerungen, die zählen, diejenigen sind, die ich nicht habe?« fragte Doug. »Unterstellen Sie, daß alle schönen Erinnerungen an gemeinsame Erlebnisse mit meinen Kindern höchstwahrscheinlich falsch sind?«

»Ja«, antwortete die Psychologin mit entschiedenem Nicken. »Genau das behaupte ich.«*

* Ein Jahr später gab diese Therapeutin gegenüber Doug Nagles Anwalt zu, daß

Den ganzen Monat April über versuchte Doug, sich zu »erinnern«, daß er seine Kinder mißbraucht hatte. Aber so sehr er sich auch bemühte, sein Gedächtnis lieferte nur Leerstellen. Schließlich bat er seine Frau um Hilfe. »Wie kann ich mich erinnern, ohne überhaupt zu wissen, an was ich mich erinnern soll? Was genau werfen Kristen und Jennifer mir vor?«

Debbie sagte, sie könne ihm keine Einzelheiten verraten, ohne vorher mit Jennifers Therapeutin gesprochen zu haben. Zwei Wochen später rief Doug wieder an, um sich nach dem Stand der Dinge zu erkundigen.

»Jennifers Therapeutin und ich versuchen, ihr dabei zu helfen, sich zu erinnern«, sagte Debbie.

»Sich an was zu erinnern?« fragte Doug.

»Ich kann dir nichts Genaueres sagen«, entgegnete Debbie. »Jennifers Therapeutin sagt, daß du dich selbständig erinnern mußt. Sie will deine Erinnerungen nicht verfälschen.«

»Weißt du schon, daß Dr. Barker mit Kristen gesprochen hat und daß Kristen nicht mehr behauptet, Augenzeugin meiner angeblichen Taten zu sein?« Doug beschloß, daß es an der Zeit war, eine Trumpfkarte auszuspielen, seine einzige. »Sie hat zugegeben, daß sie nie wirklich gesehen hat, daß ich Jennifer unzüchtig angefaßt habe. Sie hat nur gesehen, wie ich mit Jennifer auf dem Bett lag, vollständig bekleidet und mit beiden Händen über der Bettdecke. Jennifer lag unter der Decke, und ich lag auf der Decke neben ihr.

Ich habe mich oft neben die Kinder gelegt, wenn sie einschlafen sollten, Debbie. Das weißt du doch noch, oder?« Seine Stimme war nicht frei von Sarkasmus. »Genau das habe ich bei dieser Gelegenheit auch getan, mich neben Jennifer gelegt und ihr eine Geschichte erzählt, damit sie leichter einschlief. In Kristens Beschreibung deutet nichts auf irgendeine Art von sexuellem Kontakt hin. Ich möchte, daß du Jennifer genau das sagst, was Kristen Dr. Barker gesagt hat, und sie dann ihre eigenen Schlüsse ziehen läßt.«

»Das werde ich nicht tun«, sagte Debbie. »Es würde Jennifer nur verwirren, wenn ich andeutete, daß der Mißbrauch vielleicht gar nicht stattgefunden hat.«

»Die Wahrheit wird sie nicht verwirren!« Doug wurde plötzlich wütend. »Du und ihre Therapeutin, ihr verwirrt sie, weil sie sich

sie Doug unter Druck gesetzt hatte, sich zu erinnern, um ihm zu »helfen«. Sie habe geglaubt, wenn Doug gestände, würde er dem Gefängnis entgehen und schließlich die Erlaubnis erhalten, wieder nach Hause und zu seiner Familie zurückzukehren.

an etwas erinnern soll, das nie passiert ist! Wenn du es ihr nicht sagst, dann werde ich es tun.«

Am 10. Mai 1990 suchte Debbie Doug in seinem Büro auf. In dem Moment, als sie hereinkam, wußte er, daß etwas passiert war; der Boden begann unter seinen Füßen zu schwanken, er fühlte sich benommen und schwindlig und schlug vor, einen Spaziergang zu machen.

»Es ist etwas geschehen«, sagte er, nachdem sie eine Weile schweigend nebeneinander hergegangen waren.

»Jennifer hat ihre Erinnerungen wiedergefunden«, sagte Debbie. Sie machte einen seltsam ruhigen Eindruck, hatte sich völlig unter Kontrolle. »Jetzt können wir dich anzeigen.«

»Anzeigen? Du willst mich anzeigen?« Doug hatte das Gefühl zu ertrinken. Er suchte nach einem Rettungsring, appellierte an die Liebe seiner Frau zu ihren Kindern. »Denk an die Kinder, Debbie. Denk daran, was so eine gerichtliche Auseinandersetzung ihnen antun würde.«

Sie funkelte ihn wütend an und rückte ihre Schultertasche zurecht. Ihr Gesichtsausdruck verriet ihre Gedanken deutlicher als ihre Worte: *Jetzt haben wir dich.*

»Ein Prozeß wird uns auseinanderreißen. Bitte, Debbie, ich will keinen Kampf. Ich will, daß wir das auf friedliche Weise klären.«

Der Schmerz in seiner Stimme schien sie etwas zu erweichen. »Es tut mir leid, daß es so weit gekommen ist«, sagte sie. Als sie wieder in seinem Büro waren, bat sie seinen Vorgesetzten um ein Gespräch. Doug erfuhr später, daß seine Frau die Zusicherung verlangt hatte, daß er nicht entlassen würde, bis der Prozeß vorbei war.

Am 19. Mai, zwanzig Tage nachdem Jennifer ihre Erinnerungen wiedererlangt hatte, erhielt Doug einen Anruf von einem Beamten einer Sonderabteilung für Sexualverbrechen.

»Wir möchten, daß Sie sich einem Lügendetektortest unterziehen«, sagte der Beamte.

»Mir wurde geraten, einen Anwalt einzuschalten«, entgegnete Doug.

»Es gibt keinen Grund, weshalb Sie nicht zuerst einen Lügendetektortest machen können.«

»Ich will mich dem Test ja unterziehen«, sagte Doug, »aber ich muß zuerst die wichtigsten Regeln kennen. Werde ich nach bestimmten Mißbrauchshandlungen gefragt werden? Niemand hat mir gesagt, was mir vorgeworfen wird, und ich wurde gewarnt, daß der Test falsche Ergebnisse liefern kann, wenn die Fragen nicht genau genug sind.«

Als der Polizeibeamte nicht sofort antwortete, formulierte Doug seine Bedenken anders. »Wenn die Fragen nicht präzise genug gestellt werden, können die Ergebnisse nichtssagend oder sogar belastend für mich ausfallen.«

»Wir werden Ihnen die genauen Vorwürfe nicht mitteilen, bevor Sie nicht offiziell angeklagt sind«, sagte der Detective.

»Werde ich bei der Entscheidung, wer den Test durchführt und wie er durchgeführt wird, ein Mitspracherecht haben?« fragte Doug.

»Hören sie, Mr. Nagle, ich bin hier der Detective und Sie sind der Verdächtige. Ich bestimme die Regeln, nicht Sie.«

»In diesem Fall werde ich mir einen Anwalt nehmen und Sie dann zurückrufen.«

»Das steht Ihnen natürlich frei«, sagte der Detective, um das letzte Wort zu behalten. »Aber ich weiß, daß Sie schuldig sind. Sie haben einer Untersuchung auf sexuell abweichendes Verhalten zugestimmt, und kein Unschuldiger würde so etwas tun.«

Doug rief seine Anwaltsfreunde an und bat sie, ihm einen Strafverteidiger zu empfehlen. Alle nannten als ersten Steve Moen, den sie als »methodisch«, »behutsam«, »ungeheuer sorgfältig« und »intellektuell« beschrieben. Doug sprach mit Moen, der sich bereit erklärte, ihn zu vertreten.

»Der Detective sagt, er ist von meiner Schuld überzeugt, weil ich mich auf sexuell abweichendes Verhalten habe untersuchen lassen«, erklärte Doug seinem Anwalt.

»Das ist eine logische Schlußfolgerung«, sagte Steve. »Angeklagte stimmen dieser Untersuchung normalerweise nicht zu, es sei denn, sie wollen sich schuldig bekennen, um den Prozeß zu beschleunigen.«

Die sachliche Kühle des Anwalts trieb Doug zur Verzweiflung. Sie sprachen hier über sein Leben; sein Familienleben, sein Ruf und seine Karriere standen auf dem Spiel.

»Ich verstehe das nicht«, sagte Doug. »Debbie sagte mir, daß ich mich beurteilen lassen müßte, weil ich sonst die Kinder nicht mehr sehen dürfte. Niemand hat mich davon unterrichtet, daß diese Beurteilung als Schuldbeweis angesehen würde.«

»Sie hätten sich schon vor Monaten einen Anwalt nehmen sollen«, entgegnete Steve ruhig.

»Aber hier geht es doch um psychische und nicht um juristische Probleme«, sagte Doug, unfähig, seinen Ärger noch länger zurückzuhalten.

»Nicht mehr.« Steves Ton erinnerte Doug an den Tag, als er wegen eines kleinen Vergehens in das Büro des stellvertretenden Direktors seiner Junior-High-School gerufen worden war. »Das ist hier nicht die Grundschule«, hatte der Mann ihn mit tiefer Stimme gewarnt. »Das ist der Ernstfall, und *jetzt bekommst du richtig Ärger.«*

»Ich würde Ihnen raten, Dr. Barker davon abzuhalten, seine Beurteilung fertigzustellen«, sagte Steve. »Ich kann das für Sie erledigen, wenn Sie wollen.«

»Aber wenn Debbie davon erfährt, wird sie sagen, daß das ein weiterer Schuldbeweis ist.«

»Es kommt nicht darauf an, was Debbie denkt.«

»Aber mir kommt es darauf an«, sagte Doug. »Meine Priorität ist es, meine Ehe zu retten und meine Familie wieder zusammenzubringen.«

»Unsere Priorität ist es, Sie vor dem Gefängnis zu bewahren – wenn möglich«, sagte Steve. »Ich werde den Beamten der Sonderabteilung anrufen und ihm sagen, daß Sie den Lügendetektortest nicht machen werden. Das ist viel zu riskant in diesen Fällen, und es besteht kein Grund, das Risiko zu diesem Zeitpunkt einzugehen. Ich würde Ihnen außerdem raten, äußerste Zurückhaltung zu üben. Sprechen Sie mit niemandem über diese Anschuldigungen.«

Etwas in Dougs Gesichtsausdruck ließ Steve fragen: »Wie vielen Leuten haben sie schon von Ihrer Situation erzählt?«

»Dutzenden«, gab Doug zu. »Meinen Arbeitskollegen, Verwandten, Freunden, Gemeindemitgliedern.«

Steve seufzte. »Halten Sie sich von jetzt an zurück. Sprechen Sie nicht mehr darüber, denn alles kann gegen Sie verwendet werden.«

Als würde man mir meine Rechte bei meiner Verhaftung vorlesen, dachte Doug verbittert. Aber wenn Leute eines Verbrechens angeklagt werden, wissen sie dann nicht normalerweise, was man ihnen vorwirft? Wie sollte er inzwischen weiterleben?

»Ich kann mich nicht zurückhalten«, sagte er seinem Anwalt. »Ich mache mir zu viele Sorgen. Ich muß über meine Situation, wie Sie es nennen, sprechen, sonst breche ich zusammen. Ich habe meine Frau verloren, meine Kinder und mein Hobby, anderen Kindern zu helfen. Ich könnte meine Stellung verlieren.«

»Sie wissen, daß Sie Ihre Anwaltslizenz verlieren, wenn Sie verurteilt werden, oder?« Steve zog die Bestimmungen über den Ausschluß aus der Anwaltschaft aus seinem Bücherregal und blätterte das Dokument durch.

»Daran habe ich noch nicht gedacht. Mein Beruf ist alles, was mir im Moment bleibt.« Doug brach ab und versuchte sichtlich, sich zusammenzureißen. »Ich habe Angst vor dem Gefängnis. Aber noch schlimmer ist der Gedanke daran, was meine Kinder jetzt gerade durchmachen. Sie leben in dem Glauben, daß ich ihnen weh getan habe. Sie leiden. Ich kann es nicht ertragen, daß sie so leiden müssen. Wie kann ich schweigen, wie kann ich mich zurückhalten, wenn meine Familie auseinandergerissen wird?«

Steve machte sich große Sorgen um die emotionale Stabilität seines Klienten. Doug brauchte psychologische Hilfe, die ihm Dr. Barker in seiner Rolle als Gutachter nicht geben konnte. »Lassen Sie mich jemanden empfehlen, der Ihnen vielleicht helfen kann, mit Ihren Sorgen und Nöten zurechtzukommen«, sagte Steve. »Als Gerichtspsychiater hat Dr. Carson viel Erfahrung mit Anklagen wegen sexuellem Mißbrauch. Aber ich verweise Sie nicht wegen juristischer Fragen an ihn. Er ist sehr scharfsichtig, und ich glaube, daß er Ihnen helfen kann, die Konflikte und Spannungen in Ihrer Familie zu verstehen. Vielleicht kann er Sie auch bei Ihren Bemühungen, die Familie wieder zusammenzubringen, unterstützen.«

Dr. Carson hörte sich Dougs Geschichte an und stellte ihm dann Fragen zu seiner Krankheitsgeschichte und zu seiner sexuellen Entwicklung. Es war dasselbe Terrain, das er auch mit Dr. Barker beschritten hatte, aber diesmal fühlte er sich wesentlich wohler dabei. Vielleicht, weil ich einfach zerschlagen und erschöpft bin, dachte er bei sich. Oder weil ich in solchen Schwierigkeiten stecke, daß mir meine Intimsphäre und meine Würde egal geworden sind.

In ihrer dritten Sitzung fragte Carson ihn geradeheraus. »Haben Sie es getan oder nicht?«

»Ich glaube nicht.«

»Ja oder nein. Entweder haben Sie es getan oder nicht.«

»Ich weiß es nicht. Ich glaube nicht.«

»Sagen Sie das nicht dauernd.« Carson wurde ungehalten und trommelte mit seinem Bleistift an die Schreibtischkante. »Diese Antwort verwirrt alle nur; jeder denkt dann, daß Sie es getan haben. Entweder haben Sie es getan oder nicht.«

»Ich glaube nicht, daß ich es getan habe.«

»Also nicht?«

»Ich glaube nicht.«

»Sagen Sie das nicht mehr.« Carsons Stimme wurde vor Ärger laut. »Sie wissen, ob Sie es getan haben oder nicht. Niemand außer Ihnen weiß es. Haben Sie es getan oder nicht?«

»Ich glaube nicht. Nein. Nein, ich habe es nicht getan.«

Warum fällt es mir so schwer, das Wort »Nein« zu sagen? fragte sich Doug. Er dachte an den Tag zurück, als Debbie ihn das erstemal mit den Anschuldigungen konfrontiert hatte. »Ich habe meine

Kinder nie mißbraucht«, hatte er ihr geantwortet, und sie war daraufhin wütend geworden und hatte ihm vorgeworfen zu »leugnen«. »Hartnäckig leugnen« hatte sie es genannt. Danach war seine Welt zusammengebrochen. Jennifer hatte das Haus verlassen, und schließlich war er selbst aufgefordert worden auszuziehen. Er durfte noch nicht einmal mehr seine jüngste Tochter sehen, ohne daß eine Aufsichtsperson dabeiwar. Und bald mußte er sich auch noch vor Gericht verantworten.

Was hatte es ihm genützt, die Anschuldigungen zu bestreiten? Nichts, soweit er sehen konnte. Warum konnte er nicht einfach sagen: »Ich erinnere mich nicht.« Debbie und all diese Therapeuten würden diese Aussage akzeptieren oder ihn einen Lügner nennen müssen. Er versuchte, verantwortungsbewußt zu handeln; er bemühte sich, der Anklage aufrecht entgegenzutreten. Wenn er aber sagte: »Nein, ich habe meine Kinder nicht mißbraucht«, würde er mit dem Finger auf seine Frau und seine Töchter zeigen und sie der Lüge bezichtigen. Das konnte er nicht tun. Seine Frau und seine Kinder bedeuteten ihm mehr als alles andere auf der Welt. Er würde sie nicht verraten. Er war bereit, sich der Möglichkeit zu stellen, daß er seine Töchter mißbraucht und die Erinnerungen an seine Handlungen verdrängt hatte, so unwahrscheinlich das auch schien. Auf diese Weise konnte er mit gutem Gewissen und absoluter Ehrlichkeit sagen: »Nein, ich erinnere mich nicht« oder »Nein, ich lüge nicht über meine Erinnerungen.«

Er sah Carson einigermaßen verwirrt an. Warum konnte dieser Mann, der schließlich Psychiater war, nicht verstehen, was in ihm vorging?

»Wenn diese Geschehnisse passiert wären, würden Sie sich daran erinnern«, sagte Dr. Carson. »Entweder lügen Sie, oder der Mißbrauch ist nie geschehen. Lügen Sie?«

»Nein. Ich lüge nicht.«

Lügen Sie? Carson mußte diese Frage schon hundertmal gestellt haben, und Doug antwortete jedesmal mit einem leisen, aber festen »Nein«. Doch die ständige Wiederholung der Frage begann, ihn zu verärgern. Jedesmal wenn er sich am meisten anstrengte, seine Gefühle zu verstehen oder sie zu erklären, unterbrach ihn Dr. Carson: »Lügen Sie? Haben Sie es getan oder nicht?« Die Fragen brachten ihn allmählich auf die Palme. Er hatte die Nase voll von dieser Inquisition.

»Hören Sie auf«, sagte er schließlich. »Ich lüge nicht, ich werde meine Geschichte nicht ändern, und wenn Sie mir nicht glauben, kann ich Ihnen auch nicht helfen. Ich habe diese blöden Spielchen satt.«

Carson blickte ihn an, offenbar völlig ungerührt von seiner Wut und seiner Frustration. Benutzte Carson die Fragen als psychologischen Stachel, um ihn zu einer Reaktion zu provozieren?

»Versuchen Sie absichtlich, mich wütend zu machen?« fragte Doug den Psychiater. »Ist es das, was hier vorgeht?«

»Sie werden nicht leicht wütend«, sagte Carson gleichmütig.

Doug gab zu, daß er Schwierigkeiten hatte, Wut auszudrücken. Er erzählte Carson von seinen ständig wieder auftretenden Verdauungs- und Schlafproblemen, die ihre Ursache wohl darin hatten, daß er seine Gefühle unterdrückte. 1971 hatte er eine Prostatainfektion gehabt, die nicht abheilen wollte. Ein befreundeter Psychiater hatte ihm klargemacht, daß er deprimiert war und daß er die Infektion nicht überwinden würde, bis der Grund für seine Depression gefunden und behandelt worden war. Er hatte dann einen Psychiater aufgesucht, der vermutete, daß er auf Debbie wütend war.

»Ich wußte, daß ich wegen ihr oft niedergeschlagen war«, teilte Doug Dr. Carson mit, »und daß ich während unserer Ehe immer wieder Schwierigkeiten hatte, mich mit ihr zu verständigen. Sie scheint zu glauben, daß sie mich besser versteht als ich mich selbst, und sie sagt mir dauernd, daß ich ein jähzorniger und feindseliger Mensch bin. Aber ich finde nicht, daß ich jähzornig oder feindselig bin, und meine Freunde und Kollegen sehen mich auch nicht so.«

»Vielleicht überträgt Debbie eigene Gefühle und Verhaltensweisen auf Sie«, sagte Dr. Carson.

Doug dachte einen Augenblick darüber nach. Das war vielleicht gar nicht so weit hergeholt. Debbie behauptete oft, daß er »bestimmend« und »dominant« sei, aber andere Leute fanden, daß diese Beschreibung auf sie zutraf und nicht auf ihn. Sie behauptete, er sei distanziert, aber eigentlich war sie diejenige, die oft mit leerem Blick durch Leute hindurchsah und den Gesprächsfaden verlor. Hatte sie sich als Kind mißbraucht gefühlt und dann ihre Gefühle auf ihre eigenen Kinder projiziert? Vielleicht war sie nicht im engeren Sinne mißbraucht worden, aber hatte sich mißbraucht *gefühlt*, und diese schmerzlichen, ambivalenten Gefühle hatten später die Beziehung zu ihrem Mann und ihren Kindern beeinflußt. Vor Jahren hatten Debbies jüngere Schwestern Doug einmal erzählt, daß Debbie sie mit aufgezogen hatte; während ihrer Teenagerzeit war sie eher die Partnerin und Vertraute ihres Vaters gewesen als seine Tochter. War Debbies Beziehung zu ihrem Vater irgendwie inzestuös gewesen? fragte sich Doug. Könnte das erklären, weshalb sie immer eifersüchtig wurde, wenn er spielerisch und zärtlich mit ihren gemeinsamen Kindern umging?

»Sie müssen anfangen, sich zu wehren«, sagte Dr. Carson in seine Gedanken hinein.

»Gegen was wehren? Ich verstehe immer noch nicht, gegen was ich mich wehren soll!«

»Wenn Sie Ihre Kinder nicht mißbraucht haben, müssen Sie ihnen das klar und deutlich sagen. Geben Sie nicht nach, jammern und stöhnen Sie nicht über Ihre Probleme – stehen Sie auf und wehren Sie sich!«

Während dieser Sitzungen schien sich Dr. Carson die Wut seines Patienten anzueignen. Manchmal wurde er laut und schlug mit der Faust auf den Tisch, oder er gestikulierte wild mit den Händen, um Aufregung und Unverständnis auszudrücken. Indem er diesen Äußerungen von Ärger und Gereiztheit zusah, versuchte Doug herauszufinden, was da geschah. Führte Dr. Carson ihm Wut und Ärger vor? Zeigte er ihm, wie man wütend wird, wie man wütend *ist*? War seine Wut gespielt, oder war sie echt? – und wenn sie echt war, worüber war er dann wütend? War er schon wütend gewesen, bevor Doug seine Praxis betrat, oder machte Dougs Zwangslage ihn persönlich betroffen? Wer war hier der Therapeut und wer der Patient?

»Ich habe das Gefühl, Sie wollen mir beibringen, meine Wut auszudrücken«, sagte Doug eines Tages. »Das mag für meine persönliche Therapie wichtig sein, aber hier geht es nicht nur um persönliche Dinge. Es geht auch um meine Frau und meine Kinder. Ich fürchte, daß Sie mich zu etwas drängen wollen, das meiner Familie schaden könnte.«

»Ich will Ihnen nur helfen«, sagte Dr. Carson schlicht.

»Ich brauche Ihre Hilfe auch. Aber ich brauche gleichzeitig die bestmögliche Beratung, wie ich meiner Frau und meinen Kindern helfen kann. Ich muß wissen, wann Sie nur mir helfen wollen und wann Sie meiner Familie helfen wollen. Lassen Sie uns das klar auseinanderhalten.«

»Ich fürchte, ich werde das nicht immer trennen können«, sagte Carson.

Doug vergrub sein Gesicht in den Händen. Natürlich. Carson war Psychiater, kein Hellseher – wie sollte er wissen, was das Beste für seinen Patienten und was das Beste für die Familie seines Patienten war? Nur der Patient konnte das entscheiden. Aber wie soll man Entscheidungen treffen, wenn man nicht die nötigen Informationen hat? Was *war* das Beste für die Kinder? Doug fühlte sich benommener und verwirrter denn je. Ja, er würde sich wehren und seine Unschuld beteuern, aber mußte zuerst die Risiken kennen. Wie würden sich seine Handlungen auf seine Familie auswirken?

Doug merkte, daß er anfing, wie sein Anwalt zu denken: Sei vorsichtig, halte dich zurück, tue nichts, ohne es vorher genau durchdacht zu haben. Aber er war nicht immer mit diesem wachsamen Vorgehen einverstanden, denn obwohl es sicher gute Gründe dafür gab, vorsichtig und zurückhaltend zu sein, gab es genauso gute Gründe dafür, seiner Wut und Enttäuschung Luft zu machen.

Nur wann sollte er was tun, fühlen oder sagen?

Er wußte, daß er in einer ausweglosen Situation gefangen war. Von seinem Anwalt, der Angst hatte, daß er überhaupt etwas tat oder sagte, lernte er Vorsicht und von seinem Therapeuten, der wollte, daß er Dinge tat und sagte, von denen er fürchtete, daß sie seinen Kindern weh tun könnten, lernte er emotionale Spontaneität. Was war der richtige Weg und das richtige Maß in welcher Situation?

Trotz seiner Verwirrung war Doug beiden Männern dafür dankbar, daß sie ihn auf neue Art zu denken und zu handeln lehrten. Steve Moen war ein sorgfältiger Sammler von Tatsachen und ein rationaler Denker. Wenn Tatsachen und Vernunft statt Gefühle über den Ausgang seines Prozesses entscheiden würden, dann würde Steve gewinnen. Aber Steve war so vorsichtig und schirmte seinen Klienten derartig ab, daß Doug befürchtete, daß seine Empfehlungen ihn seiner Familie noch mehr entfremden würden.

Im Gegensatz dazu war sein Psychiater fast waghalsig und drängte ihn, sich zu wehren, auch wenn er dabei das Risiko einging, die Verbindung zu seiner Familie zu zerstören. Und dennoch fühlte Doug sich unter Dr. Carsons Anleitung allmählich stärker, lernte, seine Wut auf angemessenere Weise auszudrücken und die Last des Opferstatus abzuwerfen, die ihn bisher niedergedrückt hatte. Er wurde auch geschickter darin, den nächsten Schritt seiner Frau vorauszuahnen. Weil Debbie so sehr darum bemüht war, die Kinder von ihm fernzuhalten, bekamen sie nie seine Version der Geschichte zu hören. Vielleicht hatte Dr. Carson recht. Vielleicht sollte er einen Weg finden, seine Kinder wissen zu lassen, daß er unschuldig war.

Er durfte Jennifer nicht sehen, aber im Abstand von ein paar Wochen durfte er einige Stunden mit Anna verbringen. Bei einem dieser Besuche beschloß Doug, seiner jüngsten Tochter zu sagen, daß die Anschuldigungen gegen ihn falsch waren; er hatte ihre Schwestern nie mißbraucht, und er würde niemals einem seiner Kinder weh tun. Ein paar Wochen später aß Doug allein in seiner

Wohnung zu Abend und hielt es vor Sehnsucht nach seiner Familie nicht mehr aus. Er rief zu Hause an, und Anna nahm den Hörer ab. Sie sprachen ein paar Minuten miteinander, und am Schluß sagte ihr Doug, wie sehr er sie liebte.

Am nächsten Tag rief Debbie wutentbrannt bei ihm an. »Anna hat mir von eurem Gespräch erzählt«, sagte sie anklagend. »Diese Manipulationsversuche müssen sofort aufhören.«

»Ich vermisse sie«, sagte Doug und versuchte, sich zu wehren, wie Carson ihm geraten hatte. »Ich muß sie sehen.«

»Nur zu meinen Bedingungen«, antwortete Debbie und knallte den Hörer auf.

Doug schrieb seiner Frau am selben Abend einen Brief, in dem er seine Absicht äußerte, öfter zu Hause anrufen und eine großzügigere Regelung für seine Besuche bei Anna zu vereinbaren. Dann wartete er auf Debbies Antwort. Eine Woche später rief Debbie an, um ein Treffen mit ihm und dem Pastor seiner Kirche zu vereinbaren.

»Ich habe die Scheidung eingereicht«, verkündete sie. »Nicht, daß ich wirklich eine Scheidung will, aber ich habe Angst, daß der Kinderschutzdienst kommt und die Kinder abholt.«

»Das verstehe ich nicht«, sagte Doug.

»Du hast gedroht, Kontakt zu den Kindern zu erzwingen, du weigerst dich, ihnen fernzubleiben. Ich muß sie ja irgendwie schützen.«

»Aber du wolltest mich Anna nicht sehen lassen!« Doug hatte Mühe, seine Stimme ruhig zu halten. »Du wolltest mir nicht erlauben, mit ihr zu sprechen, ihr zu schreiben oder sie zu besuchen. Deine Bedingungen verbieten mir jeden Kontakt mit meinen Kindern, sogar mit dem Kind, das mich überhaupt nicht beschuldigt hat. Ich wollte nur die Bedingungen etwas ändern, damit ich Anna öfter sehen kann.«

»Die Staatsanwaltschaft arbeitet nicht schnell genug«, sagte Debbie und vermied es, ihren Mann anzusehen. »Dein Verhalten hat mich dazu gezwungen, die Scheidung einzureichen, damit ich ein Unterlassungsurteil gegen dich erwirken kann. Ich will, daß du die Kinder in Ruhe läßt.«

Unterlassungsurteil? Doug wollte Debbie sagen, daß sie nicht die Scheidung einreichen mußte, um ein Unterlassungsurteil zu erwirken, aber was würde ihm das nützen? In jedem Fall würde er die Kinder nicht sehen dürfen.

Debbies Gesichtsausdruck änderte sich plötzlich. »Jennifer will dich sehen«, sagte sie. »Sie wartet draußen im Wagen.«

»Jennifer will mich sehen?« Doug verstand gar nichts mehr.

Gerade hatten sie noch über ein Unterlassungsurteil gesprochen, das ihn davon abhalten sollte, Anna zu sehen, die ihm nichts vorgeworfen hatte, und jetzt ließ Debbie ihn Jennifer sehen, die ihn der schrecklichsten Dinge beschuldigt hatte. Er hatte Jennifer weder gesehen noch gesprochen, seit Debbie ihn vor fünf Monaten von den Anschuldigungen in Kenntnis gesetzt hatte.

Debbie verließ das Zimmer, und ein paar Minuten später kam Jennifer herein.

»Jennifer.« Doug brachte kaum ein Wort heraus. Er wollte sie umarmen und an sich drücken und sie nie wieder gehen lassen. »Willst du, daß der Pastor bleibt?«

»Wie du willst«, sagte sie, zuckte mit den Achseln und lächelte ihren Vater an. »Mir ist es egal.«

Doug erinnerte sich an Steve Moens Rat – vorsichtig sein, nichts Außergewöhnliches oder auch nur im entferntesten Verdächtiges tun – und bat den Pastor, ihrem Treffen beizuwohnen. Doug fragte Jennifer nach der Schule, nach Freundinnen und nach ihren Plänen für den Sommer. Schließlich fiel ihm nichts mehr ein, und einen Moment lang herrschte verlegenes Schweigen.

»Ich glaube, daß du es getan hast, Daddy«, sagte Jennifer schließlich. »Aber ich habe dir verziehen. Ich war in einem kirchlichen Ferienlager, und meine Freundinnen haben mit mir gebetet. Ich bin jetzt nicht mehr wütend oder ängstlich.«

Doug konnte seine Augen nicht von seiner Tochter wenden. Ich liebe dieses Kind so sehr, dachte er immer wieder.

»Ich würde dich gern wiedersehen«, sagte er.

»Das würde ich auch gerne.«

Doug versuchte, nicht zu zeigen, wie wichtig es ihm war, sie zu sehen. Er wollte sie nicht ängstigen oder in irgendeiner Weise beeinflussen. »Vielleicht könnten wir mal eine Pizza oder Hamburger oder so was zusammen essen, du, ich, Mom und Anna«, schlug er vor.

»Das wär' prima«, sagte sie. »Ich hätte Lust dazu.«

Eine Woche später rief er Debbie an, um ein gemeinsames Treffen zu arrangieren. »Kommt überhaupt nicht in Frage!« sagte Debbie.

»Aber warum nicht?«

»Ich habe den Staatsanwälten versprochen, daß ich dich die Kinder nicht mehr sehen lasse«, sagte sie.

Am 14. September wurde Doug Nagle angeklagt – in einem Punkt wegen Vergewaltigung ersten Grades irgendwann in der Zeit zwischen dem 8. Dezember 1984 und dem 7. Dezember 1985, als Jennifer zehn Jahre alt war, und in vier weiteren Punkten wegen unzüchtiger Handlungen an einer abhängigen Minderjährigen – ein Anklagepunkt für jedes Jahr von Jennifers achtem bis zu ihrem elften Lebensjahr. Alle fünf Anklagepunkte bezogen sich auf schwere Straftaten; eine Verurteilung in einem dieser Punkte hätte den sofortigen Ausschluß aus der Anwaltskammer und eine Gefängnisstrafe zur Folge.

Am 22. September erklärte sich Doug Nagle für nicht schuldig und stimmte einer richterlichen Anordnung zu, die ihm jeden Kontakt mit seiner Frau und ihren gemeinsamen vier Kindern untersagte. Er wurde für das Bezirksgefängnis eingetragen und in eine Untersuchungszelle gebracht. Die Toilette war mit angetrocknetem Erbrochenen bespritzt und mit Papier und Fäkalien verstopft.

Als der zuständige Beamte die Formulare ausfüllte, bemerkte er: »Das sieht ja nach einem ziemlich vertrackten Scheidungsschlamassel aus.« Doug war erstaunt: In den Papieren stand nichts von Scheidung. Er fühlte, wie ihm die Tränen in die Augen schossen. Ausgerechnet an diesem Ort, wo er nie damit gerechnet hätte, traf er auf ein gewisses Maß an Freundlichkeit und Verständnis.

Nachdem er ein paar Stunden später wieder aus dem Gefängnis entlassen war, traf Doug sich mit Steve Moen, um seine Verteidigung zu planen. »Ich möchte ein möglichst kooperatives Vorgehen«, teilte er seinem Anwalt mit. »Wir sollten mit den Staatsanwälten sprechen und mit ihnen übereinkommen, die Situation von neutralen Experten beurteilen zu lassen, die dann jeder Seite dieselbe Kopie ihres Berichtes übermitteln. Ich werde auf all meine Vorrechte verzichten.«

Steve Moen atmete tief durch. Er war noch nie einem Klienten wie Doug Nagle begegnet. Der Mann war hochintelligent, er hatte die Stanford Law School absolviert und war einer der angesehensten Anwälte für Rohstoff- und Naturschutzangelegenheiten im Nordwesten, und doch war er wie ein kleines Kind: naiv, leichtgläubig, vertrauensvoll, unschuldig. Er war beinahe *weltfremd.*

»Was müssen wir tun, um eine Einigung zu erzielen?« fragte Doug und drückte sein Erstaunen darüber aus, daß es kein Recht auf Offenlegung der Beweisdokumente im Strafrecht gab. Die erste Aufgabe in zivilrechtlichen Fällen war es immer, sämtliche Dokumente der Gegenseite zu sammeln, eine Liste ihrer Zeugen aufzustellen und die Gutachten durchzugehen, um herauszufinden, was die Zeugen und Sachverständigen aussagen würden. Im Zivilrecht werden die Karten aufgedeckt, dachte er; das Strafrecht ähnelt eher einem Versteckspiel.

Doug wartete Steves Antwort gar nicht erst ab. »Ich werde einen Lügendetektortest machen«, verkündete er. »Er wird ihnen zeigen, daß ich die Wahrheit sage, und vielleicht wird die Anklage dann eher bereit sein, die Möglichkeit in Betracht zu ziehen, daß es sich um einen furchtbaren Irrtum handelt.«

»Ein Lügendetektortest ist viel zu riskant«, sagte Steve. »Es gibt keine Garantie, daß Sie ihn bestehen.«

»Ich werde ihn bestehen, weil ich die Wahrheit sage.«

»Lügendetektoren messen physiologische Reaktionen auf gezielte Fragen bezüglich der Anklage«, erklärte Steve geduldig. »Nur weil Sie die Wahrheit sagen, heißt das noch lange nicht, daß Sie bestehen werden. Und selbst wenn Sie bestehen, wird der Test ihre Probleme nicht lösen, weil er vor Gericht nicht zugelassen ist.«

Doug fragte sich, wie er seinen Anwalt dazu bringen sollte, die Angelegenheit mit seinen Augen zu betrachten. »Wir müssen einen Weg zur Verständigung finden, und zwar sofort, sonst wird diese ganze Sache vor Gericht enden«, sagte er. »Meine Familie wird auseinandergerissen werden. Wir werden uns nie davon erholen. Lassen sie mich den Test machen, um meine Unschuld zu beweisen.«

»Ich werde nur zustimmen, wenn Sie folgendes dabei bedenken«, sagte Steve. »Als erstes müssen Sie wissen, daß die Staatsanwaltschaft selbst einen bestandenen Test nicht als Beweis Ihrer Unschuld anerkennen wird. Wir könnten die Staatsanwälte dann vielleicht dazu bringen, auch Beweise von unserer Seite in Betracht zu ziehen, aber es gibt keine Garantie dafür, daß sie daraufhin rücksichtsvoller vorgehen werden. Wenn Sie dennoch darauf bestehen, sich dem Test zu unterziehen, empfehle ich dringend, zu einem angesehenen privaten Polygraph-Spezialisten zu gehen, der keine aktuellen Verbindungen zur Polizei hat. Auf diese Weise können die Polizei und die Staatsanwaltschaft das Ergebnis nicht gegen Sie verwenden, falls Sie nicht bestehen.«

Doug erklärte sich mit den Bedingungen einverstanden und verabredete einen Termin bei einem privaten Experten. Er bestand den Test nicht. Als man ihm das Ergebnis mitteilte, war Doug wie vor den Kopf geschlagen.

»Hier stimmt etwas nicht«, sagte er. »Ich weiß nicht, warum ich durchgefallen bin, aber ich habe meine Kinder nie mißbraucht. Ich will noch einen Test machen.«

Es wurde ein neuer Termin festgesetzt; aber trotz Dougs dringender Bitten weigerte sich der Lügendetektor-Experte, einen weiteren Test durchzuführen. »Sie sind viel zu aufgeregt und zu verwirrt, Sie werden wieder nicht bestehen«, sagte er und gab

Doug einen guten Rat. »Sie müssen endlich einsehen, daß es sich hier um einen Krieg handelt. Ihre Kinder werden Sie zerstören, wenn Sie sich nicht wehren.«

»Ich kann nicht gegen meine Kinder kämpfen«, sagte Doug und fragte sich erneut, warum ihm jeder riet, seine Wut zu zeigen und sich zu wehren. »Ich bin meinen Kindern nicht böse. Sie sind auch nur Opfer. Ich gebe der Psychologin die Schuld und manchmal auch meiner Frau. Aber ich liebe meine Kinder, und die meiste Zeit liebe ich auch meine Frau immer noch. Ich will unsere Ehe retten.«

»Das hört sich alles sehr edel an, aber Sie werden ins Gefängnis gehen, wenn Sie Ihre Einstellung nicht ändern. Entweder Sie schlagen zurück, oder Sie werden vernichtet – es gibt nur diese beiden Möglichkeiten.«

Doug ging nach Hause und betete mehrere Stunden lang. Danach war er gefaßter. Die sogenannten Experten hatten alle Unrecht. Er würde seine Kinder weiterhin lieben. Er würde daran glauben, daß Liebe stärker ist als Haß.

Aber am nächsten Morgen erwachte er sehr früh und sehr wütend. Wie konnten sich meine Kinder solche Dinge einreden lassen? fragte er sich. Verstehen sie nicht, was sie mir und sich selbst und unserer ganzen Familie damit antun? Allein und verzweifelt fing er an zu schreien, zu toben, zu jammern und zu schluchzen. Dann verschwand seine Wut genauso plötzlich, wie sie gekommen war. Er war erschöpft, aber auch ruhiger durch eine plötzliche Erkenntnis. Vielleicht war er wütender auf seine Kinder, als er sich eingestehen wollte; vielleicht war es diese tiefe, uneingestandene Wut, die der Lügendetektor aufgezeichnet hatte. Er schrieb einen Brief an Dr. Carson, in dem er ihm mitteilte, daß er den Test nicht bestanden hatte und daß er auch den Grund dafür erkannt hatte.

Als Doug Steve Moen erzählte, daß er ein langes Gespräch mit dem Lügendetektor-Experten geführt und einen Brief an Dr. Carson geschrieben hatte, tobte sein Anwalt. »Wenn die Staatsanwälte herausfinden, daß Sie den Test nicht bestanden haben, wird Ihre Frau mit Sicherheit davon erfahren, und dann wird jeder in diesem emotional aufgeheizten Fall den vorschnellen Schluß ziehen, daß Sie schuldig sind«, schäumte Steve. »Wir werden keine andere Möglichkeit mehr haben, diesen Fall beizulegen, als durch eine regelrechte Schlacht im Gerichtssaal.«

»Aber ich kann doch nicht die Unwahrheit über das Ergebnis sagen«, entgegnete Doug. »Ich muß ganz und gar ehrlich sein. Meine Ehrlichkeit ist alles, was mir geblieben ist.«

Steve bemühte sich, ihm ruhig zuzureden. »Sie müssen verstehen, Doug, daß Leute, die jetzt schon von Ihrer Schuld überzeugt sind, das Ergebnis des Lügendetektortests als Bestätigung für ihren Verdacht benutzen werden.«

»Ich kann sowieso niemanden von meiner Unschuld überzeugen, der für sich schon entschieden hat, daß ich schuldig bin«, sagte Doug.

»Ihre Priorität sollte es sein, sich selbst zu schützen und die Basis für Ihre Verteidigung zu stärken«, argumentierte Steve.

»Nein, meine Priorität ist meine Familie«, gab Doug zurück. Doch durch diesen Streit über die Prioritäten verstand er seine ganze Unschlüssigkeit und die tiefere Bedeutung seiner Wut. Er wollte nicht für etwas ins Gefängnis gehen, das er nicht getan hatte. An welchem Punkt würde er seine Familie opfern, um sich selbst zu retten? Wenn er vor diese furchtbare Wahl gestellt würde – seine Freiheit oder Jennifers Liebe und Respekt –, könnte er dann vor Gericht aufstehen und sagen: »Meine Tochter lügt«? Könnte er Jennifer das antun? Er hatte schon so viel verloren; würde diese Tragödie auch noch in einen Verrat ausarten, bei dem sich Vater und Tochter gegenseitig vor Gericht der Lüge bezichtigten? Würde er alles, an das er glaubte, aufgeben müssen?

»Wir dürfen nicht mehr mit der anderen Seite kommunizieren«, sagte Steve. »Ich werde Dr. Carsons Termin mit den Staatsanwälten absagen.«

»Nein«, sagte Doug. »Wir müssen die Verbindung aufrechterhalten.«

Sie stritten sich. Steve rief seinen Partner herbei, und gemeinsam versuchten sie, Doug vom Ernst seiner Lage zu überzeugen. »Wir sind hier nicht im Zivilrecht«, sagten sie, »das ist ein Strafprozeß. Die Staatsanwälte denken, daß Sie ein Kinderschänder sind, ein Mann, der seine eigenen Töchter vergewaltigt. Die wollen sich nicht mit Ihnen einigen, die wollen Sie verurteilen. Sie wollen Sie ihm Gefängnis sehen.«

Als Doug nicht nachgab, rief Steve Dr. Carson an. Zu aller Überraschung gab Carson Doug recht: Sie sollten weiterhin das Gespräch mit der anderen Seite suchen.

»Das wird nichts nützen«, sagte Steve.

»Ich bin hier der Klient, verdammt noch mal«, sagte Doug aufbrausend. »Es ist mein Leben. Ich bin bereit, das Risiko einzugehen.«

Steve und sein Partner versuchten eine andere Strategie. »Sie sind ein sehr schwieriger Klient«, sagten sie. »Sie sind naiv, gutgläubig, vertrauensselig. Sie sollten keine komplizierten juristischen Entscheidungen treffen.«

»Und Sie bevormunden mich«, gab Doug zurück. »Sie verstehen mich nicht und scheren sich einen Dreck um meine Familie. Sie wollen nur mit Ihrem juristischen Können glänzen, indem Sie einen Freispruch erwirken. Ihnen ist es egal, ob meine Familie dabei zerstört wird.«

Am Ende gewannen die Anwälte, und Dr. Carsons Treffen mit den Staatsanwälten wurde abgesagt.

»Gut, und was machen wir jetzt mit dem Brief, in dem er Harris mitteilt, daß er den Lügendetektortest nicht bestanden hat?« fragte Steve seinen Partner. »Wenn die Staatsanwaltschaft davon erfährt, werden Dr. Carsons Bemühungen, die verschiedenen Psychologen, Psychiater und Therapeutinnen zur Zusammenarbeit zu bewegen, um diesen Fall beizulegen und die Familie wieder zusammenzubringen, fehlschlagen.«

»Das ist mir egal«, unterbrach Doug ihren Dialog und fühlte sich wieder wie ein kleines Kind behandelt, dessen ungezogene Handlungen seine Eltern in eine unangenehme Situation gebracht hatten. »Was hat es für einen Sinn, zu einem Psychiater zu gehen, wenn man ihm nicht sagen kann, was einen beschäftigt?«

Schließlich entschieden die Anwälte, daß Carson Doug weiterhin psychologisch beraten könne, daß es jedoch zu riskant war, ihn als Sachverständigen vorzuladen.

»Haben Sie sonst noch jemandem davon erzählt, daß Sie den Test nicht bestanden haben?« fragte Steve.

»Meiner Mutter, meiner Schwester, dreißig oder vierzig Leuten bei der Betriebsweihnachtsfeier und ein paar Kirchenmitgliedern.« Doug war streitlustig und reckte das Kinn vor, als wolle er sagen, na los, macht mich fertig.

»Gehen Sie und Debbie in dieselbe Kirche?« fragte Steve.

»Früher ja, aber jetzt gehe ich in eine andere Kirche.«

»Also haben sie den Leuten von Ihrer neuen Kirche davon erzählt?«

»Nein, ich habe Mitgliedern von beiden Gemeinden davon erzählt.«

Doug sah Steve Moen genau an, was er dachte: Dieser Mann ist ein hoffnungsloser Fall.

»Verstehen Sie doch«, versuchte Doug ihn zu besänftigen, »ich mache wirklich eine schwere Zeit durch. Ich tue, was ich tun muß, um durchzuhalten, ich spreche mit Leuten, höre mir ihre Ratschläge an und versuche, mich auf diese Weise zurechtzufinden. Es ist nicht leicht, wenn man beschuldigt wird, seine eigenen Kinder sexuell belästigt zu haben. Wie würden Sie damit umgehen?«

»Ich hätte meinen Mund über den Lügendetektortest gehalten«, sagte Steve.

Einen Monat vor dem Prozeß bat Steve seinen Klienten zu einer Besprechung. »Wir stecken in Schwierigkeiten«, sagte er und reichte Doug ein Transkript des Gesprächs zwischen Jennifer und Dr. Stein, dem von der Verteidigung verpflichteten Gerichtspsychologen. Stein war in juristischen Kreisen für seine Fairneß und Neutralität in Sorgerechtsfällen bekannt.

Steve las laut aus dem Transkript vor:

Jennifer Nagle: *Ich erinnere mich, wie ich in der Dusche war, vielleicht war ich da so neun. Es ist schwer, sich an das Alter zu erinnern. Und dann war plötzlich mein Vater mit mir in der Dusche, nackt. Und dann fing er an, mich einzuseifen, und dann wusch er an meinem Schambereich herum, und auf einmal fing ich an zu bluten. Ich weiß nicht, warum ich anfing zu bluten, aber ich weiß auch nicht, ob oder wann er gegangen ist und all das. Ich weiß nur, daß ich geweint habe und daß Blut in der Badewanne war.*

Steve hörte auf zu lesen und sah Doug an, um seine Reaktion abzuschätzen. »Ich fürchte, das ist eine ziemlich spezifische Erinnerung«, sagte er schließlich.

Doug spürte einen Angstschauder. Zweifelte sein eigener Anwalt an ihm? »Wir haben früher oft zusammen gebadet und geduscht«, versuchte er zu erklären. »Ich habe sie dabei immer eingeseift. Aber da war sie noch klein, vielleicht ein oder zwei Jahre alt, höchstens drei. Ich kann mich nicht erinnern, daß ich noch mit ihr gebadet habe, als sie älter war. Ich war für diese Situation besonders sensibilisiert, weil meine Mutter mich noch badete, als ich schon älter war, und mich das sehr gestört hat. Ich würde das meinem Kind nie antun.« Er fragte sich, ob Jennifer verschiedene Erinnerungen durcheinanderbrachte. Vielleicht hatte sie eine frühe Erinnerung an gemeinsames Baden mit einer anderen Erinnerung zusammengefügt, in der sie saubergemacht wurde, nachdem sie sich verletzt hatte. Woher nahm sie all diese Einzelheiten über etwas, das so nie passiert war?

»Kristen taucht auf Seite vierundzwanzig das erstemal auf«, sagte Steve. »Als Kristen vor ein paar Jahren in Europa war, schrieb sie Jennifer einen Brief. Offenbar behauptete Kristen darin, daß sie von Ihrem Onkel mißbraucht worden war. Und sie glaubte, daß noch jemand anderer sie mißbraucht hatte. Jennifer sagte zu Stein: ›Sie sagte, daß sie sich erinnerte, noch von jemand anderem mißbraucht worden zu sein, daß sie aber nicht wüßte, von wem. Wenn ich etwas wüßte, sollte ich es sie wissen lassen. Aber das habe ich nicht gemacht.‹ Und Stein darauf: ›Sie haben es ihr nicht gesagt, oder Sie wußten nichts?‹ Jennifer antwortet: ›Ich wußte nichts.«

Steve blätterte weiter. »Jetzt kommen wir zu Jennifers erster Mißbrauchserinnerung. ›Ich war gerade dabei, meine Therapie zu beenden … . Dann kam Kristen herein und erzählte mir alles über unseren Vater. Was er ihr angetan hatte und daß sie glaubte, daß er dasselbe bei mir gemacht hatte, aber daß sie sich nicht sicher war. Und dann war auf einmal alles klar. Es war einfach – ich weiß nicht, wie ich das erklären soll. Es war einfach instinktiv. Als ob ich einen Schlag in die Magengrube bekommen hätte … es war einfach ganz klar, daß es stimmte, was sie sagte.‹«

Doug glaubte, daß Debbie und nicht Kristen die Schlüsselfigur war. »Verstehen Sie nicht?« fragte er Moen. »Sie war die erste, die glaubte, daß ich die Kinder mißbraucht habe. Dann haben sie sich alle nur noch gegenseitig bestärkt. Jennifer dachte gar nicht an Mißbrauch, bis Kristen ihr nahelegte, daß sie mißbraucht worden sein könnte. Als der Verdacht dann einmal eingesickert war, fingen die ›Erinnerungen‹ an sich zu entwickeln, und Kristen, Debbie und die Psychologin redeten Jennifer ein, daß ihre neuen Erinnerungen die reine Wahrheit darstellten. Diese ganze Sache beginnt und endet mit Debbie – sie hat dem Rest der Familie eingeredet, daß ich als Kind mißbraucht worden bin, und hat dann Jennifer und Kristen davon überzeugt, daß ich sie wiederum mißbraucht habe. Diese Notiz belegt meine Theorie.«

Steve hatte eine handschriftliche Notiz mit dem Datum vom 22. Februar 1991 von einem Therapeuten erhalten, den Doug und Debbie wegen ihrer Eheprobleme aufgesucht hatten. Der Therapeut wies darauf hin, daß Debbie schon zwei Jahre zuvor, also lange bevor Kristen oder Jennifer die Möglichkeit eines sexuellen Mißbrauchs erwähnten, »überlegt hatte, diese Anschuldigungen gegen Mr. Nagle vorzubringen … Von beiden halte ich Mr. Nagle für glaubwürdiger.« Aber diese Notiz des Psychologen war vor Gericht nicht zulässig, weil dieser ethische Bedenken hatte, über seine Sitzungen mit Debbie auszusagen.Und selbst wenn er dazu bereit wäre, würde Debbie sich auf die Schweigepflicht berufen, um die Aussage zu verhindern.

Um alles noch schwieriger zu machen, widersprach der Gerichtspsychologe Dr. Stein, der mit allen Familienmitgliedern gesprochen hatte, Dougs Theorie, daß Debbie der treibende Faktor war. Nach seiner Ansicht hatten die Töchter ihre Mißbrauchserinnerungen selbständig entdeckt.

Steve wußte, daß Doug unbedingt herausfinden wollte, was mit seiner Familie passiert war, und seine Theorien dann in dem bevorstehenden Prozeß beweisen wollte. Aber jeder gute Strafverteidiger weiß, daß die Verteidigung niemals etwas beweist; es obliegt der Staatsanwaltschaft, ihre Sache zu beweisen und jeden berechtigten Zweifel auszuschließen. Falls Steve irgendeinen Versuch vor Gericht unternehmen würde, die komplexen psychischen Strömungen und Gegenströmungen in dieser unglücklichen Familie zu analysieren, würde er der Staatsanwaltschaft nur noch mehr Munition liefern und gleichzeitig das Hauptargument der Verteidigung abschwächen: Niemand konnte wirklich wissen, was geschehen war.

Wir werden nie wissen, ob es mit Debbie oder Kristen angefangen hat, dachte Steve bei sich. Er räusperte sich. »Es ist meine Pflicht als Ihr Anwalt, Ihnen ein Angebot der Anklage zu übermitteln«, sagte er. »Heute morgen hat die Staatsanwaltschaft angeboten, sich auf ein Schuldbekenntnis in einem Punkt mit uns zu einigen. Sie erklärt sich bereit, keine Gefängnisstrafe zu fordern, aber natürlich wird eine Verurteilung wegen eines Sexualverbrechens trotzdem den Ausschluß aus der Anwaltskammer zur Folge haben.«

Doug traute seinen Ohren nicht. Mein eigener Anwalt will, daß ich mich schuldig bekenne! dachte er. »Ich werde einem Schuldbekenntnis nicht zustimmen«, sagte Doug mit vor Ärger zitternder Stimme. »Ich weigere mich strikt. Eines Tages werden meine Kinder merken, daß das alles nicht passiert ist. Es ist einfach nicht passiert. Und wenn es soweit ist, ist es wichtig, daß ich nie nachgegeben habe. Wenn ich mich schuldig bekenne, werden meine Kinder für immer gebrandmarkt sein. Ich werde den Rest meines Lebens im Gefängnis verbringen, wenn es sein muß, aber ich werde mich niemals schuldig bekennen. Niemals«, wiederholte er, als ob er Angst hatte, daß Steve ihn nicht richtig verstand.

Doug knallte die Tür hinter sich zu, als er das Büro verließ. Er war wütend über die Gelassenheit, mit der sein Anwalt ihm das Angebot der Gegenseite unterbreitet hatte. Wenn er sich schuldig bekannte, um einer Gefängnisstrafe zu entgehen, würden ihm seine Kinder nie mehr glauben, daß er unschuldig war. Er wäre für den Rest seines Lebens als Pädophiler gebrandmarkt, als ein Mann, der seine eigenen Kinder vergewaltigte. Plötzlich traf ihn der Ernst seiner Lage mit voller Wucht: Er würde ins Gefängnis kommen.

Steve Moen zuckte zusammen, als seine Tür ins Schloß fiel. Er saß einen Moment still da und versuchte, seine Gedanken zu sammeln. Ich wünschte, ich hätte das Wort »Verdrängung« nie gehört, dachte er. Er nahm die Transkripte der gerichtlich angeordneten Sitzungen Dr. Steins mit Jennifer zur Hand und las sie noch einmal durch. Dann griff er nach den fotokopierten Aufzeichnungen von Jennifers eigener Therapeutin. Besonders auffällig war der Kontrast zwischen ihren drei oder vier Sätze umfassenden Zusammenfassungen und den wörtlichen, maschinegeschriebenen Transkripten von Dr. Steins Sitzungen mit Jennifer.

Jennifers erste Sitzung bei ihrer Therapeutin fand am 21. Juni 1989 statt, zwei Tage nachdem sie versucht hatte, sich mit einer Überdosis des rezeptfreien Aufputschmittels Vivarin umzubringen. Als sie nach den Ursachen ihrer Depression gefragt wurde, erwähnte sie verschiedene äußere Umstände, die sie unglücklich machten – sie mochte die »reichen Snobs« an ihrer Schule nicht, ihre beste Freundin war gerade nach Kalifornien gezogen, und eine andere Freundin wohnte zu weit weg –, aber sie konnte keinen spezifischen Grund für ihren Selbstmordversuch angeben.

Als die Therapeutin Jennifer aufforderte, ihre Eltern zu beschreiben, charakterisierte sie ihren Vater als hart arbeitenden und selbstlosen Menschen. Er würde sich oft »wie ein kleines Kind« benehmen. Sie beschrieb ihre Mutter als äußerst tüchtig, distanziert und unsensibel.

Steve wunderte sich über Jennifers Beschreibung ihres Vaters als »kleines Kind«. Das klang auch in den Sitzungen mit Dr. Stein durch, dachte er, und griff nach dem Transkript der Sitzung vom 15. April. Etwa nach der Hälfte der Sitzung sagte Jennifer zu Stein: »Mein Vater liebte Kinder. Er spielte immer mit unseren vielen kleinen Cousins und Cousinen, wenn sie zu uns kamen. Er verbrachte eine Menge Zeit mit den Jugendlichen in der Kirchengemeinde und so was, Sie wissen schon. Er war auch ein guter Vater. Viele Leute – er war sehr zerstreut, vergaß manchmal Sachen.«

Und auf der nächsten Seite: »Er verbrachte schon mehr Zeit mit uns als die meisten Väter meiner Freundinnen. Er fuhr mit uns wohin und unternahm was mit uns, und – er war nicht die Sorte Vater, die erwarten, daß ihre Kinder perfekt sind und dauernd Einsen schreiben und so ein Zeug. *So* ein Vater war er nicht.«

Als Stein Jennifer fragte, ob ihr Vater sie je gedemütigt oder in Verlegenheit gebracht hatte, sagte sie, daß er Sachen machte, »die Väter halt so machen. Zum Beispiel beim Autofahren mit meinen Freundinnen singen und so Sachen ... er ist ein ziemlich merkwürdiger Mensch ... . Er hat immer ein Lied gesungen, was war das bloß? ›Clementine‹ ... Manchmal hat er versucht, dazu zu tanzen, das war vielleicht peinlich.«

»Fanden ihn Ihre Freundinnen albern?«

»Ja«, antwortete Jennifer.

Steve mußte unwillkürlich lachen bei der Vorstellung, wie Doug Nagle – ein Firmenanwalt mittleren Alters mit dicken Brillengläsern – vor seiner heranwachsenden Tochter und ihren Freundinnen sang und tanzte. Leider konnte er diese Seite seines Klienten nicht miterleben.

Gegen Ende der Sitzung sagte Jennifer. »Tagsüber war er ... wahrscheinlich ein idealer Vater, aber nachts tat er furchtbare Dinge.«

Steve wandte sich den Aufzeichnungen der Therapeutin zu und war wieder über deren Knappheit erstaunt. Drei ganze Sitzungen waren häufig auf einer einzigen Seite zusammengefaßt. Aus diesen Aufzeichnungen konnte man unmöglich ersehen, was die Therapeutin gesagt hatte, um eine bestimmte Bemerkung hervorzurufen, wie sie ihre Fragen formulierte oder was ihre Erwartungen gewesen sein mochten. Machte sie dirigierende oder suggestive Bemerkungen? Wie reagierte Jennifer auf die Fragen – zögerte sie vielleicht oder stotterte, formulierte sie die Frage neu, weigerte sie sich zu antworten, oder widersprach sie in irgendeiner Weise den Annahmen der Therapeutin? All diese Fragen konnten durch die Aufzeichnungen nicht beantwortet werden.*

Steve überlegte, ob dieser Fall anders verlaufen wäre, wenn die Sitzungen auf Tonband aufgezeichnet worden wären. Was wäre, wenn jeder Therapeut jede Sitzung mit jedem einzelnen Klienten auf Tonband oder Video aufnähme? Wären wir dann in der Lage, genau zu bestimmen, was in diesen Sitzungen geschah? Inwieweit kann eine Therapeutin die Gedanken ihrer Patientinnen formen, sei es durch die Formulierung einer Frage, durch Gesten, durch die Art, an bestimmten Stellen nachdenkliche Pausen zu machen oder der Patientin schweigend und kommentarlos zuzuhören?

Am 20. September 1989 sammelte Jennifers Therapeutin weitere Informationen über die Familiengeschichte der Nagles und über ihren Umgang miteinander. Jennifer beschrieb auch hier ihren Vater als einen Workaholic, der oft gedankenverloren und vergeßlich, aber auch gutmütig und zärtlich war.

Am 4. Oktober hatte die Therapeutin notiert, daß sie immer noch Informationen über die persönliche Geschichte der Patientin sammelte und begonnen hatte, sich auf die Möglichkeit eines früheren Mißbrauchs zu konzentrieren.

Die Möglichkeit eines früheren Mißbrauchs. Als Steve diese

* Das ist ein häufiges Problem. Die Aufzeichnungen von Therapeuten sind oft zu knapp, um ein vollständiges Bild davon zu geben, was während der Sitzungen passiert.

Worte las, runzelte er die Stirn. Wer hatte diese Möglichkeit eines früheren Mißbrauchs angedeutet – die Therapeutin oder ihre Klientin? Wiederum war die Antwort in diesen knappen, unvollständigen Aufzeichnungen nicht zu finden.

Am 11. Oktober sprach Jennifer über ihre Einsamkeitsgefühle und die Entfremdung von ihren Eltern. Über die wöchentlichen Sitzungen im Oktober und November war der häufigste Kommentar der Therapeutin »Nur langsame Fortschritte«. Aus den Aufzeichnungen schloß Steve, daß sie ihrer Klientin helfen wollte, selbstsicherer zu werden. Jennifer begann, über »Fortschritte« in ihrer Selbstachtung zu berichten, und Klientin und Therapeutin fuhren fort, die möglichen Ursachen der Depression zu erforschen.

Am 13. Dezember erwähnte die Therapeutin erneut Jennifers anhaltende »sehr langsame Fortschritte«. Obwohl ihre Klientin jetzt bestimmter auftrat und ihre Gefühle besser ausdrücken konnte, konnte sie immer noch nicht die Gründe für ihre Depression erkennen.

Der Eintrag vom 24. Januar 1990 vermeldete nur, daß Jennifer Fortschritte machte.

Am 20. Februar 1990 notierte die Therapeutin, daß sie einen Anruf von Kristen erhalten hatte, die glaubte, ihrer Schwester helfen zu können, indem sie ihre kürzlich in der Therapie wiedererlangten Erinnerungen an einen sexuellen Mißbrauch durch ihren Vater mit ihr teilte. Die Therapeutin sprach über Kristens Telefongespräch mit Jennifer, die sich zwar besorgt wegen ihrer Schwester zeigte, aber keine »näheren Angaben« machen konnte. Jennifer war einverstanden, daß Kristen an ihrer nächsten Therapiesitzung teilnahm.

Der Ausdruck »nähere Angaben« kam Steve merkwürdig vor. Hatte die Therapeutin Jennifer gefragt, ob sie etwas Näheres über Kristens Mißbrauchsanschuldigung wußte, oder wollte sie damit sagen, daß Jennifer vielleicht »Näheres« bei sich selbst entdecken könnte? Hatte Jennifer von sich aus mit der Suche nach vergessenen Vorkommnissen begonnen, oder forschte die Therapeutin bei ihr nach speziellen Erinnerungen, die bis dahin nicht existiert hatten? Wieder war es unmöglich, etwas darüber zu erfahren.

Am 7. März 1990 nahmen die Aufzeichnungen der Therapeutin das erstemal seit Jennifers Therapiebeginn acht Monate zuvor eine ganze Seite in Anspruch. Diese Sitzung war aufgrund von Kristens Telefonanruf vom 20. Februar anberaumt worden, bei dem sie, wie die Therapeutin erst jetzt offenbarte, nicht nur über ihre Erinnerung an ihren eigenen Mißbrauch durch ihren Vater gesprochen hatte, sondern auch über ihre Beobachtung von »Zwischenfällen«, die sie vermuten ließen, daß Jennifer ebenfalls von ihm sexuell belästigt worden war. Während ihrer gemeinsamen Therapiesitzung gab Kristen keine Einzelheiten über diese Zwischenfälle preis, doch Jennifer reagierte bestürzt und beunruhigt, als sie erkannte, weshalb Kristen ihre Therapeutin kontaktiert hatte.

Am 13. März notierte die Therapeutin, daß sie einen Kollegen konsultiert hatte, der geraten hatte, den Fall dem Kinderschutzdienst zu melden. Diese staatliche Organisation ging Anschuldigungen wegen Kindesmißbrauchs nach, auch wenn zum gegenwärtigen Zeitpunkt kein Mißbrauch stattfand. Zwei Tage später rief Debbie Nagle die Therapeutin an, um zu fragen, ob Jennifer zu Hause wohnen bleiben sollte. Obwohl Debbie überzeugt war, daß ihre Kinder völlig sicher waren, empfahl die Therapeutin, Jennifer vorübergehend woanders unterzubringen.

Am selben Tag meldete die Therapeutin den Fall dem Kinderschutzdienst.

Am 26. März rief Debbie wieder an, um zu berichten, daß Dr. Barker empfohlen hatte, Doug solle für mindestens sechs Monate ausziehen, damit Jennifer nach Hause zurückkehren könne. Am selben Nachmittag trafen sich alle vier Schwestern im Büro der Therapeutin, um sich über ihre Erfahrungen und Gefühle auszutauschen. Alison, die zweitälteste Tochter, verhielt sich offen feindselig gegenüber Kristen und der Therapeutin und weigerte sich zu glauben, daß ihr Vater fähig war, irgendeines seiner Kinder zu mißbrauchen. Anna war verwirrt. Jennifer unterstützte Kristen. Die Therapeutin hoffte, daß die Sitzung den Kontakt der Schwestern untereinander befördern würde.

Zwei Tage später drückte Jennifer Unsicherheit darüber aus, ob sie mit der Therapie fortfahren solle. Sie konnte keine genauen Gründe angeben, und die Therapeutin zog den Schluß, daß sie den Schmerz vermeiden wollte, den die Beschäftigung mit dem früheren sexuellen Mißbrauch mit sich bringen würde.

Während des folgenden Monats war Jennifer deprimiert und verschlossen, obwohl sie bereit war, die Therapie fortzusetzen. Es wurde eine weitere Sitzung mit Kristen vereinbart, die die Therapeutin in sechs Worten zusammenfaßte: »Unterstützung von Kristen, Jennifer noch deprimiert.«

Eine Woche darauf war Jennifer immer noch deprimiert und äußerte Zweifel über den vermuteten sexuellen Mißbrauch.

Aber am 9. Mai waren Unsicherheit und Verwirrung auf einmal verschwunden. Jennifer hatte ihre Erinnerungen wiedergefunden, und sie waren erstaunlich klar und eindeutig. Sie erinnerte sich daran, wie ihr Vater sie vergewaltigte, als sie in der vierten oder fünften Klasse war. Sie erinnerte sich, daß ihr Vater sie an den Handgelenken festhielt und sich auf sie legte, als sie vier oder fünf Jahre alt war. Sie erinnerte sich, daß sie heulte, um sich trat und schrie, wenn er in ihre Nähe kam. Sie erinnerte sich, daß er sie auf den Hals und auf die Brust küßte, daß er sie zwang, seinen Penis anzufassen und daß er sie zwischen den Beinen berührte.

Der Mißbrauch begann, als sie noch sehr jung war. Dessen war sie sich sicher, weil die Schwester ihrer Mutter ihr erst vor zwei Tagen gesagt hatte, daß sie glaubte, daß Jennifer noch vor ihrem zweiten Geburtstag mißbraucht worden war. Ihre Tante erinnerte sich nämlich, wie sie sich einmal mit Jennifer auf ein Bett gelegt hatte und wie Jennifer auf sie geklettert war und sich auf ihr gewunden hatte. Dieses frühreife »sexuelle Verhalten« des Babys hatte ihre Tante überzeugt, daß Jennifer von ihrem Vater mißbraucht worden war.

Im Juni reisten Jennifer, Kristen, Anna und Debbie für drei Wochen nach Europa, und Jennifers Therapeutin nahm an einem Workshop teil, der von Laura Davis, der Koautorin des Selbsthilfebuches »Trotz allem« geleitet wurde.

Am 2. Juli sagte Jennifer ihrer Therapeutin, daß sie erkannt hatte, wie wichtig es war, daß sie über ihren füheren Mißbrauch sprach. Die Therapeutin empfahl ihr »Trotz allem« und berichtete von ihren Erkenntnissen während des Workshops. Viele Überlebende glauben, daß sie sich die Erinnerungen bloß ausgedacht haben, teilte sie Jennifer mit, und viele glauben auch, daß sie verrückt werden. Die Frage des Vergebens tauchte auf, und die Therapeutin sagte ihr, daß sie ihrem Vater nicht vergeben müsse.

Eine Woche später entdeckte Jennifer eine andere Mißbrauchserinnerung, die diesmal auf die Zeit zurückging, als sie vier Jahre alt war. Ihr Vater hatte in ihren Mund ejakuliert. Sie hatte sich übergeben, und er hatte sie geohrfeigt.

Am 11. Juli bat Jennifer um eine Sondersitzung, weil sie von Schuld- und Schamgefühlen überwältigt wurde und befürchtete, daß sie die Schuld an dem trug, was mit ihr geschehen war. Die Therapeutin versicherte ihr, daß der Mißbrauch nicht ihre Schuld war, und notierte sich, daß zu diesem Punkt noch weitere therapeutische Arbeit nötig war.

Jennifer und ihre Therapeutin trafen sich noch zu dreiundzwanzig weiteren Sitzungen zwischen August 1990 und Januar 1991; die Aufzeichnungen über diese Sitzungen umfaßten ganze zehn Seiten. Ihre Gespräche schienen sich wieder auf Freundschaften, Jungen und Probleme mit dem Selbstbewußtsein zu konzentrieren. Eine Maltherapie half Jennifer, ihre Wut und ihren

Kummer zu verarbeiten. Sie machte weiter »Fortschritte«, doch sie erwähnte oft ein Gefühl der Trauer hinsichtlich ihrer Erinnerungen.

Die Aufzeichnungen endeten am 29. Januar mit der kurzen Bemerkung, daß Jennifer sich Sorgen wegen des bevorstehenden Prozesses machte und vor allem Angst vor der Befragung durch den Gerichtspsychologen hatte, von dem sie glaubte, daß er nicht auf ihrer Seite stand.

Steve Moen nahm noch einmal Steins Transkripte zur Hand und gewann den Eindruck, daß dieser nicht nur auf Jennifers Seite stand, sondern auch ihre Gefühle der Wut und des Verratenseins intensiv miterlebte.

In ihrer vorletzten Sitzung, am 29. Mai, einen Monat vor Prozeßbeginn, forderte Stein Jennifer auf, ihren Vater zu beschreiben.

Stein: Wie war er?

Jennifer Nagle: Er war nicht besonders liebevoll ... er war oft weg. Er war zerstreut. Ich vermißte es, keinen Vater zu haben, der für mich da war ... Er war immer sehr mit seiner Arbeit beschäftigt. Er arbeitete viel.

Später, ganz am Ende der Sitzung, fand folgender Dialog statt:

Stein: War dein Vater egoistisch?

Jennifer Nagle: Nein, ich glaube nicht. Der Familie hat er nicht viel gegeben, aber anderen Leuten. Jungs.

Stein: Dasselbe hat er auch gesagt. Offen gestanden, ich glaube keiner von euch sieht das richtig, aber das ist nur mein eigener Eindruck.

Jennifer Nagle: Daß er nicht egoistisch ist?

Stein: Nein, ich denke, er ist es.

Jennifer Nagle: Wie?

Stein: Ich glaube, er ist weit davon entfernt, anderen etwas geben zu können.

Jennifer Nagle: Ich weiß nicht. Der Familie hat er nicht viel gegeben, muß ich sagen. Aber es gab eine Menge Kinder, die zu ihm aufsahen, wissen Sie, eine ganze Menge.

Stein: Du brauchtest mehr als Geschenke und Ausflüge ... Du brauchtest Zuwendung. Und genau das hat er dir meiner Meinung nach nicht gegeben.

Jennifer Nagle: Ich glaube, niemand in meiner Familie hat mir Wärme oder Zuwendung vermittelt.

Stein: Das ist auch mein Eindruck. Kannst du mir sonst noch etwas mitteilen, das besonders die Beziehung zwischen dir und deinem Vater innerhalb der Familienstruktur verdeutlicht, bevor wir aufhören?

Jennifer Nagle: Ich glaube nicht, daß wir eine Familie waren. Ich habe zumindest nicht dazugehört. Vielleicht waren sie ja ohne mich eine Familie. Ich weiß es nicht.

Stein: Ich glaube nicht, daß das stimmt. Und selbst wenn, wäre es sicher nicht deine Schuld.

Jennifer Nagle: Das sagen mir alle.

Stein: Ich wünschte, du würdest es glauben.

Jennifer Nagle: Ich arbeite daran.

Steve Moen glaubte, daß das Geheimnis des ganzen Falls in dieser einen Seite enthalten war, einem säuberlich abgetippten Gesprächstranskript, fotokopiert, gelocht und als Lektüre für Anwälte in einen Ordner abgelegt. Jennifer war ein sensibles, einsames Mädchen, das in seiner Kindheit tiefes seelisches Leid erfahren hatte. Sie hatte ihre Mutter als kalt, lieblos und unsensibel erlebt und daher Liebe und Unterstützung bei ihrem Vater gesucht. Doch auch ihre Gefühle gegenüber ihrem Vater waren äußerst gespalten. Steve erinnerte sich an ein Gespräch, in dem Doug versuchte, die vielschichtigen emotionalen Abläufe in seiner Familie zu analysieren. »Ich wollte mich mit Jennifer anfreunden«, erzählte Doug Steve, »aber sie hielt immer Abstand zu mir. Ich glaube, sie wollte ihre Mutter schützen, die eifersüchtig auf mein gutes Verhältnis zu unseren beiden ältesten Töchtern war.« Doug erwähnte einen Brief, den er an Jennifer geschrieben hatte, als sie ihren Großvater an der Ostküste besuchte. »Ich will dich besser kennenlernen«, schrieb er.

Jennifer schrieb zurück und erklärte ihm, daß sie nicht mehr Nähe zu ihm wolle, weil sie »Raum für sich« brauche, aber er könne sie und ihre Freundinnen immer gern herumfahren, wenn er wollte. Doug respektierte Jennifers Bedürfnis nach »Raum für sich«, und wenn er konnte, fuhr er Jennifer und ihre Freundinnen zu ihren diversen Aktivitäten. Aber als er immer noch keinen Zugang zu seiner Tochter fand, versuchte er, mit ihr über ihr gespanntes Verhältnis zu sprechen. »Ich finde es schade, daß wir uns nicht näherstehen«, sagte er, »aber ich bin froh, daß du dich mit deiner Mutter gut verstehst.«

»Aber ich verstehe mich besser mit dir, Dad«, sagte Jennifer.

Als er über Dougs Wiedergabe dieser Gespräche und all die anderen internen Informationen, die er über diese Familie erhalten hatte, nachdachte, wurde Steve klar, daß da etwas äußerst schiefgelaufen war. Vielleicht war nie alles »in Ordnung« gewesen zwischen Doug, Debbie und ihren Kindern. Aber nach allem, was er aus den zahlreichen Schriftstücken und Gesprächen erfahren hatte, und nach allem, was er selbst über die menschliche Natur wußte, glaubte er einfach nicht, daß Doug Nagle des sexuellen Mißbrauchs an seinen Kindern schuldig war.

Der Prozeß dauerte drei Wochen. Doug verzichtete auf sein Recht auf eine Jury und überließ die Entscheidung über sein Schicksal Richter Malcolm Ward.

Debbie sagte aus, daß sie nicht glauben wolle, daß ihr Mann ihre Kinder mißbraucht hatte, daß sie aber zu keinem anderen Schluß kommen konnte, nachdem sie ihnen zugehört hatte. Sie war kühl, gelassen im Zeugenstand und hatte sich völlig unter Kontrolle, »eine ausgezeichnete Zeugin der Anklage«, wie Steve Doug zuflüsterte. Doug war über ihr entspanntes Verhalten beunruhigt. Bevor der Richter den Saal betrat, hatte sie Scherze gemacht und sich angeregt mit dem stellvertretenden Staatsanwalt unterhalten. Fast, als ob sie sich gut amüsiert, dachte er. War es normal für eine Frau, deren Ehemann wegen sexuellen Mißbrauchs ihrer Kinder vor Gericht stand, im Zeugenstand zu lachen und herumzuscherzen? Was hatte er da für eine seltsame Welt betreten, und was würde darin mit ihm geschehen?

Nachdem Debbie ihre Aussage beendet hatte, kam Jennifer an die Reihe. Sie sagte dem Gericht, daß sie sich sehr sicher fühlte in bezug auf die »Möglichkeit«, daß ihr Vater sie mißbraucht haben könnte, und daß sie diese Gefühle als Beweis dafür auslegte, daß der Mißbrauch stattgefunden hatte – auch wenn sie sich zuerst nicht an bestimmte Vorkommnisse erinnern konnte. Die meisten ihrer Erinnerungen waren im Sommer und Herbst 1990 wiedergekehrt, und sie beschrieb vorsichtig den Prozeß, durch den sie »hervorgerufen« worden waren. Immer wenn sie sich ängstlich, nervös und ruhelos fühlte und nicht einschlafen konnte, wußte sie, daß eine traumatische Erinnerung dabei war, aus ihrem Unbewußten aufzusteigen. Nachdem sie sich der Unterstützung und Solidarität ihrer Umgebung versichert hatte, versuchte sie, sich zu entspannen und ihren Gedanken freien Lauf zu lassen, so daß die Erinnerungen ins Bewußtsein vorstoßen konnten.

Während ihrer ganzen Aussage vermied Jennifer es, ihren Vater anzusehen. Als sie an einem Punkt ihrer Aussage außer Fassung geriet, stellte der Staatsanwalt sich vor sie und verdeckte damit die Sicht auf den Tisch der Verteidigung. Das war ein dramatischer Moment mit ebenso dramatischer Symbolik: Stellen Sie sich vor, wie das Leben dieses Mädchens ausgesehen haben muß, besagte die

Geste des Staatsanwaltes, wenn allein der Anblick ihres Vater sie aus der Fassung bringt.

Richter Ward hatte zu Beginn der Verhandlung festgelegt, daß er Kristens Aussage nur insofern als beweiskräftig ansehen würde, als sie ihre Rolle bei der Entwicklung der Erinnerungen ihrer jüngeren Schwester betraf; er wußte, daß jede Erwähnung von Kristens eigenen behaupteten Mißbrauchserinnerungen den schon recht verwickelten Fall nur noch mehr komplizieren würde. Kristen sagte aus, daß sie Jennifers Therapeutin angerufen hatte, um ihr von ihren Erinnerungen und ihrem Verdacht zu erzählen, daß Jennifer auch mißbraucht worden war. Sie hatte angerufen, erklärte sie, weil sie ihrer Schwester bei ihrer Therapie helfen wollte. In seinem Kreuzverhör versuchte Steve Moen zu zeigen, daß Kristen die Therapie ihrer Schwester beeinflußt und zu der Entwicklung von falschen Erinnerungen beigetragen hatte, indem sie andeutete, daß Jennifer von ihrem Vater sexuell mißbraucht worden war.

Alison, die zweitälteste Tochter, sagte aus, daß die Anschuldigungen sie anfangs entsetzt hatten und sie sich völlig auf die Seite ihres Vaters gestellt hatte. Aber als das Ganze zu einem Gerichtsfall wurde, wollte sie sich nicht länger gegen ihre Mutter und ihre Schwestern stellen. Als sie ihre Mutter beschreiben sollte, charakterisierte Alison sie als »depressiv«. Ohne Aufforderung durch die Verteidigung sprach Alison dann über einen Streit mit Kristen, der während des Treffens der vier Schwestern am 26. März im Büro von Jennifers Therapeutin entbrannt war. Alison sagte aus, daß sie und Kristen sich über Kristens »Lügereien« gestritten hatten. Kristen »log über vieles«, sagte Alison, und ihre Lügen hatten der Familie schon häufig zuvor Schaden zugefügt.

Debbies Schwester Marge sagte aus, daß Doug ihrer Meinung nach Jennifer schon mißbraucht hatte, »als sie jünger als zwei Jahre alt war«, und zwar wegen des Zwischenfalls im Jahr 1976, bei dem sie an Jennifer frühreifes »sexuelles Verhalten« beobachtet hatte.

Im Kreuzverhör gab Marge zu, daß sie Jennifer am 7. Mai 1991 von dem Vorfall erzählt hatte, zwei Tage bevor Jennifer ihre Erinnerungen »wiedererlangte«.

Die letzte Zeugin der Staatsanwaltschaft war Jennifers Therapeutin, die die Authentizität der wiedererlangten Erinnerungen ihrer Klientin grundsätzlich bestätigte. Beim Kreuzverhör arbeitete Steve Moen heraus, daß die Therapeutin keinen Versuch unternommen hatte, die »historische Echtheit« der Geschichte ihrer Klientin zu bewerten. Wenn es auch die Aufgabe der Psychotherapeuten sei, sich um das zu kümmern, »was im Inneren ihrer Patienten« vorgeht, räumte Moen ein, hätten sie nicht trotzdem die

Pflicht, die faktische Genauigkeit jeder Erinnerung zu überprüfen, die eine Anklage wegen sexuellen Mißbrauchs mit sich bringt? Wenn Therapeuten diese Bewertung nicht vornähmen, wenn sie sich weigerten, ihren kritischen Verstand zu benutzen, um die Fakten zu klären, wäre dann nicht auch die Gefahr gegeben, daß sie ihre Patienten am Ende auf eine falsche Diagnose hin behandelten?

Danach betrat Doug den Zeugenstand und sagte aus, daß er weder seine eigenen noch andere Kinder je mißbraucht hatte. Seine sexuellen Erfahrungen in der Kindheit mit den Jungen seiner Pfadfindergruppe wurden von der Anklage genauestens aufgerollt.

Zahlreiche Zeugen, die über die Persönlichkeit des Angeklagten Auskunft geben sollten, sagten aus, daß Doug Nagle für seine Wahrheitsliebe bekannt war. Scott Jensen, ein mit Dougs Familie befreundetes Mitglied der Kirchenjugendgruppe, gab an, daß er Debbie und Jennifer im April 1990 auf eine Missionsfahrt nach Mexiko begleitet hatte. Nach Scotts Aussage hatte Jennifer ihm in drei verschiedenen Gesprächen während dieser Reise erzählt, daß ihre Therapeutin, ihre Mutter und ihre Schwester alle der Überzeugung waren, daß ihr Vater sie sexuell mißbraucht hatte, daß sie selbst sich aber nicht daran erinnerte. Von Steve Moen befragt, zitierte Scott Jennifer wörtlich: »Mom sagt mir dauernd, daß es wahr ist. Die Psychologin und Mom sagen mir dauernd, daß es wirklich passiert ist, aber ich kann mich nicht erinnern, und sie wollen nicht auf mich hören.«

Der Kinderarzt der Familie Nagle gab an, daß es zu seinem Standarduntersuchungsprogramm gehörte, auf Anzeichen von sexuellem Mißbrauch zu achten. In all den Jahren, die er Jennifer und ihre Schwestern behandelt hatte, hatte er nie Grund zu einem Verdacht auf Mißbrauch gehabt. Vier Sachverständige wurden als Zeugen von der Verteidigung aufgerufen. Dr. Stein berichtete über die Ergebnisse und Schlußfolgerungen, zu denen er in seinen Gesprächen mit Jennifer Nagle gekommen war. Dr. Yuille, ein Psychologieprofessor aus Kanada, erörterte eine umstrittene Methode, die es ermöglichen sollte, zwischen gerechtfertigten und ungerechtfertigten Anschuldigungen zu unterscheiden. Als psychologischer Experte für Fälle von sexuellem Kindesmißbrauch sagte Dr. Carson aus, daß Dougs jugendliche homosexuelle Erfahrungen im Bereich des »Normalen« lagen und nicht zur Erhärtung der Beschuldigung, daß er fünfunddreißig Jahre später seine Töchter vergewaltigt hatte, verwendet werden könnten. Dr. Loftus befaßte sich in ihrer Aussage mit dem Einfluß von Suggestionen auf Erinnerungen.

Die Schlußplädoyers wurden am Montag, dem 1. Juli 1991, gehalten; am selben Tag verkündete Richter Ward sein Urteil.

Nach einem ausführlichen Überblick über die Beweismittel und Zeugenaussagen verkündete Ward, daß Doug Nagle in allen Anklagepunkten freigesprochen wurde.

Doug sah zu, wie Debbie, Alison und Anna eilig den Gerichtssaal verließen. *Freigesprochen.* Was bedeutete das genau? War er unschuldig, oder konnte ihm nur keine Schuld nachgewiesen werden? Würde ein Freispruch ihm sein früheres Leben wiedergeben und seine Familie wieder zusammenbringen? Ein Freispruch bedeutete, daß er nicht ins Gefängnis mußte, und dafür war er schon dankbar. Aber was nützte er ihm sonst noch?

Jennifer war von einer Gruppe von Leuten umgeben, die er nicht kannte. Er ging zum Tisch des Staatsanwaltes und fragte, ob er mit seiner Tochter sprechen könne.

»Ich kann Sie jetzt nicht mehr davon abhalten«, fuhr ihn der Staatsanwalt an.

Er ging hinüber zu der Gruppe um seine Tochter. »Jennifer, willst du mit mir sprechen?« fragte er.

Mehrere Leute flüsterten ihr etwas zu. Er hörte, wie jemand sagte: »Du mußt nicht mit ihm sprechen«, und eine Frau umfaßte sogar Jennifers Schultern und drehte sie herum, so daß sie ihren Vater nicht anzusehen brauchte. Aber Jennifer bahnte sich plötzlich einen Weg durch die Gruppe. »Das ist mein Dad«, sagte sie und ging auf ihn zu.

»Ich liebe dich«, sagte Doug. »Ich werde dich immer lieben.«

Jennifer legte ihre Arme um ihren Vater, vergrub ihr Gesicht in seinem Nacken und sagte die einzigen Worte, die ihm wirklich das Herz brechen konnten. »Ich liebe dich auch, Daddy.«

Während der folgenden drei Tage versuchte Doug, seine Familie zu erreichen, aber niemand ging ans Telefon. Am vierten Tag erreichte er Debbie. Als er fragte, ob er mit Anna oder Jennifer sprechen könne, verbot ihm Debbie, jemals wieder anzurufen. Von nun an würden sie nur noch über die Scheidungsanwälte miteinander in Verbindung treten.

Die Anwälte vereinbarten ein Treffen zwischen Doug und Jennifer, doch im letzten Moment sagte Debbie das Treffen ab. Sie teilte Doug mit, daß sie und Jennifers Psychologin Jennifer dringend rieten, jede Verbindung mit ihrem Vater abzubrechen, zumindest vorübergehend. Es würde Jennifer »widersprüchliche Botschaften« vermitteln, wenn sie ihr die Erlaubnis gäben, sich mit ihm zu treffen.

Doug hinterließ Nachrichten für Jennifers Therapeutin, aber sie rief ihn nie zurück. Als er sich schließlich nicht mehr abwimmeln ließ, sprach sie mit ihm und gab zu, daß sie Jennifer und Debbie geraten hatte, nicht auf seine Versuche, eine unabhängige Beurteilung ihrer Situation zu erhalten, einzugehen. Sie fügte hinzu, daß sie keine Briefe oder sonstige Mitteilungen von ihm lesen und sich nicht mit ihm treffen würde, und überhaupt wollte sie nie mehr etwas von ihm hören. Punktum.

Anna und Alison teilten Dougs Scheidungsanwalt mit, daß sie sich psychisch nicht in der Lage sähen, ihren Vater zu treffen; irgendwann später wären sie vielleicht zu einer Aussöhnung bereit. Jennifer weigerte sich, Doug zu sehen, nachdem er, wie sie sagte, ihre Therapeutin am Telefon »angegriffen« hatte. Offenbar war sie der irrigen Auffassung, daß Doug die Therapeutin verklagen wollte.

Mitte Januar 1992 wurde Jennifer in die psychiatrische Abteilung eines Krankenhauses aufgenommen. Doug erfuhr erst zwei Wochen später von ihrer Einweisung, als er eine Rechnung von seiner Krankenversicherung erhielt.

Am 1. März rief ein Freund Doug an, um ihm zu sagen, daß Jennifer wieder in der Psychiatrie war. Sie weigerte sich, weiter bei ihrer Mutter zu leben, und dachte über andere Wohnmöglichkeiten nach. Zehn Tage später wurde Jennifer aus der psychiatrischen Abteilung entlassen. Sie zog vorübergehend bei Freunden ein.

Doug und Debbie Nagle wurden bald nach dem Strafprozeß geschieden, und Doug hat seitdem wieder geheiratet. Seine Frau, die zwei erwachsene Kinder aus einer früheren Ehe hat, arbeitet als Beschäftigungstherapeutin. Ihretwegen und um seines seelischen Gleichgewichts willen versucht Doug, sich ganz auf die Gegenwart zu konzentrieren. Manchmal schafft er es auch und denkt mehrere Stunden hintereinander nicht daran, wie schmerzlich er seine Kinder vermißt. Er denkt an die Zeit mit Debbie zurück und versucht, sich an die schönen Momente in ihrem gemeinsamen Leben zu erinnern. Ihre Ehe war gescheitert, und aus irgendeinem Grund war ihren Kindern großer Schaden zugefügt worden. Aber wir sind keine schlechten Menschen, wir haben uns oder den Kindern nicht mit Absicht weh getan, sagt er sich selbst immer wieder. Etwas ist passiert, etwas Furchtbares, Unfaßbares, das sich irgendwie verselbständigt hat. Wir konnten es nicht mehr aufhalten, als es einmal begonnen hatte.

Doug erwartet nicht, jemals zu verstehen, wie oder warum sich gerade diese Tragödie in seiner Familie ereignet hat. Katastrophen passieren halt, redet er sich ein, und sie folgen keinem vorhersehbaren Muster. Kriege, Hurrikane, Autounfälle, entgleisende Züge, vom Dach fallende Ziegel – diese Dinge passieren einfach. Und diesmal hatte das Unglück aus einem unerfindlichen Grund eben ihn getroffen.

Er betet, daß Jennifer von ihrem Leid genesen und fähig werden möge, mit der Vergangenheit abzuschließen. Er lebt in der ständigen Furcht vor dem jederzeit möglichen Anruf – *Jennifer hat wieder versucht, sich umzubringen* –, und er will nicht daran denken, daß sie es eines Tages schaffen könnte. Er schreibt Briefe an seine Kinder, die er an einem speziellen Platz aufbewahrt, bis er die Erlaubnis erhält, wieder mit ihnen Kontakt aufzunehmen. Er sehnt sich nach dem Tag, an dem er sie wiedersehen, seine Arme um sie legen und ihnen sagen kann, daß er sie liebt und wie sehr er sie vermißt hat.

Er lernt mit der Zeit, seine Erinnerungen umzuformen, indem er die Anschuldigungen, die Therapiesitzungen und die Szenen vor Gericht aus seinem Gedächtnis verbannt. Obwohl die noch frischen, schmerzlichen Erinnerungen ihn immer wieder heimsuchen, wird er geschickter darin, die älteren, glücklicheren Erinnerungen zu verfestigen und sie herbeizurufen, wenn er sich vor Augen halten will, daß seine Familie vor langer Zeit einmal eine glückliche war. Da Doug Nagle einiges über die Unzuverlässigkeit von Erinnerungen weiß, ist ihm klar, daß seine »schönen« Erinnerungen ebenfalls Entstellungen und Übertreibungen enthalten. Aber wie aufgebauscht oder heruntergespielt oder gar frei erfunden sie auch sein mögen, sie trösten ihn und geben ihm die Hoffnung, daß ein glückliches Ende immer noch möglich ist.

9

Graben nach Erinnerungen

Es kann beträchtliches Graben von seiten der Therapeutin erfordern, um Inzest als Ursache der von der Klientin gezeigten Symptome zu entdecken.
Wendy Maltz und Beverly Holman, *Incest and Sexuality: A Guide to Understanding and Healing*

Bevor Jennifer Nagle irgendwelche Erinnerungen an einen Mißbrauch durch ihren Vater entdeckte, wurde sie mit zwei Büchern, einem dünnen und einem dicken, zum Thema Inzestüberleben und Heilung bekannt gemacht. Jennifers Schulpsychologin gab ihr eine zehnseitige, von einer Organisation für Hilfe in Vergewaltigungsfällen herausgegebene Broschüre mit dem Titel »Inzest: Ein Buch für Überlebende«, und ihre Therapeutin reichte ihr »Trotz allem«. Trotz eines Unterschieds im Umfang von 485 Seiten sind beiden Büchern bestimmte Kernideen gemeinsam, die die Grundlage für die Auffassung von Verdrängung und von der Therapie bei verdrängten Erinnerungen bilden:

- Inzest und sexueller Kindesmißbrauch haben epidemische Ausmaße. Die Broschüre der Hilfsorganisation für Vergewaltigungsfälle gibt an, daß jede vierte Frau und jeder sechste Mann als Kind sexuell mißbraucht wurde, während »Trotz allem« Statistiken zitiert, nach denen jedes dritte Mädchen und jeder siebte Junge vor ihrer Volljährigkeit sexuell mißbraucht wurden.
- Viele psychopathologische Symptome bei Erwachsenen – darunter Angstzustände, Panikanfälle, Depressionen, sexuelle Störungen, Schwierigkeiten, engere Beziehungen einzugehen, Drogenmißbrauch, Eßstörungen, Einsamkeitsgefühle, Selbstmordversuche u. v. m. – stellen Langzeitreaktionen auf sexuellen Kindesmißbrauch dar.

- Ein bedeutender Prozentsatz von erwachsenen Überlebenden blockiert seine traumatischen Erinnerungen durch den unbewußten Abwehrmechanismus der Verdrängung.
- Zugang zu diesen Erinnerungen zu finden und sie in ihrer Echtheit zu akzeptieren ist ein unumgänglicher Schritt während des Heilungsprozesses.
- Durch Einzel- und Gruppentherapien können Heilung, Ablösung und Erneuerung erzielt werden.

Um die Botschaft in wenigen Worten zusammenzufassen: Das Ausmaß von Inzest ist epidemisch, Verdrängung grassiert, Heilung ist möglich, und Therapien helfen dabei.

In diesem Kapitel werden wir diese Thesen genauer untersuchen und anschließend die verschiedenen zur Aufdeckung von verdrängten Erinnerungen angewandten Techniken beschreiben. Wenn wir das Wort »Verdrängung« benutzen, beziehen wir uns auf etwas anderes als auf das »normale Vergessen«, bei dem man eine Zeitlang nicht an ein Ereignis oder eine Erfahrung denkt und sich dann wieder daran erinnert. Verdrängung bezieht sich auf ein aktives Verbannen eines traumatischen Ereignisses oder einer Reihe von Traumen ins Unbewußte. Verdrängte Erinnerungen werden typischerweise in der Therapie wiedererlangt, während die Patientin umfangreicher »Erinnerungsarbeit« ausgesetzt wird – suggestiver Befragung, gelenkter Visualisierung, Regressionstechniken, Hypnose, Interpretationen von Körpererinnerungen, Traumdeutung, Kunsttherapie, Wut- und Trauerarbeit und Gruppentherapie.

Wenn wir auch skeptisch gegenüber der wahrheitsfindenden Funktion dieser und anderer aggressiver therapeutischer Techniken sind, stellen wir doch nicht die Realität von sexuellem Kindesmißbrauch oder traumatischen Erinnerungen in Frage. Wir bezweifeln nicht das Trauma des sexuell mißbrauchten Kindes, noch die Erfahrungen der Männer und Frauen, die auf unspektakuläre Weise unter nie vergessenen Mißbrauchserinnerungen leiden. Wir wollen keine Vorbehalte gegenüber den Fähigkeiten und Talenten von Therapeutinnen und Therapeuten äußern, die mit Mitgefühl und großer Sorgfalt hart daran arbeiten, Erinnerungen ans Tageslicht zu bringen, die viele Jahre lang zu schmerzhaft waren, um sie in Worte zu fassen.

Viele Menschen quälen sich jahrelang mit dem dunklen Geheimnis ihrer Vergangenheit und finden erst im unterstützenden und verständnisvollen Umfeld der Therapie den Mut, über ihre Kindheitstraumen zu sprechen. Diese Erinnerungen stellen wir nicht in

Frage. Wir stellen nur diejenigen in Frage, die meistens als »verdrängt«* bezeichnet werden – Erinnerungen, die nicht existierten, bis jemand anfing, nach ihnen zu suchen.

* Da die Kontroverse über Verdrängung zum emotionsbeladenen Streitfall geworden ist, verwenden Psychologen und im Kinderschutz Engagierte oft synonyme Adjektive wie »verloren«, «vergraben« oder »abgespalten«, um verdrängte Erinnerungen zu bezeichnen. Aber wie der Psychologe David Holmes schreibt, ist »Verdrängung unter einem anderen Namen immer noch Verdrängung, und das Nichtvorhandensein von Nachweisen trifft auch auf all ihre Synonyme zu«

Allgemeine Lehrsätze

Inzest hat epidemische Ausmaße

Der erste und am nachdrücklichsten formulierte Grundsatz der Inzestüberlebenden-Bewegung ist, daß Inzest viel häufiger vorkommt, als wir uns jemals vorgestellt haben. Die Psychiaterin Judith Lewis Herman hat Inzest als eine »alltägliche und zentrale weibliche Erfahrung« bezeichnet, während die Therapeutin und bekannte Autorin E. Sue Blume in ihrem Buch »Secret Survivors« behauptet, daß »Inzest so alltäglich ist, daß man sein Ausmaß epidemisch nennen kann ... Zu jeder beliebigen Zeit sind *über drei Viertel meiner Klientinnen* Frauen, die in ihrer Kindheit von jemandem, den sie kannten, sexuell belästigt wurden.«

Sofort werden Statistiken herangezogen, um diese erschreckende Behauptung der Allgegenwärtigkeit zu unterstützen. Beverly Engel beginnt ihr Buch »The Right to Innocence: Healing the Trauma of Childhood Sexual Abuse« mit Statistiken, die aus drei verschiedenen Quellen stammen: einer Umfrage der »Los Angeles Times« vom August 1985, nach der schätzungsweise 38 Millionen Erwachsene in den USA als Kinder sexuell mißbraucht worden sind; Dr. Henry Giarettos Schätzung auf der Basis von 250 000 dem staatlichen Programm zur Behandlung von Kindesmißbrauch gemeldeten Fällen, nach der jede dritte Frau und jeder siebte Mann vor dem achtzehnten Geburtstag sexuell mißbraucht wird; und der Studie der Soziologin Diana Russell, die 930 Frauen aus San Franzisko befragte, von denen 38 Prozent angaben, vor ihrem neunzehnten Lebensjahr sexuell belästigt worden zu sein. Wenn indirekter körperlicher Kontakt (d. h. Entblößung der Genitalien) hinzugezählt wurde, gaben über die Hälfte der von Russell Befragten an, mißbraucht worden zu sein.

Die Statistiken sind beängstigend, aber in gewisser Weise sollen sie auch trösten. Engel schreibt: »Seien Sie beruhigt. Sie mögen sich mit Ihrem Schmerz allein gefühlt haben, aber das brauchen Sie nicht länger. Viele andere leiden unter demselben Schmerz, derselben Furcht und Wut. Sie sind nicht allein.«

Definitionen und Darlegungen von Inzest folgen direkt auf die Statistiken. Fragen werden gestellt und entschieden beantwortet. So bei Blume:

Muß Inzest Geschlechtsverkehr umfassen? Muß Inzest eindeu-

tig genital sein? Muß er überhaupt Berührungen umfassen? Die Antwort ist nein .... Inzest ist nicht notwendigerweise Geschlechtsverkehr. Es muß noch nicht einmal zu Berührungen kommen. Es gibt viele andere Wege, auf denen dem Freiraum oder den Sinnen eines Kindes sexuelle Gewalt angetan werden kann. Inzest kann durch Worte oder Geräusche geschehen, oder sogar, indem das Kind Anblicken und Handlungen ausgesetzt wird, die sexueller Natur sind, es aber nicht direkt miteinbeziehen.

Blume illustriert ihre Ausführungen mit mehreren Beispielen inzestuösen Mißbrauchs: der Vater, der vor dem Badezimmer herumsteht, während das Kind darin ist, oder ohne Anzuklopfen hereinkommt; ein älterer Bruder, der seine Schwester zwingt, sich auszuziehen; ein Fahrer eines Schulbusses, der einer Schülerin befiehlt, sich zu ihm zu setzen; ein Onkel, der einer Vierjährigen pornographische Bilder zeigt; das besitzergreifende oder mißtrauische Verhalten eines Vaters aus Eifersucht auf den jungen Mann, mit dem seine Tochter geht; die dauernden Fragen eines Verwandten nach den sexuellen Erfahrungen einer Heranwachsenden. Das Vorkommnis selbst wird für die Entscheidung, ob es sich um Inzest handelt, als nicht so wichtig angesehen wie die subjektive Erfahrung des Mädchens – die »Art«, auf die es behandelt oder berührt wird. Auf diese Weise kann sexueller Mißbrauch aus der »Art«, wie ein Priester ein Kind zum Abschied küßt, oder der »Art«, wie ein Babysitter es beim Baden anfaßt, geschlossen werden.

Bass und Davis, die Autorinnen von »Trotz allem – Wege zur Selbstheilung für sexuell mißbrauchte Frauen« sind ebenfalls der Auffassung, daß der entscheidende Faktor zur Bestimmung einer inzestuösen Handlung die subjektive körperliche, seelische oder geistige Erfahrung des Kindes oder der Jugendlichen ist. Sie liefern ebenfalls Beispiele für nichtkörperliche inzestuöse Handlungen oder »Vertrauensbrüche«:

Manchmal ist Mißbrauch gar nicht körperlich. Vielleicht stand dein Vater in der Badezimmertür und machte Anspielungen oder grinste nur anzüglich, wenn du zur Toilette gingst. Vielleicht lief dein Onkel nackt herum, lenkte die Aufmerksamkeit auf seinen Penis, erzählte von seinen sexuellen Heldentaten, fragte dich über deinen Körper aus .... Es gibt viele Arten sexueller Gewalt. Mißbrauch kann auch auf anderer Ebene stattfinden. Du hattest das Gefühl, dein Stiefvater war sich deiner körperlichen Gegenwart ständig bewußt, den ganzen Tag, jede Minute, egal, wie still und unaufdringlich du auch warst. Dein Nachbar beobachtete die Veränderungen deines Körpers mit aufdringlichem Interesse. Dein Vater ging mit dir aus, schrieb dir Liebesbriefe.

Beverly Engel schildert eine persönliche Erinnerung, um den Standpunkt zu verstärken, daß es das Unbehagen des Kindes ist, angezeigt durch Ängstlichkeit oder Verlegenheit, das darüber entscheidet, ob ein Zwischenfall einen Mißbrauch darstellt oder nicht. Der Grad des Unbehagens kann im nachhinein, auch viele Jahre später noch, bestimmt werden:

Bei mehreren Anlässen während meiner High-School-Jahre betrank sich meine Mutter sinnlos und wurde dann immer sehr sentimental. Manchmal gab sie mir einen dicken, »feuchten« Kuß auf den Mund. Heute habe ich Grund zu der Annahme, daß meine Mutter sich unbewußt sexuell verführerisch verhielt.

Aber – die Skeptikerin in der letzten Reihe hebt die Hand – das ist doch die erwachsene Beverly, die hier eine jahrzehntealte Erinnerung rekonstruiert und analysiert? War die heranwachsende Beverly sich dieser Gefühle während des Kusses oder kurz darauf bewußt? Könnte es nicht sein, daß ihr eher die Tatsache, daß ihre Mutter »sinnlos betrunken« war, Kummer bereitete als der Kuß selbst? Waren Beverlys spätere Interpretationen als Erwachsene, beeinflußt und verfeinert durch die jahrelange psychologische Ausbildung und die Erfahrungen mit Inzestüberlebenden, auf eine beunruhigende, aber relativ »harmlose« Erfahrung aufgepfropft worden?

Diese skeptischen Fragen gehen offenbar am Ziel vorbei. Es geht hier gar nicht um die Gefühle und Wahrnehmungen der Heranwachsenden, denn Beverly war damals noch jung und unreif und daher unfähig, die Situation richtig einzuschätzen und zu verstehen. Erst als sie erwachsen wurde und auf ihre Vergangenheit zurückblickte, konnte sie die Bedeutung ihrer früheren Erfahrungen verstehen. Und wenn sie beim erneuten Durchleben ihrer Erinnerungen das *Gefühl* hatte, mißbraucht worden zu sein, dann wurde sie wahrscheinlich auch mißbraucht. Dazu müßte sie noch nicht einmal die Erinnerungen haben.

Verdrängung grassiert

»Etwa um die sechzig Prozent aller Inzestopfer erinnern sich über viele Jahre nach der Tat hinweg nicht an den sexuellen Mißbrauch«, verkündet der Selbsthilfe-Autor John Bradshaw in seiner monatlichen Kolumne der Zeitschrift »Lear's«. Bradshaw gibt zwar keine Quelle für diese statistische Zahl an, aber Blume spricht in ihrem Buch von einer ähnlichen Größe:

Nach meiner Erfahrung erinnern sich weniger als die Hälfte aller Frauen, die dieses Trauma erlebt haben, später daran oder erkennen es als Mißbrauch. Daher ist es nicht unwahrscheinlich, daß über die Hälfte aller Frauen Überlebende eines sexuellen Traumas in ihrer Kindheit sind .... Millionen und Abermillionen von »heimlichen Überlebenden« tragen die Last ihrer verborgenen Mißbrauchsgeschichte mit sich herum.

An anderer Stelle in ihrem Buch konstatiert Blume, daß »Verdrängung in irgendeiner Form praktisch allen Überlebenden gemeinsam ist«.

Die Therapeutin Renee Fredrickson glaubt ebenfalls an die schwindelerregende Höhe dieser Zahlen. Zuerst mißtrauisch ob der Masse der Klientinnen, die von verdrängten Erinnerungen an sexuellen Mißbrauch berichteten (»Ich dachte, es müsse sich dabei um eine ansteckende Form von Hysterie handeln«), kam sie schließlich doch zu der Überzeugung, daß diese vergrabenen und wieder hervorgeholten Erinnerungen exakte Wiedergaben vergangener Ereignisse waren. Als ihre Überzeugung wuchs, suchte sie in den Fachzeitschriften nach Informationen zum Thema »verdrängte Erinnerungen«. Zu ihrem Leidwesen fand sie nur an Freud angelehnte Spekulationen über Mißbrauchs»phantasien« von Patientinnen. »Ich war gezwungen, mich auf meine eigenen Beobachtungen und die therapeutischen Erfahrungen meiner Kolleginnen und Kollegen zu verlassen, um etwas über verdrängte Erinnerungen zu erfahren.«

Es dauerte nicht lange, bis Fredrickson die Bedeutung des Problems begriff und sich entschied, ein Buch zu schreiben (»Repressed Memories: A Journey to Recovery from Sexual Abuse«), um »den Millionen von Menschen« zu helfen, die »angsterregende Mißbrauchsszenen, Jahre ihres Lebens oder ihre ganze Kindheit aus dem Bewußtsein gedrängt haben. Sie wollen verzweifelt herausfinden, was mit ihnen geschehen ist, und sie brauchen dazu die geeignete Handhabe.«

Auch Bass und Davis sind der Meinung, daß Verdrängung bei Überlebenden weit verbreitet ist. In einem Kapitel mit der Überschrift »Das Erinnern« wird den Leserinnen gesagt: »Wenn du dich nicht an deinen Mißbrauch erinnern kannst, bist du nicht die einzige. Viele Frauen können sich nicht erinnern, und manche werden sich nie erinnern. Das heißt nicht, daß du nicht mißbraucht worden bist.«

Wissenschaftler sind im allgemeinen etwas vorsichtiger mit den Zahlen, aber auch sie stimmen zu, daß Verdrängung eine gewöhnliche Reaktion auf ein Trauma ist. Die Psychoanalytikerin Alice Miller macht eine sehr verallgemeinernde Aussage über die Fähigkeit des menschlichen Geistes, beunruhigende Gedanken und Gefühle wegzuschließen: »Aber die konflikthaften Erlebnisse jeder

Kindheit bleiben im Dunkel. In diesem Dunkel verborgen bleiben auch die Schlüssel zum Verständnis des ganzen späteren Lebens.«

Viele Psychiater, Psychologen und Sozialarbeiter glauben, daß die Tatsache der »Verborgenheit«, die man unter dem Namen Verdrängung kennt, endlich wiederentdeckt wird. In einem wissenschaftlichen Artikel, der oft von Traumatherapeuten zitiert wird und der den Titel »The Intrusive Past: The Flexibility of Memory and the Engraving of Trauma« trägt, geben die Autoren B. A. van der Kolk und Onno van der Hart einen geschichtlichen Abriß. Fast hundert Jahre lang, stellen die Autoren fest, hat die Psychoanalyse (definiert als »das Studium der verdrängten Wünsche und Triebe«) »praktisch die Tatsache ignoriert, daß konkrete Erinnerungen den Kern der Psychopathologie bilden und ihren Einfluß durch den Vorgang der Dissoziation auch auf gegenwärtige Erfahrungen ausüben können«. Doch in den achtziger und neunziger Jahren haben Psychiater endlich

die Gegebenheit des Traumas im Leben von Menschen und damit die Tatsache anerkannt, daß konkrete Erfahrungen so überwältigend sein können, daß sie nicht in die vorhandenen Bewußtseinsstrukturen integriert werden können und statt dessen abgespalten oder dissoziiert werden, um später immer wieder als bruchstückhafte sensorische oder motorische Erfahrungen wiederzukehren.

Wenn Erinnerungsblockaden eine Schutzfunktion haben, worüber sich alle populärwissenschaftlichen und wissenschaftlichen Autorinnen und Autoren einig zu sein scheinen, warum gehen wir dann das Risiko ein, das vergrabene Material wieder auszugraben? Weil die Scherben und Fragmente der Vergangenheit unaufhörlich in unser gegenwärtiges Leben eindringen und nagenden Schmerz und Kummer verursachen. Erst wenn wir die Erinnerung ans Licht bringen, ihre scharfen, rissigen Kanten abfeilen und die geglätteten Stücke sorgsam in unsere erweiterte Selbstwahrnehmung einfügen, werden wir Erleichterung und Befreiung von der Vergangenheit empfinden. Wie van der Kolk und van der Hart ausführen:

Traumatische Erinnerungen sind nichtassimilierte Bruchstücke erschütternder Erlebnisse, die in die vorhandenen Bewußtseinsstrukturen integriert und in sprachlich-erzählerische Form gebracht werden müssen. Es scheint, daß die traumatisierte Person für den erfolgreichen Ablauf dieses Prozesses oft zu der Erinnerung zurückkehren und diese vervollständigen muß.

Populärwissenschaftliche Autoren vertreten denselben Standpunkt in einer lockereren Sprache und benutzen vertraute Metaphern. In seiner »Lear's«-Kolumne schildert John Bradshaw die Notwendigkeit, uns unseren Ängsten zu stellen: »Wenn wir Ereignissen in unserem Leben ausweichen, schaden wir uns nur selbst. Dagegen werden wir Hilfe erhalten, wenn wir unsere bösen Geister beim Namen nennen und offen auch über die schrecklichsten Dinge sprechen.«

Diese »schrecklichen Dinge« halten sich im allgemeinen im Unbewußten auf, einem hypothetischen Ort, der durch viele populärwissenschaftliche Autorinnen an Gewicht und Substanz gewonnen hat. Renee Fredrickson zum Beispiel gibt eine verwickelte, aber interessante Beschreibung der Funktionsweisen des Unbewußten und seiner Eigenschaft, nur in der Gegenwart zu operieren:

Das Unbewußte wirkt immer in der Gegenwart, und wenn eine Erinnerung ins Unbewußte verbannt wird, dann bewahrt das Unbewußte sie als eine laufende Mißbrauchshandlung in seiner gegenwärtigen Realität auf. Der Preis für die Verdrängung einer Erinnerung ist, daß unser Geist nicht weiß, daß der Mißbrauch aufgehört hat ... Unvervollständigte Erinnerungsfragmente werden Sie Ihr Leben lang verfolgen.

Aber – wieder hebt sich die Hand der Skeptikerin – wenn man keine Erinnerungen an einen Mißbrauch hat, woher weiß man dann, daß die Probleme in der Gegenwart von verdrängten Erinnerungen oder »unvervollständigten Erinnerungsfragmenten« verursacht werden? Wieder ist der Beweis ein Zirkelschluß. Wenn Sie die Symptome aufweisen, dann sind Sie aller Wahrscheinlichkeit nach mißbraucht worden. Wenn Sie glauben, daß Sie mißbraucht worden sind, wenn Sie das Gefühl haben, daß es so ist, dann sind Sie auch mißbraucht worden. Lassen Sie sich von niemandem Ihre Wahrheit ausreden, lauten die Ratschläge weiter, denn wenn es sich wahr anfühlt, dann ist es auch war, und das ist der ganze Beweis, den Sie jemals brauchen.

Skeptiker werden in den populärwissenschaftlichen Inzest-Heilungsratgebern kräftig niedergemacht. Überlebenden wird angeraten, den Untersuchungsberichten über die Verbreitung von Inzest keinen Glauben zu schenken. Nach Meinung von E. Sue Blume ist die Inzestforschung »dazu benutzt worden, Wahrheiten zu verbergen und Lügen zu unterstützen .... Durch das Messen von menschlichen Erfahrungen kann ihr Reichtum, wenn nicht sogar ihre Wahrheit, verlorengehen.« Blume zitiert anschließend Judith Lewis Herman, die die Auffassung vertritt, daß nur die Therapierenden das Ausmaß des Inzestproblems korrekt beurteilen können: »Die Erkenntnisse eines erfahrenen Therapeuten können durch keinen Fragebogen oder andere Umfragemethoden, die uns zur Zeit zur Verfügung stehen, ersetzt werden. Subtile emotionale

Schäden, die in breit angelegten soziologischen Studien nicht erfaßt werden, treten in den Therapieberichten hervor.«

Auch der Psychologe John Briere vertritt in einem Interview einen ähnlichen Standpunkt. Vielleicht in Reaktion auf die Aussage von Kritikerinnen, daß Therapien, die mit verdrängten Erinnerungen arbeiten, eine vorübergehende Modeerscheinung sind (oder wie der Sozialpsychologe Richard Ofshe es in seiner typisch unverblümten Art genannt hat, »eine der erstaunlichsten Quacksalbereien des Jahrhunderts«), sagte Briere: »Da eine so große Zahl von Überlebenden jetzt über ihre Erfahrungen sprechen kann, hoffe ich, daß die in Mode gekommenen Zweifelsäußerungen sie nicht mehr zum Schweigen bringen können. Das ›Positive‹ an der weiten Verbreitung von sexuellem Mißbrauch ist, daß Millionen Menschen tief in ihrem Inneren wissen, daß sexueller Mißbrauch Wirklichkeit ist.«

Es ist schwer, sich den Andeutungen (die drohen zu Anschuldigungen zu werden) zu entziehen, daß Erinnerungsforscher und Statistiker nicht nur gegen die Überlebenden, sondern auch gegen die Wahrheit sind, wenn sie die Echtheit der verdrängten Erinnerungen in Frage stellen. Im Verlauf von Brieres Interview wird seine Überzeugung noch deutlicher, daß kritische Forscher sich unermüdlich der Aufgabe widmen, die Berichte der Überlebenden zu widerlegen:

Ich bin traurig und wütend darüber, daß Menschen, die sonst die angemessene wissenschaftliche Redlichkeit zeigen, sich in diesem Fall darauf verlegt haben, irgendwie zu beweisen – und das ohne überzeugende Daten –, daß die Erinnerungen von Hunderttausenden von Überlebenden nicht wahr sind ... Hier ist schließlich die Rede von menschlichem Leid, und Menschen, die leiden, sind nicht immer hundertprozentig genau in ihren Angaben. Wir quälen auch nicht jemanden auf diese Weise mit Fragen, der einen Autounfall oder ein ähnlich schreckliches Erlebnis hatte. Gerade auf dem Gebiet des sexuellen Mißbrauchs scheint es besonders schwierig zu sein, dem Berichteten Glauben zu schenken.

Warum tun sich die Skeptiker so schwer damit, die Wahrheit zu akzeptieren? Weil wir leugnen (wird uns gesagt). Als der kritische Artikel der Psychologin Carol Tavris »Beware the Incest-Survivor Machine« in der »New York Times Book Review« erschien, hagelte es wütende Leserbriefe von Therapeutinnen und Überlebenden, in denen Tavris beschudigt wurde, Angst vor der Wahrheit zu haben. Ellen Bass skizzierte die Gründe für das Leugnen der Skeptikerinnen:

Es ist schmerzhaft, der Wahrheit ins Gesicht zu sehen, daß so viele Kinder auf furchtbare Weise mißbraucht wurden. Es ist wesentlich einfacher, von Phantasien, Manipulationen und Erfindungen zu sprechen; einfacher, zu sagen daß jemand eine Gehirnwäsche erhalten hat, so daß er oder sie jetzt glaubt, mißbraucht worden zu sein, als der Tatsache ins Auge zu sehen, daß dieser Mensch als Kind solche Qualen auszustehen hatte.

Darin wenigstens können sich Skeptiker und Überlebende die Hände reichen, denn leugnen tun wir alle und überschatten damit das Licht der Wahrheit. Das Leugnen wird als körperlich greifbar dargestellt, wie die harten, spitzen Blätter einer Artischocke, die entfernt werden müssen, um das »Herz« der Wahrheit freizulegen. Wie entfernen wir unser Leugnen?

»Manche Dinge muß man glauben, um sie zu sehen«, schreibt Renee Fredrickson auf den »Reader's-Digest«-Zitatenschatz zurückgreifend. Wenn Forscher, die nach wissenschaftlichen Methoden arbeiten, sich auf den Glauben verlassen, um zu Ergebnissen zu kommen, dann ist das schlichtweg gegen die Regeln. Aber Fredrickson und andere Autorinnen sind nicht besonders daran interessiert, den hartnäckigen Skeptizismus dieser Wissenschaftstypen zu bekämpfen. Ihr vordringliches Anliegen ist es, Überlebenden bei der Überwindung ihres Leugnens zu helfen, und der beste Weg, das Leugnen zu besiegen, ist Erinnerungsarbeit zu »leisten«. Wenn die Überlebende erst einmal mit der Erinnerungsarbeit angefangen hat – die eine Werkzeugkiste voller Übungen und Techniken ist, die dazu dienen sollen, vergrabene Erinnerungen hervorzuholen –, wird allein die Menge der wiedergefundenen Erinnerungen das Leugnen überwinden. Laut Fredrickson:

Wenn Sie genug Erinnerungen wiedererlangt haben, werden Sie eine kritische Masse erreichen, die sich in dem Gefühl der alles überlagernden Wirklichkeit Ihrer verdrängten Erinnerungen äußert ... Nachdem Sie eine ausreichende Anzahl von Erinnerungen oft genug durchgegangen sind, werden Sie plötzlich wissen, daß Ihre verdrängten Erinnerungen echt sind. Es ist das genaue Gegenteil der Maxime, daß man an eine Lüge glaubt, wenn man sie nur oft genug wiederholt, ... wenn Sie lange genug über Ihre verdrängten Erinnerungen sprechen, werden Sie intuitiv wissen, daß sie wahr sind.

Heilung ist möglich

Wenn die Überlebende die »kritische Masse« erreicht hat, liegt der Weg zur Genesung vor ihr, und die Heilung beginnt. Die Genesung ist ein Land des Triumphes und der Erneuerung, in dem wir, in Fredricksons Worten, »weiser und schöner« werden, als wir zu Anfang der Reise waren. Auf dem Weg zu Genesung gewinnt die Überlebende sich selbst und ihre Kraft wieder, wirft Schuldgefühle und Selbstvorwürfe ab, gewinnt ihren verlorenen Stolz zurück, spürt neue Energie und Vitalität und heilt die Wunden ihrer Kindheit.

Heilung darf jedoch nicht mit dem Ende einer Reise oder Schmerzfreiheit verwechselt werden. Es ist ein lebenslanger Prozeß voller schmerzlicher und verwirrender Aufs und Abs, Umwege und Kehrtwendungen. Der Psychologe John Briere erzählt eine Geschichte, um diesen beständig fortschreitenden Aspekt von Gesundheit und Heilung zu erläutern:

Eine Überlebende, die ich vor einiger Zeit behandelte, beendete unsere Sitzung mit der Frage: »Werde ich je geheilt werden?« Mir schien, daß sie in Wirklichkeit fragte: »Werde ich je keinen Schmerz mehr empfinden?« Die traurige und etwas orakelhafte Antwort, die ich ihr gab, war: »Nein, wahrscheinlich wird der Schmerz nie aufhören, jedenfalls nicht ganz. Ich verstehe, daß die Abwesenheit von Schmerz und Leid im Moment das Beste ist, was Sie sich vorstellen können, aber vielleicht ist das nicht alles, um was es in dieser Therapie geht.« »Worum geht es denn dann?« fragte sie. »Freiheit?« schlug ich vor. Und sie lächelte.

Freiheit. Wahrheit. Gerechtigkeit. Der amerikanische Weg.

Heilung nimmt allmählich die Aura der Wahrheit an, eines gerechten Kampfes, einer globalen Schlacht gegen Unterdrückung, die alle vereint, die leiden, und zwar nicht nur unter sexuellem Mißbrauch, sondern unter allen möglichen Ängsten und Ungerechtigkeiten. Überlebenden wird versichert, daß ihr Anliegen über ihre eigene Heilung hinausgeht, denn indem sie sich selbst heilen, tragen sie zur Heilung der Welt bei. Wie der Therapeut Mike Lew in seinem Buch »Als Junge mißbraucht. Wie Männer sexuelle Ausbeutung in der Kindheit verarbeiten können« schreibt: »Von meiner Warte aus geht es immer um dieselbe Sache. Kinder. Die Meere. Fische. Die Erde. Entweder bedeuten sie uns etwas oder nicht ... Kurzum, wie können wir die Welt heilen, wenn wir nicht zuerst uns selbst heilen?«

Man muß noch nicht einmal ein Opfer oder eine Überlebende sein, um zu dieser privilegierten und moralisch ermächtigten Gruppe zu gehören. Es hilft jedoch, eine Frau zu sein. »Obwohl ich persönlich nicht vergewaltigt worden bin, bin ich doch eine Frau. Ich bin die Mutter einer Tochter«, schreibt Ellen Bass in ihrer Einleitung zu dem Buch »I Never Told Anyone: Writings by Women Survivors of Child Sexual Abuse«:

Ich bin am Leid beteiligt, an der Wut, an der Heilung und an der Schaffung einer Welt, in der Kinder ermutigt und bestärkt werden, über ihren Körper selbst zu bestimmen, nein zu sagen und um Hilfe zu bitten, in der Gewißheit, daß sie sie auch erhalten werden. Schlußendlich bin ich am Aufbau eines umfassenden Bewußtseins beteiligt, das sich an die Vergewaltigung von Kindern – und an die von Frauen, Wäldern, Meeren und der Erde – nur noch erinnert, um sicherzugehen, daß all das nie wieder vorkommt.

In »Trotz allem« sprechen Bass und Davis das Thema noch dezidierter und natürlich politisch korrekt an:

Die Verantwortung für jedes Heilen liegt zunächst bei dir selbst. Sie hört dort aber nicht auf. Sexueller Kindesmißbrauch entsteht aus der gleichen Angst, dem gleichen Haß, der gleichen Unterdrückung, dem Egoismus und der Ignoranz, die Menschen dazu bringen, auf andere Weise Mißbrauch zu treiben. Unsere Gesellschaft ist tief davon geprägt und vergewaltigt auch im großen Rahmen: Wir produzieren Atommüll, unsere Wanderarbeiter existieren unter unmenschlichen Lebensbedingungen, wir haben die Übergriffe des Ku-Klux-Klan ...

Zu deiner Heilung gehört auch die Heilung der Erde. Wenn das für dich nicht von größter Bedeutung ist, gibt es wenig Hoffnung für die Welt.

Letztendlich sind es nicht die Mißbraucher, die an die Regierung schreiben und sie anflehen, das Morden in El Salvador nicht mehr zu unterstützen. Es sind nicht die Mütter, die aus Angst dein Leid ignorieren, die für andere gesetzliche Bestimmungen kämpfen werden, damit es Kindern leichter gemacht wird, vor Gericht auszusagen. Und wie viele Pädophile machen sich schon Gedanken über Giftmüll?

»Trotz allem« geht so weit, daß die Opfer von Unterdrückung die Auserwählten sind, die nicht nur sich selbst, sondern auch die Welt als Ganzes heilen können:

Du bist es, die von Gerechtigkeit und auch von Ungerechtigkeit etwas versteht, von Mißbrauch und Respekt, davon, was es heißt, zu leiden und zu heilen. Du hast die Klarsicht, den Mut und das Mitgefühl, um zur Lebensqualität und zum Fortbestand des Lebens auf der Erde beizutragen.

Vielleicht haben wir Zweifler und Ungläubigen tatsächlich Grund zur Besorgnis, denn dieses verschwommen-kuschelige Gerede über die Überlebenden schafft eine deutliche Polarisierung: eine Wir-gegen-die-Mentalität, eine Selbstgerechtigkeit, die spaltet und entzweit, eine Schwarzweißsicht der Welt, propagiert von Menschen, die es eigentlich besser wissen sollten.

Betrachten Sie nur einmal die Implikationen dieses einen kurzen Satzes aus »Trotz allem«: »Und wie viele Pädophile machen sich schon Gedanken über Giftmüll?« Kann die Welt so leicht in Gut und Böse eingeteilt werden? Man kann hier eine Parallelle zu einer Szene in Arthur Millers »Hexenjagd« ziehen, in der der Stellvertreter des Gouverneurs, Danforth, den verwirrten Bewohnern von Salem, Massachusetts verkündet:

Doch Ihr müßt einsehen, Herr, daß einer entweder für dies Gericht ist oder als dagegen gelten muß; es gibt keinen Mittelweg. Diese unsrige ist eine harte Zeit, eine genaue Zeit – wir leben nicht mehr in der Dämmerstunde, da das Böse sich mit dem Guten mischte und die Welt vernebelte. Kraft Gottes Gnade ist jetzt hell die Sonne aufgegangen, und wer das Licht nicht scheut, wird es sicherlich preisen. Ich hoffe, Ihr zählt zu diesen.

Miller zog Parallelen zwischen den Hexenjägern von Salem und den Kommunistenhassern im Gefolge McCarthys. Er fürchtete den ihnen gemeinsamen »engstirnigen Snobismus«, der aus dem Glauben geboren wurde, »daß sie in ihren festen Händen die Kerze halten, die der Welt das Licht bringt«. Haben wir uns in unserem Eifer, sexuellem Kindesmißbrauch ein Ende zu setzten und das Leid der erwachsenen Überlebenden zu erleichtern, von etwas blenden lassen, das manche als die Wahrheit bezeichnen? Sind wir denselben fehlgeleiteten und moralistischen Überzeugungen zum Opfer gefallen, die schon in der Vergangenheit die Welt kategorisch in Gut oder Böse aufgeteilt haben?

Spezielle Techniken

Es führt nicht nur ein Weg den Berg hinauf ... Die Techniken zur Wiedererlangung der Erinnerung sind so unbegrenzt wie die menschliche Kreativität.
Renee Fredrickson, *Repressed Memories*

Nachdem wir den groben Rahmen abgesteckt haben, der das Konzept der Therapie mit verdrängten Erinnerungen (oder einfach »Erinnerungsarbeit«) stützt, kommen wir jetzt zu den Feinheiten: den vielfältigen Hilfsmitteln, die von Therapeuten benutzt werden, um vergrabene Erinnerungen ans Licht zu bringen.

Die direkte Frage
Wenn Klientinnen eine Therapie beginnen wollen und beispielsweise von Depressionen, Angstzuständen, Selbstmordgedanken, sexuellen Problemen, Eßsucht oder anderen Süchten sprechen, nehmen viele Therapeutinnen automatisch sexuellen Mißbrauch als Ursache ihrer Probleme an. Wie sollte eine Therapeutin bezüglich ihrer Vermutung vorgehen? Die Autorinnen von »Trotz allem« empfehlen den direkten Weg.

Wenn du mit einer Frau arbeitest, von der du glaubst, sie könnte mißbraucht worden sein, frag sie geradeheraus: »Bist du als Kind sexuell mißbraucht worden?« Du signalisierst damit eindeutig, daß du bereit bist, mit ihr über sexuellen Mißbrauch zu arbeiten.

Die Therapeutin Karen Olio räumt ein, daß die Psychologin auf dem Gebiet des sexuellen Mißbrauchs erfahren und bereit sein muß, dieses heikle und einstmals tabuisierte Thema anzusprechen:

Vielleicht der wichtigste Faktor für das Erkennen von sexuellem Mißbrauch ist die Bereitschaft der Psychologin, diese Möglichkeit in Betracht zu ziehen ... Leider stellen viele Therapeutinnen aus Unerfahrenheit oder Unkenntnis nicht die richtigen Fragen oder erkennen die Anzeichen für sexuellen Mißbrauch nicht ... Erst wenn sie direkt danach gefragt werden ... können Überlebende die Geschichte ihres Mißbrauchs enthüllen.

In ihrem Buch »Betrayal of Innocence« legt Susan Forward, eine

Therapeutin, die angibt, mehr als fünfzehnhundert Inzestopfer behandelt zu haben, ihre Methode dar, auf Klientinnen zuzugehen:

Wissen Sie, nach meiner Erfahrung haben viele Menschen mit ähnlichen Problemen wie Sie oft in ihrer Kindheit schlimme Erfahrungen gemacht – sie wurden zum Beispiel geschlagen oder sexuell belästigt. Und daher frage ich mich, ob mit Ihnen auch jemals so etwas geschehen ist?

Andere Psychologen versichern, Kollegen zu kennen, die zu ihren Klientinnen sagen: »Ihre Symptome klingen, als ob Sie als Kind mißbraucht worden sind. Was können Sie mir darüber sagen?« oder sogar: »Sie klingen mir wie jemand, der sexuell mißbraucht worden ist. Erzählen sie mir, was das Schwein Ihnen angetan hat.«

Wenn eine Klientin sich nicht an bestimmte Mißbrauchsvorkommnisse erinnern kann, wird dem Therapeuten geraten, die Möglichkeit von verdrängten Erinnerungen in Betracht zu ziehen. Denn Verdrängung ist nicht nur ein Vorgang, durch den Erinnerungen aus dem Bewußtsein verbannt werden, sondern auch selbst ein Indikator dafür, daß ein Mißbrauch vorliegt. »Wenn Überlebende sich nicht an ihre Kindheit erinnern können oder nur sehr verschwommene Erinnerungen haben, muß Inzest immer als Möglichkeit in Betracht gezogen werden«, raten die Autorinnen und Therapeutinnen Maltz und Holman (»Incest and Sexuality«) ihren Kolleginnen. Der Psychiater Mike Lew schreibt ähnliches: »Wenn mir ein erwachsener Mann sagt, daß er sich an ganze Abschnitte seiner Kindheit nicht erinnern kann, gehe ich von der Wahrscheinlichkeit eines Mißbrauchs in irgendeiner Form aus.«

»Vage Ahnungen« sind ein anderes Anzeichen dafür, daß verdrängte Mißbrauchserinnerungen dabei sind, aus dem Unbewußten ins Bewußtsein zu sickern. »Wenn sie irgendeinen Verdacht oder eine Erinnerung haben, egal wie unbestimmt diese auch sein mögen, dann ist es möglicherweise wirklich passiert«, informiert die Therapeutin Beverly Engel ihre Patientinnen. »Es ist sehr viel wahrscheinlicher, daß Sie die Erinnerungen blockieren und *leugnen*, daß es geschehen ist.«

Der Verdacht scheint sich offenbar immer zu bestätigen. »In meiner fünfzehnjährigen Praxis als Psychotherapeutin habe ich nie eine Klientin gehabt, die anfangs den Verdacht hatte, sexuell mißbraucht worden zu sein, und dann später herausfand, daß es nicht so war«, schreibt Engel. Bass und Davis bestätigen die These:

Bis jetzt hat noch keine Frau, mit der wir gesprochen haben, zuerst gedacht, sie sei vielleicht mißbraucht worden, und später ent-

deckt, daß es doch nicht stimmte. Es läuft immer andersrum: Dem Verdacht folgt die Bestätigung. Wenn du glaubst, du seist mißbraucht worden und dein Leben zeigt entsprechende Symptome, dann stimmt es auch.

Die Symptomliste

1. Wissen Sie oft nicht, was Sie wollen?
2. Haben Sie Angst vor neuen Erfahrungen?
3. Wenn Ihnen jemand einen Vorschlag macht, haben Sie dann das Gefühl, daß Sie ihn annehmen müssen?
4. Befolgen Sie die Ratschläge anderer Leute, als ob es sich um Anordnungen handelte?

Diese kleine Symptomliste, in John Bradshaws »Lear's«-Kolumne vom Juli 1992 veröffentlicht, ist Teil einer größeren Checkliste, betitelt »Ein Index des Verdachts«, aus Bradshaws Buch »Homecoming«. Auf die Wiedergabe dieser vier Fragen in »Lear's« folgt eine knappe Analyse Bradshaws:

Wenn Sie auch nur eine dieser Fragen bejaht haben, können Sie damit rechnen, daß Ihnen in einer frühen Entwicklungsphase, nämlich zwischen dem neunten und achtzehnten Lebensmonat, als sie anfingen zu krabbeln und Ihre Umgebung neugierig zu erkunden, ein schwerer Schaden zugefügt wurde.

In seiner Kolumne vom August 1992 präsentiert Bradshaw eine etwas spezifischere Liste von Merkmalen, die er als »typisch für erwachsene Inzestopfer« ansieht. Die Liste umfaßt neun Punkte mit überwiegend sexuellem Gehalt (»Sie haben gar kein oder wenig Interesse an Sex«, »Sie zeigten ungewöhnlich frühreife sexuelle Verhaltensweisen vor Ihrem elften Lebensjahr«, »Sie sind sexuell promisk, ohne daß es Ihnen Spaß macht«, »Sie hatten Ihres Wissens noch gar keinen sexuellen Kontakt«) und ein paar eingestreute Fragen über apathisches Verhalten, Eßstörungen und diverse körperliche Leiden. Wer sich mit den meisten der Merkmale identifizieren kann, aber keine Erinnerungen an einen Inzest hat, dem wird eine einfache Übung empfohlen: »Akzeptieren Sie die *Theorie*, daß Sie sexuell mißbraucht wurden, und leben Sie bewußt sechs Monate lang mit dieser Vorstellung – eingedenk der von Ihnen erkannten Merkmale – und warten Sie ab, ob irgendwelche Erinnerungen wiederkehren.«

Wenn Bradshaw die Symptomliste in Fast-food-Manier reicht, dann lädt E. Sue Blume zu einem ausgiebigen Festmahl. Ihre Speisekarte der Symptome mit dem imponierenden Titel »Checkliste der Folgeerscheinungen bei Inzestüberlebenden« umfaßt vierunddreißig Merkmale oder Eigenschaften von Inzestüberlebenden, von denen die meisten mehrere Komponenten, Erweiterungen oder merkwürdigerweise auch Widersprüche enthalten. Hier einige Beispiele:

»Nummer 3: Entfremdung vom eigenen Körper – sich im eigenen Körper nicht zu Hause fühlen; Körpersignalen keine Beachtung schenken oder sich nicht um seinen Körper kümmern; negatives Bild vom eigenen Körper; die Körpermaße manipulieren, um Aufmerksamkeit sexueller Art zu vermeiden.

Nummer 5: Viele Kleidungsstücke tragen, auch im Sommer; sackartige Kleidung; sich nicht ausziehen wollen, auch in Situationen, wo es nötig oder angemessen ist (beim Schwimmen, Baden, Schlafen); überängstliches Wertlegen auf Ungestörtheit im Badezimmer oder auf der Toilette.

Nummer 9: Unsichtbar sein wollen; in allem besonders gut oder besonders schlecht sein wollen.

Nummer 32: Abneigung, Geräusche zu machen (z. B. beim Sex, beim Weinen oder Lachen oder anderen körperlichen Äußerungen); übermäßige Kontrolliertheit beim Sprechen (sorgsames Abwägen der eigenen Worte); leise Stimme, besonders in Situationen, in denen es wichtig ist, gehört zu werden.

Schon aus diesem kleinen Ausschnitt (die ganze Liste nimmt fünf Taschenbuchseiten ein) können Sie folgendes ableiten: Wenn Sie ein negatives Bild vom eigenen Körper haben, sackartige Kleidung tragen, das Bedürfnis haben, alles besonders gut (oder besonders schlecht) zu machen, leise sprechen und nicht gerne Geräusche beim Sex machen, »könnten Sie eine Inzestüberlebende sein«. (Der Leserin wird im übrigen nicht erklärt, wie sie ein Merkmal bewerten soll, bei dem eine Komponente paßt und die anderen nicht; vermutlich genügt eine vage Übereinstimmung, um ein Häkchen hinter den Punkt setzten zu können.)

Renee Fredrickson bietet in ihrem Buch eine Symptom-Checkliste, die die »verbreitetsten Warnsignale für verdrängte Erinnerungen« in den Mittelpunkt rückt. Fünfundsechzig Fragen, eingeteilt in sieben verschiedene Kategorien (»Sexualität«, »Schlafen«, »Ängste und Wünsche«, »Eßstörungen«, »Probleme mit dem Körper«, »Zwanghafte Verhaltensweisen« und »Emotionale Signale«) richten sich auf Ängste, Manien und Verhaltensmuster. Einige Beispiel-Symptome:

- In meinem Leben gab es eine Phase sexueller Promiskuität.
- Ich habe oft Alpträume.
- Ich kann oft nicht einschlafen oder schlafe schlecht.
- Ich habe Angst vor Kellerräumen.
- Ich betreibe manche Dinge exzessiv und weiß nicht, wann ich aufhören muß.
- Ich identifiziere mich mit Mißbrauchsopfern in den Medien und muß oft über ihre Schicksale weinen.
- Ich erschrecke leicht.
- Ich bin oft weggetreten oder hänge Tagträumen nach.

Die Symptomlisten sollen Überlebenden helfen, das Ausmaß des ihnen durch den Mißbrauch zugefügten Schadens und seine Auswirkungen auf ihr gegenwärtiges Leben zu erkennen. Bass und Davis (»Trotz allem«) präsentieren insgesamt vierundsiebzig Fragen, ebenfalls eingeteilt in sieben allgemein gehaltene Kategorien: Selbstwertgefühl und persönliche Kraft; Gefühle; Dein Körper; Vertrauen und Nähe; Sexualität; Kinder und Muttersein; Eltern und Verwandte. Die Frage »Wo stehst du jetzt?« ist jedem Abschnitt vorangestellt, um die Leserin wachzurütteln, falls sie zu sehr mit Überleben beschäftigt war, um die millionenfache Weise zu erkennen, auf die der Mißbrauch ihr Schaden zugefügt haben könnte. Hier ist eine Auswahl aus den fünfzehn Fragen des Kapitels »Selbstwertgefühl und persönliche Kraft«:

- Hast du das Gefühl, du seist anders als andere Menschen?
- Fällt es dir schwer, dich für etwas zu begeistern?
- Meinst du, du müßtest immer perfekt sein?
- Kompensierst du mit Arbeit oder Leistung das Gefühl, daß du in anderen Bereichen deines Lebens nicht so gut zurechtkommst?

Warnung: Das Problem mit den Symptomlisten ist, daß relativ harmlose Aspekte einer »normalen« Persönlichkeit unter der Mikroskoplinse des Inzests zu Störungen und Abweichungen werden können. Nichtpathologische Aspekte unseres Wesens werden zu Symptomen für ein dunkles und böses Geheimnis, das wir sogar vor uns selbst verbergen. Die Symptomlisten werfen ein Netz aus, in dem sich die gesamte menschliche Rasse verfangen kann. Wie die Psychologin Carol Tavris kommentiert:

Nach derselben Liste könnte man sich auch als jemanden erkennen, der zu sehr liebt oder der unter einer Persönlichkeitsstörung leidet, bei der man sich ständig selbst behindert; oder einfach als menschliches Wesen am Ende des zwanzigsten Jahrhunderts. Die Liste ist so weitläufig und allgemein gehalten, daß alle sich zumindest in manchen Punkten wiedererkennen können. Es gibt niemanden, auf den sie nicht zutrifft.

Ein damit zusammenhängendes Problem ist, daß die etwas weit hergeholt erscheinenden Punkte auf der Liste (da fallen einem sofort die weiten Kleider und die Angst vor Kellerräumen ein) größeres Gewicht und eine andere Bedeutung erhalten, wenn sie mit Symptomen in einem Atemzug genannt werden, die allgemein als Folgeerscheinungen von sexuellem Mißbrauch anerkannt sind (wie besonders heftiges Erschrecken bei geringen Anlässen oder übermäßige sexuelle Aktivität in der Kindheit). Wenn normale Verhaltensweisen und Reaktionen als Anzeichen für sexuellen Mißbrauch interpretiert werden, dann wird jede Verhaltensweise zum potentiellen Symptom; je mehr Punkte Sie auf der Symptomliste ankreuzen, desto eher sind Sie eine Kandidatin oder ein Kandidat für das Prädikat der Überlebenden. Wenn ein Symptom nicht paßt, tut es bestimmt das nächste oder übernächste.

Blume ist bemerkenswert offenherzig in bezug auf den eigentlichen Zweck ihrer Liste. »Wir haben die Erfahrung gemacht, daß die Checkliste der Folgeerscheinungen als ein diagnostisches Hilfsmittel dienen kann, *um sexuelle Mißhandlung in solchen Fällen nahezulegen, in denen keine derartigen Erinnerungen vorhanden sind* [Hervorhebung durch Aut.].« Wie reagieren Klientinnen auf solche offensichtlichen (und offensichtlich beabsichtigten) Suggestionen? Einige bleiben zweifellos bei ihrem Leugnen und bestreiten, daß sie mißbraucht wurden, und schließlich gibt entweder der Therapeut nach, oder der Klient beendet die Therapie. Der Anwalt Dennis Herriot zum Beispiel litt nach dem Selbstmord seines Vaters an schweren Depressionen und suchte Hilfe bei einer Therapeutin. Aber wenn er versuchte, mit ihr über seine Probleme zu sprechen, deutete sie stets an, daß noch etwas anderes vorliegen mußte, dem er sich nicht stellen konnte oder wollte. Dieses geheimnisvolle »andere« verfolgte Herriot, und seine Depression verstärkte sich. Was stimmte nicht mit ihm? Seine Therapeutin verblüffte ihn mit ihrer Diagnose: »Ich weiß nicht, wie ich es Ihnen sagen soll, aber Sie weisen dieselben Eigentümlichkeiten auf, wie einige meiner Patienten, die Opfer von Mißbrauch durch Satanskultanhänger waren.« Herriot, der Satanskulte oder rituellen Mißbrauch in keiner Weise erwähnt hatte, brach die Therapie sofort ab.

Aber andere Klienten, die vielleicht weniger Selbstvertrauen haben und verwundbarer sind, lassen sich in die Suche nach diesen vergrabenen Erinnerungen verwickeln, um ihrem Leid ein für allemal ein Ende zu setzten. Eine Frau aus Oregon, die von meiner Arbeit zu Erinnerungsverzerrungen und der experimentellen Einpflanzung von falschen Erinnerungen gehört hatte, schrieb mir einen langen Brief und bat um meine Hilfe. Mit ihrer Erlaubnis gebe ich hier einen Ausschnitt aus ihrem Brief wieder:

Vor drei Jahren begann ich eine Einzeltherapie, weil ich unter Depressionen und Angstzuständen litt. Nach wenigen Wochen legte mir mein Therapeut nahe, daß sexueller Mißbrauch in der Kindheit die Ursache meiner Probleme sein könnte. Seitdem ist er sich seiner Diagnose immer sicherer geworden .... Ich habe keine direkten Erinnerungen an diesen Mißbrauch. .. Mir geht ständig die Frage im Kopf herum, wie etwas so Schreckliches mit mir passieren konnte, ohne daß ich mich an irgend etwas davon erinnere. In den letzten beiden Jahren habe ich kaum etwas anderes getan, als versucht, mich zu erinnern .... Trotzdem frage ich mich immer noch, ob wirklich etwas passiert ist .... Das Nachgrübeln ist unerträglich geworden.

Was kann ein Therapeut tun, um das Nachgrübeln erträglicher zu machen? Während alle bekannten Bücher zum Thema verschiedene Therapietechniken erwähnen und einige auch spezielle Methoden zur Wiedererlangung verdrängter Erinnerungen, werden die spezifischsten und detailliertesten Ratschläge in Renee Fredricksons Buch »Repressed Memories: A Journey to Recovery from Sexual Abuse« dargestellt. Fredrickson, die einen Doktortitel hat, ist im National Public Radio, im Cable News Network, in der Talkshow »Oprah« und zahlreichen anderen Radio- und Fernsehtalkshows aufgetreten, um ihre sehr spezifischen Techniken zur Wiedererlangung verdrängter Erinnerungen vorzustellen. Ihr Buch ist von Therapeutinnen, die auf verdrängte Erinnerungen gerichtete Therapien praktizieren, an viele »Überlebende« verteilt worden.

Fredrickson beschreibt sieben Grundtechniken, die vergrabene Erinnerungen ausgraben und ihren mumifizierten Überbleibseln Leben einhauchen sollen: Arbeit mit Bildern; Traumarbeit; Tagebuchschreiben; Körperarbeit; Hypnose; Kunsttherapie; Arbeit mit Gefühlen. Da diese und ähnliche Techniken von vielen Therapeuten, besonders solchen, die »mit Erinnerungen arbeiten«, angewandt werden, werden wir sie im folgenden etwas genauer betrachten.

Arbeit mit Bildern

Sarah wurde von einem Flashback verfolgt, der zeigte, wie der Körper eines Kindes gewaltsam gegen eine Wand geschleudert wurde. Da die »Erinnerung« sich in Bildform präsentierte, schlug Fredrickson vor, daß Sarah es mit der Arbeit mit Bildern versuchen sollte, wobei jede Einzelheit und jede Empfindung, die mit dem geistigen Bild zusammenhängt, genauestens beschrieben und – wo es sich anbietet – gleich subjektiv interpretiert wird. Als Sarah sich auf ihre innere Wirklichkeit konzentrierte, begann sie, die Geschichte zu erzählen, die das Bild ihr eingab, wobei sie stets das Präsens benutzte. (Fredrickson erklärt, daß diese Bilder im Unbewußten existieren, wo alles in der Gegenwart stattfindet).

Als ein Bild zum anderen kam, erzeugten die »Erinnerungen« einen Film, der ein Kind – Sarah im Alter von zwei Jahren – mit seinem Großvater in einem Außenabort zeigt. Sarah »sieht«, wie ihr Großvater sie in den Außenabort im Garten führt und die Tür verschließt; sie sieht zu, wie er seinen Penis herausnimmt und ihn zwischen ihren Beinen reibt.

»Ich glaube, ich denke mir das gerade aus«, sagt Sarah plötzlich und unterbricht den »Lichtbildervortrag«.

Aber Fredrickson fordert ihre Klientin auf weiterzumachen und erklärt ihr, daß »Wahrheit oder Phantasie zu Beginn der Erinnerungsarbeit nicht von Bedeutung sind. Wichtig ist nur, was in ihrem Kopf vorging und was zu diesem Zeitpunkt in ihrer Vergangenheit wahr erschien.« Sarah läßt sich darauf ein und entwickelt das Bild weiter. Sie erinnert sich, daß ihr Großvater auf sie ejakulierte. Dann hob er sie mit einer Hand an und senkte sie in das Toilettenloch hinab, wobei ihr Körper schmerzhaft gegen die Seitenbalken schlug.

Sarahs Erinnerung ist erstaunlich klar und deutlich, besonders da sie sich noch an gesprochene Sätze (»Er sagt, daß ich allen egal bin«), Geräusche (»Er lacht so komisch«), Gerüche (»Der Gestank ist fürchterlich«) und Gefühle (»Ich habe schreckliche Angst«) erinnert. Sie beschreibt, wie sie wieder aus dem Abort herauskommt und was sie dabei empfindet, wieder draußen zu sein (immer noch in der Gegenwart): »Ich wundere mich, wie sonnig und schön die Welt aussieht.«

Bei ihrer Zusammenfassung von Sarahs Bilderarbeit läßt Fredrickson keinen Zweifel daran, daß diese Bilder für sie echte, aus dem Unbewußten aufgetauchte Erinnerungen darstellen.

Die Bilder, die aus Ihrem Unbewußten in Ihr Bewußtsein vordringen, sind Fragmente einer traumatischen Erinnerung, die wieder auftauchen will. Die Bruchstücke, die in Ihrem Kopf erscheinen, mögen zuerst unverständlich und verwirrend erscheinen, aber sie sind ein Teil eines Mißbrauchsvorfalls, den Sie vergraben haben. Ein Stück dieses Vorfalls ist aufgetaucht und bohrt sich in Ihr Bewußtsein. Folgen Sie ihm zurück ins Unbewußte, und Sie werden eine verdrängte Erinnerung hervorholen.

Fredrickson beharrt darauf, daß diese Bilder aus dem Unbewußten, auch wenn sie oft übertrieben oder comicähnlich sind, »einen genauen Teil des Mißbrauchs« wiedergeben. Doch sie betont auch wiederholt, daß es auf Wahrheit und Genauigkeit nicht ankommt, jedenfalls nicht in diesem Stadium der Therapie: »Ob das Erinnerte ... ausgedacht oder wirklich ist, ist zu Beginn des Prozesses ohne Bedeutung; darüber kann zu einem späteren Zeitpunkt entschieden werden.«

Renee Fredrickson ist nicht die einzige, die Arbeit mit Bildern vorschlägt. In »Trotz allem« beschreiben Bass und Davis eine Übung, die auf einem Verfahren beruht, das sich »imaginative reconstruction« nennt und der Überlebenden erlaubt, »Dinge aus deiner Geschichte oder der Geschichte deiner Familie zusammenzufügen, die du gar nicht wissen kannst«:

Nimm etwas aus der Geschichte deiner Familie, über das du nie wirklich etwas herausfinden konntest. Zum Beispiel die Kindheit deines Vaters oder die Umstände im Leben deiner Mutter, die es verhindert haben, daß sie dich beschützen konnte. Nimm alle Einzelheiten zu Hilfe, die du kennst, und denk dir deine eigene Geschichte aus. Benutze alles, was du weißt, als Fundament, und bau deine Geschichte darauf auf, indem du dir vorstellst, was tatsächlich passiert sein könnte.

WARNUNG: Sich seine »eigene Geschichte ausdenken« und sich »vorstellen, was tatsächlich passiert sein könnte« sind wichtige Strategien für die Entwicklung von Erzählungen und Romanen. Aber führen sie auch zur Aufdeckung von vergessenen oder vergrabenen Fakten? Kognitive Psychologen wissen, daß Leute, die phantasieanregende Übungen machen, bald nicht mehr eindeutig zwischen Wirklichkeit und Phantasie unterscheiden können. Und Gerichtspsychologen sind zu dem Schluß gekommen, daß gelenkte Bildvorstellungen einen dissoziativen Zustand hervorrufen, der dem Zustand in der Hypnose ähnlich ist; deshalb sind sie ein genauso unzuverlässiges Mittel zur Wiedergewinnung von Erinnerungen.

Wir laufen daher bei der Schaffung unserer eigenen Geschichten Gefahr, erfundene Ereignisse für Erinnerungen an wirkliche Erlebnisse zu halten. Am Ende glauben wir an die Geschichten, die wir erzählen.

Traumarbeit

Die Theorie besagt, daß im Traum das »Tor« zum Unbewußten offensteht und wir nur nach den Symbolen und »Indikatoren« für verdrängte Erinnerungen Ausschau halten müssen. Fredrickson regt an, eine offene Liste von Erinnerungsfragmenten und »Zugangssymbolen« (s. u.) zu führen. Sie führt sechs verschiedene Traumtypen an, die Informationen des Unbewußten über vergrabene Erinnerungen enthalten:

- Alpträume. Das Erkennungsmerkmal eines Alptraums ist die Intensität der Angst, die er hervorruft. Wenn Ihre Alpträume bestimmte Symbole oder andere Indikatoren enthalten, können sie sexuellen Mißbrauch aufdecken. Bei diesen Symbolen kann es sich um Vergewaltiger, Mörder, Psychopathen und Verfolger handeln; oder um Schlafzimmer, Badezimmer, Kellerräume, Abstellkammern und Dachböden; um Penisse, Brüste und Gesäßbacken; um Flaschen, Besenstiele und Stöcke; um Blutopfer, das Abtrennen von Körperteilen, Kannibalismus, schwarzgekleidete Figuren und den Teufel.
- Immer wiederkehrende Träume. Sie sind »Notrufe aus Ihrem Unbewußten« und können sowohl Alpträume als auch unbedrohliche Träume sein, in denen immer wieder dieselben Personen, Umgebungen und Handlungen auftauchen.
- Träume von sexuellem Mißbrauch. Sie enthalten eine spezifische, eindeutige Mißbrauchshandlung und sind nach Fredrickson immer Träume von verdrängten Erinnerungen. Die spezifische Handlung kann eine Vergewaltigung sein, oraler oder analer Sex, der Mißbrauch eines Kindes oder eines Teenagers, Voyeurismus oder Sodomie.
- Träume, die Zugangssymbole enthalten. Solche Träume weisen auf die Existenz von verborgenen Mißbrauchserinnerungen hin. Verbreitete Zugangssignale sind geschlossene oder verriegelte Türen, geheimnisvolle Gänge, verborgene oder versteckte Gegenstände, ein Kind, das nicht sprechen kann oder Schutz braucht, Wasser (besonders beängstigende Wassermassen), Schlangen oder Phallussymbole.
- Alle Träume, die starke Gefühlsregungen hervorrufen. Sogar uninteressant oder trivial erscheinende Träume können Fragmente von verdrängten Erinnerungen enthalten. Wenn Sie einen besonders lebhaften Traum haben, der einen starken Eindruck hinterläßt, rät Fredrickson zur Traumarbeit, welche die folgenden Schritte umfaßt:
- Ihre Träume nach Symbolen oder Charakteristika für sexuellen Mißbrauch durchforsten.
- Ihre Gefühle, Gedanken und Interpretationen bezüglich dieser Symbole mit anderen teilen.
- Den Traum durch mehr Informationen, weitere Details oder freies Assoziieren klarer machen.

• Den ungefähren Ablauf des Mißbrauchs, wie er durch die »Traumarbeit« herausgeschält wurde, erkennen können.

Viele Therapeuten sind sich einig, daß Traumarbeit ein machtvolles Hilfsmittel ist. »Bewußte Gedanken können kontrolliert werden; das Bewußtsein kann durch Abwehrmechanismen beeinflußt werden«, schreibt Blume. »Aber im Wachzustand sorgfältig maskierte Geschehnisse können im Schlaf durchscheinen.« Und Beverly Engel betont, daß Träume »sehr erhellend sein können, indem sie Erinnerungen freilegen, denen Sie sich im Wachzustand nicht stellen können oder wollen. »Um diese Aussage zu illustrieren, erzählt sie die Geschichte von Judy, die bereits wußte, daß ihr Bruder sie sexuell mißbraucht hatte und dann eines Nachts träumte, daß ihr Vater sie ebenfalls belästigt hatte. »Sie erwachte mit furchtbaren Schmerzen in ihrer Vagina und einer Flut von Erinnerungen. Sie wußte, der Traum war Wirklichkeit.«

WARNUNG: Waren diese Träume »wahr«, oder »wurden« sie erst wahr, als Therapeutin und Klientin sich gemeinsam bemühten, die Befürchtungen, Besorgnisse und Unsicherheiten der Klientin zu zerstreuen? Wie bei den Übungen mit bildhaften Vorstellungen stellen Psychologen die Behauptung in Frage, daß Träume einen verläßlichen Wegweiser zur Wirklichkeit darstellen. Der Psychologe Brooks Brenneis hat vor kurzem eine ausführliche Auswertung der Literatur über die Beziehung zwischen Träumen und traumatischen Erlebnissen abgeschlossen. Seine Ergebnisse lassen darauf schließen, daß ein Traum selbst dann wenig Ähnlichkeit mit der Wirklichkeit hat, wenn er von einem tatsächlichen, nachprüfbaren Ereignis (zum Beispiel einem Autounfall) handelt; der Traum gibt das Trauma eindeutig auf *metaphorische* Weise wieder. Brenneis schreibt zusammenfassend:

Es gibt keine empirischen und sehr wenig klinische Anzeichen dafür, daß bestimmte traumatische Erfahrungen unverändert in den Trauminhalt übergehen. Demzufolge ist die Vorstellung, daß ein Traum mit einem traumatischen Erlebnis identisch oder isomorph sein kann, fragwürdig.

Bedenkt man die Tatsache, daß Träume oft aus »Rückständen« der Erlebnisse des Tages bestehen, ist es nicht verwunderlich, wenn Patienten nach Therapie und Erinnerungsarbeit manchmal von Mißbrauchserfahrungen träumen. Die Interpretationen dieser Träume durch Therapeuten können leicht deren eigene Voreingenommenheiten und Überzeugungen widerspiegeln, und Klienten können allzu aufnahmebereit für diese Interpretationen sein – besonders wenn ihnen von ihren Therapeuten gesagt wurde, daß ihre Träume direkte Botschaften aus dem Unbewußten über einen verdrängten Mißbrauch in der Kindheit sind.

Tagebuchschreiben

Nach Fredricksons Theorie gibt es fünf verschiedene Arten von Erinnerungen: abrufbare Erinnerungen (die einzige Form von Erinnerungen, die im Bewußtsein gespeichert ist), Bilderinnerungen, Gefühlserinnerungen, szenische Erinnerungen und Körpererinnerungen (Erinnerungsformen, die alle im Unbewußten zu finden sind). Die Arbeit mit Bildern und die Traumarbeit machen sich Bilderinnerungen (»Erinnerung, die in Form eines Bildes ins Bewußtsein dringt«) und Gefühlserinnerungen (»die Erinnerung an eine emotionale Reaktion in einer bestimmten Situation«) zunutze. Das Tagebuchschreiben dagegen macht szenische Erinnerungen zugänglich, »bei denen der vergessene Zwischenfall spontan dargestellt wird«.

Beim Tagebuchschreiben geht man von einem bestimmten Punkt aus – etwa einer Empfindung, einem Bild oder einem Symbol aus einem Traum oder Alptraum – und legt dann die aus dem Unbewußten aufsteigenden Bilder und Botschaften schriftlich nieder. Fredrickson schlägt drei Grundtechniken für das Wiederauffinden von verdrängten Erinnerungen vermittels Tagebuchschreiben vor.

Die erste Technik ist die der freien Assoziation, bei der man, ohne zu bewerten oder zu selektieren, alles aufschreibt, was einem in den Kopf kommt, auch Bilder, Gefühle und körperliche Empfindungen. Selektieren ist ein Prozeß, der in der rechten Gehirnhälfte abläuft und nach Fredrickson »den Zugriff der linken Gehirnhälfte auf das, was Sie wissen wollen, behindert«.

Bei der zweiten Technik nimmt man einen echten oder phantasierten Mißbrauchsvorfall und schreibt eine Geschichte darüber. Das wichtigste dabei ist, die Geschichte so schnell wie möglich aufzuschreiben: »Sie können sich darauf verlassen, daß das Unbewußte einen traumatischen Vorfall aus Ihrer eigenen Vergangenheit für den größten Teil der ›Geschichte‹ auswählt«, schreibt Fredrickson, »denn wenn man etwas schnell tun muß, ist es einfacher, von der Erfahrung auszugehen, als die Phantasie anzustrengen.«

Die dritte Technik ist die schnelle Liste: Man notiert seine spontane Reaktion auf ein bedeutungsträchtiges Wort oder eine lenkende Frage, ohne dabei zu denken, bewußt auszusortieren, zu redigieren oder zu ordnen.

Fredrickson illustriert die Schreibtechnik der »schnellen Liste« mit einem faszinierenden Fallbeispiel. Aus ein paar Erinnerungsbruchstücken und eindringlichen Träumen hatte Ann die Überzeugung gewonnen, daß sie von ihrer Großmutter mißbraucht worden war, konnte sich jedoch an keine Einzelheiten erinnern. Anns Therapeutin gab ihr Papier und Bleistift und forderte sie auf, ohne nachzudenken oder sich um Genauigkeit zu kümmern, fünf Mißbrauchshandlungen aufzuschreiben, die ihre Großmutter begangen hatte. Ann warf sofort acht sehr spezifische Punkte aufs Papier, darunter eine Erinnerung daran, wie ihre Großmutter eine Katze aufgehängt hatte, eine andere, bei der sie versuchte, Ann mit einem Kissen zu ersticken, und weitere, bei denen bestimmte sexuelle Handlungen im Vordergrund standen. Nachdem sie die Liste ihrer Therapeutin vorgelesen hatte, empfand Ann Schrecken und Trauer, aber auch Erleichterung, weil sie jetzt wenigstens in »Grundzügen« wußte, was mit ihr geschehen war.

Fredrickson verrät noch einen kleinen Trick, wie man sich den Zugang zum Unbewußten erleichtern kann: Wenn man mit der linken Hand schreibt, erleichtert das den Zugang zur linken Gehirnhälfte, der kreativen, intuitiven und verbindenden Hälfte. In seinem Buch »Homecoming« rät John Bradshaw den Lesern ebenfalls, mit der nicht dominierenden Hand zu schreiben, da auf diese Weise offenbar die kontrollierenden, logischen Funktionen des Gehirns umgangen werden und »es leichter ist, die Verbindung zu den Gefühlen des Kindes in Ihrem Innern aufzunehmen«.

WARNUNG: Die Technik des Tagebuchschreibens erscheint vielen kognitiven Psychologen als eine potentiell »riskante Übung«*, besonders wenn Therapeutinnen ihren Patientinnen ein unkritisches Aufzeichnen des Bewußtseinsstroms anraten, ohne dessen Inhalt jemals zu bewerten. Die Möglichkeit, daß diese Technik Menschen ohne reale Mißbrauchserfahrungen dazu bringt, falsche Erinnerungen und Überzeugungen entstehen zu lassen, wird noch verstärkt, wenn das Schreiben von anderen therapeutischen Techniken und/oder den expliziten Ansichten des Therapeuten über das Wiedererlangen von Erinnerungen begleitet wird – zum Beispiel, indem er der Klientin sagt, daß ihre Symptome auf einen sexuellen Mißbrauch in der Kindheit hinweisen, daß eine Genesung von der Wiedererlangung von Erinnerungen abhängig ist, oder daß die Tagebuch-Schreibübungen mit hoher Wahrscheinlichkeit exakte Erinnerungen hervorbringen.

Darüber hinaus enthält die umfangreiche wissenschaftliche Literatur zum Funktionieren des Gedächtnisses keinen Hinweis

* Lindsay, S. und Read, D.: Psychotherapy and memories of childhood sexual abuse. In: Applied Cognitive Psychology (im Druck)

auf die Existenz von verschiedenen Arten von Erinnerungen im Unbewußten. Daher müssen »Bild«-, »Gefühls«-, »szenische« und »Körper«erinnerungen als interessante, aber unbeweisbare Theorien über das Arbeiten des intuitiven und gefühlsbestimmten Teils des menschlichen Geistes angesehen werden. Das »Kind im Innern« ist offensichtlich eine Metapher (ist es wirklich möglich, mit den »Gefühlen« einer Metapher in Verbindung zu treten?), und es gibt keinen Nachweis dafür, daß Schreiben mit der nicht dominierenden Hand Zugang zu diesem »Kind im Innern« gewährt. Ebenso gibt es keinen Nachweis dafür, daß Selektieren, Einordnen oder Nachdenken – die kognitiven Akte des Reflektierens, Begründens und Analysierens – den Zugang zu Erinnerungen im Unbewußten behindern.

Eine letzte Bemerkung zu der Technik der »schnellen Liste«: Die meisten Psychologinnen sind mit mir der Auffassung, daß eine Theorie über den menschlichen Geist, die dazu auffordert, das »Denken« auszuschließen, wohl noch einmal überarbeitet werden sollte.

Körperarbeit

Die hinter der Körperarbeit stehende Theorie besagt, daß der Körper sich an Dinge erinnert, die der Geist unbewußt lieber vergessen will. Wenn wir ein Trauma oder einen Mißbrauch erleben, kann sich unser Verstand verschließen und die Erinnerung in eine Schublade des Unbewußten stopfen, doch unser Körper wird sich immer an das Gefühl des Mißbrauchtwerdens erinnern. Durch Massagetherapie oder andere körperbeeinflussende Techniken können wir Zugang zu diesen »Körpererinnerungen« erlangen und beginnen, die Wahrheit über unsere Vergangenheit herauszufinden.

Fredrickson zeichnet drei Stufen bei der Aufdeckung von Erinnerungen durch Körperarbeit nach:

- Energie. Der Körper speichert Erinnerungen in Form von Energie; wenn bestimmte Körperstellen berührt oder massiert werden, können die Energieblockaden gelöst und die Erinnerungen stimuliert werden.
- Auftauchen. Die gespeicherte Erinnerung kann über jeden der fünf Sinne auftauchen.
- Auflösung. Wenn die Erinnerungen zu fließen beginnen, werden auch Wut und Trauer freigesetzt, und die Überlebende akzeptiert die Wahrheit über ihre Vergangenheit.

Körpererinnerungen können offenbar durch jeden der fünf Sinne stimuliert werden. Als Beispiele für Körpererinnerungen werden genannt: der Geruch von Chloroform oder neuem Leder, der Anblick von Mundwasser oder Zahncreme, das Geräusch einer knarrenden Tür oder eines Reißverschlusses beim Öffnen der Hose, der Geschmack von Alkohol oder Zigaretten, das Gefühl der Schläfrigkeit, Kribbeln oder Brennen, extreme Empfindlichkeit in der unteren Rückenregion, an den Armen, Zehen, Schultern oder anderen Körperteilen. Wenn eine Körpererinnerung auftaucht, kann das eine äußerst unangenehme Erfahrung sein, wie aus dem Zitat einer Überlebenden in »Trotz allem« hervorgeht:

Ich hatte immer Körpererinnerungen, völlig ohne Bilder. Ich fing an zu schreien und fühlte, wie etwas aus meinem Körper herauskam, über das ich keine Kontrolle hatte. Meistens kamen diese Erinnerungen sofort, nachdem ich mit jemandem geschlafen hatte, oder mittendrin oder mitten in einem Streit. Wenn meine Leidenschaft irgendwie entfacht war, fiel mir mein Körper ein, obwohl ich kein bewußtes Bild davon hatte, nur dieses Schreien, das da aus mir herauskam.

Behandelnde Psychologen führen die intensiven physiologischen Reaktionen bei Klienten, die sich an einen Mißbrauch erinnern, als Beweis für das Erinnerungsvermögen des Körpers an. In einem Aufsatz im »Journal of Child Sexual Abuse« erklärt die klinische Psychologin Christine Courtois, daß Erinnerungen

physiologisch, *durch Körpererinnerungen und Empfindungen, wiederkehren können. Der oder die Überlebende kann Farben, bestimmte Anblicke oder Bilder vor sich sehen, Geräusche hören, Gerüche, Düfte oder Geschmacksempfindungen wahrnehmen. Sein oder ihr Körper kann mit charakteristischen Schmerzen reagieren oder sogar körperliche Stigmatisierungen aufweisen, wenn die Erinnerung an einen bestimmten Mißbrauch wieder durchlebt wird ... Erinnerungen können sich auch* pathologisch *bemerkbar machen, durch Schmerzen, Krankheiten (die oft ohne medizinischen Befund sind), Übelkeit und Konversionssymptome wie Lähmung und Gefühlstaubheit.*

E. Sue Blume faßt die allgemeine Theorie der Körpererinnerungen und Körperarbeit folgendermaßen zusammen:

»Der Körper speichert die Inzesterinnerungen, und ich habe von dramatischen Enthüllungen und Wiederentdeckungen von Gefühlen und Erfahrungen durch Körperarbeit gehört ... Diese Therapie gibt es schon recht lange, aber sie wurde von den Gesprächstherapeuten nie ernst genommen. Das sollte sie aber. Sie kann Erinnerungen und Gefühle freisetzen, die die Gesprächstherapie nicht erreicht.«

Warnung: Obwohl es theoretisch möglich ist, daß unbewußte Erinnerungen das Verhalten beeinflussen und körperliche Symptome erzeugen, gibt es keinen Beweis für die Behauptung, daß Muskeln und anderes Gewebe auf eine Weise reagieren, die zuverlässig als eine konkrete episodische Erinnerung interpretiert werden kann. Wissenschaftler betonen, daß es unmöglich zu entscheiden ist, ob die den Körpererinnerungen zugerechneten Symptome von historisch echten Erinnerungen oder von aktuellen Problemen und Fixierungen oder sogar vom Zufall hervorgerufen werden. Wie der Psychologe Martin Seligman schreibt: »In der Wissenschaft müssen wir eine Nullhypothese aufstellen, wenn wir etwas beweisen wollen. Sie muß widerlegt werden können, um wissenschaftliche Glaubwürdigkeit zu erringen.« Aber die Theorie der Körpererinnerungen verweigert sich der Möglichkeit einer Nullhypothese – man kann die Theorie weder beweisen, noch kann man sie widerlegen.

Hypnose

Nach Fredrickson werden in der Hypnose »Bilderinnerungen« im Unbewußten angezapft, die das Wiedererlangen von vergrabenen Mißbrauchserinnerungen erleichtern. Die verbreitetste Hypnosetechnik zur Wiederauffindung von verdrängten Erinnerungen ist die »Regression« oder Rückführung auf ein bestimmtes Alter. Nachdem die Klientin in Trance versetzt worden ist, fordert die Therapeutin sie auf, in der Zeit bis zu einem bestimmten, bedeutsam erscheinenden Alter, zurückzugehen. Die Klientin, jetzt »regrediert«, beschreibt die Szenen, Bilder und Gefühle, die ihr in den Sinn kommen, und »Mißbrauchserinnerungen, die verkraftet werden können, tauchen aus dem Unbewußten auf«.

Fredrickson warnt, daß Hypnose kein magisches Wahrheitsserum ist und auch nur dann helfen kann, wenn der Klient darauf vorbereitet ist, sich »der Wahrheit« zu stellen. Andere Psychologen gehen noch etwas weiter in ihren Warnungen, und manche sind sogar der Meinung, daß Hypnose bei Inzestüberlebenden kontraindiziert ist. Falscher Einsatz und falsche Anwendung der Hypnose bergen »ein Schadenspotential«, schreibt Mike Lew in »Als Junge mißbraucht«, wobei er argumentiert, daß »Erinnerungen nicht grundlos abgeblockt werden«, und bezweifelt, daß »das Hervorzerren von Erinnerungen, bevor jemand bereit ist, sie zu verkraften, einen Nutzen hat«. Lew äußert auch seine Skepsis gegenüber der »Schnellreparatur«-Mentalität, die Therapien zur Wiedergewinnung von Erinnerungen verbreiten:

Erinnerung als das Ziel der Ziele einzusetzen ist mit einigen Schwierigkeiten verbunden. Es entsteht dadurch der gedanklich festverankerte Glaube, daß die Wiedergewinnung der Erinnerung Voraussetzung für jedwede weitere Genesung ist ... (Der Betreffende) wird vom Zwang befallen, sich erinnern zu wollen. Erfolg oder Mißerfolg, Gesundheit oder Krankheit, Normalität oder Abnormität – alles wird vom Gesichtspunkt aus beurteilt, in welchem Ausmaß der Mißbrauch ins Gedächtnis gerufen werden kann ... Es ist unvernünftig zu meinen, daß mit den wiedergewonnenen Erinnerungen alles in Ordnung sein wird.

ZUSÄTZLICHE WARNUNGEN: In einem neueren Aufsatz weisen die Psychologen Steven Jay Lynn und Michael Nash darauf hin, daß

Eigenschaften des hypnotischen Umfeldes, einzeln oder kombiniert, in einer Weise zusammenwirken können, die das Risiko der Erzeugung von Pseudoerinnerungen erhöht. Diese Beobachtung wird durch einen Bericht der American Medical Association von 1985 und durch darauffolgende Untersuchungen bestätigt, die die Tatsache unterstreichen, daß Hypnose den Glauben an wiedererinnerte Ereignisse verstärkt, ohne daß nennenswerte Änderungen auf der Ebene der Exaktheit stattgefunden hätten.*

Wiederholtes Nachfragen »trägt dazu bei, Erinnerungen einzufrieren oder zu verhärten, ungeachtet ihrer historischen Genauigkeit«, warnen Nash und Lynn, und dieses Problem gewinnt an Bedeutung, wenn der Therapeut selbst an die historische Genauigkeit der Erinnerungen glaubt: »Wenn behandelnde Psychologen ihren Klienten vermitteln, daß ihre Erinnerungen der genauen Wahrheit entsprechen, kann das bei den Klienten zu einem ungerechtfertigt großen Vertrauen in ihre Erinnerungen führen.«

In einem Vortrag, den er auf dem Jahrestreffen der American Psychological Association von 1992 hielt, stellte Nash Fälle vor, bei denen hypnotisierte Personen auf ein Alter von siebzig bis achtzig Jahren *progrediert* wurden und sich an Ereignisse erinnerten, die sie erst noch erleben mußten. Er berichtete auch von einem Patienten aus seiner eigenen Praxis, der glaubte, von Außerirdischen entführt gewesen zu sein und reichhaltige Details über die

* Der Bericht des Council on Scientific Affairs der American Medical Association trägt den Titel »Scientific status of refreshing recollection by the use of hypnosis«. Er wurde vollständig im »Journal of the American Medical Association« vom 4. April 1985, Bd. 253, S. 1918–1923 abgedruckt.

High-Tech-Maschinen liefern konnte, die die Außerirdischen zur Gewinnung von Spermaproben an seinem Penis appliziert hatten. »Ich behandelte diesen überaus leicht zu hypnotisierenden Mann erfolgreich während eines Zeitraums von drei Monaten, wobei ich die Standardaufdeckungstechniken benutzte und bei zwei Gelegenheiten Hypnose anwandte«, faßte Nash zusammen.

Nach zwei Monaten Therapie ließen seine Symptome nach: Er konnte wieder normal schlafen, seine Grübeleien und Flashbacks hatten aufgehört, er kehrte zu seinem normalen Maß an zwischenmenschlichem Kontakt zurück, und seine Produktivität bei der Arbeit verbesserte sich. Unsere Bemühungen hatten Erfolg. Dessenungeachtet muß ich betonen: Er verließ meine Praxis genauso überzeugt, daß er entführt worden war, wie er sie betreten hatte. Er dankte mir sogar dafür, daß ich ihm geholfen hatte, »die Lücken in seiner Erinnerung zu schließen«. Ich glaube, ich muß Ihnen nicht sagen, wie unglücklich ich gerade über diese Wortwahl war.

Nash verglich die Entführungsgeschichte seines Patienten mit den von erwachsenen Überlebenden sexuellen Mißbrauchs wiederentdeckten Erinnerungen:

Hier haben wir ein klares Beispiel für eine hartnäckig geglaubte Phantasievorstellung, die mit höchster Wahrscheinlichkeit nicht wahr ist, die aber dennoch alle Anzeichen einer zu einem früheren Zeitpunkt verdrängten traumatischen Erinnerung trägt. Ich arbeite regelmäßig mit erwachsenen Frauen, die sexuell mißbraucht worden sind, und ich konnte keinen Unterschied zwischen den auf dem Trauma beruhenden Äußerungen und Symptomen dieses Patienten und denen meiner sexuell mißbrauchten Patientinnen feststellen. Schlimmer noch, dem Patienten schien es deutlich besserzugehen, als er den Bericht über das Trauma vervollkommnen und ihn in seine Weltsicht einbauen konnte.

In seinen abschließenden Bemerkungen riet Nash den therapierenden Psychologen, mit großer Vorsicht und Behutsamkeit in bezug auf traumatische Erinnerungen von Patienten vorzugehen, denn »schlußendlich können wir (als Therapeuten) den Unterschied zwischen einer fest geglaubten Phantasievorstellung über die Vergangenheit und einer echten Erinnerung nicht erkennen. Es kann sogar sein, daß zwischen beiden kein struktureller Unterschied besteht.«

Der Hypnoseforscher Campbell Perry stimmte ihm zu und mahnte an, daß Therapeuten für die Erzeugung und anschließende Bestätigung von »Pseudoerinnerungen« bei ihren Klienten verantwortlich sein können:

Jede Erinnerung, die bei einer Rückführung auftaucht, kann ein

Fakt, eine Lüge, eine Erfindung oder eine Pseudoerinnerung sein, die zufällig aus einer unangebracht suggestiven Bemerkung des Hypnotiseurs entstanden ist. In den meisten Fällen kann auch ein Experte nicht zwischen diesen Möglichkeiten unterscheiden. Sie oder er kann nur hoffen, eine dieser Möglichkeiten durch Fakten belegen zu können.

In seinem Buch »Suggestions of Abuse« betont der klinische Psychologe und Hypnoseexperte Michael Yapko, daß nicht einmal formale Hypnosetechniken angewendet werden müssen, um eine Patientin empfänglich für Suggestionen zu machen. Die Therapiesituation allein schafft eine Anfälligkeit für direkt geäußerte oder auch nur implizit vermittelte Überzeugungen und Suggestionen. Yapko beschreibt einen »unvorstellbaren« Zwischenfall aus seiner eigenen Praxis:

Eine Frau rief mich an und fragte, ob ich sie hypnotisieren würde, um festzustellen, ob sie als Kind sexuell belästigt worden war. Ich fragte sie, warum sie vermutete, mißbraucht worden zu sein. Sie sagte mir, sie hätte einen anderen Therapeuten wegen ihres geringen Selbstbewußtseins angerufen, und dieser Therapeut hätte ihr gesagt – ohne sie überhaupt kennengelernt zu haben –, *daß sie mißbraucht worden sein müsse und hypnotisiert werden sollte, um herauszufinden wann und wie.*

Dieser Fall, der nach Yapko durchaus keinen Einzelfall darstellt, verkörpert in seinen Worten »eine Dummheit schlimmster Sorte« und ist »gleichbedeutend mit beruflicher Fahrlässigkeit«.

Kunsttherapie

Nach Renee Fredrickson verschafft Kunsttherapie Zugang zu zwei Arten unbewußter Erinnerungen – szenischen Erinnerungen (vergessene Erinnerungen, die in einer spontanen Handlung nachgespielt werden) und Bilderinnerungen (Erinnerungen, die als Bilder im Bewußtsein auftauchen). Indem sie eine visuelle Darstellung schafft, kann die Überlebende die Erinnerung oder das Erinnerungsfragment neu erstehen lassen, oder sie kann das fertiggestellte Bild dazu benutzen, das Auftauchen von verdrängten Erinnerungen auszulösen.

Fredrickson beschreibt drei grundlegende Methoden für das Erlangen oder Ausformen von Erinnerungen durch künstlerisches Arbeiten:

- Wachrufen von Bildern. Die Klientin soll ein Bild als Ausgangspunkt wählen, es zeichnen und dann hinzufügen, was ihrer Meinung nach als nächstes passieren könnte. Raten und vermuten ist dabei erlaubt. »Der Schlüssel liegt darin, die Ihnen am treffendsten erscheinende Vermutung über das Geschehene zu zeichnen«, rät Fredrickson.

- Bereits wiedererlangte Erinnerungen. Die Klientin fügt der Darstellung einer bereits wiedererlangten Erinnerung weitere Details hinzu, um sie zu spezifizieren und zu konkretisieren.
- Interpretation des Kunstwerks. In dieser abschließenden Phase versucht die Klientin festzustellen, ob bestimmte Symbole, Motive oder Gegenstände wiederholt auftauchen. Diese sich wiederholenden Symbole zu entdecken und anschließend zu interpretieren, kann dazu beitragen, verdrängte Erinnerungen aufzudecken.

Bea, eine von Fredricksons Patientinnen, zeichnete gern und wählte daher die Kunsttherapie als Weg zur Erforschung ihrer Gefühle. Ihre Zeichnungen wiesen immer wieder dieselben furchterregenden Symbole auf: Blut, Pentagramme, Menschen in langen Gewändern, den Teufel und »riesige Penisse, die kleine Kinder aufschlitzen«. Bea glaubte schließlich, daß sie tatsächliche Szenen aus ihrer Erinnerung wiedergab. Nachdem sie auf ein Gemälde mit einem Ziegenbock und einem kleinen Kind umgeben von Gestalten in langen Roben gestarrt hatte, wußte sie, daß die Szene eine echte Erinnerung darstellte: »Ich habe eine Erinnerung gemalt, bevor ich überhaupt wußte, daß es eine Erinnerung ist!« rief sie aus.

Zeichenübungen werden oft von Therapeuten benutzt, um ihren Patienten dabei zu helfen, Erinnerungen an einen sexuellen Mißbrauch in der Kindheit »hervorzurufen«. »Die einfache Rekonstruktion eines Schlafzimmers auf dem Papier, so wie es der Klient oder die Klientin in Erinnerung hat, kann blockierte Gefühle an die Oberfläche bringen«, schreibt die Therapeutin Catherine Roland. »Das Bett kann Gefühle auslösen, von denen die Klienten noch nichts wissen, besonders wenn der Mißbrauch im oder in der Nähe des Schlafzimmers stattgefunden hat.« Durch »eindringliches Fragen« kann dann die allgemeine Einstellung der Familie zu sexuellem Verhalten aufgedeckt werden, und zielgerichtete Bemerkungen über Einzelheiten der Zeichnung können der Klientin helfen, »die tieferen Schattierungen von Angst und Verdacht auszuloten«.

WARNUNG: Auch wenn das Zeichnen von Bildern einen Zugang zu blockierten Gefühlen eröffnen kann, bleibt die Frage, ob es ratsam ist, diese Gefühle zu benutzen, um »die tieferen Schattierungen von Angst und Verdacht« auszuloten. Wohin, müssen wir uns fragen, werden uns diese Schattierungen führen? Wenn Erinnerungen von Zeichnungen oder Illustrationen einer Klientin ausgelöst werden, hat die Therapeutin keine verläßliche Handhabe zu entscheiden, ob diese Erinnerungen echt sind oder nicht. Auch hier ist also äußerste Vorsicht angeraten.

Erforschen von Gefühlen

Das Erforschen von Gefühlen soll dazu dienen, an die »Gefühlserinnerung« heranzukommen, die von Fredrickson als Erinnerung an eine emotionale Reaktion auf eine bestimmte Situation definiert wird. Die Erinnerung selbst mag verdrängt sein, doch die verwaisten Gefühle irren ruhelos durch Körper und Geist und suchen nach ihrem Erinnerungs-»Zuhause«. Auf diese Weise kann auch das Gefühl, mißbraucht worden zu sein, ohne die dazugehörige Erinnerung existieren, und die Überlebende wird von intensiven Gefühlen und Empfindungen beeinflußt, die keinen Bezug zu ihrem gegenwärtigen Leben zu haben scheinen. Wenn eine Überlebende sagt: »Ich glaube, ich bin sexuell mißbraucht worden, aber das ist nur so ein Gefühl«, dann erfährt sie eine Gefühlserinnerung.

Überlebende können natürlich viele Gefühle erfahren, aber zwei werden als universell angesehen und bilden die Grundlage der »Gefühlserforschung«: Trauer und Wut. Wenn eine Überlebende in Kontakt mit ihren Gefühlen kommen kann, besagt die Theorie, dann kann sie mit dem schmerzhaften Prozeß beginnen, sie auch zuzulassen; wenn die Gefühle an die Oberfläche kommen, kommen die verdrängten Erinnerungen oft mit ihnen. Fredrickson erklärt, wie die strukturierte Trauerarbeit vorgeht:

Sie kauern sich zusammen oder legen sich hin und beginnen, langsam und entspannt zu atmen. Immer wenn Sie sich irgendwie traurig fühlen, versuchen Sie, das Gefühl durch ein Geräusch auszudrücken. Mit der Zeit wird die Trauer langsam anwachsen. Trauer kommt gewöhnlich in Wellen, seien Sie also nicht entmutigt, wenn sie abebbt, sie wird sicher wiederkommen. Stöhnen, schreien oder schluchzen Sie bei jeder Welle von Trauer. Wenn die Trauer anwächst, können auch die dazugehörigen Erinnerungen mit auftauchen.

Trauerarbeit verwandelt sich oft in Wutarbeit (und umgekehrt). Der Zweck der Wutarbeit ist es, die Wut, den Groll und die Feindseligkeit der Überlebenden auf das richtige Ziel zu richten: auf den Täter. Therapeuten empfehlen eine große Bandbreite von Techniken für die Wutarbeit, zum Beispiel auf den Fußboden, gegen die Wände oder auf ein altes Sofa einzuhämmern; auf einen Berg Kissen mit einem Tennisschläger, einem Gummischlauch, einem zusammengerollten Handtuch, einer Zeitung oder einem »Encounterschläger« (einem weichen Schaumgummistab) einzuschlagen; auf leeren Eierkartons oder Aluminiumdosen herumzutrampeln; Karatetritte zu üben; ein Telefonbuch mit bloßen Händen zu zerreißen; oder einfach so laut und lange wie möglich zu schreien.

In »Trotz allem« beschreibt eine Überlebende den Ausbruch an Gefühlen, den sie während ihrer Wutarbeit erlebte:

Die eigentliche Wutarbeit war nicht beängstigend. Sie war sogar sehr aufregend. In einer sicheren Umgebung, in der dir so viel Liebe gegeben wird, hast du das Gefühl, daß du alles sagen oder tun kannst. Es ist okay, wenn du deinen Stiefvater mit einem Gummischlauch ins Gesicht schlägst. Ich weiß noch, daß ich dachte »Das ist ja nicht schlimm. Es wird niemanden umbringen.« Hin und wieder hörte ich auf, sah mich um und dachte: »Das kann nicht sein! Das kann ich nicht gewesen sein!« Ich hatte das Telefonbuch von Denver in kleine Stücke zerrissen und konnte immer noch weitermachen. Ich mußte ab und zu mal Atem holen oder mir die Nase putzen, und ich weiß noch, wie ich auf die Zerstörung um mich herum blickte und dachte: »Mein Gott, das war alles in mir drin!« Ich war ganz platt, wieviel Wut ich in mir hatte.

WARNUNG: Da es keine Beweise dafür gibt, daß die Erforschung von Gefühlen zur Aufdeckung von echten, historischen Erinnerungen im Gegensatz zu erfundenen, phantasierten oder konstruierten führt, scheint es angeraten, die Schlußfolgerungen der Psychoanalytikerin Alice Miller bezüglich des »Ziels« von Therapien zu wiederholen: »Hat der Patient dank der emotionalen Verarbeitung der Kindheit seine Lebendigkeit wiedergewonnen, ist das eigentliche Ziel erreicht.«

Nachdem dieses Ziel erreicht ist, fährt Miller fort, liegt es in der Verantwortung des Patienten, Entscheidungen zu treffen. »Es ist nicht unsere Aufgabe, ihn zu ›sozialisieren‹, zu erziehen (auch politisch nicht, denn *jede Erziehung* ist eine *Bevormundung*) oder ihm ›Freundschaften zu ermöglichen‹ – das ist alles seine Sache.«

In der Therapie geht es oder ging es zumindest immer darum, Patienten dabei zu helfen, zu *verantwortlichen* Menschen zu werden. Doch einige Therapeutinnen sind der Meinung, daß die Therapie durch den Schwerpunkt Abreaktion der Gefühle Gefahr läuft, Schaden anzurichten. Die Psychologin Margaret Singer hat das Problem auf den Punkt gebracht:

Wenn eine Therapie erfolgreich ist, geht die Patientin autonomer, verantwortlicher, gereifter und entscheidungsfähiger daraus hervor. Aber heutzutage wird von Patientinnen erwartet, daß sie ihre Gefühle auf eine Weise ausdrücken, die den Erwartungen der

Therapeutinnen entspricht. Viele Patienten haben mir berichtet, daß sie von ihren Therapeuten in einen Zustand andauernder Wut getrieben wurden. Wie kann ihnen die Therapie da noch helfen, zu reiferen, unabhängigeren, verantwortungsvolleren Mitgliedern der Gesellschaft zu werden? Es ist mir geradezu peinlich, daß ein Heilberuf sich so weit von der obersten Richtlinie der Fürsorge und Behandlung entfernen konnte, die da heißt: »Niemals dem Patienten schaden.«

Gruppentherapie

Gruppentherapie wird als eine wichtige Ergänzung zur Einzeltherapie und als essentieller Teil des Heilungsprozesses angesehen. Mike Lew betont die Vorzüge des Gemeinschafts- und Solidaritätsgefühls, das in Gruppen entsteht, in denen andere Inzestüberlebende »fähig (oder sogar begierig) sind, dem, was Sie sagen, zuzuhören«, »Ihnen glauben« und »*wissen*, daß Sie die Wahrheit über den Mißbrauch und seine Folgen sagen, *weil sie selbst ähnliche Erfahrungen gemacht haben«*.

Zuhören, Glauben und das Wissen um die Wahrheit fungieren als eine Art Bindemittel, das die Erinnerungen sich verfestigen und schließlich Gestalt annehmen läßt. »Ihre Erinnerungen, die Ihnen so lange unwirklich erschienen, gewinnen jedesmal, wenn Sie sie mit anderen teilen, an Substanz«, lautet Fredricksons Rat.

Gruppentherapie wird außerdem als effektive Methode angesehen, Erinnerungen schneller wiederaufzufinden. Erinnerungen und Gefühle fügen sich zu einer »Kette« zusammen, wenn die Gruppenmitglieder sich nacheinander mit den von den anderen artikulierten Erinnerungen identifizieren. Wie Bass und Davis raten: »Wenn du noch nicht genau weißt, was dir als Kind passiert ist, können die Geschichten der anderen Frauen an deine Erinnerungen rühren. Ihre Worte können unterdrückte Gefühle zutage fördern ...«

In ihrem Buch »Die Narben der Gewalt« preist Judith Lewis Herman die erinnerungsstimulierende Funktion des gruppendynamischen Prozesses und behauptet, daß er die Wiedergewinnung von Erinnerungen praktisch garantiere:

Der starke Zusammenhalt, der sich in einer um Rekonstruktion bemühten Gruppe entwickelt, erleichtert den Teilnehmern das Erinnern und Trauern. Zudem ist die Gruppe ein äußerst wirkungsvoller Katalysator bei der Aufdeckung neuer traumatischer Erinnerungen. Die schmerzhaften Einzelheiten, die jeder Teilnehmer bei der Rekonstruktion seines Traumas den anderen erzählt, rufen bei den Zuhörern fast zwangsläufig ebenfalls neue traumatische Erinnerun-

gen wach. Allen Mitgliedern der Gruppen für Inzestopfer, die es sich zum Ziel gesetzt hatten, weitere Erinnerungen zutage zu fördern, ist dies stets ausnahmslos gelungen. Wenn eine Frau sich durch eine partielle Amnesie blockiert fühlt, wird sie aufgefordert, alles zu erzählen, was sie noch weiß. Die Gruppe bringt dann stets neue Gesichtspunkte und Gefühle ins Gespräch und ermöglicht auf diese Weise den Zugang zu weiteren Erinnerungen.

WARNUNG: Obwohl viele Psychologinnen und Psychiater die Stimulation und Auslösung von ähnlich gearteten Erinnerungen als wichtige Funktion der Gruppentherapie ansehen, warnen sie doch auch davor, daß diese Kettenreaktion außer Kontrolle geraten kann. Der Psychiater Paul McHugh sieht es als besonders gefährlich an, Menschen, die sich an einen Mißbrauch erinnern, mit Menschen zusammenzubringen, die glauben, daß sie mißbraucht wurden, aber keine Erinnerungen daran haben. Der Druck in solchen »gemischten« Gruppen kann zur Erzeugung von Pseudoerinnerungen führen – wie eine Überlebende, die sich schließlich erinnerte, daß sie im Alter von zwölf Monaten auf dem Wickeltisch belästigt worden war, bezeugt: »Es herrschte ein ziemlich großer Anpassungsdruck in der Gruppe. Man wurde nicht richtig akzeptiert, bis man eine Menge Erinnerungen vorweisen konnte.«

Die Psychologin Christine Courtois ist der Überzeugung, daß Gruppentherapie eine wertvolle Quelle von »Sicherheit, Unterstützung und Verständnis« sein kann, rät aber den Therapeuten, »den Gruppenprozeß sorgfältig zu überwachen und sein Tempo zu kontrollieren, damit die Mitglieder nicht ständiger emotionaler Überforderung ausgesetzt sind«. Auch Judith Lewis Herman ist der Meinung, daß Erinnerungen so schnell kommen können, daß »das Tempo der Exploration gedrosselt werden muß, um die Betroffene und die Gruppe nicht zu sehr zu belasten«.

Die zentrale Aufgabe jeder Gruppe von Traumapatientinnen sollte es nach Herman sein, ein Gefühl der Sicherheit zu vermitteln:

Wenn sie dieses Ziel aus den Augen verlieren, kann es passieren, daß sie sich mit Schilderungen vergangener Schrecken und gegenwärtiger Gefahren gegenseitig noch weitere Furcht einflößen. So berichtet zum Beispiel ein Inzestopfer, wie die Geschichten der anderen Gruppenmitglieder seinen Zustand noch weiter verschlimmerte: »Ich schloß mich der Gruppe an, weil ich hoffte, die Begegnung mit ein paar Frauen, die ähnliche Erfahrungen hinter sich hatten, würde manches erleichtern. Das schlimmste an der Gruppe war dann jedoch die Erkenntnis, daß sie es mir keineswegs leichtermachte, sondern mein Entsetzen noch um ein Vielfaches verstärkte.

Konfrontationen

Wenn die verdrängten Erinnerungen einmal zurückgewonnen sind, wird der Überlebenden gesagt, daß sie die Wahl hat: Entweder kann sie mit der Therapie fortfahren und daran arbeiten, mit ihrer Trauer und ihrer Wut auf eine private, unkämpferische Weise zurechtzukommen, oder sie kann sich entscheiden, dem Mißbrauch entgegenzutreten (und für sich selbst einzutreten), indem sie den oder die Täter damit konfrontiert. Die Entscheidung für die Konfrontation wird nie als leicht oder unriskant befürwortet. Die meisten Autorinnen zum Thema warnen, daß eine Konfrontation nur dann in Erwägung gezogen werden sollte, wenn die Überlebende vollständig vorbereitet und eindeutig auf dem Weg der Heilung ist. Darüber hinaus wird der Überlebenden versichert, daß die Konfrontation eine Möglichkeit ist, *gegen* die man sich entscheiden kann. Wie Mike Lew in seinem einfühlsamen Kapitel über die Konfrontation schreibt: »Den Täter zu konfrontieren ist ein schwieriges und komplexes Problem .... Die Entscheidung dazu hängt völlig vom einzelnen ab und ist sehr persönlich. Für manche Leute ist es einfach ein logischer nächster Schritt in ihrer Genesung; für andere könnte sie eine gefährliche und selbstzerstörerische Tat sein.«

Doch in diesen Büchern ist auch viel von der heilenden Kraft die Rede, die das Aussprechen der Wahrheit in sich birgt. »Den Mitgliedern Ihrer Familie zu sagen, daß Sie verletzt wurden, ist die zweckmäßigste Form der Heilung. Jetzt sind Sie endlich frei genug, die Wahrheit zu sagen«, schreibt Fredrickson. Sie sind nicht nur »frei«, die Wahrheit zu sagen, Sie haben auch das Recht dazu. »Jede hat das Recht, die Wahrheit über ihr Leben zu sagen«, schreiben Bass und Davis am Anfang ihres Kapitels »Enthüllung und Konfrontation«.

Wenn wir die Wahrheit aussprechen, gewinnen wir ein Gefühl der »Ermächtigung«, das Fredrickson als »geistige, körperliche und seelische Stärke« definiert. Die Konfrontation wird als ein Initiationsritus dargestellt, ein schmerzhafter, aber bedeutender Schritt auf dem Weg der Verwandlung vom Opfer zur Überlebenden. »Den Täter mit dem Mißbrauch konfrontieren ... ist die endgültige Rückforderung der Macht für die Überlebende; sie besagt, daß sie nicht mundtot gemacht ist, nicht von ihm beherrscht wird«, schreibt E. Sue Blume. »Die Konfrontation ist eine Gelegenheit zu sagen, ›*Ich weiß, was du getan hast*, und du hattest kein Recht dazu.‹«

In der Literatur zur Heilung von Inzest werden manchmal genauere Ratschläge zur Vorbereitung auf die Konfrontation gegeben. Ein Netzwerk unterstützender Personen muß vorhanden sein, die Motivationen und Erwartungen müssen sorgfältig analysiert und Probeläufe abgehalten werden. Die Überlebende kann damit beginnen, ihre Geschichte ihren Unterstützern zu erzählen – ihrem Therapeuten, Gruppenmitgliedern, Freundinnen, Ehemann oder Freund. Sie kann sich über ihre Gefühle klarwerden, indem sie Briefe schreibt oder ihre Freunde und Therapeutinnen um ein Feedback bittet. Sie kann sich die Konfrontation in der Phantasie ausmalen und sich dabei selbst als stark, selbstbewußt und der Situation völlig gewachsen sehen. Oder sie kann auf Rollenspiele oder Psychodrama zurückgreifen und mit ihrem Therapeuten oder Gruppenmitgliedern verschiedene Konfrontationssituationen durchspielen.

Dann, wenn sie ausreichend vorbereitet ist, kann sie ihrer Familie »die Wahrheit sagen«. In der tatsächlichen Konfrontation sollte sie es immer vermeiden, Zweifel oder Unsicherheiten auszudrücken, und fest und klar aussprechen, was sie weiß, und dabei genau beschreiben, wie sich der Mißbrauch bei ihr ausgewirkt hat. »Vermeiden Sie es, zögerlich über Ihre verdrängten Erinnerungen zu sprechen«, rät Fredrickson. »Sprechen Sie nicht nur über sie, sondern verkünden Sie sie als die Wahrheit. Wenn Sie Monate oder Jahre später feststellen, daß Sie sich in einigen Punkten geirrt haben, können Sie sich immer noch entschuldigen und den Hergang berichtigen.«

Überlebende sollten sich auf Unschuldsbeteuerungen und empörte Reaktionen gefaßt machen, wenn sie ihre Mißhandler mit der Tat konfrontieren. »Seien Sie darauf vorbereitet, daß der Täter alles abstreitet«, schreibt Mike Lew.

Lassen Sie nicht zu, daß die Situation sich in ein Hin und Her von Argumenten oder ein Streitgespräch verwandelt. Gestatten Sie es einem Täter nicht, Ihnen Ihre Erinnerungen auszureden. Erinnern Sie sich daran, daß der Täter (die Täterin) Sie schon öfter belogen hat. Behalten Sie all die Geschütze, die Sie innerlich aufgefahren haben, fest in Ihrer Hand, und machen Sie aus der Situation keine Übung in Frustration.

Wenn der Täter die Geschichte der Überlebenden weiterhin abstreitet, könnte es an der Zeit sein, das Thema Verdrängung anzusprechen. »Sie werden dem Mißhandler vielleicht sagen wollen, daß er jede Erinnerung an den Mißbrauch verdrängt hat«, schreibt Fredrickson. Aber Überlebende sollten um jeden Preis einen Kampf um die Wahrheit vermeiden. Es ist nicht die Aufgabe der Überlebenden, den Täter zu überzeugen oder zu bekehren. Das einzige Ziel von Enthüllung und Konfrontation ist es, sich zu befreien, seine Selbstbestimmung zurückzugewinnen, sich selbst zu beweisen, daß man nicht länger von anderen eingeschüchtert und beherrscht werden kann, und somit sicherzustellen, daß man nie wieder zum Opfer wird. In Lews Worten ist die Konfrontation »ein Akt der Selbstachtung«.

»Trotz allem« gibt mehrere dramatische Beispiele für erfolgreiche Konfrontationen:

Eine Frau fuhr vor zwanzig Jahren zum Begräbnis ihres Großvaters und erzählte allen Leuten am Grab, was er ihr angetan hatte. In Santa Cruz in Kalifornien gehen Frauen der Gruppe »Frauen gegen Vergewaltigung« mit der Überlebenden und stellen den Vergewaltiger an seinem Arbeitsplatz zur Rede. Dann stehen da zehn oder zwanzig Frauen um einen Mann herum, während die Überlebende beim Namen nennt, was er ihr angetan hat .... Eine Überlebende erzählte uns die Geschichte einer Frau, die ihren Bruder an seinem Hochzeitstag bloßstellte. Sie schrieb genau auf, was er ihr angetan hatte, und machte Kopien davon. Bei der Begrüßung der Gäste gab sie jeder und jedem einen verschlossenen Umschlag und sagte: »Ich habe aufgeschrieben, was ich an diesem Tag empfinde. Bitte lies es, wenn du zu Hause bist.«

WARNUNG: Die Folgen einer Konfrontation, ob am Totenbett, beim Hochzeitsempfang oder Auge in Auge, betreffen nicht nur den Beschuldigten, der schuldig sein mag oder auch nicht. Der mögliche Schaden für die Überlebende muß ebenfalls in Betracht gezogen werden. Was ist, wenn sie »Monate oder Jahre später« tatsächlich feststellt, daß sie sich »in einigen Punkten geirrt hat«? Das Argument, daß sie sich ja »immer noch entschuldigen und den Hergang berichtigen kann«, bedenkt nicht die katastrophalen Auswirkungen der Anschuldigung für alle Beteiligten. Familien werden auseinandergerissen, Beziehungen unwiderruflich verändert und Existenzen vernichtet.

Eine fünfunddreißigjährige Frau sagte ihrer verwitweten Mutter, die tödlich an Krebs erkrankt war, daß sie Erinnerungen wiedererlangt hätte, die besagten, daß sie von beiden Eltern sexuell mißbraucht worden war. Zwei Tage später stürzte sich die beschuldigte Mutter mit dem Auto von einer Klippe. Sie hinterließ einen Abschiedsbrief, in dem stand, daß sie »jetzt nichts mehr hatte, für das es sich weiterzuleben lohnte«. Wer kann die langfristigen Auswirkungen und Folgen für diese Frau abschätzen, die heute der Überzeugung ist, daß ihre Erinnerungen falsch waren?

Den Täter verklagen

»Trotz allem« enthält eine fünfseitige Passage von Mary Williams, einer Rechtsanwältin, die erwachsene Überlebende vertritt.

Williams beschreibt kurz die neuesten Veränderungen bezüglich der Verjährungsfristen und führt den Erlaß des Staates Kalifornien an, der eine dreijährige Frist für Zivilklagen aufgrund sexuellen Kindesmißbrauchs einräumt, wenn der Täter ein Familienmitglied ist. Nach dem neuen Gesetz können Opfer bis zu ihrem einundzwanzigsten Geburtstag eine Klage vorbringen. Wenn die Bestimmungen für eine spätere Entdeckung auf das neue Gesetz angewandt werden, haben Überlebende vom Zeitpunkt der Entdeckung an drei Jahre Zeit, Anzeige zu erstatten – egal, wie alt sie sind. Wenn also eine Überlebende die Erinnerung an einen Mißbrauch verdrängt hat und über Jahre oder sogar Jahrzehnte hinweg kein bewußtes Wissen von der Tat hatte, hat sie vom Tag der Entdeckung an (vermutlich etwa in der Mitte einer Therapie) drei Jahre lang Zeit, einen Prozeß anzustrengen. (Seit dem Erscheinen von »Trotz allem« 1988 haben über zwanzig US-Staaten die Verjährungsfristen bei sexuellem Kindesmißbrauch geändert.) Die rechtlichen Verhältnisse in Deutschland werden in der deutschen Ausgabe von der Rechtsanwältin Gisela Leppers geschildert.

Eine Seite in »Trotz allem« ist dem Thema »Schadenersatz und Schmerzensgeld« gewidmet. Williams spricht die Höhe an, in der sich Schmerzensgelder in den USA bewegen (»Ich hatte schon Schmerzensgelder von 20 000 bis zu 100 000 Dollar«), und fügt in einer Fußnote hinzu, daß die Summen im Durchschnitt in Zukunft aller Wahrscheinlichkeit nach höher sein werden.*

In einem zusammenfassenden Abschnitt wird dann eine Kosten-Nutzen-Rechnung im Hinblick auf eine Klage aufgemacht.

Obwohl der Prozeß, selbst wenn er insgesamt positiv verläuft, für Überlebende durch die Konfrontation mit dem Täter und hochkommende Erinnerungen eine enorme Belastung darstellt, habe ich doch oft die Erfahrung gemacht, daß ein Mädchen oder eine Frau gestärkt aus einem solchen Verfahren hervorgeht mit dem Bewußtsein, sich wenigstens nachträglich – in der Mißbrauchssituation war das ja nicht möglich – gewehrt zu haben und daß der Mißbraucher zur Verantwortung gezogen wurde .... Wenn auch eine Verurteilung des Täters und die Zahlung von Schadenersatz und Schmerzensgeld nicht ungeschehen machen kann, was einem Mädchen angetan worden ist, so sind doch viele Überlebende nach Ablauf des

* Tatsächlich sind Klägerinnen, die sich auf verdrängte Erinnerungen berufen haben, Schmerzensgelder von einer Million Dollar und mehr zugesprochen worden.

Verfahrens erleichtert und genießen es, einen Sieg errungen zu haben.

In »Secret Survivors« hat auch E. Sue Blume einen zweiseitigen Abschnitt dem Thema »Den Täter verklagen« gewidmet, in dem sie den ideologischen Nutzen eines Verfahrens preist, das den Klägerinnen »die Gelegenheit einer Art Anerkennung durch das System, das sie im Stich gelassen hat, bietet; bei einem positiven Ausgang gibt das System zu, daß a) wirklich etwas geschehen ist und b) der Angeklagte unrecht getan hat«. Blume erwägt auch die praktischen Gründe für eine Klage. Die Schmerzensgelder können dazu beitragen, die »hohen Ausgaben für Medikamente und Therapien von Frauen zu finanzieren, deren Erwerbsfähigkeit (die sowieso schon durch ihr Geschlecht gemindert ist) durch die Schädigungen infolge des Mißbrauchs eingeschränkt ist«.

Und damit sind wir bei der für das späte zwanzigste Jahrhundert logischen Lösung des seltsamen und verwirrenden Problems der verdrängten Mißbrauchserinnerungen angekommen. Wenn alles andere fehlschlägt (oder besser, *bevor* alles andere fehlschlägt), nehmen Sie sich einen Anwalt und klagen Sie auf Schmerzensgeld.

Ein paar abschließende warnende Worte

Mitten in Renee Fredricksons Buch ist ein kleiner, aus zwanzig Worten bestehender Satz versteckt, der zur Vorsicht rät. Wir möchten diesen Rat zur Vorsicht hier in der Überzeugung wiedergeben, daß er gegen den oft wiederholten Anspruch, daß »das Wiedererlangen Ihrer Erinnerungen der heilsamste Prozeß von allen ist«, abgewogen werden muß.

Weder Sie noch Ihre Therapeutin wollen ja eine phantasierte Wirklichkeit als Wahrheit akzeptieren, denn das wäre der Beginn des Wahnsinns.

Wenn wir nur eine todsichere Methode hätten, um die phantasierten Wirklichkeiten von der Wahrheit zu trennen. Aber die haben wir nicht, und in den meisten Fällen von »verdrängten Erinnerungen« werden wir sie nie haben. Der Glaube ist die Wurzel des Problems. Wenn wir glauben, daß etwas wahr ist, dann wird es auch zu unserer Wahrheit, und was andere dazu sagen, kann den Glauben in diese unsere Wirklichkeit kaum erschüttern.

Therapeutinnen und Therapeuten sind leider auch nicht besser als wir anderen ausgestattet für die Erkenntnis des echten Lichts der Wahrheit. Vielleicht lohnt es sich daher, an dieser Stelle die Worte des Psychologen Michael Nash bezüglich der Fähigkeiten von Therapeuten, zwischen Phantasie und Wirklichkeit zu unterscheiden, zu wiederholen: »Schlußendlich können wir (als Therapeuten) den Unterschied zwischen einer fest geglaubten Phantasievorstellung über die Vergangenheit und einer echten Erinnerung nicht feststellen. Es kann sogar sein, daß zwischen beiden kein struktureller Unterschied besteht.«

10

Alles, was ich je wollte

Wenn jemand Sie fragt: »Sind Sie als Kind sexuell mißbraucht worden?« gibt es nur zwei mögliche Antworten: Die eine lautet »Ja« und die andere »Ich weiß es nicht«. Sie können nicht mit »Nein« antworten.

Roseanne Arnold in der Talkshow »*Oprah*«

Gegen Ende März 1992 erhielt ich einen Anruf von einem Mann namens Mike Patterson aus Cedar Rapids in Iowa. Seine Tochter, begann er, hatte ihn abscheulicher sexueller Mißbrauchshandlungen beschuldigt. Die Beschuldigungen beruhten auf verdrängten Erinnerungen, die sie vor kurzem in einer Therapie wiedererlangt hatte.

»Abscheulich«, wiederholte er. »Ich habe in den letzten sechs Monaten mit vielen Experten gesprochen, und ständig höre ich dieses Wort. Also habe ich es im Wörterbuch nachgeschlagen. Es bedeutet ›überaus böse und verachtenswert‹. Nun, sexueller Mißbrauch ist abscheulich, und falsche Beschuldigungen sind abscheulich, und beidem müssen wir ein Ende setzen.«

Er erklärte, daß er mit allen Kontakt aufnahm, die ihm etwas über das Arbeiten der Erinnerung und über das Wesen dieser »Sache namens Verdrängung« sagen konnten und vielleicht eine Idee hatten, was fälschlich beschuldigte Eltern zu ihrer Verteidigung tun konnten. »Dr. Loftus«, sagte er mit ernster Stimme, und sein Midwestern-Akzent ließ seine Worte laut und deutlich aus dem Hörer klingen, »wie kann man die Nichtexistenz von etwas beweisen? Wie kann ich beweisen, daß ich etwas nicht getan habe?«

»Ich kann es eben nicht«, beantwortete er seine Frage selbst, »und deshalb habe ich mir etwas anderes überlegt. Mit meiner Tochter – sie heißt Megan – ging es bergab, seit sie anfing, zu einer

Therapeutin zu gehen, die sich auf so Dinge wie psychospirituelle Belange, Opfertherapie und Familienprobleme spezialisiert hat. Ich wollte herausfinden, was genau in diesen Therapiesitzungen geschah, deshalb habe ich eine Privatdetektivin angeheuert, die sich als Patientin mit ähnlichen Problemen wie meine Tochter ausgab. Sie trug eine Wanze, und ich besitze Tonbandaufnahmen ihrer Therapiesitzungen. Ich habe gehört, daß Sie einige Experimente zu Suggestionen und der Erzeugung von falschen Erinnerungen durchgeführt haben, und dachte, daß Sie vielleicht Interesse hätten, sich diese Aufnahmen einmal anzuhören.«

»Sie haben Aufnahmen von den Therapiesitzungen?« fragte ich. Das waren aufregende Neuigkeiten. Wenn Mike Patterson Aufnahmen von Therapiesitzungen hatte, bei denen Therapeut oder Therapeutin nicht wußten, daß sie aufgezeichnet wurden, dann hatte er etwas, was sonst niemand hatte. Auch wenn die Kritikerinnen der Therapien mit verdrängten Erinnerungen den Verdacht hatten, daß die Suggestionen und Erwartungen der Therapeuten und der Druck, sich zu erinnern, den Wiederauffindungsprozeß beeinflußten, so hatten sie doch bisher keine Beweise dafür. Sie hatten nur die subjektiven Wiedergaben von Patientinnen und Therapeutinnen, die allerdings dem unterlagen, was Psychologen »retrospektive Manipulation« nennen. Retrospektive Manipulation liegt vor, wenn wir an die Vergangenheit denken und bestimmte Umstände verändern oder die Lücken in unserer Erinnerung durch Übertreibungen, Vermutungen oder schlichtes Wunschdenken schließen. Wir neigen dazu, Einzelheiten hervorzuheben, die ein »gutes« Bild von uns ergeben (glücklich, intelligent, großzügig, mitfühlend, tolerant, versöhnlich etc.) und dafür Verhaltensweisen, Gedanken oder Gefühle zu ignorieren, die ein »schlechtes« vermitteln (gleichgültig, gedankenlos, herrschsüchtig, grob, unglücklich, dickköpfig, selbstsüchtig etc.).

Dieser Mangel an objektiver Wiedergabe macht die Erinnerungsforschung unter anderem so schwierig. Wenn Menschen sich an vergangene Ereignisse erinnern (und kein Videofilm oder Tonband das Ereignis dokumentiert), wie können wir dabei jemals wissen, was *wirklich* geschehen ist? Nehmen wir zum Beispiel an, Sie wollen erforschen, ob eine Beziehung zwischen dem Fettgehalt der Nahrung und der Entstehung von Brustkrebs besteht. Sie befragen dazu eine Gruppe von Frauen, die Brustkrebs haben oder hatten, und eine zweite Gruppe ohne Brustkrebs und stellen ihnen Fragen zur Ernährung und über ihre Eßgewohnheiten. Auch wenn die Frauen sich bemühen, Ihre Fragen ehrlich und möglichst genau zu beantworten, können ihre Antworten trotzdem ungewollt falsch oder verzerrt ausfallen, weil sie nicht mehr wissen, was sie an einem bestimmten Tag gegessen haben. Oder sie übertreiben vielleicht unbewußt den Anteil gesunder Nahrungsmittel und untertreiben die Menge an ungesundem, fettreichen Essen, das sie ebenfalls zu sich nehmen.

Was immer die Gründe für die Ungenauigkeiten in den Angaben ihrer Testpersonen sind, sie würden Sie jedenfalls zu falschen Schlußfolgerungen führen. Aber nehmen wir statt dessen an, daß Sie die Probleme, die sich durch retrospektive Manipulation und normale Erinnerungsentstellungen ergeben, kennen und ihnen durch eine List zuvorkommen, indem Sie heimlich versteckte Videokameras in den Küchen und Eßzimmern Ihrer Versuchspersonen installieren. (Die Ethikkommission würde nebenbei gesagt diesem Teil der Untersuchung niemals zustimmen.) Jetzt könnten Sie die subjektiven, retrospektiv manipulierten Aussagen mit den objektiven Videoaufnahmen vergleichen und zu einer genaueren Version der »Wahrheit« gelangen.

Genau das schien Mike Patterson gelungen zu sein: Er hatte eine objektive, nachprüfbare Version der »Wahrheit« über die Methode einer Therapeutin, Fragen zu stellen und mit einer Klientin umzugehen. Wenn Mike Pattersons Bänder auch nicht dazu dienen konnten festzustellen, ob die Erinnerungen seiner Tochter richtig oder falsch waren, so konnten sie uns doch wenigstens darüber Aufschluß geben, was sich in ihren Therapiesitzungen abgespielt haben könnte.

»Ich habe insgesamt vier Bänder«, sagte Mike in meine Gedanken hinein. »Ich weiß nicht, was die rechtlichen Konsequenzen sind, aber das ist mir inzwischen auch egal. Ich glaube, daß meine Tochter ein Opfer suggestiver therapeutischer Techniken ist. Ich glaube, daß sie das Pech hatte, Hilfe bei einer wohlmeinenden, aber unerfahrenen Therapeutin zu suchen, die denkt, daß sich jedes Problem der Welt durch sexuellen Mißbrauch erklären läßt. Ich habe getan, was ich tun mußte, um meine Hypothese zu belegen.« Seine Stimme wurde sanfter. »Es geht mir nicht um Rache, Dr. Loftus. Ich hoffe dadurch nur, meine Tochter zurückzubekommen.«

Ein paar Tage später bekam ich ein schweres Päckchen zugestellt. Zusätzlich zu den vier Tonbändern hatte Mike mir eine Mappe mit fünf säuberlich beschrifteten Unterteilungen geschickt, in denen sich Hunderte von Briefen, Notizen, wissenschaftlichen Artikeln und juristischen Dokumenten befanden. Ich las jedes Schriftstück in dieser Mappe und bat einen meiner Studenten, die Aufnahmen der Therapiesitzungen zu transkribieren. Zwei Monate später flog ich nach Cedar Rapids, um einen Vortrag vor der Anwaltskammer von Iowa zu halten, und verbrachte einen Nachmittag bei Mike und seiner Frau Dawn. Sie zeigten mir ihr Haus, Fotoalben und Videofilme (»Da war Megan zwei Jahre alt«, »Hier bekommt sie einen Preis bei ihrer Abschlußfeier überreicht«, »Dieses Foto wurde gemacht, als wir Megan das letztemal sahen ...«) und schickten mich mit einem weiteren Berg von Korrespondenzen und anderem Quellenmaterial nach Hause.

Ich glaube an Mike Pattersons Unschuld bezüglich der Anschuldigungen, die seine Familie zerstört haben. Aber ich möchte hinzufügen, daß selbst wenn er unschuldig und fälschlich angeklagt ist, sein Fall darüber hinaus nichts beweist. Seine Geschichte beweist nicht, daß eine große Zahl von Therapeutinnen ihren Patientinnen Dinge suggeriert, noch zeigt sie, daß Klientinnen diese Suggestionen notwendigerweise annehmen und falsche Erinnerungen erzeugen. Dies ist nur ein Fall – einzigartig, individuell und voll verschiedener Versionen der »Wahrheit«, von denen einige überprüfbar sind und andere nicht.

Am 15. November 1985 schrieb die zwanzigjährige Megan ihren Eltern einen fröhlichen Brief. Die Schrift ist rund und flüssig und vermittelt einen Eindruck von Aufgeregtheit und jugendlicher Begeisterung. Die meisten Sätze enden mit Ausrufungszeichen, und jeder Absatz enthält mindestens ein doppelt unterstrichenes Wort.

»Liebe Ma, lieber Pa«, begann der dreiseitige Brief. »Wie geht es Euch? Mir geht es super!« Megan bedankte sich überschwenglich für das Ferngespräch, das ihre Eltern am Abend zuvor mit ihr geführt hatten (*»Ich habe mich so geliebt gefühlt!«*), und schrieb, daß sie froh sei, in dieser Woche nur eine Prüfung zu haben. Ob die Eltern ihr bitte Geld für die Miete überweisen könnten? Sie sei etwas erschöpft, aber sonst gehe es ihr gut, und sie könne es kaum abwarten, zu Thanksgiving nach Hause zu kommen. Der Brief war mit »In Liebe, Megan« unterzeichnet.

Sechzehn Monate später, am 27. März 1987, schrieb Megan ihren Eltern einen weiteren liebevollen Brief von der Hochschule aus, an der sie sich auf ihren M.A.-Abschluß in Sozialarbeit vorbereitete. »Ich habe so viel zu tun gehabt, daß ich noch nicht mal Zeit hatte, Euch zu sagen, wie lieb ich Euch habe«, schrieb sie. Im nächsten Abschnitt dankte sie ihren Eltern für ihre Fürsorge und materielle Unterstützung – für das Auto, das sie ihr gekauft hatten, für ihre College- und Universitätsausbildung, für die gemeinsamen Ferien und das Geld, das sie ihr gegeben hatten, damit sie selbst Reisen unternehmen konnte. Doch am meisten schätzte sie die rückhaltlose Liebe ihrer Eltern und deren Bereitschaft, ihr bei ihren Problemen zu helfen. »Ich bin nicht immer die perfekte Tochter gewesen«, schrieb sie, »aber ich habe Euch sehr lieb und könnte Euch all das, was Ihr für mich getan habt, nie zurückzahlen. Aber ich will Euch wenigstens meinen Dank ausdrücken und sagen, daß ich Euch liebhabe – mehr als ich es in Worten ausdrücken kann.«

Im November 1987 schrieb Megan einen langen und aufschlußreichen Brief an Teresa, eine Ausreißerin, die die Pattersons vorübergehend bei sich aufgenommen hatten. Während der Thanksgiving-Ferien hatte es einen Streit zwischen Megan und ihrer Mutter gegeben, und Teresa hatte fälschlicherweise angenommen, daß sie der Grund dafür war. Megan schrieb ihr, um ihr zu erklären, worum es wirklich ging – ihre Mutter war verärgert, weil sie herausbekommen hatte, daß Megan mit ihrem Freund zusammenlebte.

Auf der zweiten Briefseite gestand Megan außerdem, daß sie und ihr Vater sich manchmal nicht verstanden, weil sie sehr verschieden seien. »Ich bin sehr anhänglich und will dauernd umarmt werden. Ich brauche es, daß Dad ›Ich hab' dich lieb‹ sagt. Aber Dad ist da anders – er braucht keine Umarmungen und liebevolle Worte. (Obwohl er es schon gern hat, wenn ich ihm sage, daß ich ihn liebhabe.)«

Jahrelang hatte sie sich wegen dieses Problems an Gott gewandt, schrieb Megan weiter, und er hatte ihr immer geholfen. Aber seit dem College hatte sie immer soviel zu tun und hatte aufgehört, um Gottes Hilfe zu bitten. Die Beziehung zu ihrem Vater verschlechterte sich stetig, als sie ihrer Frustration und ihrer Wut Luft machte. »Ich habe vieles gesagt und getan, was ich jetzt bereue, ich habe mir selbst und anderen damit weh getan. Wenn ich auch nach außen einen glücklichen und selbstbewußten Eindruck mache, im Innern bin ich verzweifelt und brauche Hilfe. Mir geht es sehr schlecht, und das ist jetzt schon seit fast drei Jahren so. Mein Leben ist ein einziges Chaos. Mit Gottes Hilfe und mit der von Mom und Dad werde ich mich schon wieder fangen.«

Sie beendete den Brief mit folgenden Worten: »Alle machen Fehler, und manchmal verletzen wir uns unabsichtlich gegenseitig. Aber alles wird besser, wenn wir miteinander reden und uns zeigen, daß uns etwas aneinander liegt. Wir brauchen schließlich alle Liebe!«

Drei Monate später traf Megan ihre Eltern im Haus ihrer älteren Schwester in Des Moines, wo sie die Geburt ihres ersten Enkelkindes feierten. Mike und Dawn hielten das Baby gerührt in den Armen, während Megan sich still und gedankenverloren abseits hielt. Später am Abend gestand Megan ihren Eltern, daß sie sexuell mißbraucht worden war.

»Wer hat dich mißbraucht?« fragten die Eltern erstaunt.

»Patrick.. Megan nannte den Namen ihres Ziehbruders, der mit fünfzehn Jahren bei der Familie eingezogen war. Sie hatten sich geküßt und Petting gemacht, erklärte Megan, aber keinen Geschlechtsverkehr gehabt. Obwohl die Berührungen in gegenseitigem Einverständnis geschehen waren, fand Megan, daß es sich um Mißbrauch handelte, weil sie erst zwölf Jahre alt gewesen war, also drei Jahre jünger als Patrick.

Dawn war erschüttert. Wie hatte das passieren können, ohne daß sie etwas bemerkt hatte? Es brach ihr das Herz, wenn sie daran dachte, daß ihr jüngstes Kind die Last dieser Erinnerung über zehn Jahre mit sich herumgeschleppt und sich so geschämt hatte, daß sie ihr Geheimnis noch nicht einmal mit ihren Eltern hatte teilen können. Doch trotz all ihrer Besorgnis kam ihr der Zeitpunkt der Mitteilung doch sehr merkwürdig vor. Warum hatte Megan ausgerechnet diesen Tag gewählt, um eine solch schmerzhafte und verstörende Erinnerung zu enthüllen? Warum hatte sie das freudige Ereignis auf diese Weise überschatten müssen?

Vier Monate später, im Juni 1988, erhielt Megan ihren M.A.-Titel von der Universität von Iowa. Sie ließ sich in Des Moines nieder, das zwei Stunden Autofahrt von ihrem Elternhaus entfernt lag, und bekam sofort einen Job in der Obdachlosenfürsorge angeboten. Sie hatte viele Fälle zu betreuen, und die Arbeit war psychisch sehr belastend. In den wöchentlichen Telefonaten mit ihren Eltern beklagte sie sich bitter über den anhaltenden Streß. Als ihr Freund im August mit ihr Schluß machte und auszog, machte sie einen deprimierten und gequälten Eindruck, schien gar nicht mehr sie selbst zu sein. Mike und Dawn sorgten sich darüber, daß sie vielleicht zuviel trank. Aber sie wußten auch, daß sie in bezug auf Drogen und Sex wohl etwas »spießig« waren, und versuchten, nicht übertrieben zu reagieren.

Doch sie konnten nicht umhin, sich Gedanken über ihr jüngstes Kind zu machen. Am Telefon klang Megan immer negativer und pessimistischer. Sie schien finster entschlossen, sie davon zu überzeugen, daß die entferntere Verwandtschaft »krank« war und professioneller Hilfe bedurfte; sie diagnostizierte bei einem Cousin eine »Profilneurose«, ein anderer Verwandter war eine »Borderline-Persönlichkeit« und ein dritter »paranoid«.

Wenn ihre Mutter allein am Apparat war, schalt Megan ihren Vater ständig wegen seiner »emotionalen Distanziertheit«. »Es scheint ihm völlig egal zu sein, was in mir vorgeht. Er hat immer so verdammt viel zu tun, ist immer mit irgendwelchen Projekten oder Personen beschäftigt, die ihn mehr brauchen als ich; jedenfalls denkt er das.«

»Megan, dein Vater betet dich an!« Dawn fragte sich, wie sie zu Megan durchdringen und ihr beibringen konnte, das Glas als halb voll statt als halb leer anzusehen. »Schatz, ich weiß, daß dein Leben im Moment schwierig ist und du viel Streß hast, aber versuch, daran zu denken, wie sehr wir dich lieben und was wir schon für schöne Zeiten miteinander hatten, die Ausflüge, die Ferien, die Feiertage.«

»Was für schöne Zeiten? Sie waren vielleicht für dich schön, aber hast du dir je Gedanken darüber gemacht, wie sie für mich waren?«

Dawn beschloß, nicht weiter in sie zu dringen. Megan war ein vernünftiges Mädchen, sie würde diese Krise genauso überwinden wie damals, als sie in der Junior-High-School mit einer Gruppe herumhing, die Hasch rauchte und mit New-Age-Religionen experimentierte. Damals hatten sie sich auch Sorgen gemacht, aber Mike hatte schließlich ein langes Gespräch mit Megan geführt und sie hatte sich »wieder eingekriegt«, wie sie es nannte, hatte neue Freunde gefunden, viele Stunden in der Kirchenjugendgruppe verbracht und beschlossen, ihr Leben »anderen zu widmen«.

»Das wird auch vorbeigehen«, sagte sich Dawn – wie schon so viele Male, wenn sie sich gefragt hatte, wie sie eine besonders schwierige Phase bei einem ihrer Kinder durchstehen sollte. Sie vertraute Megan und wußte, ihre Tochter würde den guten alten gesunden Menschenverstand benutzen, um wieder Ordnung in ihr Leben zu bringen.

Dawns Optimismus wurde durch einen Brief vom September 1988 bestätigt, in dem Megan sich für die Schwierigkeiten, die sie ihren Eltern machte, entschuldigte. »Ich weiß, ich habe mich unmöglich benommen. Danke für Euer Verständnis und dafür, daß Ihr zu mir gehalten habt.«

Eineinhalb Jahre vergingen. Im Januar 1990 trennte Megan sich von einem weiteren Freund, mit dem sie zusammengewohnt hatte. »Er war ein Trinker«, sagte sie zu ihren Eltern, »und ich hatte es einfach satt, in einer co-abhängigen Beziehung zu leben.« Obwohl Dawn den jungen Mann nie gemocht hatte, war sie doch überrascht, wie leicht Megan ihn mit einem Etikett versah und aus ihrem Leben strich.

»Übrigens«, fuhr Megan fort, »habe ich Euch schon erzählt, daß ich eine neue Therapeutin habe? Sie ist mir vom Alter her näher – sie ist Mitte Dreißig – und hat sich auf die Therapie von Verbrechensopfern, Inzestüberlebenden, Kindern aus gestörten Familienverhältnisse und so was spezialisiert.«

»Das ist ja eine ganze Menge«, sagte Dawn und versuchte, fröhlich und interessiert zu klingen. Doch die Reihe der Spezialgebiete der Therapeutin gaben ihr zu denken. War es wirklich möglich, daß eine einzige Therapeutin sich auf diesen unterschiedlichen Gebieten »spezialisieren« konnte? Und was bedeutete das mit den »Verbrechensopfern« und »gestörten Familienverhältnissen«?

»Ja, sie ist erstaunlich«, sagte Megan plötzlich in ernstem Ton. »Wir kommen wirklich schnell voran.«

Am 10. Februar 1990, dem Geburtstag ihres Vaters, rief Megan an und verkündete, daß sie Alkoholikerin sei. Als Geburtstagsgeschenk für ihren Vater hatte sie beschlossen, mit dem Trinken aufzuhören und zu den Treffen der Anonymen Alkoholiker zu gehen. Mike und Dawn waren überrascht – unter einem Alkoholiker stellten sie sich den Penner auf der Straße vor, der um Kleingeld bettelte und billigen Wein trank, der in einer braunen Papiertüte steckte –, aber als Abstinenzler unterstützen sie Megans Entschluß, nicht mehr zu trinken, natürlich freudig.

Drei Monate später, am Muttertag, erhielt Dawn ein dickes Päckchen von Megan. Darin war ein Buch von fünfhundert Seiten mit dem Titel »Trotz allem. Wege zur Selbstheilung für sexuell mißbrauchte Frauen«. »Was im Himmel ist das?« fragte Dawn Mike, der es durchblätterte und die Kapitelüberschriften vorlas: »Die Entscheidung zu heilen«, »Glauben, daß es geschehen ist«, »Die Grundlage deiner Heilung: Zorn«, »Enthüllung und Konfrontation«.

»Glaubst du nicht, daß sie es etwas übertreibt mit dieser Mißbrauchsgeschichte? Macht sie diese zweiwöchige Phase des Herumspielens mit Patrick wirklich zu einer« – Dawn warf wieder einen Blick auf das Buch – »›Überlebenden von sexuellem Kindesmißbrauch‹? Vielleicht ist sie uns böse, weil wir das damals mit Patrick nicht gemerkt haben und nicht eingeschritten sind. Was glaubst du, will sie uns mitteilen?«

Mike blieb philosophisch. »Megan ist eine hochintelligente und sehr sensible junge Frau, die gerade eine schwere Zeit durchmacht. Wir sollten ihr einfach das Gefühl geben, daß wir für sie da sind, wenn sie uns braucht. Es wird sich alles schon wieder einrenken.«

Am 15. Oktober 1990 kam ein Brief von Megan, der an »Dawn Patterson« adressiert war. Die Schrift war ausladend und unregelmäßig und spiegelte den Ärger und die Eile wider, in denen er verfaßt worden war. Schon beim Anblick der schwerfälligen, düster anmutenden Schrift wußte Dawn, daß ihre Tochter in großen Schwierigkeiten war. Megan hatte noch nie einen Brief auf Geschäftspapier geschrieben. Und sie hatte noch nie einen Brief an ihre Mutter allein adressiert.

»Ich mache eine schwere Zeit durch, seit ich mit dem Trinken aufgehört habe«, schrieb Megan. »Während der letzten Monate bin ich von auftauchenden Erinnerungen geplagt worden.« Megan führte zwar nicht aus, was das für Erinnerungen waren, aber sie betonte wiederholt ihr Bedürfnis, sich ein Gefühl der »Sicherheit« zu geben, indem sie nicht trank, zu den Treffen der Anonymen Alkoholiker ging und sich mit »anderen Inzestüberlebenden« traf.

Sicherheit? Was meint sie damit? fragte sich Dawn. Je öfter sie das Wort wiederholte, desto weniger Sinn ergab es. Megan erklärte, daß sie sich eine »sichere« Umgebung schuf, indem sie mit ihren Katzen spielte und mit ihrem Plüschbären kuschelte. Ab dieser Stelle des Briefes verdichtete sich die Schrift und wurde kantiger, als ob Megan sich mit ihrem ganzen Gewicht auf den Stift gestützt hätte. Dawn konnte sie beinahe mit den Zähnen knirschen hören.

Ich fühle mich unzulänglich und wertlos, und wenn ich jemand anderes werden könnte, wäre ich vielleicht liebenswerter. Meine Therapeutin akzeptiert mich voll und ganz wie ich bin und hilft mir zu lernen, mich selbst zu mögen. Du und Dad habt mir immer viel Freiraum gegeben, um mit Problemen auf meine Art klarzukommen, aber ich brauche im Moment noch mehr Freiraum, um das hier durchzustehen. Ich versuche durchzuhalten, immer einen Tag nach dem anderen.

»Freiraum«. »Sich sicher fühlen«. »Überlebende«. »Erinnerungen«. »Einen Tag nach dem anderen«. Dawn fragte sich, was all diese Worte zu bedeuten hatten ... Was steckte dahinter? Sie versuchte, sich mit dem Gedanken zu trösten, daß in vier Wochen Thanksgiving war. Sobald Megan zur Tür hereintrat, würden sie sich zusammensetzen und sich ordentlich aussprechen.

Drei Tage vor Thanksgiving erhielten sie einen weiteren Brief. Dawn kam gerade von der Arbeit nach Hause, als sie die Expreßsendung auf der Treppe vorm Hauseingang entdeckte. Sie erkannte Megans Handschrift, doch der Absender fehlte.

Dawn atmete tief durch. Sie wußte sofort, daß es schlechte Neuigkeiten waren. Warum sollte Megan, die ständig klagte, daß sie pleite war, sonst Geld für eine Expreßsendung ausgeben, wenn sie doch in zwei Tagen nach Hause kam? Sie öffnete den Umschlag mit zitternden Händen.

Der Brief trug das Datum vom 15. November. Megan mußte ihn vor einer Woche geschrieben und ihn erst später abgeschickt haben, damit er erst kurz vor Thanksgiving ankam.

»Ich bin es leid, Euch zu erklären, was ich fühle und durchmache«, begann sie in derselben dunklen, wutverzerrten Schrift wie in ihrem Brief vom Oktober. Es waren mehr Erinnerungen an sexuellen Mißbrauch zutage getreten, Erinnerungen, die vor allem ihre Mutter und ihren Vater betrafen. Diese auftauchenden Erinnerungen bestätigten sie in ihrer Entscheidung, »eine Pause« in der Eltern-Tochter-Beziehung »einzulegen«. Sie wollte nicht, daß irgend jemand von ihnen mit ihr Kontakt aufnahm – einschließlich ihrer Eltern, ihres Bruders und ihrer Schwester, ihrer Ziehgeschwister, ihrer Großmutter, ihrer Tanten, Cousins und Cousinen. »Ich werde alles Notwendige tun, um mich selbst zu schützen und mich Eurem Einfluß zu entziehen. Ich habe ausführlich mit meiner Therapeutin darüber gesprochen, und sie stimmt meiner Entscheidung vollkommen zu. Wir sind beide der Meinung, daß ich das Richtige tue.«

Megan informierte sie, daß sie umgezogen war, aber ihre neue Adresse nicht bekanntgeben würde; außerdem hatte sie eine neue, geheime Telefonnummer. Freunde und Arbeitskolleginnen hatten den Auftrag, sie gegen Anrufe von zu Hause abzuschirmen. Im Notfall konnten ihre Eltern sie über ihre Therapeutin erreichen.

»Ich weiß, daß der Zeitpunkt schlecht gewählt ist«, schrieb Megan zum Schluß, »aber ich bezweifle, daß es je einen rechten Zeitpunkt für die Beendigung einer Beziehung geben wird.«

»Mich Eurem Einfluß entziehen«. »Der Zeitpunkt ist schlecht gewählt«. »Je einen rechten Zeitpunkt für die Beendigung einer Beziehung«. Dawn war sicher, daß der Brief in der Praxis der Therapeutin abgefaßt worden war, die auch beim Formulieren geholfen hatte. Das waren nicht die Worte ihrer Tochter. Das waren die Worte einer Fremden.

Zwei Tage später kam Kathy, die älteste Tochter der Pattersons, zu Besuch über die Feiertage und brachte einen an sie gerichteten Brief von Megan mit. Megan schrieb, daß sie nicht mehr mit Kathy in Kontakt bleiben könne, da diese sich weigere, ihre Erinnerungen zu »bestätigen«. Obwohl sie Kathys »Bedürfnis, sich nicht zu erinnern«, respektiere, hoffe sie auf ihr Verständnis dafür, daß sie sich mit Menschen umgeben wollte, die ihr verständnisvoll zuhörten und ihr glaubten. Megan schloß den Brief mit einer Warnung: »Bitte hör Deinen Kindern immer gut zu, und laß sie bitte niemals mit Mom und Dad allein.«

Dawn war krank vor Kummer. Sie konnte weder essen noch schlafen, sie konnte nur noch weinen. Nachdem er die Briefe gelesen hatte, griff Mike zum Telefon und versuchte Megan anzurufen, aber wie angedroht konnte er sie nicht erreichen. Sie schrieben ihr an ihre alte Adresse, aber die Briefe kamen zurück mit dem Vermerk »Kein Nachsendeantrag gestellt«. Mike schrieb einen Brief an Megans Therapeutin, erhielt aber keine Antwort. Dawn schrieb der Therapeutin einen zehnseitigen Brief, in dem sie sie um eine

Erklärung dafür anflehte, was mit ihrem Kind geschah. Aber auch diese Bitte blieb ohne Antwort. Zehn Monate lang bestand der einzige Kontakt mit Megan aus einem Brief von ihrem Anwalt, der sie darüber informierte, daß sie die Vollmacht für ihren Vater zurückzog und ihr Vermögen nun selbst verwalten wolle.

Am 9. September 1991 kam dann ein weiterer Brief. Auf dem Umschlag war nur Mikes Name genannt, und der Brief begann mit den Worten »Lieber Michael Patterson«. Es wäre nun an der Zeit, die Wahrheit auszusprechen, schrieb Megan, denn sie würde sich jetzt an alles erinnern, was ihr Vater ihr je angetan hatte. Die Erinnerungen wären vor kurzem in einer Therapiesitzung aufgetaucht, in der sie regrediert worden war. Sie erinnere sich, wie sie als Baby von elf Monaten entsetzliche Angst hatte, daß ihr Vater in das Zimmer kommen und sie töten würde. Ihre Mutter, das wisse sie jetzt wieder, hätte ihr Valium gegeben, um sie ruhigzustellen.

Außerdem hatte sie neulich, als sie im Bett lag, eine »Körpererinnerung« erfahren. Ihr ganzer Körper wurde auf einmal taub. Sie wußte, daß »etwas Wichtiges« zutage treten wollte, aber sie war wie gelähmt, konnte sich nicht bewegen. Ihr Körper zog sich plötzlich konvulsivisch zusammen und wurde von Wellen von Erinnerungen und furchtbaren, unbeschreiblichen Schmerzen durchströmt, die in ihrer Vagina begannen und dann aufstiegen und aus ihrem Mund herausströmten. Sie hatte vor Schmerz »geblutet«. Die Erinnerungen waren ekelhaft, widerwärtig, abscheulich. Sie erinnerte sich, daß sie als kleines Kind wiederholt brutal vergewaltigt worden war. Hatte ihre Mutter das getan? fragte sie sich, nachdem sie aus einem verschwommenen Traum aufgewacht war. Aber das Gesicht ihrer Mutter paßte nicht zu den Bildern. Das Wissen kehrte langsam und mit dem unentrinnbar deutlichen Gefühl der Wahrheit zu ihr zurück: Ihr Vater hatte sie wiederholt und andauernd vergewaltigt, seit sie achtzehn Monate alt war und bis sie aufs College ging.

Warum? Die Frage war gleichzeitig Anklage. Warum hast du mich vergewaltigt? Wie konntest du dein eigenes Kind verletzen, dein eigenes Fleisch und Blut? Wer hat dir das Recht gegeben, über meinen schutzlosen Körper zu verfügen? Warum, warum, warum, warum? Die Einzelheiten des Mißbrauchs wurden sorgfältig und ausführlich beschrieben. Megan erinnerte sich an den Penis ihres Vaters in ihrem Anus. Sie erinnerte sich, wie sie sich übergeben wollte, als er in sie hineinstieß. Sie erinnerte sich, wie ihr Vater ihre rechte Hand nahm und sie zwang, seinen Penis zu reiben, bis er ejakulierte.

Fragte er sich immer noch, warum sie wütend auf ihn war?

Fragte er sich immer noch, warum sie ihn nie wieder sehen wollte? Alles, was sie je von ihm wollte, waren Liebe und Zuneigung. Alles, was sie brauchte, waren Schutz, Fürsorge, Anleitung. Doch statt dessen war sie vergewaltigt und gedemütigt worden. Sie würde ihm die Ehre, ihr Vater zu sein, entziehen. Sie brauchte ihn nicht mehr. Es gab jetzt andere Menschen in ihrem Leben, die sie liebten und respektierten. Sie konnte nicht nur ohne ihn überleben, sie konnte jetzt endlich wachsen und sich entwickeln.

»Alles, was ich je wollte ...« Mike legte den Brief nieder und nahm seine Frau in die Arme, die verzweifelt schluchzte. »Es tut mir so leid«, sagte sie wieder und wieder.

»Etwas ist ganz furchtbar falsch gelaufen bei Megan«, sagte Mike. Er war selbst verwundert, wie ruhig seine Stimme klang. »Ich fürchte, wir haben zu lange gewartet. Wir hätten schon früher etwas unternehmen sollen. Vielleicht ist es jetzt zu spät, aber wir müssen herausfinden, was mit ihr geschehen ist, und alles tun, um sie zurückzubekommen.«

»Zurück?« fragte Dawn. Wie so viele Worte dieser Tage, ergab auch dieses keinen Sinn.

»Ich glaube, sie ist da in eine Art Sekte geraten«, sagte Mike. »Irgend jemand oder irgend etwas kontrolliert ihren Verstand und manipuliert ihre Erinnerungen. Dieser Brief ist nicht von unserer Tochter geschrieben worden. Megan könnte so etwas niemals schreiben oder glauben, daß ich ihr diese Dinge angetan habe. Nicht unsere Megan. Etwas ist mit ihr geschehen, und ich werde herausfinden, was es ist.«

Der Brief vom September markierte deutlich den Einschnitt zwischen einem Vorher und einem Nachher. »Vorher« war die Zeit, als die schrecklichen »Erinnerungen« noch nicht existierten und Megan noch Megan war; »nachher« war diese neue, seltsame Zeit, in der Megan jemand anderes wurde und ihre Erinnerungen ihre Familie tyrannisierten. Vor dem September-Brief hatte Mike noch geglaubt, daß Megan wieder vernünftig werden und den Schaden erkennen würde, den diese »Therapie für Überlebende« bei ihr und ihrer Familie anrichtete, und daß sie einsehen würde, daß die vagen und schemenhaften Erinnerungen alles andere als Wirklichkeit waren, nämlich Phantasien, Halluzinationen, Täuschungen. Er hatte geglaubt, daß Vernunft und gesunder Menschenverstand siegen würden. Aber als er diesen letzten Brief gelesen hatte, wußte er, daß es keine Hoffnung auf eine einfache Lösung durch vernünftige Argumente mehr gab.

»Ich erinnere mich an alles, was Du mir angetan hast ... Du hast mich vergewaltigt, Dein eigenes Fleisch und Blut. Ich kann Dich nicht länger mit dem Titel ›Vater‹ ehren.« Bei diesen Worten wußte Mike, daß sie die Grenze überschritten hatten, bis zu der man noch von großen Schwierigkeiten sprechen konnte, und jetzt ein Land der kranken Seelen betraten. Alles Gute und Schöne war von dieser perversen Gemeinheit, dieser absurden Böswilligkeit ausgelöscht worden, die – ja, von woher kam? Er wußte es nicht. Er konnte es nicht verstehen. Was für ein heimtückischer Vorgang hatte ein freundliches, liebevolles, rücksichtsvolles Kind in eine bösartige und selbstsüchtige Person verwandelt? Wie konnte sich seine intelligente, einfühlsame Tochter nicht vorstellen, was sie für ein Leid verursachte? Oder – schlimmer noch – war es ihr vielleicht sogar egal, was sie für Wunden schlug, weil sie so sehr mit ihrem eigenen Schmerz und den wuchernden, metastasenartigen, lebensbedrohenden »Erinnerungen« beschäftigt war? Was war der Kern dieses Übels, das die Macht hatte, Gutes in Böses zu verwandeln?

Etwas war in der Therapie falsch gelaufen, soviel wußte Mike. Er mußte sich nur Megans Briefe noch einmal ansehen. Alles hatte im Januar 1990 angefangen, als sie sich von ihrem Freund getrennt und die Therapeutin gewechselt hatte. Einen Monat später war sie den Anonymen Alkoholikern beigetreten und hatte angefangen, zu den Gruppensitzungen für Inzestüberlebende zu gehen. Drei Monate später hatte sie ein Exemplar von »Trotz allem« gesandt und sechs Monate danach beide Eltern des sexuellen Mißbrauchs beschuldigt und jeden Kontakt mit der Familie abgebrochen. Und dann war da dieser letzte Brief, indem sie ausführlich beschrieb, wie ihr Vater sie vergewaltigt und gequält hatte.

Etwas stimmte nicht mit Megans Therapie und auch nicht mit ihrer Therapeutin. Warum wollte sie nicht mit ihnen sprechen? Warum beantwortete sie ihre Briefe nicht? Warum hatte sie Megan ermutigt, den Kontakt mit der Familie abzubrechen? Lag der Sinn einer Therapie nicht darin, zu heilen und zu helfen, statt die Klientin mit Wut und Groll zu erfüllen und eine Familie bewußt und willentlich auseinanderzureißen und zu zerstören?

Mike konnte es nicht verstehen. Er holte seine Notizbücher und Hefter hervor und las jeden von Megans Briefen noch einmal sorgfältig durch. Am 6. Dezember 1990, zwei Wochen nach Erhalt des Briefes vor Thanksgiving, hatte er einen Brief von einer Seite an Megans Therapeutin getippt. Er hatte versucht, geschäftsmäßig, neutral und vernünftig zu klingen.

Als Megans Vater lege ich Wert darauf, daß sie die beste und gründlichste Behandlung erhält .... Wenn sie bisher noch nicht von einer Psychologin oder einem Psychiater untersucht wurde, so schlage ich vor, daß das jetzt nachgeholt wird, um ihre Krankheit richtig zu diagnostizieren .... Die Anschuldigungen in Megans Brief mögen für sie wirklich sein, aber sie sind einfach nicht wahr. Vielleicht könnten erfahrene Fachleute herausfinden, was wirklich und wahr ist, und Megan helfen, das Phantasierte vom Faktischen zu trennen, damit sie zuversichtlich und ohne Angst leben kann .... Wir würden jede Art von Antwort, Hilfe oder Rat von Ihrer Seite zu schätzen wissen.

Dawn fand seinen Brief zu geschäftsmäßig und schrieb ihren eigenen, in dem sie unter anderem nach Gründen für das Leid ihrer Tochter suchte. Vielleicht entfernte sich Megan von ihrer Familie wegen »unterschiedlicher Wertvorstellungen«. »Megan hat seit ihrer High-School-Zeit mit mindestens sechs Männern/Jungen (soweit wir wissen) geschlafen und mit einem zusammengelebt. Wir vermuten, daß das bei ihr viele Schuldgefühle ausgelöst hat, da sie von uns anders erzogen wurde und diese Moralvorstellungen, wie wir glauben, früher auch teilte.«

Vielleicht war sie einmal von einem Babysitter sexuell belästigt oder von einem Verwandten unzüchtig berührt worden und bildete sich in ihrem seelisch verwirrten Zustand nun ein, daß es ihr Vater war, der sie mißbraucht hatte. »Wir wissen es nicht. Wir werden es vermutlich nie wissen. Wir wissen nur, daß *wir nichts getan haben*, außer sie zu lieben und zu umsorgen. Wir haben keine Ahnung, warum sie uns anklagt. Wir waren bei weitem nicht perfekt, aber wir haben weder *sie* noch sonst jemanden mißbraucht.«

Der Brief endete mit einem Appell an das Verständnis der Therapeutin für Dawns Gefühle als Mutter und ihren großen Kummer darüber, ihre Tochter ohne erkennbaren Grund zu verlieren.

Mike legte die Briefe zurück in die Mappe. Dann griff er zum Telefon und unternahm die Schritte, von denen er hoffte, daß sie diesem Wahnsinn ein Ende setzten und seine geliebte Tochter zurückbringen würden.

Sechs Wochen später erhielt Mike den ersten zusammenfassenden Bericht von Falcon International Inc., einer Privatdetektei. Er schüttelte die Schuldgefühle ab, die er bei dem Gedanken daran empfand, daß er jemanden bezahlte, um seiner Tochter nachzuspionieren, und versuchte, sich mit rationalen Argumenten zu beruhigen: Es geht mir nicht um Rache. Ich will nur mein Kind wiederhaben, und ich kann Megan nicht helfen, bevor ich nicht weiß, wo sie wohnt, was sie macht, wer ihre Freunde sind, wie sie aussieht, handelt, reagiert. Wir müssen wissen, ob sie Drogen nimmt, ob sie an irgendeiner furchtbaren Geisteskrankheit leidet oder körperlich krank ist oder ob sie in eine Sekte verstrickt ist, die Gehirnwäsche betreibt. Wir brauchen genaue Informationen, verläßliche Fakten. Ohne dieses Wissen können wir nichts tun.

Die Privatdetektivin hatte herausgefunden, wo Megan wohnte, und lieferte ihnen die Adresse, den Vermögenswert des gemieteten Hauses, den Namen und die Telefonnummer des Vermieters und den Namen des Mannes, mit dem sie zusammenlebte – Paul Winter, »eine männliche weiße Person«, die unregelmäßig als freier Fotograf arbeitete.

Megan und Paul, fuhr der Bericht fort, folgten keinem festen Tagesablauf und blieben manchmal den ganzen Tag zu Hause. Eine Nachfrage bei den Sozialämtern der Region ergab, daß Megan für keines der Ämter arbeitete.

Ihr Hausmüll konnte nicht untersucht werden. An den Tagen, an denen die Müllabfuhr kam, kam Megan im Morgenmantel aus dem Haus und warf die Müllsäcke direkt in den Wagen.

Der zweiseitige Bericht zog das Fazit, daß

Megan gegenwärtig keinen Kontakt zu einer der bekannteren religiösen Sekten hat. Ich bin der Überzeugung, daß die Probleme, die Sie mit ihrer Tochter haben, ein direktes oder indirektes Ergebnis der von ihrer Therapeutin abgehaltenen oder empfohlenen Einzel- oder auch Gruppensitzungen sind.

In zahlreichen Telefongesprächen planten Mike und Sharon, die »Undercoveragentin«, während der folgenden Wochen ihre Strategie für die Therapiesitzungen. Sharon würde sich als geschiedene Frau ausgeben, die an Schlafstörungen und Depressionen litt. Sie würde außerdem ein leichtes Alkoholproblem angeben und eine gespannte Beziehung zu ihrer Mutter und ihrem Stiefvater. In den Therapiesitzungen würde sie eine »Wanze« tragen, um die Gespräche mit der Therapeutin aufzunehmen. Nach jeder Sitzung würde sie einen ausführlichen Bericht schreiben und ihn zusammen mit der Originalaufnahme per Express an Mike schicken.

Nach zwei Wochen erhielt Mike das erste Päckchen von Sharon. Sie hatte den Kontakt zu Megans Therapeutin erfolgreich hergestellt und ihre erste zweistündige Sitzung gehabt. »Jetzt werden wir der Sache näherkommen«, dachte Mike, als er den Bericht las. Dawn war davon nicht so überzeugt. Das war Mikes Idee, und sie war sich nicht ganz sicher, ob der mögliche Nutzen die Risiken überwog. Was wäre, wenn Megan den Einsatz der Privatdetektivin und die heimlichen Aufnahmen herausbekam – würde sie ihnen je verzeihen? Dawn befürchtete, daß der Plan nach hinten losgehen und auch noch ihre letzten Chancen auf einen glücklichen Ausgang verderben würde.

Doch Mike hielt ihr vor Augen, daß es der einzig mögliche Weg war, mit einiger Sicherheit herauszufinden, was mit Megan geschah. Hoffend, daß die Taktik mehr nützen als schaden würde, las Dawn den Bericht. Sie sehnte sich nach einer Nachricht von ihrer Tochter, selbst wenn sie sie durch die Augen und Ohren einer Fremden erhalten mußte. Wenigstens konnten sie sich jetzt ein Bild von Megan in einer wirklichen Umgebung machen. Wenigstens hatten sie jetzt verläßliche Informationen anstelle all dieser wilden Vermutungen und angstvollen Spekulationen. Allein durch die Lektüre des Berichts fühlte sich Dawn Megan näher. Sie konnte sich jetzt zumindest damit beruhigen, daß Megan lebte, atmete, sprach, Umgang mit anderen Menschen hatte.

Sharon betrat das einstöckige Bürogebäude um 13.25 Uhr. Als sie niemand in Empfang nahm, nutzte sie die Zeit, um sich umzusehen. Es gab ein Wartezimmer mit drei Sesseln und einem Ecktisch, auf denen Exemplare der »New York Times«, »Time« und »New Republic« lagen. Es schien niemand dazusein, also ging Sharon in die kleine, hinter einer Trennwand liegende Küche. Die Regale waren mit schwarzem und Kräutertee, Kakao und Styroporbechern gefüllt. Von einem schmalen Flur gingen mehrere Zimmer ab; nur die Tür zum ersten Zimmer, offenbar ein Ruheraum für die Angestellten, stand offen. Sie sah sich die Bücher auf den Regalen an und notierte sich eilig ein paar Titel: »Du kannst dich selbst heilen«; »Liebe dich selbst«; »Erinnerungen, Träume, Gedanken«; »Geliebtes Leid«; »Vertrautheit«.

Als sie weiter den Flur entlangging, kam eine Frau aus Raum F und stellte sich vor. »Hallo, sind Sie Sharon? Freut mich. Ich bin Kate.« Die Therapeutin, eine attraktive, leicht übergewichtige Frau von Mitte Dreißig, war lässig mit Rollkragenpullover und Hose bekleidet. Ihr Haar war kurz geschnitten, und sie trug weder Make-up noch Schmuck. Freundlich lächelnd führte sie ihre neue Klientin in den Therapieraum und schloß die Tür hinter ihnen.

Es war ein kleiner Raum, nur etwa neun Quadratmeter groß und mit einem zweisitzigen Sofa mit vielen Kissen, einem schwarzen Kunststoffsessel, zwei Beistelltischen und einem kleinen Bücherregal eingerichtet. Es gab keine Zeugnisse, Diplome oder Urkunden an den Wänden. Auf den Tischen und dem Regal standen verschiedene Duftlampen und Räucherkerzen, außerdem Tiere aus Keramik und ein kleiner Jadebuddha. Tierfotos hingen an den Wänden, und mehrere große Plüschtiere waren im Zimmer verteilt.

Kate reichte ihrer neuen Klientin eine Schreibunterlage mit

einem Fragebogen, auf dem nach Name, Adresse und Beruf gefragt wurde, sowie nach dem Namen der Person, die die Praxis empfohlen hatte, nach der Versicherung, nach Problemen, Symptomen, regelmäßig eingenommenen Medikamenten und der Therapiegeschichte. Nachdem Sharon etwa zehn Minuten damit verbracht hatte, die Fragen zu beantworten und die richtigen Kästchen anzukreuzen, begannen sie zu sprechen. Kate bezog sich häufig auf den Fragebogen bzw. auf Sharons Angaben. Sie fragte nach ihren früheren Erfahrungen mit Gruppentherapie (einer Selbsthilfegruppe für Geschiedene), nach ihrem Alkoholkonsum, ihren letzten depressiven Anfällen, Schlafstörungen und möglichen hormonellen Veränderungen (»Irgendwelche Hitzewallungen oder sonstige Anzeichen für die Menopause?«) und kam dann auf Sharons Kindheitserinnerungen zu sprechen.

»Was ist Ihre früheste Erinnerung?« fragte sie.

Sharon beschrieb eine Szene, in der sie auf dem Töpfchen saß, als sie »ziemlich klein« war, und ihr Vater ihr einen Schaumgummiball zuwarf. »Ich glaube, er wollte mich ablenken, damit ich mich entspannen und mein Geschäft machen konnte«, sagte Sharon.

»Wie vollständig sind Ihre Erinnerungen?« fragte Kate. »Können Sie sich zum Beispiel an Ereignisse aus jedem einzelnen Schuljahr erinnern?«

»Ich glaube, es gibt Zeiten, an die ich mich nicht gut erinnere«, gab Sharon zu. »Ich habe da einige Lücken, bestimmte Phasen in meinem Leben, an die ich mich einfach nicht erinnern kann.«

Kate betrachtete eine Zeitlang schweigend den Fragebogen. »Nun zu diesem Aufschrecken aus dem Schlaf«, sagte sie dann. »Wenn jemand aus tiefem Schlaf aufschreckt, hängt das oftmals mit einer Erinnerung zusammen, mit etwas, das sehr erschreckend, aufregend oder furchteinflößend war. Das ist eine häufiger vorkommende Art des Körpers, sich zu erinnern, und sie kann spontan, wie aus dem Nichts, auftreten. Meistens jedoch beginnen Leute dann, sich an eine besonders schreckliche Zeit in ihrem Leben zu erinnern, und das stört dann ihren Schlafrhythmus.«

Kate sprach mehrere Minuten über die Wohltaten von regelmäßigem und erholsamem Schlaf und über die abträglichen Auswirkungen von Alkohol und Drogen auf die REM-Phasen. Dann fügte sie hinzu: »Wenn etwas, an das Sie keine bewußte Erinnerung haben, aus dem Unbewußten in das Bewußtsein vordringt, kann das sehr beängstigend sein.«

»Wie kann man herausfinden, ob wirklich so etwas passiert ist?« fragte Sharon.

»Das Aufschrecken ist an sich schon ein Anzeichen dafür, daß etwas passiert ist«, antwortete Kate. »Auf dieser Grundlage werden Sie mir vielleicht erlauben, Sie in die Vergangenheit zurückzuführen. Aber dazu muß ich erst Ihr Vertrauen gewinnen, denn das ist eine etwas unheimliche Angelegenheit.«

Um das Vertrauen ihrer neuen Klientin sicherzustellen, beschrieb Kate anschließend ihren Werdegang – sie hatte einen M.A.-Abschluß in klinischer Psychologie – und ihre »untraditionelle« Auffassung von Therapie. Im Gegensatz zu vielen Therapeuten, erklärte sie, befürworte sie »Kurzzeittherapien«, allerdings mit zwei Ausnahmen – bei Drogen- und Medikamentenabhängigen und bei Menschen, die »ein schweres Trauma erlitten haben ... Inzestüberlebende, Vergewaltigungsopfer, Vietnamveteranen, Menschen die körperlichen oder seelischen Grausamkeiten ausgesetzt waren.«

Bei allen Klientinnen bevorzuge sie eine »körperorientierte« Therapie. (»Wenn Sie jemandem das Wasserskilaufen beibringen wollen, können Sie es zwar auch theoretisch erklären. Aber es geht nichts darüber, ihn ins Wasser zu schicken, die Skier anschnallen zu lassen, ihm die Leine in die Hand zu drücken, und los geht's. Ich glaube an Erfahrungsarbeit.«) Sie versuche immer, eine gute Stunde mit ihren Klientinnen zuzubringen, und sei eine überzeugte Befürworterin von Hausaufgaben: »Auf diese Weise bekommen Sie wirklich etwas für Ihr Geld.«

»Welche Vorgehensweise würden Sie bei mir empfehlen?« fragte Sharon, nachdem Kate ihre Behandlungsphilosophie dargelegt hatte.

»Nun, soweit ich es bisher beurteilen kann, könnte Alkohol eine Rolle bei Ihren Problemen spielen«, antwortete Kate. Sie riet Sharon, sechzig Tage lang keinen Alkohol zu trinken, um zu sehen, ob die Abstinenz sich positiv auf ihre Stimmungen und ihren Schlafrhythmus auswirken würde, und sie betonte die Vorzüge von »vernünftiger Ernährung, genügend Bewegung und ausreichendem Schlaf«.

Die Sitzung endete mit einer optimistischen Note. »Sie haben mich gefragt, wie es weitergehen wird«, sagte Kate. »Und ich frage Sie jetzt, wohin wollen Sie kommen?«

»Ich will an einen Punkt kommen, an dem ich wieder lachen und jeden Tag genießen kann, an dem ich nicht mehr dauernd müde bin und unter ständigen Stimmungsumschwüngen leide«, antwortete Sharon. »Ich will meine Wut herauslassen. Ich will diesen ganzen Kram hinter mir lassen und mein Leben frei genießen können.«

»Ein lobenswertes Ziel«, entgegnete Kate. Sie verabredeten einen Termin für die zweite Sitzung, vier Tage später.

Als sie das Band und die schriftliche Beurteilung der zweiten Sitzung bekamen, waren Mike und Dawn enttäuscht. In ihrem Verlauf war nichts Ungewöhnliches oder besonders Bemerkenswertes geschehen. »Die Therapeutin sprach die meiste Zeit über Alkohol und riet mir, zu den Treffen der Anonymen Alkoholiker zu gehen, die samstags vormittags stattfinden und speziell auf die Probleme von Frauen eingehen«, kommentierte die Privatdetektivin in ihrem Begleitschreiben. »In der nächsten Sitzung will sie mit mir zu meinen durch Angst und Panik ausgelösten Schlafunterbrechungen arbeiten.«

Sharon rief ein paar Tage darauf an, um ein möglicherweise auftauchendes Problem zu besprechen. »Die Therapeutin fragte mich, ob sie mich in der nächsten Sitzung hypnotisieren könne«, informierte sie Mike. »Sie will etwas gegen meine Aufschreckreaktionen tun, wie sie es nennt, und dazu muß ich in einem entspannten und vertrauensvollen Zustand sein. Ich traue mich nicht, das Aufnahmegerät zu tragen, weil ich nicht aus Versehen preisgeben will, wer ich bin und weshalb ich sie aufgesucht habe.«

Mike fand es ebenfalls zu riskant, die Sitzung aufzunehmen. »Aber sobald Sie aus der Sitzung kommen«, instruierte er Sharon, »müssen Sie alles sofort aufschreiben und mir einen ausführlichen Bericht schicken.«

Am 23. November 1991 erhielten Mike und Dawn eine fünfseitige getippte Beschreibung der dritten Therapiesitzung. Als sie den Bericht lasen, empfanden sie abwechselnd Entsetzen und Erleichterung. Das ist es, dachte Mike. Jetzt haben wir die Erklärung.

Als ich Kates Büro betrat, gab ich mir den Anschein, gerade geweint zu haben. Ich sagte ihr, daß ich eine furchtbare Woche gehabt hätte. Ich hätte Montag und Dienstag nacht Alpträume gehabt und sei einmal mit einem durchdringenden Schmerz im Arm aufgewacht, so als ob ihn mein Stiefvater umgedreht hätte. Mittwoch nacht wäre ich aus dem Schlaf geschreckt, weil ich das Gefühl gehabt hätte, daß jemand im Zimmer war; ich hätte entsetzliche Angst gehabt, aber mein Körper wäre ganz taub gewesen, und ich hätte mich wie außerhalb meines Körpers gefühlt. (An dieser Stelle weinte ich wieder und benutzte Taschentücher.)

Sie lehnte sich zurück und sagte dann in ganz sanftem Ton, »Sharon, ich glaube, ich muß Ihnen etwas sagen, weil Sie so verstört sind und denken, daß Sie den Verstand verlieren.« (Ich hatte nie erwähnt, daß ich dachte, den Verstand zu verlieren.)

Sie sagte, sie sei sicher, daß ich eine Körpererinnerung an ein früheres Trauma durchlebe, an das ich mich nicht erinnern könne, weil mein Gehirn die allzu schmerzhafte Erfahrung blockieren würde.

Mit schockiertem Gesichtsausdruck und zittriger Stimme antwortete ich ihr, daß ich mich an kein Trauma erinnern könne. Sie schüttelte den Kopf und sagte, das sei normal, und viele Leute würden dasselbe auch noch zu einem wesentlich späteren Zeitpunkt im Leben durchmachen, wenn die Erinnerungen ans Tageslicht kämen.

Ich fragte sie, ob viele Menschen so etwas durchmachten. Sie nickte, und ich fragte, was für Menschen. Sie sagte, »Vietnamveteranen, Erdbebenüberlebende und Inzestüberlebende«.

Ich entgegnete, daß ich weder in Vietnam gewesen sei noch ein Erdbeben miterlebt hätte. Sie nickte und sagte: »Ja, ich weiß.«

An dieser Stelle begann ich wieder, leise zu weinen, und sie stand auf und ging zum Bücherregal. Sie sagte, sie wolle mir ein Buch leihen, das sie sehr empfehlen würde (das aber nicht im Regal stand). Ich fragte nach dem Titel des Buches. Sie antwortete »Trotz allem. Wege zur Selbstheilung für sexuell mißbrauchte Frauen.« Das würde sie allen Überlebenden empfehlen, aber man müsse es nach und nach lesen, da es auf einmal zu schwer zu verkraften sei.

Dann zog sie ein Buch mit dem Titel »Secret Survivors« von E. Sue Blume heraus, schlug den Deckel auf und las die auf der Innenseite stehenden über vierzig Symptome von Inzestüberlebenden vor. Bei zwei Dritteln der Symptome sah sie mich an und nickte dabei, als ob dies eine Bestätigung ihrer Diagnose wäre. Sie sprach so sanft und leise, daß ich manchmal Schwierigkeiten hatte, sie zu verstehen.

Sie gab mir eine Liste mit Terminen für Treffen von Inzestüberlebenden und empfahl mir drei davon besonders.

Dann beschrieb sie mir, wie ich mir nachts im Bett ein Gefühl der Sicherheit verschaffen sollte. Ich sollte die Nachttischlampe anlassen, mir Kissen unter den Rücken stopfen, die Schlafzimmertür auflassen und mir ein Plüschtier zum Kuscheln kaufen, wenn ich wieder Angst bekäme. Ich sollte mich selbst so behandeln, als ob ein kleines Kind bei mir wäre, das sich nachts fürchtete; es wäre meine Aufgabe, es zu trösten und zu beruhigen. Mehrmals sagte sie mir noch, ich solle sanft und freundlich zu dem kleinen Kind in mir sein.

Mike sah Dawn an. Sie begannen beide zu weinen.

Die vierte und letzte Sitzung wurde wieder aufgenommen. Mike und Dawn hörten genau zu, spulten das Band zurück und transkribierten die Stellen des Gesprächs, die sie für ihre Zwecke für wichtig erachteten. Wenige Minuten nach Beginn der Sitzung kam es zu folgendem Austausch zwischen Sharon und Kate:

Sharon: Das Problem ist, daß ich keine Erinnerungen habe. Bei unserem letzten Treffen schienen Sie ziemlich sicher zu sein, daß ich, na ja, daß ich eine Inzestüberlebende oder ein Opfer bin.

Kate: Das einzige, worüber ich mir sicher bin, ist, daß es so aussieht, als ob Sie ein Trauma durchlebt haben. Und in den meisten Fällen handelt es sich um eine Art von Mißbrauch, wenn Menschen diese spezielle Konstellation von Empfindungen, Reaktionen und Anzeichen aufweisen.

Sharon: Die Körpererinnerung nannten Sie es, glaube ich.

Kate: Die Körpererinnerung.

Sharon: Und dann die Schlaf ...

Kate: Die Schlafstörungen.

Sharon: Ja.

Kate: Es steht mir nicht zu zu sagen, ich weiß etwas, das Sie nicht wissen. Ich teile nur meine Erfahrungen aus den letzten Jahren mit Ihnen. Ich weiß, es ist ein beängstigender Gedanke, wenn man keine visuellen Erinnerungen hat ... Aber es scheint, als ob etwas an die Oberfläche kommen will.

Ungefähr zehn Minuten später fand dieser Dialog statt:

Kate: Sie müssen sich wirklich die Erkenntnis gestatten, daß es da einen Teil von Ihnen gibt, der unbedingt glauben will, daß das nicht mit Ihnen geschehen ist und daß Sie diesen Teil auch brauchen. Ich hoffe, daß Sie irgendwann einmal richtig wütend werden. Sie haben jetzt manchmal schon Momente aufsteigender Wut?

Sharon: Wissen Sie, wenn ich an die Vergangenheit denke, bin ich einfach schon wütend – weil ich wissen will, was geschehen ist, warum ich mich nicht erinnern kann, ob es wirklich passiert ist. Es ist vielleicht eher Frustration als Wut, glaube ich.

Ganz am Ende der Sitzung sprachen Therapeutin und Klientin über das Phänomen der Verdrängung und über das Wiedererlangen von Erinnerungen.

Sharon: Wie lange dauert es normalerweise, es herauszufinden? Wir haben darüber gesprochen, Erinnerungen wiederzufinden. Ich nehme an, Sie meinen Hypnose oder Selbsthypnose?

Kate: Einige fangen auch ganz von selbst an, Erinnerungen wiederzuerlangen. Es passiert ganz von allein, etwas in der Umgebung hat es aus gelöst, und bei manchen Menschen macht es einfach »Gong!«, und plötzlich haben sie eine ganze Menge von Erinnerungen.

Sharon: Wie soll man denn damit umgehen? Es kommt einfach und haut sie um, wie mit einem Baseballschläger?

Kate: Nun, normalerweise haut es sie nicht um wie mit einem Baseballschläger. In Wirklichkeit gibt es schon eine gewisse Vorbereitung. Es findet eine große Verschiebung statt, und unter den richtigen Umständen fühlt es sich eben wie ein Gong an, wenn eine

Erinnerung kommt. Sie fühlen diesen Gong und denken: »Was ist los? Warum geschieht das?« Von da an passiert es immer wieder, große Gongs. Das ist schon etwas ganz anderes, es ist beängstigend, es ist verwirrend.

Sharon: Und man kann es nicht kontrollieren.

Kate: Gestatten Sie sich Freiräume, abends, nachmittags oder morgens, wann immer Sie ein Gefühl der Sicherheit haben. Nehmen Sie Buntstifte oder Kreiden und zeichnen Sie, was Sie sehen oder fühlen. Zeigen Sie sich selbst, wie es auf einem Stück Papier aussieht. Sie werden viel darüber lernen, was in den Grenzbereichen, im Hintergrund, vor sich geht. Sie bekommen mehr Informationen, und Sie haben auch eine Möglichkeit der Kontrolle. Sie können die Erinnerungen nicht ausschließen. Sie müssen sich bemerkbar machen. Aber viele Leute haben keine visuellen Erinnerungen.

Sharon: Es kann also gut sein, daß ich nie eine visuelle Erinnerung haben werde. Auch wenn etwas passiert ist, werde ich vielleicht nie eine visuelle Erinnerung daran haben.

Kate: Richtig.

Sharon: Und ich werde es nie genau wissen.

Kurz darauf war die Sitzung beendet.

»Ich habe keine Zweifel mehr«, sagte Mike. »Die Ursachen unserer Probleme liegen bei der Therapeutin.«

Dawn nickte. Sie hatte Worte und Ausdrücke im Bericht der Detektivin wiedererkannt, die sie schon in den Briefen ihrer Tochter gelesen hatte – »sich sicher fühlen«, »das innere Kind umarmen«, »sich selbst Raum geben«, »die Erinnerungen an die Oberfläche treten lassen«, »Inzestüberlebende«. Sie fragte sich, wie viele junge Frauen traurige Geheimnisse aus ihrer Vergangenheit allein in der Praxis dieser einen Therapeutin entdeckten. Wie viele beschuldigten ihre Eltern auf der Grundlage von jahrzehntelang vergrabenen Erinnerungen, die auf einmal mit »einem großen Gong« über sie hereinbrachen? Wie viele Familien wurden zerstört, wie viele Eltern trauerten, wie viele erwachsene Kinder fragten sich, warum die Vergangenheit plötzlich ihre dunklen und furchtbaren Geheimnisse enthüllte?

Ausgerüstet mit den Tonbändern und mit Ratschlägen von allen Experten für Gedankenkontrolle, Deprogrammierung und Therapien mit verdrängten Erinnerungen, die sie hatten ausfindig machen können, entschlossen sich Mike und Dawn zum nächsten Schritt: dem aktiven Eingreifen. Ihr Plan sah vor, Megan mit Judy, ihrer besten Freundin aus der High-School, zu ködern. Judy war gern bereit, den Pattersons zu helfen. Sie waren für sie wie zweite Eltern, und sie glaubte einfach nicht, daß Mr. Patterson jemandem etwas zuleide tun konnte, schon gar nicht seinen eigenen Kindern. Judy gab ihrer Befürchtung Ausdruck, daß Megan »durchgedreht« war.

Der Plan war einfach. Judy rief Megan an und sagte ihr, daß sie zu einer Konferenz nach Des Moines kam. Ob Megan das Wochenende mit ihr verbringen und sie in ihrem Hotel besuchen wollte? Megan gefiel die Idee, und die beiden Freundinnen kicherten am Telefon ... es würde wie in den alten Zeiten werden.

Der nächste Teil des Plans wurde sorgfältig vorbereitet. Judy würde am Freitag, dem 14. Februar 1992, morgens nach Des Moines fliegen. Vier der engsten Freunde der Pattersons würden am selben Morgen ebenfalls Zimmer in dem Hotel buchen, nur für den Fall, daß ihre Hilfe gebraucht wurde. Mike und Dawn würden sich mit ihnen und zwei Psychiatern treffen, die auf das Deprogrammieren von Gehirnwäschen spezialisiert und extra aus Florida bzw. Connecticut hergeflogen waren. Beim Mittagessen würde die Gruppe ihren Plan endgültig festlegen und gegen fünf Uhr nachmittags würden Mike und Dawn das Hotel verlassen und bei ihrer ältesten Tochter Kathy und deren Familie die Nacht verbringen.

Nach dem Abendessen sollte Judy Megan anrufen, um ihr zu sagen, daß sie im Hotel angekommen war. Megan würde zum Hotel fahren, und die Freundinnen würden sich eine Weile in Judys Zimmer unterhalten. Gegen 21.00 Uhr würden sie hinunter ins Restaurant gehen und dort »zufällig« zwei »Freunden« von Judy begegnen – den Psychiatern. Judy, Megan und die »Freunde« würden zurück auf Judys Zimmer gehen und dort ihre wahre Identität enthüllen, Megan sagen, daß ihre Eltern sie liebten und vermißten, und versuchen, ihr klarzumachen, daß ihre wiedergefundenen Erinnerungen nicht die Wahrheit waren, sondern Fiktionen, die ihr durch Hypnose, Regressionstherapie, Körperarbeit, Traumdeutung und andere manipulative therapeutische Techniken eingepflanzt worden waren.

Judy rief Megan wie geplant an, aber sie erreichte nur den Anrufbeantworter. Sie versuchte es den ganzen Abend weiter, immer mit demselben Ergebnis. Am nächsten Tag fuhr sie zu Megans Wohnung, aber niemand öffnete, und Megans Auto war auch nicht da. Später am Nachmittag öffnete Megans Wohnungsgenosse die Tür, aber er weigerte sich, mit Judy zu sprechen oder ihr zu sagen, wo Megan war. Judy verließ Des Moines am Sonntag nachmittag, ohne ihre frühere beste Freundin zu Gesicht bekommen zu haben.

Als die Pattersons später versuchten, die Scherben ihres so sorgfältig ausgearbeiteten Plans zusammenzufügen, lieferte Kathy das entscheidende fehlende Stück. Am Morgen der geplanten Begegnung rief Megan zufällig bei ihrer Schwester an, und Kathy erwähnte, daß die Eltern übers Wochenende zu Besuch kämen.

Megan schwieg daraufhin einen Augenblick. »Wie geht es Mom und Dad?« fragte sie dann.

»Es geht ihnen gut«, sagte Kathy, »aber sie vermissen dich. Sie glauben, daß du eine Gehirnwäsche erhalten hast.«

»Judy ist auch am Wochenende in der Stadt«, sagte Megan plötzlich. »Ist das nicht ein merkwürdiger Zufall?«

Kathy merkte, daß sie einen Fehler begangen hatte, aber es war schon zu spät. Megan hatte sich offenbar versteckt, bis alle die Stadt wieder verlassen hatten.

Mike hat an diesem Wochenende 15 000 Dollar ausgegeben, aber rückblickend ist er der Überzeugung, daß es jeden Penny wert war, da auf diese Weise vielleicht seine andere Tochter gerettet wurde. Kathy gab nämlich zu, daß Megan sie unter Druck gesetzt hatte, ebenfalls Kate aufzusuchen, um ihr »Leugnen« zu überwinden und ihre eigenen »verdrängten« Erinnerungen an sexuellen Mißbrauch wiederzuerlangen. Als Megan nicht auftauchte, war Kathy bereit, zwei Tage mit den Deprogrammierern zu verbringen, sich die Aufnahmen von den Therapiesitzungen anzuhören und über den suggestiven Druck zu sprechen, den Megans Therapeutin ausgeübt hatte. Danach sagte Kathy ihren Termin bei der Therapeutin ab.

Seit diesem fehlgeschlagenen Interventionsversuch sind drei Jahre vergangen. Kathy bemüht sich, sowohl ihrer Schwester als auch ihren Eltern gegenüber loyal zu sein; sie will mit keiner der beiden Seiten über die Situation sprechen und weigert sich, Stellung zu beziehen. Mike Patterson hat es noch nicht aufgegeben, seine Tochter zurückzugewinnen. Er machte einen Lügendetektortest und bestand ihn. Er hat Initiativen gegründet und sein Haus als Versammlungsort für Leute aus den über zweihundert Familien in Iowa zur Verfügung gestellt, die nach ihren Angaben ebenfalls fälschlich angeklagt wurden. Er hat Briefe an das National Board for Certified Counselors (Nationaler Verband staatlich zugelassener psychologischer Betreuer), die American Family Foundation (Amerikanische Familienstiftung), die American Association for Retired Persons (Amerikanische Vereinigung für Menschen im Ruhestand) und zahlreiche andere Organisationen, die direkt oder auch nur am Rande mit Therapierenden, Familien oder älteren Menschen zu tun haben. Er hat Kontakt zu Produzenten von nationalen und lokalen Radio- und Fernsehsendern aufgenommen und sie aufgefordert, Interviews mit Fachleuten über die

Gefahren von »Erinnerungsarbeit« und der Erzeugung von falschen Erinnerungen zu senden. Er hat sich mit buchstäblich Hunderten von Anwältinnen, Richtern, Mitgliedern in Gesetzgebungsgremien, Soziologinnen, Psychologen und Psychiaterinnen beraten.

Mike hat vor kurzem vor einem staatlichen Unterausschuß ausgesagt, der mit der Revision der Gesetze zur Verjährung bei sexuellem Kindesmißbrauch beauftragt ist. Die vorgeschlagenen Änderungen würden die Verjährungsfrist von einem auf drei Jahre verlängern und den Überlebenden erlauben, bis zu drei Jahre nach der Wiedererlangung der Erinnerung Anzeige gegen die Beschuldigten zu erstatten. (Wie bereits erwähnt, haben bisher über zwanzig Staaten der USA ihre Gesetze dahingehend geändert). Mike machte den Vorschlag, das Gesetz so umzuformulieren, daß eine zweite Meinung einer unabhängigen Fachperson eingeholt werden müsse, die das angebliche Opfer, die Familie des Opfers und den angeblichen Täter befragen und dann einen schriftlichen Bericht über die Ergebnisse einreichen sollte. Mike forderte außerdem, daß der Staat die Klägerin, den Angeklagten und Familienmitglieder psychologisch testen ließ, um den Wahrheitsgehalt von Anschuldigungen wegen sexuellen Mißbrauchs, die auf in einer Therapie entdeckten »verdrängten« Erinnerungen beruhten, festzustellen. Aus seiner Aussage:

Wenn meine Tochter von irgend jemandem sexuell genötigt oder vergewaltigt würde, würde ich verlangen, daß der Täter nach allen Regeln des Gesetzes strafrechtlich verfolgt wird. Wenn ein Therapeut oder eine Therapeutin durch intervenierende therapeutische Techniken eine falsche Erinnerung in meiner Tochter erzeugt, dann ist das ebenfalls ein Verbrechen, und die Gerechtigkeit gebietet es, daß diese Person nach allen Regeln des Gesetzes strafrechtlich verfolgt wird.

Was falsche Beschuldigungen betrifft, die sich als ein Trend im ganzen Land abzeichnen, so handelt es sich dabei um eine dreifache Tragödie. Erstens werden Zeit, Mühe und Geld, die die Nachforschungen bei nicht mißbrauchten Kindern kosten, Kindern gestohlen, die wirklich mißbraucht wurden. Zweitens trägt ein nicht mißbrauchtes Kind, das dazu verleitet wurde zu glauben, daß er oder sie mißbraucht wurde, sein ganzes Leben lang ein falsches Trauma mit sich herum. Und drittens wird den fälschlich beschuldigten Eltern und Familien so viel Schaden zugefügt, daß oft unschuldige Familien in der Folge auseinanderbrechen.

Ich appelliere an Sie, ein ausgewogenes Gesetz zu erlassen, das denen hilft, die mißbraucht wurden, aber auch denen, die dazu veranlaßt wurden, an einen Mißbrauch zu glauben, der nicht stattgefunden hat, und auch den fälschlich Beschuldigten.

Mikes Aussage war sehr emotional und überzeugend. Der Gesetzentwurf wurde zurückgestellt und an den Ausschuß zurückgegeben, der Mikes Forderung nach neutralen Sachverständigen aufnahm.

Zusammen mit vierzig anderen beschuldigten Elternpaaren reichten Mike und Dawn beim Psychologenverband ihres Staates eine Beschwerde über Megans Therapeutin und verschiedene andere Therapeutinnen und Therapeuten ein, die Therapien zu verdrängten Erinnerungen durchführten. Der Verband entschied, daß er aufgrund einer Beschwerde von Dritten keine Untersuchung einleiten konnte, da dies die Schweigepflicht verletzen würde.

Die Pattersons überlegten, ob sie Anzeige gegen die Therapeutin ihrer Tochter wegen Entfremdung erstatten sollten, doch sie entschieden sich letztlich gegen gerichtliche Schritte. Noch mehr Ärger und Haß würden ihre Probleme nicht lösen; selbst wenn ein Gericht die Methoden der Therapeutin verurteilte, wäre dieser Sieg ohne wirkliche Bedeutung für die Pattersons. Denn das, was sie eigentlich wollten, konnte ihnen kein Gericht im ganzen Land geben.

Megan war für sie verloren. Nur sie selbst konnte sich wiederfinden und vielleicht eines Tages die lange Reise zurück nach Hause antreten.

11

Stöcke und Steine

Sticks and stones may break my bones
but words can never hurt me.
Kinderreim

Eine mit einer versteckten Videokamera ausgerüstete CNN-Reporterin gab sich als Patientin aus, betrat die Praxis eines Psychotherapeuten in Ohio und beschrieb ihre Symptome. Sie litt seit etwa acht Monaten unter Depressionen, und ihre Antriebslosigkeit begann, Probleme in ihrer Ehe und ihrem Sexualleben zu verursachen. Am Ende der ersten Sitzung war sie als Inzestüberlebende diagnostiziert.

»Ihre Symptome lassen vermuten, daß Sie ein sexuelles Trauma erlebt haben«, sagte der Therapeut.

»Kommen viele solcher Frauen zu Ihnen?« fragte die vorgebliche Patientin, nachdem sie dem Therapeuten mitgeteilt hatte, daß sie keine Erinnerungen an einen Mißbrauch hatte.

»Viele, viele.«

»Und sie haben es alle vergessen?«

»Ja, sie haben es vergessen. Sie haben keine Ahnung mehr davon. Und was Sie mir geschildert haben, ist sogar so klassisch, daß ich wie vor den Kopf geschlagen bin.«

In der zweiten Sitzung gab die CNN-Reporterin ihrer Verwirrung darüber Ausdruck, daß sie überhaupt keine Erinnerungen hatte. Wie konnte sie so viel gelitten und dann sämtliche Umstände vergessen haben?

»Ich meine, wenn Ihnen etwas Schlimmes zustieße, würden Sie sich doch daran erinnern, oder?« sagte sie.

»Sie haben recht, Sie haben recht«, antwortete der Therapeut. »Wenn etwas Schlimmes passiert, erinnert man sich tatsächlich daran. Aber wenn Ihnen etwas zu Schlimmes passiert, so schlimm, daß Sie es nicht verarbeiten können, dann vergessen Sie es.«

Das CNN-Special mit dem Titel »Guilt by Memory« verkörperte den wachsenden Skeptizismus gegenüber verdrängten Erinnerungen an sexuellen Mißbrauch in den Medien. Sendungen und Talkshows wie »Phil Donahue«, »Sally Jessy Raphael«, »Maury Povich«, »Oprah«, »Sonya Live«, »Frontline«, »Front Page«, »48 Hours« und »60 Minutes« brachten Berichte und Interviews, die die Verläßlichkeit und Authentizität von verdrängten Erinnerungen in Frage stellten und vermuten ließen, daß Therapeutinnen und Therapeuten im ganzen Land ihren Klientinnen falsche Mißbrauchserinnerungen einpflanzten.

»Wie kann es sein, daß Sie sich Ihr ganzes bisheriges Leben nicht daran erinnert haben?« fragte Oprah eine ihrer Gäste, die behauptete, Erinnerungen verdrängt zu haben.

Als eine Teilnehmerin an Maurys Show ihre brutalen Erinnerungen an sexuellen Mißbrauch in Verbindung mit Satanskulten beschrieb, darunter auch die rituellen Morde an ihren neugeborenen Kindern, reagierte Maury erkennbar skeptisch. »Wenn diese Erinnerungen so deutlich und brutal sind, warum hat sie sich dann plötzlich vor einem Jahr wieder an sie erinnert?« fragte er das Publikum. »Was ist mit all den Jahren dazwischen?«

Was als ein moralisches Gefecht mit eindeutigen Positionen zwischen fortschrittlichen Kinderschützern und unverbesserlichen patriarchalen Kräften begonnen hatte, wurde nun zu einer unüberschaubaren Schlacht mit ständig wechselnden Grenzverläufen zwischen Gut und Böse. Auf einmal waren die Therapeuten die Bösen, die Schurken, die gierigen, machthungrigen, ideologischen Eiferer, die ihre Klientinnen manipulierten und sie dazu brachten, eine modische, aber falsche Diagnose zu akzeptieren; die die psychologischen Probleme ihrer Patientinnen eher schufen als heilten und dabei Familien auseinanderrissen. Therapeutinnen wurden mit den Hexenjägern von Salem und den Kommunistenhassern der McCarthy-Ära verglichen, die auf der Suche nach der von ihnen als solche definierten Ursache allen Übels jeden Stein umdrehten und jedes Gebüsch durchkämmten.

Zeitungs- und Zeitschriftenartikel spiegelten den skeptischen Trend (den Therapeuten »den Gegenschlag« nannten) wider. Die Journalistin Debbie Nathan schrieb einen Artikel für den »Playboy«, in dem sie Erfahrungen bei einem viertägigen Therapiemarathon für Überlebende von sexuellem Mißbrauch, körperlichen Mißhandlungen, seelischen Mißhandlungen und Vernachlässigung beschrieb. Am ersten Morgen versammelten sich drei Dutzend

Frauen, die Teddybären oder andere »Kuscheltiere« umklammerten, zusammen mit sechs Therapeutinnen in »einem nur mit Matratzen ausgestatteten Raum«. Auf den Matratzen lagen dicke Telefonbücher; die Überlebenden sollten sich auf die Matratzen stellen oder hocken und auf die Telefonbücher, die ihre Mißbraucher darstellten, mit Gummischläuchen einschlagen.

Die meisten Frauen bezeichneten sich bei der Vorstellung als Inzestüberlebende oder Opfer von rituellem Mißbrauch bei Teufelskulten. Als Donna an die Reihe kam, bezeichnete sie sich zuerst ganz ruhig als Überlebende von seelischer Mißhandlung. Aber dann »verzog sich ihr Gesicht vor Schluchzen«.

»Wißt ihr«, sagte sie unter Tränen, »ich habe das Gefühl, daß ich kein Recht habe, hier zu sein. Ich schäme mich, weil ich keine Erinnerungen an einen Inzest habe.«

Die leitende Therapeutin, eine Sozialarbeiterin namens Beth, ließ sich nicht aus dem Konzept bringen. »Wie viele von euch haben keine Erinnerungen an ihren Mißbrauch?« fragte sie. Elf Frauen hoben die Hände. »Sieh dich um«, strahlte Beth. »Sieh dir all die Menschen an, die keine Erinnerungen haben. Du hast ein Recht, hier zu sein. Egal, ob du dich erinnern kannst oder nicht. Egal, was passiert oder nicht passiert ist.«

Bald darauf war es Zeit, zu den schaurigen Einzelheiten zu kommen. Ein regelrechter Wettstreit um den schlimmsten Teufelskult-Mißbrauch entstand, als eine Frau nach der anderen ihre gräßliche Geschichte erzählte und dabei die jeweils vorhergehende noch an Schrecken übertraf. Andrea erinnerte sich an Kerzen, die zur Penetration benutzt wurden, an auf Schwerter aufgespießte Kinder und kannibalistische Gelage. Cathy wollte drei Babys – ihre eigenen Kinder – getötet und danach ihre Lebern herausgeschnitten haben. Teresa behauptete, daß ihr Vater der Anführer einer Teufelssekte wäre, die nur wenige Kilometer von der Therapiegruppe entfernt ihr Unwesen trieb; er hätte sie vor kurzem vergewaltigt, um sie zu schwängern und dann das Neugeborene dem Teufel zu opfern.*

* Eine naheliegende Frage in bezug auf diese Berichte von rituellem Mißbrauch, Folter und Mord ist: Wo sind die Leichen? In den meisten dieser Fälle tauchen die Beschuldigungen in der Therapie auf und werden nur innerhalb dieses Rahmens besprochen; daher wird auch kein Versuch unternommen, den Behauptungen nachzugehen. Wenn ein Fall der Polizei gemeldet wird oder es zu einer gerichtlichen Anhörung kommt, können das FBI oder andere Polizeikräfte eingeschaltet werden. Doch trotz zahlreicher landesweiter Ermittlungen haben Kriminalbeamte keine Beweise gefunden, die den Verdacht einer Verschwörung von teufelsanbetenden und kinderopfernden Sekten erhärten würden. Kenneth Lanning, der FBI-Experte für Fälle von rituellem Mißbrauch, hat die Schlußfolgerung gezogen, daß es nun aufgrund des Mangels an Beweisen » eine

Dagegen wirkten Donnas Erinnerungen blaß. »Mein Gott«, sagte sie später, »Leute, die bei Satanskulten sexuell mißbraucht wurden. Wer will da noch etwas darüber hören, wie mein Dad immer meine Schularbeiten kritisiert hat?«

Am letzten Tag des Therapieworkshops hatte Donna der Gruppe etwas zu verkünden.

»Letzte Nacht hatte ich einen Traum«, sagte sie. »Einen Inzesttraum.« Sie sah ruhig und erleichtert aus. »Außer meinem Vater waren noch andere Leute dabei. Ich habe mich gut gefühlt. Aber deswegen schäme ich mich auch.«

Beth, die Therapeutin, reagierte auf das Stichwort. »Donna«, sagte sie, »du hast einen Anfang gemacht. Wenn deine Kinder drinnen [d. h. die Kinder im Inneren] bereit sind, werden noch mehr Erinnerungen kommen.« Alle lächelten.

Debbie Nathans Artikel erschien im »Playboy« vom Oktober 1992. Im selben Monat veröffentlichte die »Los Angeles Times« einen Artikel, der die skeptische Einstellung gegenüber verdrängten Erinnerungen wiedergab:

Immer öfter raten Wissenschaftler dringend zur Vorsicht: Lange vergrabene Erinnerungen können reine Phantasie oder auch verzerrte Darstellungen von beliebigen schlechten Erfahrungen in der Kindheit sein ... Die schärfsten Kritiker sagen, daß verdrängte Erinnerungen zu einer Modediagnose geworden sind, mit der fälschlicher – und manchmal schädlicherweise – alle Arten psychischer Leiden erklärt werden.«

Und etwas später im selben Monat berichtete das »Time«-Magazin:

Erlebnisse können sich verändern, während sie aus dem Gedächtnis hervorgeholt werden. Sich Erinnern ist ein Akt des Rekonstruierens, nicht des Reproduzierens ... Kritiker erheben den Vorwurf, daß sowohl irreführende Fragen als auch die Präsenz des Themas sexueller Kindesmißbrauch in der Öffentlichkeit empfänglichen Kindern und Erwachsenen häufig den Gedanken an einen Mißbrauch suggerieren, obwohl keiner stattgefunden hat.

»Unbegründete Anklagen wegen sexuellen Kindesmißbrauchs reißen in ganz Nordamerika Familien auseinander«, verkündete ein Artikel des »Toronto Star«. Ein beschuldigter Elternteil wurde

Sache der medizinischen und therapeutischen Berufe und nicht der Polizei ist, zu erklären, warum Opfer Dinge behaupten, die offenbar erfunden sind«. Weiteres siehe Anmerkungen.

wie folgt zitiert: »Einige dieser sogenannten Therapeuten betreiben Gehirnchirurgie mit Messern und Gabeln.«

Der Wissenschaftsjournalist Daniel Goleman von der »New York Times« begann seine Geschichte »Kindheitstrauma: Erinnerung oder Erfindung?« mit einem Verweis auf die Hexenprozesse von Salem:

Satan oder Salem? Eine Flut von Fällen, in denen Männer und Frauen sich plötzlich an traumatische Ereignisse während ihrer Kindheit erinnern, hat unter auf Trauma und Erinnerung spezialisierten Psycholginnen eine heftige Debatte ausgelöst ... Kritiker setzen die Flut dieser Fälle mit der Hysterie und den falschen Beschuldigungen der Hexenprozesse von Salem gleich.

»Erinnerungsexperten beschuldigen Therapeuten, Hysterie zu erzeugen«, schrie eine Schlagzeile der »San Diego Union-Tribune«.

Psychiater, Soziologinnen und Erinnerungsexperten von den renommiertesten Universitäten Amerikas, die sich mit dem Funktionieren des Gehirns beschäftigt haben, sagen, daß viele der behaupteten frühen Kindheitserinnerungen, die von Therapeutinnen ständig angeführt werden, gar nicht möglich sind. Und sie kritisieren die Therapeuten, die meistens einen M.A.- oder Doktorgrad haben, daß sie eine Theorie propagieren, die keinerlei wissenschaftliche Grundlage hat. Die Wissenschaftler werfen ihnen außerdem vor, daß sie ihren Klientinnen – wenn vielleicht auch in bester Absicht – den Gedanken einimpfen, daß sie mißbraucht wurden, daß der Mißbrauch in vielen Fällen vermutlich nicht stattgefunden hat und daß ein früherer Mißbrauch zu einer unverbürgten, allumfassenden Erklärung für jede Art geistiger Unruhe geworden ist.

Darrell Sifford, ein Kolumnist des »Philadelphia Inquirer«, widmete eine ganze Serie von Kolumnen der Kritik an Therapeuten, »die graben und graben und schließlich ... finden, nach was sie graben – auch wenn es gar nicht da ist«. Er schrieb ungeschönt über die gerichtlichen Klagen, die einzelne Therapeutinnen erwarteten, und über die möglichen verheerenden Folgen für die psychotherapeutische Zunft. »Ich glaube, daß das Thema der falschen Anklagen der Urknall ist, der die Therapieszene in den neunziger Jahren erschüttern wird«, schrieb er.

Einige Therapeuten, die Lizenzen haben, werden sie verlieren – wenn die Berufsverbände mit dem Großreinemachen anfangen. Und ich denke, daß schließlich gegen einige dieser Therapeuten Anzeige wegen Fahrlässigkeit erstattet werden wird, nämlich wenn ihren Patientinnen klar wird, was ihnen angetan wurde.

Sifford deutete sogar an, daß Therapeutinnen, »die graben und graben«, vielleicht selbst ernsthafte psychische Probleme haben könnten.

Ich habe mich schon oft gefragt, wie wohl die Beziehungen dieser Therapeutinnen zu ihren eigenen Eltern aussehen. Wurden sie selbst als Kinder mißbraucht? Sehen sie deshalb überall nur Mißbrauch? Oder geht es noch um etwas anderes? Ist es Opportunismus? Ist es Unwissen?

Die Therapeuten reagierten verständlicherweise verärgert und sahen sich in die Enge getrieben, denn schließlich wurden ihr Ansehen, ihr Beruf und sogar ihr eigenes psychisches Befinden öffentlich auseinandergenommen. Zu den Angriffen kam noch die Beleidigung durch einen unfreundlichen Spitznamen, den eine Gruppe von »Abtrünnigen«, ehemalige Patienten, die glaubten, daß ihre »Erinnerungen« ihnen von ihren Therapeuten eingepflanzt worden waren, geprägt hatte. Die Abtrünnigen parodierten die Abkürzung »perps« für »perpetrators« (Täter), indem sie ihre Therapeuten »therps« (von »therapists«) nannten.

Und so begann der Gegenangriff. Während einige Therapeutinnen die Skeptiker als Verräter von Frauen, Kindern und Opfern anprangerten und sie als rechte, in hartnäckiges Leugnen verstrickte Reaktionäre bezeichneten (oder als »Guerilla des reaktionären Gegenschlags«, wie es eine prominente Kinderschützerin formulierte), versuchten andere, einen versöhnlicheren Weg einzuschlagen. Eine ihrer Strategien war es, sich ins feindliche Lager zu begeben und Verständnis und Unterstützung von Kritikerinnen zu suchen. Sie hofften, einige Skeptiker auf ihre Seite ziehen zu können.

Aus mehreren Gründen konzentrierte sich ihre Aufmerksamkeit besonders auf mich: Ich bin eine Wissenschaftlerin, ich bin eine Frau, und ich bin relativ gemäßigt in einer Schlacht, die hauptsächlich von Extremisten geführt wird. Da ich eine Forscherin bin, die sich auf Erinnerungsprozesse und insbesondere auf die Formbarkeit von Erinnerungen spezialisiert hat, stellte meine Arbeit eine wertvolle Kriegsbeute dar. Therapeutinnen und Kinderschützer hofften, mich für sich zu gewinnen, um auf diese Weise die feindlichen Linien zu umgehen und einen notwendigen strategischen Vorteil zu gewinnen.

Wenn ich schon als Wissenschaftlerin nicht nachgab, vielleicht konnten sie dann an die Frau appellieren, die es eigentlich besser wissen und sich nicht mit den Macho-Rationalisten verbünden sollte. Diese Kontroverse über Verdrängung wurde immer mehr zu einer Schlacht, in der es um männlich gegen weiblich und Patriarchat gegen Matriarchat ging, und nicht mehr um die

Bekämpfung von Kindesmißbrauch. Mir wurde von Therapeutinnen mit vor Ärger gepreßter Stimme vorgeworfen, daß Skeptikerinnen (wie ich) die hart erkämpften Errungenschaften der Frauenbewegung wieder zerstören. Eine Therapeutin teilte mir mit, daß ich »den reaktionären Gegenschlag gegen Frauen und Kinder«, der aus dem »massiven Leugnen« von verdrängten Erinnerungen resultiere, meiner persönlichen Verantwortung zuzuschreiben habe. Mir wurde gesagt, daß ich die Verbindung zu meiner weiblichen Seite verloren habe, daß ich eine engstirnige Fachidiotin bin, die ihre Nase nicht in andere Angelegenheiten stecken sollte, und daß ich es zugelassen habe, daß meine Forschungen von denen benutzt wird, die für die Aufrechterhaltung männlicher Dominanz und die fortgesetzte Unterdrückung von Frauen und Kindern kämpfen. Kurzum, ich hatte als Frau die falsche Seite gewählt. Ich sollte damit aufhören, die Therapeutinnen zu bekämpfen, und mich statt dessen mit ihnen verbünden.

Schließlich bot die Tatsache, daß ich eher nach Ausgleich und Kompromissen strebe, eine zusätzliche Angriffsfläche für die Argumente von seiten der Therapeuten. Obwohl ich Konfrontationen und Kontroversen nicht aus dem Weg gehe, ziehe ich vernünftige Diskussionen und ein intelligentes Herausarbeiten der unterschiedlichen Positionen doch vor, und ich weigere mich, irgend jemanden zu verurteilen. Schnell verbreitete sich die Kunde, daß ich mich gegen eine gemeinsame Veröffentlichung eines Aufsatzes mit dem Sozialpsychologen Richard Ofshe entschieden hatte, der verdrängte Erinnerungen und »Erinnerungsarbeit« kategorisch als eine der »erstaunlichsten Quacksalbereien des Jahrhunderts« ablehnt, die »keine menschliche Gesellschaft seit dem Beginn aller Zeiten je verzeichnet hat, bis ein Haufen überspannter Psychologen in Amerika sie entdeckte«. Ich sagte Richard, daß ich diese Therapeutinnen nicht einfach als »überspannt« abtun konnte und auch nicht bereit war, die Therapien auf verdrängte Erinnerungen als »Quacksalbereien« zu bezeichnen. Ich bewundere Richards Entschiedenheit und Engagement – er fürchtet weder Kritik noch Ächtung, wenn er seinen Standpunkt deutlich machen will – aber ich war nicht willens, meinen Namen unter solch harte Pauschalurteile zu setzen.

Zusätzlich verbreitete sich die Kunde, daß ich zusammen mit Lucy Berliner, der Leiterin der Forschungsabteilung des Harborview Sexual Assault Center in Seattle einen Aufsatz im »Journal of Interpersonal Violence« veröffentlicht hatte. Ich bin mit Lucy befreundet, und als wir des Streitens müde wurden, begannen wir, nach Gemeinsamkeiten zu suchen. In unserem Aufsatz plädierten wir für eine Beendigung der vereinfachenden Zweiteilung der Welt in »diejenigen, denen es um die Opfer geht, und diejenigen, denen es um die Wahrheit geht ... Das ist eine falsche Dichotomie; letzten Endes geht es uns allen um die Wahrheit und um das Leid der Opfer.« Wir schlossen den Aufsatz mit der Aufforderung, weiter miteinander zu reden: »Denn schließlich werden wir alle davon profitieren, wenn wir diesen kritischen Dialog aufrechterhalten.«

Aus diesen Gründen und vielleicht auch aus anderen, die ich nicht kenne, stürzten sich Therapeutinnen, Kinderschützer und eine Reihe meiner Mitfeministinnen auf mich, schrieben mir Briefe, schickten Bücher, Pamphlete und wissenschaftliche Artikel, hinterließen Nachrichten auf meinem Anrufbeantworter, verabredeten sich mit mir auf Konferenzen und flogen sogar zu mir nach Seattle, »nur um zu reden«. Sie baten mich, mir in Ruhe ihren Standpunkt anzuhören. Alles, was sie wollten, sagten sie, war eine Chance, gehört und verstanden zu werden.

Ellen Bass war eine der ersten, die anrief und eine lange Nachricht auf den Anrufbeantworter sprach.* Ellen hätte sich gar nicht erst als Koautorin von »Trotz allem« (Originaltitel: »The Courage to Heal«) vorstellen müssen, einem Buch, daß die aufgestaute Wut und Angst von beschuldigten Eltern wie ein Blitzableiter auf sich zog. Sie haben es in »The Courage to Hate« umgetauft.

In ihrer leisen, angenehmen Stimme sprach Ellen die Hoffnung aus, daß Wissenschaftlerinnen und Therapeutinnen einen Waffenstillstand ausrufen und einen Dialog beginnen könnten. »Vielleicht können wir eine gemeinsame Basis finden«, bot sie an, »statt soviel Zeit und Energie darauf zu verwenden, uns zu verschanzen und Geschosse aufeinander abzufeuern.«

Ich hörte mir die Nachricht mehrmals an. Das war eine interessante Entwicklung. Vielleicht konnten die »rechtgläubigen« Therapeuten und die »skeptischen« Forscher und Erinnerungsexperten doch zusammenkommen und ihre Meinungsverschiedenheiten auf intelligente Weise diskutieren. Vielleicht war es sogar möglich, eine gemeinsame Basis abzustecken. Aber ich muß zugeben, daß ich einen Hinterhalt befürchtete. Richard Ofshe glaubte, daß die Therapeutinnen sich auf ein letztes entscheidendes Gefecht vorbereiteten. Er prophezeite, daß die Debatte über die verdrängten Erinnerungen zur »Schlacht am OK-Corral für die Therapiewelt« werden würde.

* Ich habe die Gespräche mit Ellen Bass aus meinen Aufzeichnungen und aus der Erinnerung rekonstruiert.

»Hier handelt es sich nicht um einen normalen wissenschaftlichen Disput«, warnte er mich. »Das ist eine ideologische Schlacht, bei der Wahrheit und Gerechtigkeit, richtig und falsch auf dem Spiel stehen. Manche Therapeuten haben ihren guten Ruf eingesetzt, und sie werden mit allen Mitteln kämpfen, um sich zu verteidigen. Trauen Sie ihnen nicht, lassen Sie sie nicht zu nahe herankommen, denn sie werden aufs Herz zielen.«

Drei Wochen später traf ich mich mit Ellen im Bellevue Hyatt Hotel, wo sie gerade einen Workshop für Leute in sozialen Berufen, die Inzestüberlebende beraten, beendet hatte. Wir gaben uns die Hand, tauschten ein paar Höflichkeiten aus und ließen uns zu einem späten Frühstück bestehend aus Pilzomelette und Croissants nieder.

»Also«, sagte ich und ging gleich auf den wunden Punkt los, »wann haben Sie zuerst bemerkt, daß Sie angegriffen werden?«

Sie lachte gutmütig. Von Anfang an war mir diese Frau mit dem naturkrausen, ergrauenden Haar und dem charmanten Lächeln sympathisch. »Nach der Veröffentlichung von ›Trotz allem‹ reiste ich mehrere Monate lang durch Europa«, sagte sie. »Ich habe deshalb zuerst überhaupt nichts von dem Gegenschlag mitbekommen, der sich gegen das Buch im besonderen und gegen verdrängte Erinnerungen im allgemeinen formierte.«

Ihre Miene wurde nachdenklich. »Als ich vor ein paar Monaten nach Kalifornien zurückkehrte, gab mir Laura Davis, meine Koautorin, einen großen Stapel Materials, das sie gesammelt hatte – Zeitungsausschnitte, Leitartikel, wissenschaftliche Aufsätze, Briefe von beschuldigten Eltern, Literatur von der False Memory Syndrome Foundation.* Das Material war so umfangreich und so emotionsgeladen, daß mein erster Gedanke war, o Gott, die wollen uns verklagen! Laura sah mich an und sagte: ›Komisch. Mein erster Gedanke war, o Gott, die wollen uns töten!‹«

Ich dachte an Mike Patterson und Doug Nagle und die anderen angeklagten Eltern, die ich kannte, und fragte mich, ob jemand von ihnen zu einem Mord fähig wäre. Ich konnte es mir nicht vorstellen. Die Wut war ein sekundäres Gefühl, weniger vorherrschend

* Die False Memory Syndrome Foundation ist eine Solidaritätsgruppe für Familien, die aufgrund »verdrängter« Erinnerungen des Mißbrauchs beschuldigt werden. Zweck und Ziel dieser Stiftung ist es laut Satzung, »nach Gründen für die Ausbreitung des Falsche-Erinnerungen-Syndroms zu suchen, neue Fälle von Falsche-Erinnerungen-Syndrom zu verhüten und primären und sekundären Opfern des Syndroms zu helfen«.

als die Angst und die Trauer über den Verlust, aufgrund derer sie die geringe Hoffnung aufrechterhielten, daß ihre Kinder doch einmal zu ihnen zurückkommen könnten. Aber dennoch erinnerte mich die Situation so sehr an die Abtreibungsdebatte, daß mir nicht wohl dabei war. Da draußen gab es sogenannte Lebensschützer, die auf Ärzte schossen, die Abtreibungen durchführten. Inwiefern gab es Parallelen zu dieser Situation? Wer würde auf wen schießen und aus welchen ideologischen oder persönlichen Gründen?

Es machte mir angst, daß Leute, die in diese Debatte verstrickt waren, überhaupt an die Möglichkeit von Gewalt dachten. Drohungen und Warnungen waren eskaliert, seit sich die Medien jüngst auf den »Mißbrauch« von Therapien konzentriert hatten. Gerade in dieser Woche hatte ich eine Nachricht von einer Frau auf meinem Anrufbeantworter abgehört, die behauptete, einen Erzteufelsanbeter zu kennen, der besondere elektromagnetische Kräfte hatte, durch die er mit der ganzen Welt kommunizieren und das Denken der Menschen manipulieren konnte. »Es könnte den Menschen helfen, wenn sie wüßten, daß eine teuflische Macht von außen gegen sie arbeitet, statt in ihnen zu wirken«, sagte die Anruferin. Ich hatte das Band mehrmals abgehört, aber ich wußte immer noch nicht, auf welcher Seite der Teufel denn nun stand.

Manchmal schien es, als ob wirklich die ganze Welt verrückt geworden wäre.

»Wie können wir diese trennende Feindseligkeit überwinden und gemeinsam den Opfern von sexuellem Mißbrauch helfen?« fragte ich. »Sie verbringen Ihre Tage damit, mit Überlebenden zu sprechen ...«

»... und die Nächte«, unterbrach mich Ellen sanft.

»Ihre Tage und Nächte«, fuhr ich fort, »und Sie glauben ausgehend von ihren Berichten, daß Erinnerungen verdrängt werden und Jahre oder gar Jahrzehnte später als Flashbacks wiederkommen können. Als Wissenschaftlerin bin ich verpflichtet, nach Beweisen zu suchen. Wo ist der Beweis, daß diese verdrängten Erinnerungen authentisch sind?«

Daraufhin erzählte sie mir die Geschichte einer engen Freundin, die plötzlich beim Sex eine zwanzig Jahre alte Erinnerung wiedererhalten hatte. Die Freundin hatte schon seit längerem aus unbekannten Gründen Depressionen gehabt, und während dieses Liebesaktes war sie nicht bei der Sache. Schließlich fragte ihr Partner, ob etwas nicht in Ordnung sei. Und auf einmal kam die Erinnerung wieder, wie aus dem Nichts, ohne Vorwarnung. Es war, als ob ihr Körper davontrieb und ihr Verstand außer Kontrolle geriet. Sie wurde von Trauer und Scham überwältigt; Bilder stiegen in ihr auf, und mit ihnen kam das Bewußtsein, endlich zum erstenmal die Wahrheit zu erkennen. *Jemand hatte ihr vor langer, langer Zeit weh getan*. Ellens Freundin wurde von Schluchzen geschüttelt, und ehe sie wußte, was sie sagen würde, brachen die Worte aus ihr heraus: »Ich wurde mißbraucht.«

Die nächsten Monate waren die Hölle für Ellens Freundin, da weitere Erinnerungen wiederkehrten und sie aus ihnen schloß, daß ihr Großvater sie mißbraucht hatte. Von ständig und unvorhersehbar auftretenden Flashbacks gequält, litt sie an Schlaflosigkeit, Depressionen, plötzlichen Stimmungsumschwüngen und Weinkrämpfen. Aber am schlimmsten waren die lähmenden Zweifel und die Unsicherheit: Vielleicht ist es gar nicht passiert. Vielleicht habe ich mir das nur ausgedacht. Ellen versicherte ihrer Freundin, daß die Erinnerungen authentisch waren, da sie so intensiven und allumfassenden Schmerz fühlte. Niemand würde diese Qualen freiwillig durchmachen.

Nachdem sie ihre Geschichte beendet hatte, appellierte Ellen in der Hoffnung, meinen Skeptizismus zu besiegen, an mein Verständnis und mein Mitgefühl. »Das Leid der Überlebenden ist so groß«, sagte sie. »Warum sollte sich jemand eine Geschichte ausdenken, die so viel Qual und Schmerz mit sich bringt?«

»Gab es irgendwelche Bestätigungen für die Erinnerungen Ihrer Freundin?« fragte ich.

»Ja, ganz eindeutig«, antwortete Ellen. Als die Freundin in ihrer Familie herumfragte, erinnerten sich alle an seltsame Ereignisse im Haus ihres Großvaters. Sogar ihre Mutter, die den Mißbrauch bestritt, gab zu, daß ihr Vater »sonderbar« war.

»Es mögen ja merkwürdige Dinge in ihrer Familie vorgekommen sein«, räumte ich ein, »aber ist das ein Beweis dafür, daß sie mißbraucht wurde?« Ich erinnerte mich an eine Zeile aus »Trotz allem«, die mir beschuldigte Eltern schon oft zitiert hatten: »Fragen nach Beweisen sind Unsinn. Es ist nicht deine Aufgabe zu beweisen, daß du mißbraucht worden bist.«

Diese Männer und Frauen, die meisten von ihnen in den Sechzigern oder Siebzigern, erinnern sich nicht, ihre Kinder mißbraucht zu haben. Von den Beschuldigungen wie vor den Kopf geschlagen, stellen sie mir immer dieselbe Frage: »Wie können wir uns verteidigen?«

Ellen konterte meine Frage geschickt und sprach deutlich und bestimmt, ohne sich in die Defensive drängen zu lassen. »Mir ist klar, daß es keine perfekte Erinnerung gibt und daß Menschen bei der Wiedergabe vergangener Ereignisse immer Fehler und Irrtümer unterlaufen werden. Doch im Kern ist die Erinnerung meiner

Freundin intakt, und die mit ihr einhergehenden Gefühle sind passend und überzeugend. Sie hat den Schrecken des Mißbrauchs vermittels einer Körpererinnerung von neuem körperlich durchlebt – und als die Erinnerung wiederkam, konnte sie sowohl auffällige als auch triviale Einzelheiten wiedergeben. Ich glaube nicht, daß jemand sich an derartige Details erinnern und solches Leid empfinden könnte, wenn der Vorfall gar nicht passiert wäre.«

Ich erzählte Ellen von den Frauen, die widerrufen haben, von denen, deren Fälle weiter oben beschrieben wurden, und von anderen, deren Therapeuten ebenfalls durch Andeutungen, durch ihre Erwartungshaltung und durch diverse therapeutische Techniken wie Trance-Schreiben, Regressionshypnose, Traumarbeit und Kunsttherapie Erinnerungen bei ihnen erzeugten. Diese Frauen hatten Mißbrauchserinnerungen wiedererlangt, die sehr detailliert waren und viel seelischen Schmerz mit sich brachten. Jede von ihnen hatte etwas erfahren, das sie damals für eine »Körpererinnerung« hielt. Der Schmerz war so groß, daß sie versuchten, sich umzubringen oder mit schweren Depressionen in eine Klinik eingewiesen wurden, wo man ihnen hohe Dosen von Beruhigungsmitteln und Antidepressiva gab. Und dennoch waren ihre Erinnerungen falsch gewesen. Nachdem sie ihren Therapeutinnen »entkommen« waren, wie sie es formulierten, und angemessene psychologische Hilfe für ihre Probleme gefunden hatten, lösten sich die Erinnerungen einfach in Luft auf und verwehten mit der steifen Brise der Realität.

»Frauen, die ihre Erinnerungen widerrufen«, wiederholte Ellen. »Das ist das erste Mal, daß ich von ihnen höre. Sehen Sie, meine Welt besteht aus Überlebenden. Ich arbeite mit ihnen, spreche mit ihnen, weine mit ihnen. Mein Leben ist der Linderung ihres Leids gewidmet. Da dies meine Welt ist, habe ich ein deutliches Bewußtsein von der weiten Verbreitung von sexuellem Mißbrauch. Ich weiß, daß in diesem Moment, während wir hier reden, Kinder mißbraucht werden. Ich weiß, wie schwer es für die Opfer ist, die Wahrheit auszusprechen, und wie wichtig es ist, daß man ihnen glaubt. Das ist meine Realität.«

»Ich bestreite nicht, daß Kindesmißbrauch ein ernstes Problem in unserer Gesellschaft ist«, sagte ich, »und ich trete in keiner Weise dafür ein, daß das Leid eines mißbrauchten Kindes oder einer erwachsenen Überlebenden bagatellisiert oder gar ignoriert werden soll. Aber meine Realität unterscheidet sich von der Ihren. Ich weiß, wie leicht Erinnerungen entstellt und manipuliert werden können. Ich weiß, daß Erinnerungen Rekonstruktionen sind, die Suggestionen, Phantasien, Träume und Ängste einschließen. Ich verbringe viel Zeit damit, mich mit Menschen zu unterhalten, die darauf bestehen, daß sie fälschlich beschuldigt werden, und verzweifelt versuchen zu verstehen, was mit ihnen und ihren Familien geschieht. Ich höre mir ihre Schicksale an und bin von ihrem Schmerz betroffen. Genauso wie Sie den Tätern auf der Welt Einhalt gebieten wollen, will ich den Therapeuten Einhalt gebieten, die Mißbrauch suggerieren, wo noch nicht einmal Erinnerungen existieren, und die sich weigern, mit den Familienangehörigen zu sprechen. Ich möchte sie am liebsten anschreien: ›Sehen Sie nicht, was Sie da für einen Schaden anrichten?‹ Die Geschichten, die mir die angeklagten Eltern erzählen, sind für mich genauso erschütternd wie die Geschichten der Anklägerinnen es für Sie sind.«

Wir sahen einander an und versuchten, die Tiefe des Grabens, der zwischen unseren verschiedenen Realitäten klaffte, abzuschätzen.

»Vielleicht sollten wir uns beide mehr Mühe geben, die andere Seite zu verstehen«, schlug Ellen vor. »Vielleicht könnten Sie sich bemühen, die Belange der Überlebenden zu begreifen, und ich mir anhören, was die widerrufenden Frauen und die angeklagten Eltern sagen.«

»Wir helfen sicher niemandem, indem wir uns gegenseitig attackieren«, stimmte ich zu. Es war ein ernster Moment, aber plötzlich mußte ich laut auflachen, als mir eine der jüngsten »Attacken« gegen mich in den Sinn kam.

»Was ist daran so komisch?« fragte Ellen lächelnd.

Ich erzählte ihr die Geschichte einer erstaunlichen Begegnung. Vor zwei Wochen war ich zurück nach Seattle geflogen, nachdem ich einen Vortrag auf einer Konferenz in Kalifornien gehalten hatte. Die Frau neben mir hatte gerade den Wirtschaftsteil von »USA Today« beendet und blickte aus dem Fenster, als ich meine übliche Eröffnungsfrage im Flugzeug stellte: »Fliegen Sie weg oder nach Hause?«

»Ich wohne in Seattle und komme gerade aus Australien und Neuseeland, wo ich eine Reihe von Vorträgen gehalten und Workshops gegeben habe«, sagte sie freundlich.

»Zu welchem Thema?« erkundigte ich mich.

»Zum Überleben von Kindheitstraumen«, sagte sie.

Ich muß so etwas wie »sehr interessant« gemurmelt haben, aber im stillen fragte ich mich, warum ich ausgerechnet neben dieser Frau sitzen mußte, wenn es mindestens hundert Leute in diesem Jumbo-Jet geben mußte, die noch nie etwas von verdrängten Erinnerungen gehört hatten. Vielleicht gab es sogar eine Handvoll, die noch nicht einmal das Wort »Verdrängung« gehört hatten. Warum konnte ich nicht neben einem von ihnen sitzen?

Außerdem war ich sowieso schon etwas verdrießlich gestimmt, weil ich während des Vortrags, den ich vor Psychologinnen und Psychiatern in San Franzisko gehalten hatte, ausgebuht worden war. *Das* war mir noch nie passiert. Jetzt wollte ich nur noch nach Hause, die Füße hochlegen und die Kiste einschalten. (Obwohl – als ich das das letztemal tat, starrte ich plötzlich auf Faye Dunaway, wie sie als Joan Crawford verkleidet ihrem Adoptivkind in »Mommie Dearest« furchtbare Qualen zufügte.)

»Und was machen Sie?« fragte meine Nachbarin höflich.

»Ich lehre an der Universität von Washington.« Absichtlich unbestimmt.

»Was lehren Sie?«

»Psychologie.«

»Sind Sie eine klinische Psychologin?« fragte sie, wobei sie sich mir mit verstärktem Interesse zuwandte. »Was für eine Art Therapie lehren Sie?«

»Ich befasse mich nicht mit Therapien. Ich erforsche Erinnerungen.«

»Erinnerungen«, wiederholte sie leise. »Was für Erinnerungen?«

»Ich untersuche die Abläufe beim Speichern und Abrufen von Erinnerungen«, sagte ich, meine Arbeit mit möglichst neutralen Worten beschreibend.

»Wie heißen Sie?« fragte sie plötzlich.

Ich sagte es ihr. Wie hätte ich meinen Namen verschweigen können? Sie sah mich an, ihre Augen verengten sich. »O nein«, rief sie. »*Sie* sind diese Frau! *Sie* sind diese Frau!« Und dann – ich weiß, es klingt unglaublich – schlug sie mit ihrer Zeitung auf meinen Kopf ein.

Als ich an dieser Stelle der Geschichte angelangt war, brach Ellen in Gelächter aus. »Das ist nicht Ihr Ernst!«

»Es ist die Wahrheit, die ganze Wahrheit und nichts als die Wahrheit, so wahr mir Gott helfe«, sagte ich und hob dabei scherzhaft die Hand zum Schwur.

»Was geschah dann?« fragte Ellen.

»Sie sah sich um, als ob sie sich schnell woandershin setzen wollte, aber wir mußten noch angeschnallt bleiben. Ein paar Minuten später kam die Stewardeß an uns vorbei, wir bestellten beide Drinks und verbrachten den Rest des Fluges damit, uns gegenseitig von unseren Positionen zu überzeugen.

Kurz vor ihrer Reise nach Australien hatte sie mich in einer lokalen Radiosendung gehört und mich eingebildet und herablassend gefunden. Sie warf mir vor, meine Zeit für die Verteidigung der Täter zu verschwenden. Wenn die verdrängten Erinnerungen auch nicht der buchstäblichen Wahrheit entsprächen, so ist sie doch der Überzeugung, daß sie ein furchtbares Erlebnis in der Vergangenheit der betreffenden Person symbolisierten. »Menschen, die eine Therapie machen, lassen sich nicht so leicht irreführen«, beharrte sie, »und Psychotherapie hat auch nichts mit Gehirnwäsche zu tun.«

»Ich finde, da hat sie recht«, sagte Ellen. »Ich kann einfach nicht glauben, daß eine Therapeutin einer Patientin einreden kann, daß sie mißbraucht wurde, und das nicht nur einmal, sondern viele Male und obendrein von jemandem, den sie kannte und vielleicht sogar liebte. Diese ganze Vorstellung, daß Erinnerungen an sexuellen Mißbrauch eingepflanzt werden können, entbehrt der Glaubwürdigkeit. Wenn ein Therapeut auf dem Holzweg ist, würden die meisten Patienten ihm das einfach sagen, und dann würde der Therapeut entweder einen anderen Weg einschlagen oder der Patient würde sich nach jemand anderem umsehen. Therapie kann suggestiv sein – die Suggestion ist sogar eines der effektivsten Mittel, die einer Therapeutin zur Verfügung stehen. Vielleicht werden auch Einzelheiten hinzugefügt, die nicht zu der ursprünglichen Erinnerung gehören. Aber es ist schlichtweg unmöglich, jemandem eine komplette Erinnerung an ein traumatisches Erlebnis mit vielen Details und den dazugehörigen Gefühlen einzupflanzen, wenn es dieses Erlebnis nie gegeben hat.«

»Aber genau das haben wir in dem Experiment mit dem Einkaufszentrum getan«, entgegnete ich.

»Von diesem Experiment habe ich schon viel gehört«, sagte Ellen. *Und nicht nur Gutes* , verriet ihr Ton. »Sie konnten mehreren freiwilligen Versuchspersonen eine Erinnerung an ein fiktives Ereignis einsetzen. Aber Sie können das Verlorengehen in einem Einkaufszentrum nicht mit der Erfahrung von Opfern sexuellen Mißbrauchs vergleichen.«

»Das ist richtig«, gab ich zu. »Verlorengehen und sich fürchten ist nicht dasselbe wie mißbraucht werden, und ich würde diese äußerst unterschiedlichen Erfahrungen nie gleichsetzen wollen. Aber wenn man durch suggestives Fragen eine falsche Erinnerung an Verlorengehen erzeugen kann, könnte dabei derselbe psychologische Mechanismus aktiviert werden, wie bei der Erzeugung einer falschen Erinnerung an sexuellen Mißbrauch. Wir versuchen mit unserem Experiment nur zu zeigen, daß durch

Suggestion eine traumatische oder leicht traumatische Erinnerung an etwas erzeugt werden kann, das nie geschehen ist.«

Ich bin schon früher von klinischen Psychologen und Kinderschützerinnen angegriffen worden, die damit argumentierten, daß meine konstruierten Experimente zwar Entstellungen von normalen Erinnerungen nachwiesen, aber nicht auf die Erfahrungen von erwachsenen Mißbrauchsüberlebenden übertragen werden konnten. Als über das Einkaufszentrum-Experiment das erstemal in der Presse berichtet wurde, schrieb eine meiner Freundinnen, Py Bateman, die Gründerin der Initiative »Alternativen zur Angst« zur Verhütung von sexueller Gewalt in Seattle und eine bekannte Streiterin für die Rechte von Opfern, einen Leserbrief an die »Seattle Times«. »Wenn Professor Loftus denkt, daß die Erfahrung, als Kind in einem Einkaufszentrum verlorenzugehen, mit Inzest vergleichbar ist, dann sollte sie erst einmal ihre Hausaufgaben machen«, schrieb Py. Die eigentliche Aussage war deutlich: Ich mochte vielleicht eine Expertin für Erinnerung sein, aber auf dem Gebiet des sexuellen Mißbrauchs war ich ein Neuling.

Judith Lewis Herman, eine meiner schärfsten Kritikerinnen, schrieb einen langen und emotionalen Brief an den »Harvard Mental Health Letter«, der einen kritischen Aufsatz von mir über Traumatheorie und Therapien mit verdrängten Erinnerungen veröffentlicht hatte. Herman behauptete, daß ich von Verteidigern engagiert wurde, die »nach neuen Methoden suchten, um die Authentizität von Aussagen erwachsener Frauen über einen Mißbrauch in der Kindheit in Frage zu stellen«. Trotz meines »Mangels an klinischer Erfahrung und an psychologischem Wissen über Traumen« machte ich spekulative Aussagen über psychotherapeutische Verfahren und versuchte, meine Untersuchungsergebnisse auf Patientinnen mit verzögerten oder verdrängten Erinnerungen an sexuellen Mißbrauch in ihrer Kindheit zu übertragen. Ich hätte kein Recht, fuhr Herman fort, zu behaupten, »daß Therapeutinnen Schreckensszenarien in die Köpfe ihrer Patientinnen einpflanzen können«. Indem ich diese Behauptung aufstellte, würde ich nur die »üblichen Vorurteile« wiedergeben: verbreitete Ängste vor Manipulationen durch Therapeuten; hartnäckige Stereotypen, die Frauen als unterwürfig, oberflächlich und rachsüchtig darstellten; und »den universellen Wunsch, die Realität von sexuellem Mißbrauch zu leugnen«. Meine Forschungen würden dazu benutzt, einen Gegenschlag gegen die Opfer zu führen, zukünftige Nachforschungen bei traumatischen Erinnerungen zu gefährden und den sozialen Druck zu erhöhen, der den Opfern Schweigen gebot, schloß Herman.

Ich war nicht mehr Dr. Elizabeth Loftus, eine Spezialistin für Fragen der Formbarkeit von Erinnerungen, sondern eine verantwortungslose Akademikerin, die es zugelassen und sogar begrüßt hatte, daß ihre Seminarstudien für eine großangelegte Kampagne gegen Kinder, Frauen und Opfer benutzt wurden. Wie es eine meiner graduierten Studentinnen formulierte, war ich zu der »bösen pädophilen Psychologin aus der Hölle« geworden.

»Denken Sie daran«, erinnerten mich meine Studenten, »in dieser Debatte geht es nicht um die Verbreitung von sexuellem Mißbrauch oder die hart erkämpften Errungenschaften der Frauenbewegung. Es ist eine Debatte über Erinnerung, nicht über Ideologie.«

Ich mußte mir den Satz immer wieder vorsagen. *Es ist eine Debatte über Erinnerung, es geht nicht um Ideologie; es geht um Erinnerung, Erinnerung, Erinnerung ...*

Ellen sah auf ihre Uhr. »Ich muß in einer Stunde zum Flughafen«, sagte sie. »Gehen wir doch auf mein Zimmer und setzen unser Gespräch fort, während ich packe.«

Ich folgte ihr in den Aufzug und in eine geräumige Suite im vierten Stock mit einem Panoramablick auf die schneebedeckten Olympic Mountains. Als ich mich in einen Sessel niederließ und ihr zuhörte, wie sie leidenschaftlich und intelligent über die Überlebenden und den Mut, den sie zeigten, indem sie die Wahrheit über ihre Vergangenheit aussprachen, redete, begann ich mich zu fragen, ob ich nicht vielleicht doch etwas übersehen hatte. Ellen Bass war sicher eine Expertin auf einem Gebiet, von dem ich wenig wußte. Sie hatte ein praktisches Wissen, das ich nie haben würde, Erkenntnisse, Erfahrungen und Einsichten, die ich nicht besaß. Wie konnte ich ihre Erfahrungen nicht würdigen? Wie konnte ich die Errungenschaften der Frauenbewegung gefährden, indem ich die Erinnerungen von erwachsenen Überlebenden in Frage stellte?

»Hier geht es um Erinnerung«, sagte ich. Ich sprach eigentlich mit mir selbst, sagte die Worte aber laut. »Deshalb habe ich mich überhaupt eingemischt, deshalb sitze ich hier mit Ihnen und versuche, zu einer Verständigung zu gelangen. Ich weiß, daß Inzest ein weitverbreitetes Phänomen ist, ich fühle mit den Opfern und bewundere den Mut der Überlebenden. Ich bin keine Feindin der Frauenbewegung, der Bewegung für die Rechte der Opfer oder der Bestrebungen nach Heilung und Überwindung. Ich stelle keine Mißbrauchserinnerungen in Frage, die zum Beispiel durch medizinische Befunde wie Geschlechtskrankheiten oder Verletzungen und Vernarbungen im Gewebe unzweifelhaft bestätigt werden. Ich bezweifle auch keine Mißbrauchserinnerungen, die schon immer vorhanden waren, denn diese sind genauso glaubwürdig wie jede Art von positiven oder negativen Erinnerungen an die Vergangenheit. Ich bezweifle nicht die Tatsache, daß Erinnerungen spontan wiederkehren und daß dabei Einzelheiten vergessen werden können; noch nicht einmal, daß Erinnerungen an einen Mißbrauch viele Jahre später durch alle möglichen Auslöser hervorgerufen werden können.«

Ich holte tief Luft. »Mich interessiert nur diese isolierte Kategorie von Erinnerungen, die als ›verdrängt‹ bezeichnet werden. Ich will nur über diesen relativ unerforschten Aspekt der Überlebenden-Bewegung diskutieren, der mit Verdrängung zu tun hat, und auf diesem Gebiet habe ich auch das Recht, nachzuforschen und kritische Fragen zu stellen.«

»Aber warum müssen wir überhaupt von Verdrängung sprechen?« fragte Ellen. »Warum können wir dieses Wort nicht einfach vergessen? Was ist, wenn eine Person eine Mißbrauchshandlung schlicht vergißt und sich dann später in der Therapie wieder daran erinnert? Sie befindet sich in einer sicheren Umgebung; sie spürt vielleicht zum erstenmal im Leben, daß ihr jemand glauben und ihre Erfahrungen ernst nehmen wird, und plötzlich kehrt die Erinnerung zurück. Ist das kein stichhaltiger Ablauf?«

»Natürlich ist es das«, sagte ich, »aber dabei handelt es sich um einfaches Vergessen und Erinnern, nicht um den magischen Homunkulus im Unbewußten, der sich in regelmäßigen Abständen ans Tageslicht wagt, sich eine Erinnerung schnappt, damit wieder abtaucht, sie in einer dunklen Ecke des unbewußten Selbst vergräbt, ein paar Jahrzehnte abwartet und sie dann wieder ausgräbt und hinauswirft.«

»Aber ist es nicht möglich, Verdrängung neu zu definieren, so daß sie mit den normalen, wissenschaftlich akzeptierten Mechanismen der Erinnerung konform geht?« fragte Ellen.

»Aber dann ist es keine Verdrängung mehr«, sagte ich, »denn Verdrängung hat nichts mit *normaler* Erinnerung zu tun.« Ich versuchte, den Unterschied zwischen normalen Erinnerungsprozessen und diesem außergewöhnlichen, empirisch unbewiesenen Mechanismus namens Verdrängung zu erklären. Forscher können in Experimenten nachweisen, daß Menschen in der Tat vergessen, was meist locker als die Unfähigkeit, sich an ein Ereignis oder an die Einzelheiten eines früheren Erlebnisses zu erinnern, definiert wird. Außerdem kann man experimentell nachweisen, daß Erinnerungen mit der Zeit an Form und Substanz verlieren.

Schwieriger im Experiment nachzuweisen, aber dennoch Teil jeder menschlichen Erfahrung ist ein als motiviertes Vergessen bekanntes Phänomen, bei dem wir unangenehme, Angst oder Konflikte auslösende Gedanken und Impulse aus dem Bewußtsein drängen. Wenn ich zum Beispiel an den Tod meiner Mutter denke, sind die damit verbundenen Bilder und Gefühle so schmerzlich, daß ich sie sofort beiseite schiebe. Ich versuche absichtlich, *nicht* an dieses traurige und beunruhigende Ereignis zu denken. Das ist motiviertes Vergessen, und es hat nicht das geringste mit Verdrängung zu tun, denn obwohl ich die Erinnerungen an ihren Tod absichtlich vermeide, weiß ich trotzdem, daß sie in einem Swimmingpool ertrunken ist, und ich erinnere mich auch an den Kontext des Ereignisses.

»Ich verstehe, daß Verdrängung kein gewöhnlicher Prozeß ist«, sagte Ellen nachdenklich. »Aber ist er nicht mit Amnesie vergleichbar, bei der ein traumatisches Ereignis als eine anormale Form von Erinnerung verschlüsselt wird? Ist es nicht möglich, so schwer traumatisiert zu sein, daß sich die Erinnerungsspuren tief und dauerhaft im Unbewußten einprägen? Und dann ruft etwas Jahre später die Erinnerung hervor, und sie kehrt ins Bewußtsein zurück?«

Das war schon ein schwierigeres Terrain. Menschen können von verschiedenen Arten von Amnesie betroffen werden, die meistens mit einer Kopfverletzung einhergehen. »Anterograde Amnesie« ist eine verminderte Fähigkeit, sich an Ereignisse oder Erfahrungen zu erinnern, die in der Zeit nach einer Hirnverletzung liegen. Die Joggerin im berüchtigten Central-Park-Vergewaltigungsfall hatte zum Beispiel keine Erinnerung an die Vergewaltigung und die Schläge, die ihr die Angreifer zufügten, da die Gehirnverletzung verhinderte, daß die traumatische Erfahrung einen biochemischen Abdruck hinterließ.

»Retrograde Amnesie« ist die verminderte Fähigkeit, sich an Ereignisse oder Erfahrungen zu erinnern, die zeitlich vor einer Verletzung des Gehirns liegen. Ein Beispiel für retrograde Amnesie ist der Fall einer Frau, die ihre Arbeitsstelle verläßt, um zu einer Verabredung zum Mittagessen in die Innenstadt zu fahren; auf dem Weg dorthin übersieht sie eine rote Ampel und hat einen schweren Autounfall. Als sie zwei Tage später aus dem Koma erwacht, hat sie nicht die geringste Erinnerung daran, wie sie ihr Büro verließ, die rote Ampel überfuhr oder wie der Kleinlaster ihre Seite rammte. Das letzte, woran sie sich erinnern kann, ist, daß sie am Morgen des Unfalls in ihrem Büro saß und Daten in ihren Computer tippte.

Keiner dieser seltenen, aber dokumentierten Fälle von Amnesie ähnelt der Verdrängung, die als ein Prozeß selektiver Amnesie dargestellt wird, bei dem das Gehirn bestimmte traumatische Ereignisse herausschneidet und diese zensierten Teile in einer speziellen, unzugänglichen »Erinnerungsschublade« aufbewahrt. Es gibt jedoch noch eine andere Art von Amnesie, die traumatische (oder psychogene) Amnesie genannt wird, und diese Art wird am häufigsten mit Verdrängung verwechselt. Ein mit furchtbarer Angst oder tiefer seelischer Verstörung verbundenes Ereignis – wie eine Vergewaltigung oder ein Mord – kann die normalen biologischen Prozesse, die der Speicherung von Informationen als Erinnerung unterliegen, unterbrechen; in der Folge wird die Erinnerung an das Ereignis unzureichend in einzelnen, unverbundenen Fragmenten verschlüsselt oder gespeichert.

In einem 1982 veröffentlichten Aufsatz beschrieben Dan Schacter und seine Kollegen von der University of Toronto den Fall eines einundzwanzigjährigen Mannes, »PN« genannt, der an traumatischer Amnesie litt. PN hatte sich an einen Polizisten in der Innenstadt von Toronto gewandt und über unerträgliche Rückenschmerzen geklagt. Er wurde in die Notaufnahme gebracht, wo er den Ärzten sagte, daß er sich weder an seinen Namen, seine Adresse noch an andere persönliche Daten erinnern könne. Als PNs Foto in der Zeitung veröffentlicht wurde, meldete sich eine Cousine und identifizierte ihn. Die Cousine gab an, daß ihr Großvater, den PN vergöttert hatte, in der vergangenen Woche gestorben war. PN erinnerte sich weder an seinen Großvater noch an dessen Beerdigung, aber am darauffolgenden Abend begann sich seine traumatische Amnesie aufzulösen, als er eine breit angelegte Einäscherungs- und Beerdigungsszene im letzten Teil der Fernsehserie »Shogun« sah. Während er der Beerdigungsszene zusah, erschien ein Bild seines Großvaters vor seinem geistigen Auge, und seine Erinnerungen kehrten allmählich wieder.*

Traumatische Amnesie umfaßt charakteristischerweise eine relativ große Ansammlung von Erinnerungen und den dazugehörigen Affekten, nicht nur einzelne Erinnerungen, Gefühle oder Gedanken; und diese nicht zugänglichen Erinnerungen beziehen sich meist auf alltägliche Informationen, die normalerweise auch dem Bewußtsein zugänglich sind. Die dritte überarbeitete Auflage des »Handbuchs für Diagnostik und Statistik«, das von Ärztinnen und Psychotherapeuten benutzt wird, um bei psychisch kranken

* Traumatische Amnesie ist nicht mit totalen »Blackouts« zu verwechseln, die durch Krankheit, übermäßigen Alkoholkonsum oder schwere Gehirnverletzungen entstehen und von vorneherein verhindern, daß Erinnerungen im Gehirn gespeichert werden. Bei diesen Gedächtnis-Blackouts gibt es nichts wiederzuerlangen, weil nie etwas da war.

Patienten eine Diagnose aufgrund ihrer Symptome zu stellen, definiert psychogene Amnesie als »die Unfähigkeit, sich in einem oder mehreren Fällen an wichtige persönliche Informationen, die, meist mit einem Trauma oder übermäßigem Streß verbunden, zu umfangreich sind, um durch normales Vergessen erklärt zu werden«. Ein Vergewaltigungsopfer, das an psychogener (traumatischer) Amnesie leidet, kann zum Beispiel zusätzlich zu den näheren Tatumständen Name, Adresse und Beruf vergessen. Doch die Amnesie ist fast immer reversibel, und die Erinnerung kehrt bald wieder.

Bei den traumatischen Amnesien von PN und dem oben erwähnten Vergewaltigungsopfer handelt es sich um Amnesien, die größere Abschnitte persönlicher Erinnerungen betreffen. Diese Fälle sind interessant genug, um oft in der Fachliteratur erwähnt zu werden. Eine noch etwas andere Art von Amnesie hat zum Beispiel ein Opfer, das einen schweren Skiunfall erleidet und den Teil der Erinnerung verliert, der den eigentlichen Unfall enthält, aber den Kontext bewahrt. Es erinnert sich an die Ereignisse, die bis zu dem Punkt, an dem das Gedächtnis aufhörte zu arbeiten, führten und auch an die Geschehnisse, die auf den Gedächtnisverlust folgten. Vor allem aber weiß es, daß es an einem Gedächtnisverlust leidet. Mit anderen Worten: Das Opfer weiß, daß es die Erinnerung an einen bedeutsamen Teil seiner Vergangenheit verloren hat.

Männer und Frauen, die an verdrängten Erinnerungen leiden, verlieren dagegen angeblich nicht nur die Erinnerung an das Trauma, sondern auch *jedes Bewußtsein davon, daß sie sie verloren haben.* Der gesamte Zusammenhang verschwindet, ohne Spuren zu hinterlassen. Viele Leute, die behaupten, Erinnerungen an sexuellen oder rituellen Mißbrauch verdrängt zu haben, glaubten bis dato, daß sie eine glückliche Kindheit hatten. Wenn man sie gezielt nach auffälligen oder schrecklichen Vorkommnissen in ihrer Vergangenheit fragte, antworteten sie meist mit Aussagen wie: »Mir ist noch nie etwas wirklich Traumatisches zugestoßen«. Die Erinnerungen existieren einfach nicht, bis etwas passiert, das den geheimen Zugang öffnet und sie wie Fledermäuse aus einem vergessenen Turm herausflattern läßt.

Die Geschichte von den verdrängten Erinnerungen der fünfundzwanzigjährigen Gloria Grady ist typisch. Am 2. Januar 1985 ließ sich Gloria in die Minirth-Meier-Klinik in Richardson, Texas, einweisen, um etwas gegen ihr Gewichtsproblem zu unternehmen, unter dem sie seit ihrer Kindheit litt. Nach fünf Wochen in der Klinik entschied sie sich, mit den wöchentlichen Einzel- und Gruppentherapiesitzungen weiterzumachen. Bei einem gemeinsamen

Treffen mit ihren Eltern ermutigte ihre Therapeutin sie, sich zu öffnen und selbstbewußt alles anzusprechen, womit sie Probleme hatte. Gloria beklagte sich lediglich darüber, daß ihr Vater, Pfarrer einer Baptistengemeinde, sonntags morgens immer zu schweigsam war, wenn die Familie sich für den Kirchgang fertig machte. Sie erwähnte auch, daß sie gerne aus dem Elternhaus ausziehen würde, und die Eltern erklärten sich sofort bereit, ihr bei der Wohnungssuche zu helfen.

Mehrere Monate später forderte Glorias Therapeutin sie auf, alle schlimmen Erfahrungen, die sie jemals gemacht hatte, niederzuschreiben. Als sie sich nur schwer an bestimmte Zwischenfälle erinnern konnte, bat sie ihren Bruder und seine Frau, ihrem Gedächtnis nachzuhelfen. Ihre Liste enthielt schließlich Erinnerungen daran, wie ihre Klassenkameraden sie wegen ihrer Figur gehänselt hatten und wie ihre Eltern ihr in der ersten Klasse gesagt hatten, daß sie nicht beim Square dance mitmachen konnte (sie tanzte dann trotzdem mit).

Schließlich ging Gloria zweimal pro Woche zu ihrer Therapeutin, zusätzlich zu zwei oder mehr wöchentlichen Gruppensitzungen. Sie nahm gleichzeitig Tabletten zur Gewichtsabnahme, Schlaftabletten, harntreibende Mittel und Antidepressiva und mußte mehrmals wegen versehentlicher Überdosierung ins Krankenhaus eingewiesen werden. Am 24. Juli 1987, nach zwei Monaten in der psychiatrischen Abteilung, schrieb Gloria ihren Eltern einen schockierenden Brief. Während ihres Aufenthaltes im Krankenhaus hatte sie »viele schreckliche Erinnerungen« an ihre Kindheit wiederentdeckt. Ihr Schmerz war so »unerträglich« geworden, daß sie »bei der Erinnerung an den Mißbrauch«, den sie durch ihre Eltern erlitten hatte, »ernsthaft sterben wollte«. Da die Mitglieder ihrer Familie die in ihren Erinnerungen enthüllte Wahrheit weiterhin leugneten, hatte sie beschlossen, »sich dem Familiensystem zu entziehen«.

Zwei Jahre später beantragte Gloria eine gerichtliche Verfügung, die ihren Eltern verbieten sollte, mit ihr Kontakt aufzunehmen. Bei Gericht erfuhren die Gradys zum erstenmal, was ihre Tochter ihnen im einzelnen vorwarf. Sie sagte aus, daß ihr Vater sie wiederholt von ihrem zehnten Lebensjahr an bis zu ihrer Collegezeit vergewaltigt hatte und bei verschiedenenen Gelegenheiten ein Messer, eine Pistole und einen Gewehrlauf in ihren Anus eingeführt hatte. Ihre Mutter hatte sie sexuell mißbraucht, indem sie verschiedene Gegenstände in ihre Vagina eingeführt hatte. Ihre Eltern, ihren Bruder und andere Familienangehörige bezeichnete sie als Mitglieder einer Teufelssekte, die ihre dreijährige Tochter geopfert hatte, wobei sie den Körper des Kindes zerhackt und Stücke davon ins Feuer geworfen hatten. Die Sekte hatte nach ihrer Aussage fünf oder sechs ihrer Schwangerschaften abgetrieben und sie gezwungen, Teile der Föten zu essen.

Sachverständige sagten aus, daß bei Gloria keinerlei Narben, Risse oder andere Anzeichen sexueller Folter festgestellt werden konnten. Medizinische Berichte, Fotos und Zeugenaussagen widersprachen Glorias Anschuldigungen. Polizeiliche Ermittlungen fanden keine Hinweise auf ermordete Babys; es gab jedoch eine Zeugenaussage darüber, daß Gloria schwanger gewesen war. Der Richter wies Glorias Antrag auf eine gerichtliche Verfügung ab.

»Es hängt alles von den Beweisen ab«, erklärte ich Ellen Bass. Amnesiefälle werden genau dokumentiert – es gibt eindeutige, verläßliche Beweise dafür, daß eine Verletzung vorhanden war und daß der Gedächtnisverlust in Verbindung mit einem Trauma stand. Aber wo sind die Beweise in diesen Fällen von verdrängten Erinnerungen? Können Sie mir nachweisen, daß jemand wie Gloria Grady zahlreiche sexuelle und rituelle Folterungen ertragen, die Erinnerung an jede einzelne dieser Handlungen verdrängen und obendrein den Glauben bewahren kann, daß sie eine glückliche Kindheit ohne besondere Vorkommnisse hatte? Können Sie beweisen, daß es möglich ist, wie die Autorin Betsy Petersen behauptet, von der frühen Kindheit an bis zum Alter von zwanzig und mehr Jahren vom Vater vergewaltigt zu werden und jede Erinnerung an all diese Taten und Gefühle zu verdrängen? Können Sie beweisen, daß es möglich ist, wie Roseanne Arnold und viele andere behauptet haben, in der Kindheit stattgefundene Mißbrauchshandlungen zu verdrängen und sich plötzlich mit deutlicher Intensität wieder an sie zu erinnern? Ich fordere lediglich Beweise dafür, daß Verdrängung ein verbreitetes Phänomen ist und daß das Gehirn routinemäßig in dieser Weise auf Traumen reagiert.«

Ich war des Redens müde. »Das ist alles, was ich will – Beweise.«

»Aber sind diese Fälle denn nicht in sich selbst Beweis genug?« fragte Ellen. »Ist die Tatsache, daß Tausende von Menschen im ganzen Land verdrängte Erinnerungen wiedererlangen, kein Beweis für die Existenz von Verdrängung? Was erwarten Sie für Bestätigungen in Fällen, bei denen nur zwei Leute bei der Tat zugegen waren, von denen einer nie die Wahrheit sagen wird?«

»Ich würde gern irgendeine Art von Nachweis dafür haben, daß das Gehirn in dieser Weise auf ein Trauma reagiert«, antwortete ich. »Ich möchte einen Beweis für die Behauptung haben, daß traumatische Erinnerungen in abweichender Form gespeichert oder verschlüsselt und dann in einem separaten Bereich des Gehirns aufbewahrt werden. Ich möchte verläßliche Bestätigungen für die einzelnen, auf angeblich ehemals verdrängten Erinnerungen beruhenden Anklagen.«

Wir waren in einer Sackgasse angelangt. Als eine Streiterin für die Rechte der Opfer glaubte Ellen, daß ihr zu *glauben* das wichtigste Geschenk ist, das eine Therapeutin ihrer Klientin anzubieten hat. Viel zu lange ist Frauen nicht geglaubt worden, und Opfer von sexuellem Mißbrauch waren gezwungen, mit ihrem schmerzlichen, schändlichen Geheimnis allein fertigzuwerden. Indem sie diese drei Worte sagt – »Ich glaube Ihnen« –, gibt eine Therapeutin ihren Patientinnen die Erlaubnis, ihren Schmerz in Worte zu kleiden und von ihrer Vergewaltigung und Demütigung zu sprechen. Doch wie kann sie nach dieser Erlaubnis dann plötzlich nach Beweisen fragen?

»Glauben Sie wenigstens, daß Verdrängung möglich ist?« fragte Ellen, als wir gingen. »Glauben Sie an die Möglichkeit, daß sie als ein Abwehrmechanismus existiert?«

»Das ist wie die Frage, ob man an Gott glaubt«, sagte ich, als wir den Flur entlang Richtung Aufzug gingen. »Es kommt immer auf die Definition an. Wenn Gott als eine greifbare physische Präsenz mit Rauschebart definiert wird, die auf einem Thron im Himmel umgeben von Engeln sitzt, dann müßte ich sagen: ›Nein, ich glaube nicht an Gott.‹ Doch wenn Gott als eine Theorie, eine Möglichkeit angesehen wird, dann könnte ich sagen: ›Ja, ich glaube, daß da etwas existieren könnte, aber ich möchte trotzdem Beweise haben, bevor ich mich als Gläubige bezeichne.‹ Dieselbe Einstellung könnte man auch auf das Thema Verdrängung übertragen. Wenn Sie Verdrängung als einen Prozeß definieren, bei dem der Verstand bestimmte Erinnerungen herauspickt und sie in einem Geheimfach des Gehirns deponiert, um sie Jahrzehnte später in unveränderter Form wieder zu präsentieren, dann müßte ich sagen: ›Nein, nach meinen Erfahrungen gibt es keine Grundlage dafür, an diese Interpretation zu glauben.‹ Aber wenn Sie Verdrängung als theoretische Möglichkeit definieren, als eine seltene und ungewöhnliche Reaktion des Verstandes auf ein schweres Trauma, dann könnte ich die Theorie nicht von vorneherein ablehnen. Ich würde sagen: ›Ja, das wäre möglich, aber ich möchte trotzdem Beweise haben, bevor ich mich als Gläubige bezeichne.‹«

»Aber wie kann man beweisen, daß der Verstand diese Erinnerungen vergräbt?« fragte mich Ellen. »Wie könnte man je mit wissenschaftlicher Genauigkeit nachweisen, wie dieser Prozeß abläuft?«

»Aber wie können Sie dann nur aufgrund einer Theorie Klagen auf Millionen von Dollar an Schmerzensgeld oder Konfrontationen am Sterbebett rechtfertigen?«

»Aufgrund einer Theorie *und* der Erinnerungen.«

»Erinnerungen, die nicht existierten, bis jemand sie suggerierte.«

Wir sahen einander über die breite ideologische Kluft an, die uns trennte. Keine von uns beiden sah einen Grund, hinüberzuspringen und damit alles zu verlieren, für das wir so hart gearbeitet hatten.

»Therapeutinnen sind keine Priesterinnen, und Therapie ist keine Theologie«, sagte Ellen sanft.

Ich nickte, aber ich war mir da nicht so sicher.

Knapp einen Monat nach meinem Treffen mit Ellen Bass erschien ein Essay in der »New York Times Book Review«, der aus der schon erhitzten Kontroverse über die Therapien zur Wiedererlangung von verdrängten Erinnerungen Flammen schlug. Der Leitartikel trug die Überschrift »Beware the Incest-Survivor Machine« und war von der Psychologin Carol Tavris, der Autorin des umstrittenen Buches »The Mismeasure of Woman«, verfaßt worden. Tavris begann mit einer Auswahl der Symptome, die in der Checkliste von »Trotz allem« genannt werden (»Denkst du, du seist schlecht, schmutzig, oder schämst du dich?« »Fühlst du dich unfähig, dich in gefährlichen Situationen zu verteidigen oder zu schützen?« »Fällt es dir schwer, dich für etwas zu begeistern?«). Mit Hilfe der Liste sollen zwar die Folgen eines Inzests identifiziert werden, aber Tavris bemerkte treffend, daß es »niemanden gibt, auf den sie nicht zutrifft«. Tavris fuhr damit fort (es wäre vielleicht richtiger zu sagen, sie beschleunigte), die einseitig orientierten, von Gier und Machthunger getriebenen Fürsprecherinnen der Inzestüberlebenden-Bewegung herunterzuputzen, die sich jetzt als Buchautorinnen verdingten:

Das Problem sind nicht die Ratschläge, die sie Opfern geben, sondern ihre Bemühungen, Opfer zu erzeugen – *um den Markt zu erweitern, der dann mit Therapien und Selbsthilfebüchern versorgt werden kann. Zu diesem Zweck halten sich diese Survival-Bücher alle an eine Formel, die auf der unkritischen Hinnahme bestimmter Prämissen über das Wesen von Erinnerung und Trauma aufbaut. Sie bieten simple Antworten zu einer Zeit an, in der Forscherinnen und Forscher in der Psychologie schwierige Fragen stellen.*

Tavris' rückhaltlose Kritik war mit zynischen Wortspielereien gespickt. Sie beklagte die »inzestuöse« Beziehung zwischen den Ratgebern für Inzestüberlebende und behauptete, daß ein Buch das nächste »zeugte«, das wiederum ein anderes zeugte und so weiter, bis es auf der ganzen Welt von diesen Kreaturen wimmelte, die alle irgendwie miteinander verwandt und mit demselben fehlerhaften Genmaterial ausgestattet waren. Von einer »Generation« zur nächsten gaben diese Bücher ihre fehlenden und unvollständigen Informationschromosome weiter.

In einem Verfahren, das nur als inzestuös bezeichnet werden kann, führen die Autorinnen dieser Bücher stets die Arbeit einer anderen als Beleg für ihre eigene an; sie alle zitieren sich gegenseitig und empfehlen ihrer Leserschaft auch die Bücher der anderen. Wenn eine von ihnen eine zusammengebraute Statistik anbringt – wie »über die Hälfte aller Frauen sind Überlebende eines sexuellen Traumas in der Kindheit« –, dann werden die Zahlen wie Baseballkarten gehandelt, in jedem Buch wieder neu abgedruckt und schließlich als unumstößliche Tatsache präsentiert. Auf diese Weise entsteht ein sich selbst erhaltender Kreislauf von falschen Informationen, fehlerhaften Statistiken und unbewiesenen Behauptungen.

Tavris ließ nicht nach. Sie verdammte die »kraß vereinfachenden« Aussagen und schablonenhaften Prämissen, die in diesen blutsverwandten Wälzern immer wieder auftauchen:

Durch die Bank wollen diese Bücher ihre Leserinnen dazu bringen, ausschließlich in der Vergangenheit nach Gründen für ihr gegenwärtiges Unglücklichsein zu suchen. Vergiß den Streß mit Harold und den Kindern, vergiß die Geldsorgen oder die Sorgen über deinen Job oder weil du keinen Job hast. Die Definition *von Heilung und erfolgreicher Therapie ist, daß du erkennst, daß du ein Opfer sexuellen Mißbrauchs warst und daß sich dadurch alle Schwierigkeiten in deinem Leben erklären lassen.*

Sie drehte den Spieß derjenigen um, die Skeptikerinnen als frauen-, kinder- und opferfeindlich denunzierten und warf der anderen Seite vor, weibliches Leben und Erleben zu pathologisieren, indem sie Verletzbarkeit und Opferstatus in den Vordergrund stellten, statt Fähigkeiten und Stärken zu betonen.

Einstimmig ermuntern diese Bücher Frauen, sich die Sprache des Opferseins und Überlebens als einziges Ausdrucksmittel ihrer Identität anzueignen. Das wird zu ihrem zentralen Anliegen, während die praktischen Ratschläge kaum über »Suchen Sie sich eine Gruppe und sprechen Sie über Ihre Gefühle« hinausgehen. Das beruhigt die Frauen vorübergehend, und alle anderen kommen ungeschoren davon. Deshalb sind die Geschichten vom Opfersein und Überleben auch so beliebt. Wenn das Opfer sich selbst kurieren kann, muß sich nichts ändern.

Tavris' Artikel machte viel böses Blut. Die einige Wochen später veröffentlichten Reaktionen waren messerscharf im Ton und suchten die Angreiferin auf jede mögliche Art zu verwunden.

»Ich muß gegen ihren niederträchtigen und völlig unberechtigten Angriff auf Inzestüberlebende Einspruch erheben«, schäumte Judith Lewis Herman. »Wenn Ms. Tavris das Wort Inzest wirklich nicht mehr hören kann, dann sollte sie damit aufhören, andere Frauen in den Dreck zu ziehen, und uns lieber im Kampf gegen die allgegenwärtige sexuelle Gewalt unterstützen.«

»Durch das Infragestellen von Erinnerungen, die gegen so viele Widerstände und mit so viel Schmerzen aus ihrem Versteck hervorgezogen werden, erweist Ms. Tavris den Überlebenden einen schlechten Dienst, da deren psychisches Bedürfnis, ihren eigenen Geschichten nicht zu glauben, ein bekanntes Phänomen ist«, klagte Reverend Dorothy Greene.

Betsy Petersen drückte ihr Erstaunen darüber aus, daß der Angriff aus den Reihen der Feministinnen kam: »Ich hätte nie erwartet, daß solche Anschuldigungen von einer Autorin kommen könnten, die ich bewundere und die sich doch selbst als Feministin betrachtet.«

Eine Briefschreiberin verglich Tavris mit Sigmund Freud, der »behauptete, Mitteilungen über Inzest seien bloß Phantasien hysterischer Frauen«.

Und die Therapeutin und Autorin E. Sue Blume steckte Tavris gleich zusammen mit den Vergewaltigern und Pädophilen dieser Welt in einen Sack: »Carol Tavris' Essay ... stellt sie auf die Seite derjenigen, die ›sexuelle Belästiger, Vergewaltiger, Pädophile und andere Frauenfeinde‹ unterstützen, und dafür sollte sie sich schämen.«

Doch Tavris blieb fest. »Ich hege die Befürchtung, daß der gegenwärtige bedauerliche und destruktive Drang, in jeder Familie Mißbrauch zu vermuten und Erinnerungen zu erzeugen, wo vordem keine vorhanden waren, ein gefährliches Potential neuer Probleme schafft«, antwortete sie ihrerseits in einem Brief.

Daß ich diese Bedenken äußere, macht mich nicht zu einer Antifeministin, genausowenig wie Kritik an der Politik meiner Regierung von einer antiamerikanischen Einstellung zeugt .... Mit der unkritischen Übernahme einer Doktrin, die ein komplexes Thema grob vereinfacht, ist weder den Frauen noch dem Feminismus geholfen. Wenn wir die Gesundheit von Frauen und ihren gesellschaftlichen Status verbessern wollen, müssen wir einsehen lernen, daß die Inzesttherapie-Bewegung Frauen nicht nur hilft, sondern auch schadet. Sollten wir uns nicht langsam Sorgen darüber machen, ob die Bewegung, wie unbeabsichtigt auch immer, nicht zu einem Klima nationaler sexueller Hysterie beiträgt, in dem Eltern Angst haben, ihre Kinder zu küssen und in den Arm zu nehmen (ganz zu schweigen davon, nackt im Haus herumzulaufen), und Eltern, die ihre Kinder nicht mißbrauchen und nur normale Fehler machen, grausam verurteilt werden?«

Während ich die Auseinandersetzung aus sicherem Abstand beobachtete, kam mir ein tröstlicher Gedanke: Jetzt gab es wenigstens zwei böse pädophile Psychologinnen aus der Hölle.

Die Angriffe auf mich wurden persönlich. Im Zusammenhang mit einem langen Artikel im »Seattle Weekly«, der von meiner Arbeit und ihrer Relevanz für die Therapien zur Wiedererlangung verdrängter Erinnerungen handelte, hatte der Reporter zwei Psychologinnen interviewt – eine klinische und eine kognitive –, die meine Position offen kritisierten. Interessanterweise attackierte die klinische Expertin meine Forschungsmethoden, während die kognitive versuchte, mich zu psychoanalysieren.

»Sie untersucht nicht traumatische, sondern normale Erinnerungen«, sagte Judith Lewis Herman. »Ihre Arbeit ist auf ihrem Gebiet sicher wertvoll und interessant, aber sie sollte sie nicht ständig auf Bereiche anwenden, von denen sie nichts versteht.« Kathy Pezdek, Professorin für kognitive Psychologie an der Claremont Graduate School in Kalifornien, fragte sich öffentlich, ob ein unverarbeitetes oder traumatisches Erlebnis in meiner Vergangenheit für meinen unvernünftigen Skeptizismus verantwortlich sein könnte. »Ich frage mich einfach, ob Elizabeth sich selbst gegenüber ehrlich ist, was Ereignisse in ihrer Vergangenheit betrifft. Jeder, der sich derart engagiert einmischt, sollte auch wissen, warum.«

Aber die weitaus interessantesten Bemerkungen enthielt ein zwei Wochen darauf abgedruckter Leserbrief. Die Verfasserin, Krankenschwester in einer psychiatrischen Abteilung, drückte ihr Bedauern darüber aus, daß mir und meiner Arbeit eine Titelseite gewidmet worden war, und äußerte ihre Besorgnis über die »furchtbaren Auswirkungen, die dies sowohl auf meine eigenen Klientinnen als auch insgesamt auf die riesige Zahl von Überlebenden von sexuellem Kindesmißbrauch haben könnte«. Sie warf mir vor, hartherzig, bösartig und selbstsüchtig zu sein. Ich hätte meine »weibliche, intuitive Seite« vor mir selbst verschlossen. Mein Foto zeige eine »verletzte, ärgerliche Frau voller Ängste, die unbedingt einen Ausweg aus ihrer zwanghaften Arbeitssucht und der intellektuellen Unterdrückung ihrer eigenen schmerzlichen Gefühle finden muß«.

(Ich weiß noch, wie ich das Foto ansah, das ich eigentlich recht schmeichelhaft fand, und mich fragte: Sehe ich wirklich »verletzt« aus?)

Der Brief endete mit der Aussage, daß meine Arbeit »gefährliche« Auswirkungen auf das Rechtssystem haben würde, wenn Klientinnen abgeschreckt würden, vor Gericht zu gehen, während Anwälte sich einbildeten, entscheiden zu können, was »therapeutisch« ist. »Wir dürfen Dr. Loftus keine weitere Macht oder Glaubwürdigkeit mehr einräumen. Hören wir lieber den Frauen, Therapeutinnen und mit ihrer weiblichen Seite vertrauten Männern zu, die sich diesem patriarchalen Wahnsinn entgegenstellen!«

Es gibt noch eine Geschichte, die ich an dieser Stelle erzählen möchte. Ich kann den Namen der in ihr vorkommenden Therapeutin (nennen wir sie Barbara) nicht nennen, aber ich kann sagen, daß sie ein intelligenter, gebildeter und mitfühlender Mensch ist. Ich habe keinen Zweifel daran, daß sie ernsthaft um das Wohl ihrer Klientinnen besorgt ist. Ihr Kreuzzug, mit dem sie mich von der Realität der Verdrängung und von der Notwendigkeit, auf ihrer Seite gegen die Pädophilen und Vergewaltiger dieser Welt zu kämpfen, überzeugen wollte, entsprang sicher den edelsten und wohlmeinendsten Motiven. Dennoch lehrte mich das, was zwischen uns passierte, eine ganze Menge über die inhärente und potentiell schädigende Macht des therapeutischen Prozesses.

Barbara rief mich das erstemal Ende der achtziger Jahre an, um mich um Hilfe bei einem Artikel zu bitten, den sie für eine psychologische Fachzeitschrift über den Wiederauffindungsprozeß im Zusammenhang mit verdrängten Erinnerungen an sexuellen Mißbrauch schrieb. Sie war wegen der Schwierigkeit, erwachsene Überlebende von sexuellem Mißbrauch zu identifizieren, beunruhigt und fragte sich, ob für verdrängte Erinnerungen dieselben Regeln gelten wie für normale Erinnerungen. »Sind verdrängte Erinnerungen im Vergleich zu bewußten Erinnerungen mehr oder weniger für die deformierenden Auswirkungen nachträglicher Informationen anfällig?« fragte sie.

»Das hängt völlig davon ab, was man unter Verdrängung versteht«, sagte ich. »Ich nehme an, Sie meinen eine Erinnerung an ein wirkliches Ereignis, an das man lange Zeit nicht gedacht hat, im Gegensatz zu einer Erinnerung, die während des ganzen Lebens mehr oder weniger präsent war. Wenn Sie ersteres mit ›verdrängt‹ meinen, dann würde ich allerdings prophezeien, daß eine solche Erinnerung besonders anfällig für Änderungen oder Entstellungen ist.«

Während der nächsten zwei Jahre hatten wir sporadischen Kontakt auf fachlicher Ebene und tauschten uns von klinischer und kognitiver Seite über Informationen und Erkenntnisse bezüglich der Wiederauffindungsprozesse von Erinnerungen aus. Dann, am 31. August 1992, rief Barbara an, um sich über einen Artikel zu beschweren, den sie in »USA Today« an diesem Morgen gesehen hatte. Sie las mir die Überschrift und den einleitenden Satz vor:

Zweifel an verdrängten Erinnerungen

Unbegründete »verdrängte« Erinnerungen an sexuellen Kindesmißbrauch reißen Familien auseinander und bringen unschuldige Menschen ins Gefängnis, warnt die Seattler Psychologin Elizabeth Loftus.

»Ich bin äußerst besorgt über die Auswirkungen, die derartige Artikel auf Inzestopfer haben«, sagte sie. »Den Überlebenden fällt es so schwer, ihre schmerzlichen Erinnerungen aufzudecken und die Wahrheit über ihre traumatische Vergangenheit zu sagen. Sie bezweifeln ständig selbst ihre Erinnerungen und trauen ihrem eigenen Verstand nicht. Solche Aussagen in einer Zeitung mit Millionenauflage wird sie völlig aus der Bahn werfen und die produktive therapeutische Arbeit von vielen Jahren zunichte machen.«

»Ich teile Ihre Besorgnis«, sagte ich. »Ich möchte nicht für eine weitere Polarisierung dieses schon umstrittenen Themas verantwortlich sein, und der Gedanke, daß wirkliche Überlebende von sexuellem Mißbrauch glauben könnten, daß ich sie erneut zu Opfern mache, belastet mich sehr.«

»Können Sie dann nicht etwas dagegen unternehmen?« fragte sie. Ihr Ton wurde schärfer. »Wenn man Ihren Ruf bedenkt, scheinen diese übertriebenen und verzerrten Darstellungen zu unterstellen, daß es keine verdrängten Erinnerungen gibt, daß falsche Erinnerungen die Norm sind und daß Therapien zur Wiedererlangung verdrängter Erinnerungen von einer Bande inkompetenter, fanatischer Quacksalber praktiziert werden. Sie bringen gute, solide therapeutische Arbeit in Mißkredit. Sie stellen Beispielen wie dem des Therapeuten, der angeblich ›Erzählen Sie mir, was Ihnen dieses Schwein angetan hat‹ gesagt hat, keine Zitate von erfahrenen, fähigen Therapeutinnen gegenüber. Wer gibt Ihnen als experimenteller Psychologin das Recht, die therapeutische Arbeit zu kritisieren?«

Diese Frage traf eine empfindliche Stelle. Ein befreundeter Psychotherapeut hatte mir einmal gesagt, daß ich nur äußerst mangelhafte Kenntnisse über klinisch-therapeutische Fragen besaß. Er sagte, er würde sich niemals für einen Experten für experimentelle Gedächtnisforschung ausgeben, noch würde er sich für genügend qualifiziert halten, die Erforschung von Erinnerungsprozessen zu kritisieren. Wie kam ich also dazu, pauschale, abschätzige Bemerkungen über Psychotherapien zu machen oder Therapeuten sogar vorschreiben zu wollen, wie sie ihre Arbeit machen sollten?

»Natürlich können unerfahrene Therapeutinnen großen Schaden anrichten«, fuhr er fort, »genauso wie unerfahrene Wissenschaftler, Anwälte, Chirurgen und Ingenieure viel Schaden anrichten können. Aber die indirekte Unterstellung, daß viele, wenn nicht gar die meisten Therapeuten aufgrund vager Vermutungen handeln und kraß suggestive Techniken anwenden, ist gefährlich und beleidigend. Deine Darstellung der Therapie ist eine sarkastische Parodie, mit der du die Realität von sexuellem Mißbrauch entstellst und verharmlost und damit die Wahrscheinlichkeit erhöhst, daß den Menschen, die unter den Folgen eines Mißbrauchs leiden, durch den ablehnenden Zweifel der Gesellschaft noch mehr Leid zugefügt wird.«

»Ich bin besorgt über den Effekt, den Ihre Arbeit auf die echten Fälle von sexuellem Mißbrauch haben wird«, sagte Barbara in meine Gedanken hinein.

»Darüber mache ich mir auch Sorgen«, sagte ich. »Was können wir dagegen tun?«

»Weiter miteinander reden«, sagte sie.

Zwei Monate später flog Barbara nach Seattle, einfach um zu »reden«. Wir verbrachten den ganzen Tag damit, über die Aussagefähigkeit experimenteller Forschung in bezug auf Erfahrungen im wirklichen Leben zu diskutieren, wir suchten nach Gemeinsamkeiten und sprachen über unser beiderseitiges Anliegen, den echten Mißbrauchsopfern zu helfen. Am Abend aßen wir zusammen und erzählten uns unsere persönlichen Geschichten. Ich erzählte Barbara vom Tod meiner Mutter und von dem langen, qualvollen Kampf meines Vaters gegen den Hautkrebs.

Barbara war freundlich und verständnisvoll. Sie erzählte mir von Karriererückschlägen, Beziehungsproblemen, Enttäuschungen und Träumen. Und natürlich sprachen wir auch über die Kontroverse über die verdrängten Erinnerungen. Ich beschrieb, wie mich jede Art von Kritik verletzt, sogar die giftigen Boshaftigkeiten, deren Zielscheibe ich hin und wieder bin. Ich erzählte ihr von einem Therapeuten, der verleumdende Briefe an praktisch jede organisierte Gruppe von Psychologen an der Westküste schrieb. Ein Kollege, der im Vorstand einer dieser Organisationen sitzt, schickte mir eine Kopie eines dieser Briefe zusammen mit dem handschriftlichen Kommentar: »Dieser Typ scheint zu glauben, daß Sie die ethischen Überzeugungen einer Kellerassel haben.« Ich lachte, aber die Bemerkung hatte mich trotzdem getroffen.

Ich berichtete Barbara von einem Anruf, den ich vor kurzem von einer jetzt in Los Angeles lebenden früheren Freundin aus der High-School erhalten hatte. Ihr achtjähriger Sohn hatte in der letzten Zeit Schwierigkeiten in der Schule gehabt; sie brachte ihn daher zur Begutachtung zu einem Therapeuten. Der Therapeut wollte alleine mit ihm sprechen, doch nach einer Weile wurde meine Freundin mißtrauisch und horchte an der Tür.

»Bist du mißbraucht worden?« fragte der Therapeut ihren Sohn. »Hat sich dir jemand auf eine Art genähert, die dir komisch vorkam, bei der du dich unwohl gefühlt hast? Hat dich jemand an intimen Stellen angefaßt? Kannst du mir ein Bild von der Person zeichnen, die dich vielleicht mißbraucht hat?« An dieser Stelle stürmte meine Freundin in das Zimmer, sagte dem Therapeuten, daß sie seine Art zu fragen nicht für produktiv hielt (»eine krasse Untertreibung«, wie sie am Telefon kommentierte), schnappte ihren Sohn und verließ schleunigst die Praxis.

»Das Leben ist eine Kette täglicher Dramen«, sagte ich zu Barbara. »Jeden Tag betrete ich mein Büro mit dem Gedanken: »Okay, was wird heute wieder passieren? Ich sehe mich um und frage mich, wer als nächster angeklagt werden wird. Wer wird als nächster eine verdrängte Erinnerung wiederfinden? Vor ein paar Wochen rief mich mein Bruder an, um mir von dem Durchbruch in seiner Therapie zu erzählen. Sein Therapeut hatte ihn hypnotisiert und auf das Alter von acht Jahren regrediert, und er hatte sich daran erinnert, wie meine Mutter ihn wegen etwas ausschalt. Er hatte angefangen zu schluchzen, war völlig von seinen Gefühlen überwältigt. Er sagte mir, er wisse nicht genau, was passiert war, aber er hätte das Gefühl, nahe daran zu sein.

Ich saß in meinem Büro und hörte ihm zu und dachte, laß dir von diesem Therapeuten keinen sexuellen Mißbrauch einreden! Dann ertappte ich mich bei dem Gedanken, na, wenigstens sind Mom und Dad schon tot; wenn er sie beschuldigt, werden sie es nie erfahren. Und *dann* dachte ich, wen könnte er sonst beschuldigen? Wer ist noch am Leben? Ich befand mich in einem schrecklichen Dilemma. Ich wußte nicht , was ich tun sollte, weil mein Bruder ja glaubte, daß er ungeheure Fortschritte machte. Er bekam wieder Zugang zu seinen Gefühlen, hatte Empfindungen, von denen er völlig vergessen hatte, daß es sie gab. Trotzdem frage ich mich: Kann ich einfach tatenlos zusehen, wie dieser Therapeut ihm Erinnerungen in den Kopf setzt?«

Ich wies mit einer Geste auf die anderen Gäste im Restaurant. »Ich möchte wetten, daß die Hälfte der Leute in diesem Raum Erinnerungen verdrängt hat oder vermutet, daß sie es hat. Manchmal frage ich mich schon, ob es noch etwas anderes auf dieser Welt gibt als verdrängte Erinnerungen.«

Barbara sah mich ernst an. »Wie können Sie so leichtfertig darüber reden, Beth? Stellen sie sich vor, Sie sind als Kind mißbraucht worden. Glauben Sie wirklich, daß Sie einfach vergeben und vergessen können? Glauben Sie wirklich, daß der Mißbrauch keine Langzeitfolgen bei Ihnen hinterläßt?«

Ich sagte ihr die Wahrheit. Ich trug tatsächlich eine belastende Erinnerung an Howard mit mir herum, einen Babysitter, der mich im Alter von sechs Jahren belästigt hatte, und ich hatte nicht einfach vergeben und vergessen können. Ich weiß noch, wie ich am Morgen meines dreizehnten Geburtstags aufwachte und dachte: Oh, jetzt bin ich dreizehn und habe immer noch nicht meine Periode. Alle meine Freundinnen hatten sie schon. Mein zweiter Gedanke versetzte mir einen Schrecken. O nein! Ich muß schwanger sein! (Und das, obwohl Howard mich nur gestreichelt hatte.)

»Ich weiß, das klingt naiv«, gestand ich. »Aber das habe ich gedacht.«

»Oh Beth. Das tut mir leid«, sagte Barbara mitfühlend. »Niemand sollte mit solchen Schamgefühlen und quälenden Gedanken in die Pubertät kommen müssen.«

»Ich habe mich oft gefragt, ob Howard überhaupt wußte, was er mir antat«, sagte ich, gerührt von ihrem Mitgefühl. »Er war fünfzehn oder sechzehn, sicher ein narzißtisches Alter. Ich vermute, er fühlte sich ›sicher‹ bei einem kleinen Mädchen, bei dem er kein Risiko einging und das ihn nicht zurückweisen oder verraten würde. Ich bezweifle, daß ihm je in den Sinn gekommen ist, daß sein Verhalten bei mir längerfristige Nachwirkungen haben könnte. Er war nicht grausam; er dachte einfach nicht nach.«

»Haben Sie je Ihren Eltern davon erzählt?«

»Nein, ich habe das Geheimnis für mich behalten.«

»Das tun die meisten mißbrauchten Kinder«, sagte Barbara.

»Ja, ich weiß. Aber ich habe diese Erinnerung nie vergessen und erst recht nicht verdrängt. Und obwohl sie mich tief verstörte, beschloß ich, sie in der Vergangenheit zu belassen. Dort gehört sie meiner Meinung nach auch hin.«

Barbara sagte, sie verstehe mich. Als wir uns später am Abend trennten, umarmten wir uns.

Eine Woche später erhielt ich einen Brief von Barbara. Meine persönliche Geschichte hätte sie sehr schmerzlich berührt, schrieb sie. Die Sache mit Howard mache sie traurig; sie mache sie sogar wütend – sehr, sehr wütend. Sie hätte sich Gedanken darüber gemacht, wie sie mir in meinem Schmerz, meiner Einsamkeit und meinem Gefühl des Verratenwordenseins helfen könnte. Auf dem Heimflug war ihr plötzlich eine Idee gekommen. Ihr war eingefallen, daß Voodoozauberer eine Puppe als Symbol für den Feind herstellen und diese dann mit Nadeln durchbohren. Genau das hatte sie für mich getan.

Auf ein gesondertes Blatt hatte Barbara die Umrisse eines männlichen Körpers gezeichnet. Der Name HOWARD war in großen, fetten Buchstaben getippt und auf die Brust der Figur geklebt worden. Durch die Hände und durch die Genitalien hatte sie Stecknadeln gesteckt; die Köpfe der Stecknadeln waren blutrot angemalt.

Ich starrte lange auf diese Zeichnung und wußte nicht, was ich davon halten sollte. Barbara wollte mir helfen, das war mir klar; aber mein Schmerz schien zu ihrem Schmerz geworden zu sein, und meine Wut war von ihrer Wut verschluckt worden. War es das, was manchmal in der Therapie geschah? Übernahm eine Therapeutin die tiefsten Ängste und Befürchtungen ihrer Patientin und verstärkte diese konfliktreichen Gefühle oder erschuf sie symbolisch neu?

Ich war mir nicht ganz sicher, was das alles zu bedeuten hatte, aber ich wußte, was Barbara getan hatte – sie hatte mir meine Erinnerung gestohlen, sie mit Nadeln durchstochen und bluten lassen.

12

Dämonen austreiben

Ein dunkler Anschlag ist im Gange, so fein gesponnen, daß es sündhaft von uns wäre, alten Rücksichten und überkommener Freundschaft anzuhängen. Ich sah so viele furchtbare Beweise im Gericht – der Teufel geht in Salem um, und wohin der anklagende Finger auch weist, wir dürfen nicht zaudern, ihm zu folgen!
Reverend Hale in Arthur Millers *Hexenjagd*

Eine Behauptung wirkt stärker als ein Argument, wenigstens bei der Mehrzahl der Menschen: denn das Argument weckt Mißtrauen.
Friedrich Nietzsche

Mit Paul Ingrams Fall hatte ich erst nach seiner Verhaftung und Verurteilung zu tun, als eine Fernsehproduzentin aus Seattle mich im Büro anrief. Sie arbeitete an einer Dokumentation des Falles und hatte gerade ein paar Gesprächsprotokolle der Polizei durchgelesen, die viele Fragen aufwarfen.

»Ich werde den Verdacht nicht los, daß Mr. Ingram von den Ermittlern in diesem Fall unter Druck gesetzt wurde«, sagte sie. »Wären Sie bereit, sich die Transkripte anzusehen und ihre Meinung als Expertin abzugeben?«

Nachdem ich mehrere hundert Seiten Transkripte der auf Tonband aufgenommenen Verhöre durch die Polizei gelesen hatte, wurde mir die Bedeutung dieses bizarren Falles langsam klar. In einer mittelgroßen, fortschrittlichen amerikanischen Stadt war ein gesetzestreuer Bürger von ehrlichen Staatsdienern dazu gebracht worden, Verbrechen zu gestehen, die er nie begangen hatte. Das war ein modernes Salem, was sich da in meinem eigenen Hinterhof abspielte.

Während ich versuchte, Klarheit über Paul Ingrams Geschichte zu gewinnen, hatte ich Gelegenheit, einige der Hauptbeteiligten kennenzulernen, darunter Ingrams Anwälte; seine früheren Freunde und Kollegen Ray Risch und Jim Rabie, die er in seinen Aussagen belastet hatte; den Sektenexperten Richard Ofshe und den Journalisten Lawrence Wright, der mit seinem brillanten zweiteiligen Artikel im »New Yorker« und seinem Buch »Satans Zeugen« über den Ingram-Fall eine Mediensensation verursacht hatte.

Ich begann außerdem mit Paul Ingram, Häftlingsnummer 261 446, zu korrespondieren, der in einem Gefängnis an der Ostküste sitzt. In seinem letzten Brief beschrieb Ingram die »zahlreichen Segnungen« seines Lebens, unter anderem die Besuche von seinen Schwestern und Brüdern und die Verlegung in eine Zelle mit Klimaanlage und einer Aussicht, die vier Wassertürme und die neue Highway-Umführung bot.

Wenn Paul Ingram an die Vergangenheit denkt, betreibt er ein wenig Eigengehirnwäsche, indem er die traumatischen Aspekte beschönigt und die Lehren hervorhebt, die er aus ihr gezogen hat. Seine jüngste Vergangenheit bezeichnet er als »die Zeit meiner geistigen Verwirrung«. Andere würden diesen Euphemismus ablehnen und sie eine Zeit in der Hölle nennen. Fünf Monate lang, vom November 1988 bis April 1989, wurde Ingram von Detectives des Sheriffbüros von Thurston County, Washington, die oft von einem Psychologen und einem Pfarrer begleitet wurden, verhört. Auf der Suche nach der Wahrheit manipulierten sie Ingrams Identitätsgefühl, erweckten in ihm Angst- und Schuldgefühle und untergruben sein Selbstvertrauen, bis er gestand, seine beiden Töchter über einen Zeitraum von siebzehn Jahren sexuell mißbraucht zu haben.

Anfangs stimmten Ingrams Geständnisse mit den ihm mitgeteilten Einzelheiten der inzestuösen Handlungen, die er laut Anklage begangen haben sollte, überein. Doch dann passierte etwas Seltsames. Ausgehend von einer Andeutung über Teufelskulte, die einer der verhörenden Beamten gemacht hatte, begann Ingram, zusehends abstrusere und blutigere Taten zu gestehen. In einem tranceartigen Zustand, die Augen geschlossen und den Kopf in die Hände gestützt, murmelte er etwas von Teufeln und Feuern, von Bluttrinken und Kindermorden. Paul Ingram, Chief Civil Deputy des Sheriffdepartments, Vorsitzender der örtlichen republikanischen Partei, regelmäßiger Kirchgänger und Vater von fünf Kindern, gestand, ein Hohepriester einer Teufelssekte zu sein, ein Kindervergewaltiger und bereitwilliger Teilnehmer an der Ermordung und Zerstückelung von Kindern und an kannibalistischen Riten.

Die Akte Ingram, die als ein einigermaßen schockierender Fall von Inzest begangen von einem der angesehensten Bürger der Stadt begonnen hatte, füllte sich mit finsteren Leidenschaften und den Dokumenten einer verblendeten Suche nach »Wahrheit«. Die Ermittlungen arteten bald in Hysterie aus und erinnerten an eine Zeit, in der gottesfürchtige Bürger, getrieben von Angst, Aberglauben und religiösem Wahn, Scheiterhaufen in ihrer Mitte errichteten. Die Angst vor dem Bösen erzeugt damals wie heute ihre eigene bösartige Brut, und der fanatische Versuch, den Teufel aus der menschlichen Gesellschaft auszutreiben, enthüllt nur die Dämonen in uns selbst.

Die Church of Living Water ist eine fundamentalistische christliche Gruppe mit Sitz in Olympia, Washington, und gehört zur International Church of the Foursquare Gospel, die 1927 von der Predigerin Aimee Semple McPherson gegründet wurde. Die Foursquare-Sekte lehrt, daß die Bibel das buchstabengetreue Wort Gottes darstellt und daß der Teufel eine physische Präsenz mit großer zerstörerischer Macht ist. Der gefallene Engel kann geistige und körperliche Krankheiten hervorrufen und den geistigen Zusammenbruch befördern. Er kann den Geist eines empfänglichen Menschen kontrollieren und ihn zu sündigen Gedanken und bösen Taten verleiten. Am bemerkenswertesten ist allerdings, daß er seine Opfer über seinen verderblichen Einfluß völlig im unklaren lassen kann, und zwar durch eine Methode, die sich die »satanische Täuschung« nennt. Nur immerwährende Wachsamkeit, Gebete und die Kenntnis des Wortes Gottes, wie es in der Bibel steht, können die menschliche Seele in dem immerwährenden Kampf zwischen Gut und Böse beschützen.

Paul Ingram und seine Familie wurden 1975 in der »Church of Living Water« »wiedergeboren«, und sie beteiligten sich sofort aktiv an der Gemeindearbeit. Anfang der achtziger Jahre begannen die Ingram Töchter Ericka und Julie an den jährlichen »Herz-zu-Herz«-Treffen der Kirche teilzunehmen. Teenager und ihre Betreuer bestiegen Busse und fuhren zum Bibelcamp am Black Lake, wo sie zwei Tage lang über Probleme mit dem Selbstbewußtsein, der Sexualität und der Familie sprachen. Die Gruppensitzungen verliefen sehr emotional und bekamen einen kathartischen Charakter, wenn Jugendliche unter Tränen die Geheimnisse ihrer verwirrten jungen Seelen preisgaben.

Ericka und Julie Ingram waren mit dieser Atmosphäre vertraut. Während des Treffens von 1983 enthüllte Ericka auf einer Versammlung, daß sie das Opfer eines Vergewaltigungsversuchs geworden war. Die Polizei wurde verständigt, ließ die Untersuchung aber fallen, als ich herausstellte, worin der Vorfall bestand – ein verheirateter Mann hatte Ericka angeboten, sie nach Hause zu fahren und hatte seine Hand auf ihr Knie gelegt. Zwei Jahre später gab Julie an, daß ein Nachbar sie sexuell mißbraucht hatte; Ericka bestätigte die Anschuldigung und behauptete, von demselben Mann mißbraucht worden zu sein. Es wurde Anzeige bei der Bezirksstaatsanwaltschaft erstattet, doch Julies Angaben über den behaupteten Vorfall waren lückenhaft und widersprüchlich, und die Anklage wurde fallengelassen.

Das Treffen von 1988, an dem sechzig Jugendliche teilnahmen, wurde von schockierenden Enthüllungen bestimmt. Karla Franko, ein charismatisches Kirchenmitglied aus Kalifornien, hielt die Gruppe mit ihren hellseherischen Visionen in ihrem Bann. Bei einer Gelegenheit teilte Franko der Gruppe mit, daß sie ein Mädchen »sah«, das sich in einem Wandschrank versteckt hatte; sie konnte »hören«, wie sich Schritte näherten und ein Schlüssel in das Schloß gesteckt wurde. Plötzlich schrie ein Mädchen aus der Versammlung, daß sie das Kind im Schrank war; als sich die Betreuerinnen um sie scharten, brach sie mit lautem, verzweifeltem Schluchzen zusammen.

Franko hatte bald darauf eine weitere Vision von einem Mißbrauch. Jemand im Publikum sei von einem Verwandten sexuell belästigt worden, offenbarte sie. Eine Jugendliche stand auf und rannte aus dem Raum. Die Betreuer fanden sie in der Toilette, wo sie versuchte, sich in einer Toilettenschüssel zu ertränken.

Die zweiundzwanzigjährige Ericka nahm an diesem Treffen als Betreuerin teil. Nachdem die meisten anderen Teilnehmer wieder mit den Bussen nach Olympia zurückgekehrt waren, verkündete Ericka den verbleibenden Betreuerinnen weinend, daß sie auch mißbraucht worden war. Dem Polizeibericht zufolge kam Ericka diese Einsicht spontan, als sie mit der Betreuergruppe im Kreis auf dem Boden saß.

Doch Karla Franko schildert die Szene etwas anders. Nachdem das Treffen zu Ende gegangen war, kam eine Betreuerin auf sie zu und bat sie, für Ericka zu beten. Franko war einverstanden und betete laut, während Ericka auf dem Boden zu ihren Füßen saß. Mit plötzlicher Erkenntnis wußte Franko »die Wahrheit«.

»Du bist als Kind mißbraucht worden«, verkündete sie in überzeugtem Ton. Ericka weinte, sagte aber nichts dazu. Als Franko die nächste Vision hatte, übersetzte sie diese schnell in Worte. Der Täter, sagte sie, war Erickas Vater, und er hatte sie über einen Zeitraum von vielen Jahren immer wieder mißbraucht.

Ericka wurde hysterisch, und Franko fuhr mit dem Beten fort, bis das Schluchzen aufhörte. Als Ericka sich schließlich beruhigt hatte, riet Franko ihr dringend, psychologische Hilfe zu suchen, um ihre traumatischen Erinnerungen aufzudecken. Ericka war derart von Gefühlen überwältigt, daß sie nur noch zustimmend nicken konnte.

Nach dem Treffen bemerkten Paul Ingram und seine Frau Sandy eine Veränderung im Verhalten ihrer Töchter. Aus einem ihnen unbekannten Grund waren Ericka und Julie auf einmal verschlossen und zurückhaltend. Sie waren besorgt, aber wenn Sandy versuchte, mit ihren Töchtern zu reden, wichen sie ihr mit Bemerkungen wie »Frag lieber nicht« aus. Da sie fürchteten, sich ihre Töchter durch bohrende Fragen nur noch weiter zu entfremden, beschlossen Sandy und Paul abzuwarten und sagten sich, daß es sich wahrscheinlich nur um eine »Phase« handelte.

Aber Ende September zog Ericka auf einmal von zu Hause aus. Zwei Monate später verließ Julie, die zu diesem Zeitpunkt ihr letztes High-School-Jahr absolvierte, ihr Elternhaus und zog bei Freunden ein. Am Sonntag vor Thanksgiving bat Ericka ihre Mutter nach dem Abendgottesdienst, sich mit ihr in einem Restaurant zu treffen. Unter dem Beistand einer Freundin enthüllte Ericka, daß sie wiederholt von ihrem Vater und ihren beiden älteren Brüdern sexuell mißbraucht worden war. Der Mißbrauch hätte 1975 aufgehört, als sie neun Jahre alt war und ihr Vater in der Church of Living Water wiedergeboren wurde.

»Warum hast du mir nichts davon gesagt?« fragte Sandy Ingram ihre Tochter.

»Das habe ich ja versucht, aber du hast mir nicht zugehört«, antwortete Ericka.

Als Sandy am selben Abend ihren Mann mit den Anschuldigungen konfrontierte, bestritt er, seine Kinder jemals auf ungebührliche Weise angefaßt zu haben.

»Aber warum sollte Ericka sich so etwas ausdenken?«

»Ich weiß es nicht«, antwortete Ingram. Sie blickten einander eine Weile an, und dann fügte er hinzu: »Ich glaube nicht, daß ich eine dunkle Seite habe.«

Am nächsten Morgen holte Sandy Julie bei ihren Freunden ab und fuhr sie zur Schule. Im Auto erzählte Julie ihrer Mutter, daß sie von ihrem Vater und einem älteren Bruder mißbraucht worden war. Der Mißbrauch hätte vor fünf Jahren aufgehört, also 1983, als sie dreizehn war.

Am selben Nachmittag, es war der 21. November 1988, begleitete eine Frau von der Beratungsstelle für vergewaltigte Frauen

Julie zur Polizei, wo sie genauere Angaben über die Vorkommnisse machte. Der Mißbrauch hätte angefangen, als sie in die fünfte Klasse ging; ihr Vater hätte sich abends in das Zimmer geschlichen, das sie mit Ericka teilte, und hätte vaginalen und analen Sex mit beiden Schwestern gehabt. Sie änderte die Aussage, die sie wenige Stunden zuvor ihrer Mutter gegenüber gemacht hatte, und gab an, daß ihr Vater sie das letztemal vor drei Jahren vergewaltigt hätte, als sie fünfzehn war.

Als Ericka am selben Abend von Ermittlungsbeamten vernommen wurde, verbesserte auch sie ihre Geschichte und behauptete, daß sie sich erst vor einem Jahr bei ihrem Vater mit einer Geschlechtskrankheit angesteckt hatte. Einige Tage später erinnerte sich Ericka an einen noch kürzer zurückliegenden Mißbrauchsvorfall. Kurz bevor sie Ende September bei ihren Eltern ausgezogen war, war sie aus dem Schlaf erwacht und hatte ihren Vater neben dem Bett kniend und ihre Vagina berührend vorgefunden.

Paul Ingram erwachte am Montag, dem 28. November 1988, zur üblichen Zeit, duschte, rasierte sich, frühstückte und mußte sich darauf prompt übergeben. Er wußte, daß ihm ein schwerer Tag bevorstand. Obwohl seine Nerven seinen Verdauungstrakt durcheinandergebracht hatten, fuhr er zu seinem Büro im Sheriffdepartment, geistig – wenn auch nicht körperlich – darauf vorbereitet, sich den Anschuldigungen seiner Töchter zu stellen. Fünfzehn Minuten nach seiner Ankunft wurde er in das Büro von Sheriff Gary Edwards zitiert. Edwards und der Hilfssheriff Neil McLanahan konfrontierten ihn mit Erickas und Julies Anschuldigungen und lasen ihm seine Rechte vor.

»Ich hoffe, Sie werden sich kooperativ zeigen und den Mädchen einen Prozeß ersparen«, sagte Sheriff Edwards.

»Ich habe die Mädchen nicht mißbraucht«, sagte Ingram, doch er fügte dem Abstreiten seiner Schuld sofort diesen merkwürdigen Hinweis auf die Existenz unsichtbarer böser Mächte hinzu. »Ich glaube nicht, daß ich eine dunkle Seite in mir habe.« Bis heute weiß Ingram nicht, woher er die Vorstellung von einer »dunklen Seite« hat; vielleicht hatte er diese Worte im Fernsehen oder sonst wo gehört oder gelesen. Doch als gläubiges Mitglied einer fundamentalistischen Kirche war ihm der Gedanke, daß der Teufel schwache Geister zu bösen Taten verführt und ihnen anschließend die Erinnerung und das Bewußtsein davon nimmt, sehr vertraut. Die primitive Macht des absoluten Bösen ist mit den modernen Methoden der Gehirnwäsche durchaus vertraut.

Ingrams Andeutung einer »dunklen Seite« bezog sich auf diese potentielle Täuschung durch den Teufel und war eine mögliche Erklärung für die unerklärlichen Geschehnisse, die ihn und seine Familie bedrohten. Wenn seine Töchter die Wahrheit sagten – und er hatte sie gelehrt, stets die Wahrheit zu sagen –, dann mußte der Teufel ihn zu den bösen Taten getrieben und seine Erinnerung daran ausradiert haben.

Ingram wurde in das Verhörzimmer gebracht, wo Joe Vukich und Brian Schoenig, die für Sexualverbrechen zuständigen Beamten, schon auf ihn warteten. Beide Männer kannten Ingram gut und waren schockiert, daß dieser scheinbar anständige, glücklich verheiratete, hart arbeitende und gläubige Mann seine Töchter wiederholt vergewaltigt hatte und darauf beharrte, daß er sich an seine Taten nicht erinnere. Entweder war er ein dreister Lügner, oder er war nicht ganz richtig im Kopf.

Die ersten vier Stunden des Verhörs wurden nicht aufgenommen, aber soweit Ingram sich erinnert, fragten ihn die Detectives immer wieder, warum Ericka und Julie solche Anklagen gegen ihn erheben sollten, wenn diese nicht wahr wären. Auf diese Frage wußte Ingram zwar keine Antwort, aber er war bereit zuzugeben, daß es Probleme in seiner Familie gab. Da er sich über die Ursachen nicht im klaren war, versuchte er, sie ebenfalls als Fragen zu formulieren: Warum wollten die Mädchen von Sandy und mir nicht mehr umarmt werden? Warum ist es so schwer geworden, mit meinen Kindern zu sprechen? Warum sind Ericka und Julie so plötzlich ausgezogen?

Die Polizeibeamten konzentrierten sich allmählich immer mehr auf Einzelheiten und stellten gezielte Fragen. Sie warfen Ingram vor, Ericka vor zwei Monaten nachts vergewaltigt zu haben, ein paar Tage, bevor sie auszog. Was hatte er an in dieser Nacht? Ingram antwortete, daß er normalerweise einen braunen Bademantel trug, wenn er nachts aufstand. Was hatte er zu Ericka gesagt? Was hatte er mit ihr gemacht? Ingram sagte, daß er sich nicht erinnere, jemals nachts in Erickas Zimmer gekommen zu sein und sie vergewaltigt zu haben.

Die Beamten sagten, daß Ingram sich weigere, sich zu erinnern, weil er der Tatsache nicht ins Auge sehen konnte, daß er seine eigenen Kinder sexuell mißbraucht hatte. Sie warfen ihm hier und da ein paar Brocken aus den Aussagen seiner Töchter zu, um seinem Gedächtnis nachzuhelfen, und Ingram begann zu beten und Jesus um Hilfe anzuflehen. Während er noch betete, hielten ihm die Detectives den Ernst seiner Lage vor und machten sich seine Schuldgefühle und seine Liebe zu seinen Kindern zunutze. Nach

Ingrams Darstellung sagten sie immer wieder: Helfen Sie uns, helfen Sie Ihren Töchtern. Sie sind der einzige, der ihnen helfen kann. Sie waren dabei. Sie müssen uns helfen. Wir wissen, daß Sie es wissen. Sie sind nicht ehrlich. Sie verbergen etwas. Sie müssen es herauslassen. Sagen Sie uns, was passiert ist.

Aber Ingram konnte sich nicht daran erinnern, seine Kinder mißbraucht zu haben, und wie sollte er ihnen etwas schildern, an das er sich nicht erinnerte? Die Detectives hielten seinem Leugnen drei Wahrheiten entgegen.

Erstens: Seine Töchter waren anständige und verantwortungsbewußte Menschen, die über ein so schweres und folgenreiches Verbrechen wie sexuellen Mißbrauch keine Lügen erzählen würden. Ingram stimmte ihnen voll und ganz zu. »Meine Kinder lügen nicht«, wiederholte er dauernd. »Meine Kinder sagen immer die Wahrheit.«

Zweitens: Sexualverbrecher verdrängen häufig die Erinnerungen an ihre Verbrechen, weil sie sich ihren furchtbaren Taten nicht stellen können. Ingram stimmte dem teilweise zu, weil er die Beteuerungen, sich nicht an die Tat zu erinnern, von Vergewaltigern und Pädophilen und überhaupt von allen, die brutaler Verbrechen angeklagt waren, schon selbst mit angehört hatte. Doch bei ihm überwog der Wunsch, die Wahrheit zu kennen, die Angst vor dem, was er getan hatte, und er würde seine Verbrechen ja sofort gestehen, ... wenn er sich nur an sie erinnern könnte.

Drittens: Der einzige Weg, Zugang zu den Fakten zu erlangen, war zuzugeben, daß er seine Töchter mißbraucht hatte. Wenn er gestand, würden seine Erinnerungen automatisch zurückkehren.

Die Verdrängungstheorie, die der zweite und dritte Punkt enthielten, erschien Ingram einleuchtend. Sie war einfach eine säkulare Version der Doktrin von der satanischen Täuschung: Der Teufel versucht, unsere Erinnerungen an böse Taten auszulöschen, damit er seinen üblen Einfluß weiter ausüben kann. Doch wenn seine Opfer den Mut finden zu gestehen, wird ihnen die Gnade der Einsicht in ihre Taten zuteil, und die Hand Gottes führt sie zurück auf den rechten Weg.

Ingram sehnte sich nach der Gnade der Wahrheit; er war krank vor Angst. Die Angst verknotete seinen Magen und seine Eingeweide und trübte sein Denken. Diese Angst fühlte sich verdächtig wie eine physische Präsenz an, die sich in ihm niedergelassen hatte und eine innere Härte schuf, die zu wachsen und sein ganzes Sein auszufüllen schien. Aber durch die Angst hindurch glaubte er Gottes Stimme zu hören, wie sie versuchte, zu ihm durchzudringen.

Gestehe! Gestehe! Es war fast so, als ob er Gott wirklich hören konnte.

Nach vierstündigem Verhör war Ingram bereit, eine offizielle Aussage zu machen. Um 14.46 Uhr wurde der Kassettenrecorder angestellt.

»Paul, ich habe sowohl mit Ericka als auch mit Julie gesprochen«, sagte einer der verhörenden Beamten, »und sie haben beide spezifische Angaben über sexuelle Handlungen gemacht, die von Ihnen an beiden vorgenommen wurden. Können Sie mir beschreiben, wie Sie sie angefaßt haben? Wie diese unzüchtigen Handlungen aussahen?«

»Ja, es ... es ist schwer für mich, ... das einzugestehen«, stammelte Ingram, »aber ich, ich glaube wirklich, daß die – Beschuldigungen wahr sind und daß ich sie vergewaltigt und mißbraucht habe und wohl auch über eine lange Zeit hinweg. Ich habe es verdrängt. ... ich habe es wahrscheinlich ziemlich erfolgreich vor mir selbst verborgen, und ... und jetzt versuche ich, es alles hervorzubringen. ... ich weiß, daß das alles passiert ist, weil sie es sagen, und daß ich das alles wohl getan haben muß.«

»Und warum sagen Sie, daß Sie das alles getan haben müssen?« warf einer der Detectives ein.

»Na ja, erstens kennen mich meine Mädchen«, antwortete Ingram. »Sie ... würden sich so etwas nicht ausdenken, und ... es gibt wohl noch andere Beweise, die mir zeigen, daß diese Sachen passiert sind.«

»Und was sind das Ihrer Meinung nach für Beweise?« insistierte der Detective.

»Na ja, so wie sie sich in den letzten beiden Jahren verhalten haben, und ... und daß ich ihnen gegenüber nicht zärtlich sein konnte, obwohl ich das will. Ich ... ich darf sie kaum noch umarmen oder ihnen auch nur sagen, daß ich sie liebhabe und ich weiß, das ist nicht normal.«

»Wenn ich Sie fragen würde – und diese Frage kann nur mit Ja oder Nein beantwortet werden – ,ob Sie Julie unzüchtig berührt haben, was würden Sie antworten?«

»Ich müßte mit Ja antworten«, sagte Ingram.

»Und was ist mit Ericka?«

»Auch da müßte ich mit Ja antworten.«

»Und wären das ... Vorkommnisse, die über einen längeren Zeitraum stattfanden?«

»Puh, ja.«

»Was glauben Sie, wie alt Ericka war, als diese Dinge zwischen ihr und Ihnen anfingen?«

»Ich selbst kann mich nicht erinnern, aber es war schon öfter von fünf Jahren die Rede.«

»An was können Sie sich erinnern?«

»Ich kann mich an gar nichts erinnern.«

Das war ein höchst merkwürdiges Geständnis. Obwohl er keine Erinnerungen an einen Mißbrauch hatte, gestand Ingram, daß er schuldig sein mußte, weil seine Töchter nicht lügen würden. Ohne Erinnerungen sprach Ingram einfach nach, was die Detectives ihm vorgaben, und seine Aussage konnte nicht als juristisch einwandfreies Geständnis angesehen werden. Die Polizeibeamten erhöhten den Druck. Sie wollten etwas über das jüngste Mißbrauchsvorkommnis kurz vor Erickas Auszug hören. Ob sich Paul daran erinnerte?

»Ja, ... ich versuche dauernd, mich daran zu erinnern, aber ich betrachte es immer noch wie ein Außenstehender«, sagte Ingram, »aber na ja, die Beweise ... ich versuche, in der ersten Person darüber zu sprechen, es fällt mir sehr schwer, aber ... ich wäre also aufgestanden und hätte meinen Bademantel angezogen, und dann wäre ich in ihr Zimmer gegangen und hätte den Bademantel ausgezogen, und ich hätte sie wenigstens teilweise entkleidet und wohl gestreichelt, und ... hätte ihre Brüste und ihre Vagina gestreichelt und ihr ... auch gesagt, daß ich sie umbringen würde, wenn sie etwas verriete.«

»Jetzt haben Sie im Konjunktiv darüber gesprochen. Ich frage Sie jetzt ganz direkt: Ist es so passiert?

»Puh«, seufzte Ingram tief. »Ich habe immer noch keine klare Vorstellung von dem, was passiert ist. Mein Verstand sagt mir, daß diese Dinge passiert sein müssen, aber ich habe immer noch kein klares Bild, so daß ich sagen könnte, ja, so ist es passiert.«

Der Kassettenrecorder wurde auf Ingrams Bitte hin abgestellt. Detective Schoenig machte daraufhin Notizen, aus denen unter anderem hervorgeht, daß Ingram häufig Jesus anrief und ihn um Beistand bat. Schoenig notierte auch, daß Ingram in »eine Art Trance« geriet und in diesem geistesabwesenden Zustand begann, auf sehr plastische Art Mißbrauchshandlungen zu schildern. Aber er sprach über das, was er »getan hätte«, fast ohne jede Gefühlsregung, als ob er eher ein distanzierter Beobachter als der Hauptbeteiligte wäre.

Als das Aufnahmegerät wieder angeschaltet wurde, fragten die Beamten Ingram wieder nach der Nacht, in der er in Erickas Zimmer kam, seinen Bademantel auszog und ihn an das Fußende ihres Bettes legte.

»Wurde sie davon wach?« fragte einer der Detectives.

»... ich weiß es nicht mehr.«

»Nachdem Sie den Bademantel abgelegt hatten, was taten Sie dann?«

»... ich, ich hätte sie entkleidet, ... zumindest die Unterhose oder die Schlafanzughose.«

»Okay, Sie sagen Sie hätten«, unterbrach einer der Beamten. »Also hätten Sie oder haben Sie?«

»Ich habe«, antwortete Ingram.

»Als Sie ihr die Unterhose ausgezogen hatten, wo haben Sie sie berührt?«

»Ich habe sie an den Brüsten und an der Vagina berührt ...«

»Was sagten Sie zu ihr, als sie aufwachte?«

»Ich hätte ihr wohl gesagt, daß sie still sein soll und niemandem etwas davon sagen, und ich hätte ihr angedroht, sie umzubringen, wenn sie jemandem etwas davon erzählte.«

»Okay, Sie sagen, Sie hätten.« Die Detectives waren ganz offensichtlich langsam frustriert von Ingrams ausweichenden Antworten. »Hätten Sie, oder haben Sie?«

»... ich habe.«

»Was haben Sie getan, als es zu Ende war? Haben Sie etwas mit ihren Kleidungsstücken getan?«

»Ich, ich weiß es nicht.«

»Erinnern Sie sich, ihr die Hose wieder hinaufgezogen zu haben?«

»Nein, ich erinnere mich nicht.«

»Zogen Sie ihren Bademantel wieder an?«

»Ja, ich habe ihn wieder angezogen.«

»Und wohin gingen Sie, nachdem sie ihr Zimmer verlassen hatten?«

»Ich wäre wohl wieder zu meiner Frau ins Bett gegangen.«

Als das Verhör am späten Nachmittag beendet wurde, hatte Paul Ingram zugegeben, seine Töchter zahlreiche Male sexuell mißbraucht zu haben. Unter den konkreteren Angaben war das Eingeständnis Ingrams, Ericka vergewaltigt zu haben, seit sie fünf Jahre alt war, und Julie mindestens zehn Jahre lang sexuell mißbraucht zu haben. Er erinnerte sich auch, Julie im Alter von fünfzehn Jahren geschwängert zu haben und eine Abtreibung veranlaßt zu haben.

Aber gegen Ende des Geständnisses gab Ingram wieder an, sich nicht erinnern zu können. »Ich kann mich an nichts Konkretes erinnern«, sagte er wieder auf die Frage, was er mit Ericka gemacht habe, nachdem er ihr Zimmer betreten habe. »Ich kann mich an gar nichts erinnern.«

»Sie erinnern sich nicht daran, wie Sie in ihr Zimmer gekommen sind und sie angefaßt haben?«

»Nein.«

»Wenn sie sagt, daß es passiert ist, was bedeutet das für Sie?«

»Das bedeutet, daß es wirklich passiert ist. Meine Kinder lügen nicht. Sie sagen die Wahrheit, und das versuche ich auch.«

Ingram wurde in die Krankenzelle M-1 gebracht und von einem Wärter überwacht, damit er nicht versuchte, sich umzubringen. Er erhielt die Erlaubnis, seine Frau anzurufen. Am Telefon beschlossen Paul und Sandy, Gott um Rat zu bitten, und Sandy versprach, Pauls Bibel und etwas Unterwäsche ins Gefängnis zu bringen. Am selben Abend besuchte ihn John Bratun, der Pastor seiner Kirche, im Gefängnis und betete gemeinsam mit ihm in seiner Zelle.

Früh am nächsten Morgen, dem 29. November, suchte der Psychologe Richard Peterson Ingram auf. Peterson teilte ihm mit, daß das Staatsanwaltsbüro ihn schickte, um Ingrams geistigen Zustand zu prüfen und das Risiko bei einer vorläufigen Freilassung einzuschätzen. Ingram bat den Psychologen, ihm zu erklären, warum er sich nicht an die Ereignisse erinnern konnte, die seine Töchter so genau beschrieben hatten. War es denn wirklich möglich, wie es die Detectives zu unterstellen schienen, daß man die Erinnerungen an solch brutale und widerliche Handlungen, die sich noch dazu über einen Zeitraum von fast siebzehn Jahren erstreckten, völlig blockieren konnte?

Peterson bestätigte, daß es nicht ungewöhnlich für Sexualstraftäter sei, die Erinnerungen an ihre Verbrechen zu verdrängen; sie könnten es nicht ertragen, an die furchtbaren Dinge zu denken, die sie ihren Opfern antaten. Je gemeiner und brutaler das Verbrechen, desto größer ist die Wahrscheinlichkeit, daß es verdrängt wird. Dann fügte der Psychologe der verdrehten Theorie noch eine weitere Dimension hinzu. Viele Sextäter, sagte er, sind selbst als Kinder sexuell mißbraucht worden; daher war die Wahrscheinlichkeit groß, daß Ingram ebenfalls mißbraucht worden war – vermutlich als er fünf Jahre alt war, denn er hatte angefangen, Ericka zu mißbrauchen, als sie in diesem Alter war. Wenn Paul als Kind mißbraucht worden war, fuhr Peterson fort, hatte er höchstwahrscheinlich damals gelernt, die Erinnerungen zu verdrängen. Ob er irgendeine Erinnerung daran hätte, daß sein Vater oder vielleicht ein Onkel ihn belästigt hatte?

Ingram überlegte lange, aber die einzige Kindheitserinnerung, die im entferntesten mit Sex zu tun hatte, betraf seine Mutter, die ihm zuflüsterte, daß er sich in der Öffentlichkeit nicht zwischen den Beinen kratzen sollte. »Du benimmst dich wie Onkel Gerald«, sagte sie und meinte einen Onkel, der gerade bei ihnen zu Besuch war.

Mit der Zeit, versicherte ihm Peterson, würde er sich schon daran erinnern, wie sein Vater oder Onkel oder ein anderes Familienmitglied ihn mißbraucht hatte. Peterson wiederholte außerdem die Versicherung der Polizeibeamten, daß die Erinnerungen nach dem Geständnis seiner Taten zurückfluten würden. Doch hier widersprach Ingram, denn genau diese Theorie hatte sich bisher nicht bestätigt. Er hatte am Tag zuvor gestanden, und die Erinnerungen waren weder getröpfelt noch geflutet. Ingram war erleichtert, daß Peterson bei dem Verhör am Nachmittag anwesend sein wollte; vielleicht würde er ja einen Weg finden, die geistigen Hindernisse zu entfernen, die eine Rückkehr der verdrängten Erinnerungen verhinderten.

Als er aus der Zelle geführt wurde, riet der wachhabende Polizeibeamte Ingram, sich einen Anwalt zu nehmen, und empfahl ihm Ed Schaller, einen ehemaligen Staatsanwalt, der im Ruf stand, einer der besten Verteidiger der Gegend zu sein. Ingram lehnte den Vorschlag ab und erklärte die Gründe dafür in einem Tagebuch, das er vom fünften Tag seiner Verhaftung an führte. »Ich glaubte, daß Ed ... mehr daran interessiert sein würde, mich loszueisen, als der Wahrheit auf den Grund zu gehen.« Mehr als an allem anderen, war Ingram an der Wahrheit gelegen. Und da er fest daran glaubte, daß die Wahrheit nur von Gott kommen konnte, beschloß er, sich einen überzeugten fundamentalistischen Christen als Anwalt zu nehmen.

Als Paul Ingram am 29. November gegen 13.30 Uhr den Verhörraum betrat, wußte er nicht, daß die Beamten gerade zwei Briefe von Julie erhalten hatten, in denen sie enthüllte, daß sie immer noch mißbraucht wurde. »Als Christin sollte ich ihm wohl vergeben für das, was er mir angetan hat und immer noch antut«, schrieb Julie. Am schockierendsten war Julies Behauptung, daß nicht nur ihr Vater an ihrem Mißbrauch beteiligt war, sondern auch einige seiner Pokerfreunde, von denen die meisten mit Ingram zusammen im Sheriffbüro arbeiteten. Als sie vier Jahre alt war, erinnerte sie sich, kamen die Pokerspieler oft nacheinander in ihr Zimmer, »allein oder zu zweit«, und vergewaltigten sie. »Ich war so verängstigt, daß ich nicht wußte, was ich sagen oder mit wem ich sprechen sollte«, schrieb Julie.

Die Detectives teilten Ingram mit, daß sie zusätzliche Informa-

tionen von Julie erhalten hatten, verrieten aber nichts Genaueres.
»Was mit Julie passiert ist, ist gerade erst letzten Monat geschehen«, sagte Joe Vukich. »Das ist noch sehr frisch und deutlich. Natürlich ist es sehr schwer, darüber zu sprechen.«

»Ich glaube, Sie erinnern sich und können darüber reden«, fügte Schoenig hinzu.

»Nein, ich ... ich kann es einfach nicht vor mir sehen«, sagte Ingram. »Da ist kein entsprechendes Bild in meinem Kopf. Ich bin noch nicht soweit – ich weiß nicht, wie ich es anders ausdrücken soll, aber ich kann es noch nicht sehen.«

Ingram fuhr fort, laut zu überlegen, wie er Zugang zu seinen verlorenen Erinnerungen erlangen könnte. »Ich glaube, ich muß nur in diesen Bereich von meinem Gehirn oder was auch immer gelangen und diese Erinnerungsstücke hervorziehen, aber sie sind noch nicht da.«

Wenige Minuten später erinnerte sich Ingram an einen Zwischenfall, bei dem er im Alter von vier oder fünf Jahren von einem Onkel sexuell mißbraucht wurde. Genau wie es Dr. Peterson prophezeit hatte. »Als ich heute vormittag darüber nachgedacht habe«, begann Ingram, »konnte ich einen von meinen Onkeln sehen, ich glaube, es war Glen, könnte auch Gerald gewesen sein, und wie ich ihn oral befriedigt habe, ... ich fühle aber gar nichts dabei, ... puh, aber das schoß mir so durch den Kopf.«

Die Detectives stellten ein paar flüchtige Fragen, aber sie waren weit mehr an dem interessiert, was Ingram in der jüngeren Vergangenheit getan hatte, als an dem, was ihm in der ferneren Vergangenheit angetan worden war.

Sie übersprangen schnell einige Jahrzehnte und kamen auf die Pokerpartys in Ingrams Haus zu sprechen. Wer war dabei gewesen? fragten sie. Waren es Freunde, die er aus dem Department kannte? Tranken sie öfter zuviel und wurden übermütig? Machten sie zotige Bemerkungen über Frauen? Wo war seine Frau während der Pokerpartys? Ging zufällig jemand nach oben zu den Kindern?

»Ich, o Mann« – Ingram durchkämmte angestrengt sein Gedächtnis – »mir fällt einfach nichts dazu ein ...«

»Der Grund, weshalb ich frage, Paul«, unterbrach ihn Vukich, »ist, daß Julie uns gesagt hat, daß sie mehrmals mißbraucht wurde, als eine Pokerparty stattfand.«

»Und wir meinen damit, daß sie auch noch von anderen als von Ihnen mißbraucht wurde, Paul«, führte Schoenig aus. »Sie erinnert sich sogar, daß sie ans Bett gefesselt wurde und mindestens zwei Männer sich bei ihr abwechselten, während ein dritter zusah – vermutlich Sie.«

»Ich kann einfach nichts sehen«, sagte Ingram, als ob er seine Vergangenheit wie einen Film abspulen könnte. »Lassen Sie mich einen Moment überlegen. Vielleicht kann ich da reinkommen. Wenn so etwas passiert ist, müßte sie ... sie müßte ein Bett, ... ein Zimmer für sich gehabt haben ...«

»Ich möchte Sie bitten, nicht um den heißen Brei herumzureden«, warf Schoenig ein. »Das hier ist wirklich sehr wichtig. Wer hat Ihre Tochter noch außer Ihnen sexuell mißbraucht?«

»Ich versuche ja zu überlegen, ich versuche, an diese Sache heranzukommen ...«

»Sie ist nämlich total eingeschüchtert und verängstigt, weil eine von diesen Personen immer noch draußen herumläuft und sie belästigt.« Schoenig setzte ihn weiter unter Druck, indem er sich Ingrams Sorge um sein Kind zunutze machte. »Dieser Mann ist ein Freund von Ihnen, der für dieses Department gearbeitet hat oder immer noch arbeitet.«

Ein schwaches »Puh« war alles, was Ingram noch herausbringen konnte.

»Sie hat furchtbare Angst, Paul ... Offenbar ist es jemand, mit dem sie immer noch befreundet sind, Paul«, sagte Schoenig.

»Sie hat entsetzliche Angst vor diesem Mann«, sagte Vukich, »und wir müssen etwas unternehmen, um sie zu beschützen .... Sie müssen uns dabei helfen.«

»Ich überlege ja.«

»Überlegen Sie gut«, sagte Vukich.

»Ich kann nicht, ich, ich, ich ...«, Ingram wurde immer hektischer und verzweifelter. »Ich weiß niemanden aus dem Department, mit dem ich im Moment wirklich befreundet bin, ...«

»Aber Paul, sie erinnert sich daran«, sagte Vukich.

»Ja, warten Sie, warten sie einen Moment.« Ingram suchte in seinem Gedächtnis nach vertrauten Gesichtern aus der Pokerrunde. »Jim, Jim Rabie hat mit uns gepokert. Jim und ich sind ziemlich gut befreundet.«

»Ist Jim der Mann, den sie meint?« fragte Vukich.

»Bitte, bitte legen sie mir nichts in den Mund«, sagte Ingram mit einem uncharakteristischen Anflug von Widerstand. »... ich weiß nicht ... ich ... ich überlege noch. Ich versuche – ich versuche, etwas klarzubekommen. ... Jim ist der einzige, der mir einfällt ... ich versuche nur, mich an Gesichter zu erinnern. Und was die anderen betrifft ...«

Joe Vukich gab Paul ein weiteres geistiges Puzzleteil, über das er nachdenken sollte. »In diesem Bild, das Sie vor sich sehen, Paul, können Sie da Stricke erkennen?«

»Oh, Sie haben, Sie haben die Stricke dort hingetan«, sagte Ingram. »Und ... und ich versuche doch nur, mich an das zu erinnern, was ich noch weiß, ... ich kann irgendwie eine Art Koje oder so was sehen, ... es sieht so aus, als ob sie mit dem Gesicht nach unten liegt, als ob sie an Händen und Füßen gefesselt ist – vielleicht liegt sie auf einem Laken auf dem Boden. Oh, ...«

»Was können Sie noch sehen? Wen können Sie erkennen?« drängte Vukich.

»Ich weiß nicht ... o Mann, vielleicht noch eine andere Person, aber ich kann kein Gesicht erkennen, aber irgendwie fällt mir immer Jim Rabie ein, aus irgendeinem Grund.«

Aus diesem auf Band aufgenommenen Verhör wird deutlich, daß Paul Ingram angestrengt versuchte, den Detectives irgend etwas zu liefern, das ihnen helfen könnte, den Mann zu finden, der Julie vergewaltigt hatte und sie um ihr Leben bangen ließ. Er vertraute den verhörenden Polizisten, die auch seine Freunde und Kollegen waren, und er glaubte, daß sie ihm die Wahrheit sagten. Angst und Schuldgefühle untergruben sein Selbstvertrauen, während religiöser Eifer und Sorge um sein Seelenheil seine Vorstellungskraft schürten.

Dr. Peterson fragte Ingram, ob er je mit irgendwelchen okkulten Riten zu tun gehabt hätte. »Waren sie vor ihrem Übertritt zum Christentum je an irgendeiner Form von Schwarzer Magie beteiligt?«

»... ich hab' mich mal ein wenig mit Astrologie beschäftigt, aber nur so mit dem, was man in der Zeitung liest, wie heißt das doch gleich?«

»Horoskop«, half Vukich nach.

»Horoskop, genau. Aber sonst nichts weiter.«

War er je an irgendwelchen blasphemischen Handlungen beteiligt gewesen oder an Tieropferungen?

»Ich weiß nicht, worauf Sie hinauswollen.«

»Satanskulte und so etwas«, sagte Schoenig.

Ingram bestritt, je an solchen Dingen beteiligt gewesen zu sein, aber etwas in ihm sprach darauf an. Vielleicht hatten ihn der Teufel und seine dämonischen Kräfte in der Hand. Vielleicht wollte sich der Fürst der Dunkelheit seiner Seele bemächtigen. Wäre das nicht auch eine Erklärung dafür, weshalb sich ein guter Christ, der seine Familie liebte und nur das Beste wollte, plötzlich und unerklärlicherweise in der Rolle eines Vergewaltigers und Kinderschänders wiederfand? Wenn der Teufel diese furchtbaren Taten eingefädelt hatte und Ingrams Geist beherrschte, dann konnte er auch seine Erinnerungen auslöschen. Würde das nicht auch die merkwürdigen Empfindungen und die flüchtigen Bilder in seinem Kopf erklären, so als ob Gott versuchte, zu ihm durchzudringen und ihn die Wahrheit erkennen zu lassen? Eine satanische Täuschung war die einzige Erklärung, die einen Sinn ergab.

Wenn auch der Gedanke, daß der Teufel hinter allem steckte, ihm einigen Trost bot, so erfüllte ihn doch die Vorstellung, daß der Böse ihn sich zum Opfer erwählt hatte und sein Schicksal bestimmte, gleichzeitig mit Horror. Befand er sich in den Klauen eines Dämons? Ingrams seelisches Gleichgewicht geriet durcheinander. Er betete, schluchzte und schrie vor Qual, er schloß die Augen, wiegte sich vor und zurück und war einem Zusammenbruch nahe. Seine Schwäche ahnend und seine religiösen Überzeugungen ausnutzend, riet ihm Peterson, zwischen Gott und dem Teufel zu wählen.

»Wenn Sie je zwischen Gott und dem Teufel wählen konnten, dann jetzt«, sagte Peterson.

»Ja, das stimmt. O Herr Jesus, hilf mir ...« Ingram verstummte allmählich.

»Sie opfern sonst ...«, begann Peterson.

»Sie opfern sonst Ihre Tochter«, unterbrach ihn Schoenig. »Ich kann nicht glauben, daß Sie das wollen.«

»Sie können dem nicht ausweichen, Paul, Sie müssen da durch und es hinter sich bringen«, sagte Vukich.

»Ich weiß, ich weiß.« Ingram begann zu weinen.

»Wollen Sie etwas, ... mit dem sie sich die Augen wischen können?«

»Nein, reden Sie einfach weiter«, sagte Ingram.

»Sie müssen weinen, sie müssen es herauslassen«, riet Peterson.

»Alles fing mit den Pokerspielen an, Paul«, sagte Vukich. »Nur Sie können uns sagen, was passiert ist.«

»Sie werden nicht zusammenbrechen«, sagte Peterson.

»O mein Gott«, sagte Ingram.

»Wählen Sie das Leben, nicht den Tod Ihrer Seele. Nicht die Hölle auf Erden«, sagte Peterson.

»Denken Sie an Ihre Verantwortung als Vater«, sagte Vukich.

»Lieber Gott, lieber Gott ... Lieber Gott hilf mir.«

»Sie haben die Wahl zwischen der Hölle, die Ihr bisheriges Leben darstellte, und der reinigenden Absolution der Wahrheit«, sagte Peterson. »Sie allein müssen diese Entscheidung treffen. Niemand kann sie Ihnen abnehmen. Sie sind so allein wie Jesus in der Wüste, als er getröstet wurde.«

Die Detectives erkannten, daß diese religiösen Anspielungen eine große Wirkung auf Ingram hatten und verstanden Petersons

Strategie. »Gott hat Ihnen die Mittel gegeben, Paul«, sagte Vukich.

»O Jesus, gnädiger Jesus, hilf mir.«

»Und er überläßt Ihnen die Entscheidung«, fuhr Vukich fort. »Sie müssen ihm durch ihre Taten und Worte zeigen, ob Sie seiner Liebe und Erlösung und Errettung würdig sind.«

»O Jesus!« rief Ingram plötzlich laut. »Hilf mir, Herr! Hilf mir, Herr!«

Peterson übernahm wieder und schlug statt seines vorherigen aggressiven nun einen sanfteren und beruhigenden Ton an. »Es wäre besser für Sie, Paul, wenn Sie nicht mehr um Hilfe flehen, sondern sich erst einmal entspannen und versuchen würden, an gar nichts zu denken«, sagte er beschwichtigend. »Lassen Sie sich gehen, entspannen Sie sich. Niemand will Ihnen weh tun. Wir wollen Ihnen helfen. Entspannen Sie sich einfach. Grübeln Sie nicht länger, aber fragen Sie sich, was jetzt zu tun ist. Sie werden eine Antwort erhalten ...«

Paul Ingram schloß die Augen, sein Körper wurde schlaff, und er schien wieder in eine Art Trance zu geraten. Den günstigen Augenblick nutzend, kamen die Detectives sofort wieder auf die Vergewaltigungen während der Pokerparty zu sprechen, die Julie in ihrem Brief beschrieben hatte.

»Warum erzählen Sie uns nicht, was mit Julie geschah, Paul«, sagte Vukich. »Was passierte bei diesem Pokerabend?«

»Ich sehe Julie auf einem Laken auf dem Boden liegen«, sagte Ingram mit einer seltsam entrückt klingenden Stimme. »Ihre Hände und Füße sind gefesselt, sie liegt auf dem Bauch. Ich stehe über ihr und sehe sie an. Jemand steht links neben mir.«

»Wer ist es?«

»Aber ich ... der ... der einzige, der mir immer wieder in den Sinn kommt, ist Jim Rabie. Er ...«

»Drehen Sie sich um und sehen Sie der Person ins Gesicht«, forderte Schoenig ihn auf. »Wer ist es? Wer steht neben Ihnen?«

»Wie riecht er?« fragte Peterson.

»Ja, wie riecht er?« wiederholte Schoenig.

»Er steht direkt neben Ihnen, Paul, Sie müssen nur nach links sehen, und da ist er«, sagte Vukich.

»Er steht da«, sagte Ingram. »Ich kann seinen erigierten Penis sehen, äh ...«

»Ist er nackt?«

»Ich glaube ja.«

»Was macht er mit Ihrer Tochter?«

»Er kniet nieder.«

»Okay, er ist jetzt da unten, vor Ihnen auf seinen Knien?« half Schoenig nach. »Sehen Sie hin. Was macht er mit ihr? Berührt er sie mit seinem Penis?«

»Lassen Sie mich, ah, es verschwindet.« Das Bild in Ingrams Kopf verschwamm.

»Nein, nein, es ist noch da, Paul«, trieb Vukich ihn an.

»Na los, wir müssen wieder an diese Stelle zurück.« Schoenig klang fast panisch. »Was macht er mit Ihrer Tochter? Er kniet. Befindet er sich vor Ihrer Tochter oder hinter ihr?«

»Er ist hinter ihr.«

»Okay, steckt er seinen Penis in sie hinein?«

»... ihre Beine sind eng zusammen, aber vielleicht dreht er sie um, rollt sie auf die Seite«, ging Ingram auf die Suggestivfrage ein.

»Ist sie bekleidet oder unbekleidet?« fragte Peterson.

»... sie ist unbekleidet, glaube ich ...«

»Was macht dieser Mann?«

»Er kniet. Sein Penis ist an ihrem Bauch. ... er ist groß. ... ich meine, er ist ein großer, breitschultriger Mann.«

»Trägt er irgendwelchen Schmuck?«

»Kann sein, daß er eine Armbanduhr am rechten Handgelenk trägt.«

»Was zeigt sie für eine Zeit an?«

»... zwei Uhr, aber ich weiß nicht, warum ich das sage, ich kann ihn nicht sehen, doch, jetzt sehe ich seine Brust.«

Sie drangen weiter mit einem Stakkato von Fragen auf ihn ein: Wie nahe sind Sie dran? Sind Sie bekleidet? Faßt sie sonst noch jemand an? Erinnern Sie sich, ejakuliert zu haben? Seid ihr Jungs betrunken?

»Macht jemand Fotos?« fragte Vukich ins Blaue hinein.

»... Fotos, steht da jemand rechts neben mir? ... es wäre möglich, wartet. Ja, ich sehe eine Kamera.«

»Wer macht die Fotos?«

»Ich weiß nicht. Ich sehe niemand hinter der Kamera.«

»Diese Person ist sehr wichtig. Sie hält den Schlüssel zu allem in der Hand«, warf Peterson aufgeregt ein.

»Ja, ich glaube, ich kann Ray Risch erkennen«, sagte Ingram. Risch, Mechaniker bei der Funkstreife des Staates Washington, war ein guter Freund Ingrams und regelmäßiger Teilnehmer an den wochenendlichen Pokerpartien.

»Sagt er irgend etwas?« fragte Vukich.

»Ich weiß nicht. ... ich, ich, ich weiß nicht ... o Mann, was tue ich, wo bin ich?«

Am Ende dieses zweiten Tages, nach einem mehr als fünfstündigen Verhör, schien Paul Ingram aus seinem tranceartigen Zustand zu erwachen und das bisher Geschehene zu überdenken. »Mann, ich glaube, ich habe mir das ausgedacht, aber eigentlich ... will ich das nicht. Also, was habe ich hier. Was habe ich hier. Wen sehe ich da vor mir. Es ergibt keinen Sinn ... es ist, als ob ich mir einen Film ansehe«, faßte er zusammen. »... oh, es ist wie ein Horrorfilm.«

»Paul, ich glaube, es ist besser, wenn Sie im Moment nicht weitermachen«, sagte Dr. Peterson, besorgt um Ingrams geistigen Zustand.

Aber Ingram redete weiter drauflos. Er sprach nicht mehr zu den Männern, die ihn verhörten, sondern kommunizierte mit Gott. »Ich habe kein klares Bild davon. Ich ... ich bin mir nicht sicher über das, was ich sehe ... ich weiß nicht, was in meinem Kopf vorgeht. Ergibt alles keinen Sinn. O Herr, hilf mir. Gib mir ... ich muß wissen, was das ist. Ich will keine Dinge sehen, die nicht richtig sind, Herr. Ich meine, die nicht wahr sind. Hilf mir, das durchzustehen, Herr ... ich weiß nicht, woran ich bin. Laß mich ruhig werden. Laß mich ruhig werden. Herr, gib mir ein Bild. Gib mir ein Bild.«

Als Jim Rabie und Ray Risch damit konfrontiert wurden, daß Paul Ingram sie mit dem Vorwurf des sexuellen Mißbrauchs belastet hatte, lehnten sie diesen Vorwurf nicht eindeutig ab, sondern sprachen ähnlich wie Ingram von Gedächtnisverlust.

»Ich wüßte nicht, daß ich dabei war, es sei denn, ich habe es aus meinem Kopf gedrängt«, sagte Risch gegenüber den Detectives.

Rabie beharrte darauf, daß er keine Erinnerungen an diese Ereignisse hatte, aber erwähnte ebenfalls eine »dunkle Seite«, als wäre seine Aussage ein schauriges Echo von Ingrams erster Reaktion. Als einer der Detectives ihm nahelegte, daß er leugnete, antwortete Rabie: »Ich erinnere mich ehrlich nicht an diese Vorkommnisse, und ich glaube nicht, daß ich daran beteiligt war und es dann aus dem Gedächtnis gestrichen habe.«

Detective Schoenig war ganz offenbar auf ein Geständnis aus und verdrehte zu diesem Zweck die Aussagen der anderen. »Paul sagt, ihr hättet ihn dazu gezwungen, er hätte das alles nicht gewollt«, sagte Schoenig zu Rabie. »Und Ray sagt im Prinzip dasselbe. Nur daß er es so darstellt, als ob er der Schwächling gewesen wäre und du und Paul die Schlimmsten.«

Die Vorstellung, daß zwei seiner besten Freunde, wahrscheinlich in dem Versuch, sich selbst zu retten, ihn schwer belasteten, war zuviel für Rabie. Er brach unter dem Druck zusammen.

»Geben Sie mir die Schuld, denn ich habe es wohl nicht wahrhaben wollen – ich muß der Schlimmste von allen sein«, gestand Rabie. »Die einzige Möglichkeit ist, mich einzusperren und den Schlüssel wegzuwerfen, denn wenn ich mich an diese Sache nicht erinnern kann, dann bin ich so verdammt gefährlich, daß ich nie wieder freigelassen werden darf.«

»Ich weiß, daß ich einen Dämon in mir habe«, sagte Paul Ingram zu Pastor John Bratun und bat den Geistlichen, ihn von dieser »Dämonenbesessenheit« zu befreien. Bratun versicherte Ingram, daß er nicht von einem Dämon besessen war, obwohl er offenbar von bösen Geistern befreit werden mußte. Nachdem die beiden Männer zusammen gebetet hatten, befahl Bratun Ingram, sich auf den Boden zu knien, sich über einen Papierkorb zu beugen und die bösen Geister, die sich in ihm niedergelassen hatten, herauszuwürgen. Ingram brachte ein wenig Schleim bei seinen trockenen Würgeversuchen hervor, aber nicht die schwarze Masse, die er als massive körperliche Präsenz tief in seinem Inneren verspürte.

Nach diesem Ritual wurde Ingram von einer Erinnerung heimgesucht, in der sein Sohn Chad und sein Freund Jim Rabie vorkamen. In seiner Vorstellung konnte er Rabie sehen, wie dieser ihn wütend und entschlossen die Treppe hinunterschubste. »Er wollte etwas tun, was ich ihm nicht erlauben wollte«, sagte Ingram. »Er sagte, er wollte Chad ... Rabie drängte sich in Chads Zimmer und riß ihm die Hosen herunter ... ich konnte es nicht verhindern. Er zwang Chad unter sich und hatte analen Sex mit ihm.«

Chad wurde eine knappe Woche darauf von Detective Schoenig und dem Psychologen Richard Peterson befragt. Zuerst konnte er sich nicht daran erinnern, von Jim Rabie oder sonst jemandem sexuell mißbraucht worden zu sein, aber dann fiel ihm ein, wie er mit siebzehn Jahren versucht hatte, sich umzubringen, indem er sich die Pulsadern aufschnitt.

»Was hat dich so deprimiert?« fragte Peterson.

»... vermutlich etwas, was mein Dad gesagt hat«, antwortete Chad. »Ich weiß es nicht mehr ... ich weiß es nicht mehr so genau.«

»Vielleicht ist das der Schlüssel«, gab Schoenig zu bedenken. »Warum denkst du nicht ein wenig darüber nach. Es muß so etwas gewesen sein, was der Doktor [Peterson] meinte, etwas sehr Traumatisches, etwas, was dir sehr weh getan hat. Vielleicht hat es deine Männlichkeit verletzt ... vielleicht bist du im Stich gelassen worden ... eine Herabsetzung oder so was. Was war es Chad? Überlege.«

»Ich überlege ja, ich überlege ja«, sagte Chad.

»Vielleicht ist das der Schlüssel zu allem«, wiederholte Schoenig.

»... ich weiß, daß er mich wegen irgend etwas anschrie, aber ich weiß nicht mehr weshalb.«

»Denk an deine Erinnerungen«, sagte Peterson, »du kannst dich erinnern.«

»Na ja, alles was ich dachte ... ich war wütend«, sagte Chad.

»Aber du kannst dich wieder daran erinnern«, schmeichelte Peterson. »Du mußt dich daran erinnern, was passiert ist. Wenn du wirklich willst, kannst du dich auch erinnern.«

»An was denn?« Chad war verwirrt. »An was soll ich mich denn erinnern?«

»An etwas Konkretes, statt immer zu sagen, das könnte passiert sein, aber ich weiß es nicht genau. Ich kann mich nicht erinnern«, sagte Schoenig.

»Oh«, sagte Chad, eindeutig verwirrt von Schoenigs »Erklärung«.

»Die Erinnerungen sind da«, sagte Schoenig. »Wir versuchen nur, dir zu helfen, Chad.«

»Ich weiß, ich weiß. Sie sind da. Ich kann nur nicht ... ich kann den Finger nicht darauf legen. Kann ich nicht.«

»Nun, das wundert mich nicht«, sagte Peterson beruhigend. »Das ist nicht ungewöhnlich, daß Jugendliche, die das durchgemacht haben, was du durchgemacht hast, sich beim erstenmal nicht daran erinnern, weil sie sich nicht erinnern wollen. Erstens wollen sie sich nicht erinnern, und zweitens sind sie darauf programmiert, sich nicht zu erinnern.«

Chad reagierte auf diese recht heimtückische Bemerkung mit einem interessierten, aber unbeteiligten »Mm-hm«.

»Und ich glaube, mit dir ist etwas passiert, an das du dich lieber nicht erinnern willst«, sagte Peterson. »Ich frage mich wirklich, was du für einen Mist durchmachen mußtest, daß du nicht spürst ...«

»Es kann sein, daß es etwas mit dem zu tun hat, von dem ich vorhin schon gesprochen habe«, sagte Schoenig, »etwas, bei dem du eine Todesangst hattest, und ich würde sogar vermuten, daß es etwas mit dem zu tun hat, was dein Dad zu dir gesagt hat, weil du jemandem davon erzählen wolltest.«

Chad schwieg eine Weile, während der Polizeibeamte und der Psychologe Theorien über seinen Mangel an Erinnerungen austauschten. Wenn sie ihm direkte Fragen stellten, antwortete er mit ein oder zwei Worten oder wiederholte einfach, was sie ihm vorgaben.

»Hattest du getrunken?«
»Nein.«
»Pot geraucht oder so was?«
»Nein.«
»Dich einfach mies gefühlt.«
»Mich einfach mies gefühlt.«
»Und allein.«
»Und allein.«
»Auch gedemütigt?«
»Wahrscheinlich.«
»Komm schon Chad, du weißt es«, sagte Schoenig ungeduldig.
»Ich weiß, daß es da ist. Ich kann nur nicht ... es ist einfach nicht ... als ob ...«
»Du kannst damit umgehen, du kannst es lernen«, warf Peterson ein. »Du kannst dich dafür entscheiden, dich deinen Erinnerungen zu stellen. Du kannst das Leben wählen. Darum geht es nämlich. Du befindest dich in einem komischen Zwischenzustand zwischen Gefühllosigkeit und dem allmählichen Lernen, mit deinen Gefühlen zu leben, aber du mußt zuerst an sie herankommen.«
»Stimmt«, gab Chad zu.
»Du kannst dich dafür entscheiden, und niemand wird dich vernichten, weil du diese Gefühle hast.«
»Stimmt.«
Das Gespräch ging allmählich in eine Analyse von Chads Träumen über. Er beschrieb einen besonders lebhaften Traum, in dem »kleine Menschen« vorkamen, die in sein Zimmer kamen und um sein Bett herumliefen. Die Gesichter der kleinen Menschen waren mit schwarzen, roten und weißen Streifen bemalt, wie bei den Mitgliedern der Rockgruppe »Kiss«.
»Dieser Traum bedeutet, daß man dir Gewalt angetan hat«, sagte Peterson.
»Ja, und dann hab' ich zur Tür rausgesehen und da –«
»Und du bist schutzlos?«
»Ja, und ich hab' ein Haus aus Spiegeln gesehen und ... es gab keinen Weg nach draußen.«
»Daß man dir Gewalt angetan hat und daß du in einer ausweglosen Situation gefangen bist.«
»Mm-mh.«
»Diese Träume bedeuten etwas ... du warst zu der Zeit fast verrückt .«
»Mm-mh.«
»Was mit dir passiert ist, war so grauenvoll.«
»Ja.«

»Es war furchtbar.«

»Du willst nicht akzeptieren, was mit dir passiert ist, und deshalb fühlst du dich gefangen und willst glauben, daß es nur Träume sind«, fügte Schoenig in einer Art Billiganalyse hinzu. »Du willst nicht glauben, daß es wirklich ist. Es ist wirklich. Es ist wirklich, Chad.«

»Was du gesehen hast, ist wirklich passiert, Chad«, echote Peterson.

»Wir wissen es, Chad«, sagte Schoenig. »Du hast nicht geträumt.«

»Es war kein Traum.«

»Doch«, protestierte Chad schwach.

»Was du gesehen hast, war wirklich«, sagte Schoenig wieder. »Dein Vater hat genauso ein Zeug erzählt.«

»Okay«, sagte Chad.

»Also laß uns das genauer untersuchen.«

Sie »untersuchten« einen weiteren Traum, in dem ein Zug vorbeifuhr, ein Pfeifsignal erklang und eine Hexe durch Chads Fenster hereinkam. Als er erwachte, erzählte Chad, konnte er seine Arme nicht bewegen. Es war, als ob jemand auf ihm gesessen hätte.

»Da haben wir's«, sagte Schoenig. »Das ist der Schlüssel zu allem, Chad. Das zeigt uns, was wirklich passiert ist.«

»Chad, diese Dinge sind wirklich mit dir geschehen«, bekräftigte Peterson.

»Okay.« Chad klang nicht ganz überzeugt.

»Sie haben deine Fähigkeit, die Wahrheit zu erkennen, beeinträchtigt.«

»Okay«, wiederholte Chad. Folgsam beschrieb er die Hexe in seinem Traum. Sie war dick und trug ein schwarzes Gewand wie die Hexe in »Der Zauberer von Oz«. Vor dem Fenster waren noch fünf Typen, die sehr dünn waren und lange, lockige, schwarze Haare hatten. Er erinnerte sich, jemanden in den Oberschenkel gebissen zu haben. Die Hexe saß auf ihm.

»Sieh dir ihr Gesicht an«, drängte Schoenig. »Wem sieht sie ähnlich? Jemandem, den du kennst, ... es ist jemand, den du kennst. Wer ist es? Jemand, der mit deiner Familie befreundet ist?«

Chad sagte, er könne das Gesicht der Hexe nicht sehen, weil es dunkel war. Er könne sich nur daran erinnern, daß er auf sein Bett niedergedrückt wurde und sich nicht bewegen oder sprechen konnte.

»Du mußt in dich hineinsehen und herausfinden, wer diese Person ist und was sie mit dir macht, Chad«, sagte Schoenig. »Du willst dich nicht erinnern, weil es so furchtbar und niederschmetternd ist ... weil du nicht glauben möchtest, daß dir so etwas passieren konnte, aber es ist passiert. Wir können dem ein Ende setzen, Chad. Wir können verhindern, daß es jemals wieder passiert ...«

»Kannst du atmen?« fragte Peterson.

»Hält dich etwas davon ab, mit uns zu sprechen?« fragte Schoenig. »Was hast du im Mund?«

»Laß die Erinnerung einfach kommen«, befahl Peterson. »Nicht das, woran du denkst, ist wichtig, sondern das, an das du nicht zu denken versuchst.«

Stunde um Stunde fuhren sie fort, ihm suggestive Fragen zu stellen und ihn unter Druck zu setzen. An einer Stelle beharrte Chad darauf, daß er sich zu Hause wohl und sicher fühlte. »Ich fühlte mich sicher. Ich weiß nicht, vielleicht war ich ja nicht sicher, aber ich habe mich immer sicher gefühlt.«

»Und das, obwohl all diese Dinge passierten«, sagte Schoenig ungläubig.

»Ja, außer den Träumen, aber ich hab' sie halt als Träume abgetan.«

Als Chad weiterhin darauf bestand, daß er sich an nichts erinnern konnte und daß er seine Träume für Träume und nicht für die Wirklichkeit hielt, stellte Peterson die Vermutung an, daß er an einer »Beeinträchtigung der Wirklichkeitswahrnehmung« litt und auch seine »Selbstwahrnehmung« und seine »Empfindungsfähigkeit stark beeinträchtigt waren«. »Totaler, absoluter Gehorsam und totale Unterwerfung unter die Gruppe«, fügte er noch mysteriöserweise hinzu.

Schoenig brachte das Gespräch wieder auf die Person, die auf Chads Brust gesessen hatte. Er erinnerte Chad daran, daß er etwas in seinem Mund hatte.

»Und es ist kein Stück Stoff«, half er nach.

»Stimmt.«

»Es ist auch nicht hart, wie ein Stück Holz.«

»Stimmt.«

»Was ist es?«

Chad lachte. »Ich mußte gerade denken, auweia.«

»Was Chad?«

»Ich weiß nicht, ich weiß nicht.«

»Komm schon, an was hast du gerade gedacht?«

»Okay, ich habe gedacht, es war ein Penis. Ich, ja, es könnte sein.«

»Okay, das muß dir nicht peinlich sein«, tröstete Schoenig. »Es könnte also sein. Was passiert danach mit dir? Laß es heraus. Es ist okay.«

»Ich weiß nicht, was mit mir passiert«, sagte Chad unglücklich.

Einige Minuten später tadelte Schoenig Chad heftig dafür, daß er die Wirklichkeit immer noch mit Träumen verwechselte. »Sie sind wirklich. Du weißt das. Du hast uns heute schon mehrmals gesagt, daß du weißt, daß es kein Traum ist. Also hör damit auf, es als Traum abzutun.«

»Ja, aber es ist wirklich schwer«, protestierte Chad schwach. »Zwanzig Jahre lang hält man die Träume für Träume, und dann soll man sie auf einmal für Wirklichkeit halten. Da weiß man doch nicht mehr, was Wirklichkeit ist.«

»Aber du hattest doch die letzten zwei Wochen Zeit, darüber nachzudenken ...«

»Nein, na ja, ... ich wußte nicht, daß ich ein Opfer bin, bis ich mit Ihnen gesprochen habe.«

»Aber Chad, du hattest jetzt Zeit, darüber nachzudenken, und ich glaube, daß ein Teil von dir immer noch versucht, es –«

»Zu verdrängen, ja, ja.« Zu diesem Zeitpunkt wußte Chad schon einiges über die Theorie der verdrängten Erinnerungen.

»Es zu verdrängen, weil du nicht glauben willst, daß es wirklich passiert ist«, beendete Schoenig seinen Satz.

»Ja.«

»Wäre es nicht toll, wenn du sagen könntest, das war Wirklichkeit. Es ist kein Traum«, sagte Peterson.

»Ja, deswegen versuche ich ja, mich an Gesichter zu erinnern«, stimmte Chad zu. »Damit ich sagen kann, die sind es gewesen, die haben mir das angetan. Ich habe ihre Gesichter gesehen, ich weiß wer sie sind, und jetzt können wir weitermachen. Ich muß es aber an einem Gesicht festmachen können.«

Der Kassettenrecorder wurde abgestellt, und während dieser Zeit fand Chad seine Erinnerung wieder. Als das Band wieder lief, sagte Chad, daß er sich an einen Mann erinnere, der auf ihm saß; die Knie des Mannes hielten Chads Arme fest, so daß er sich nicht bewegen konnte. Der Mann trug Jeans und ein Flanellhemd, und sein Penis steckte in Chads Mund.

Der Traum war Wirklichkeit geworden; die Hexe hatte sich von einer gesichtslosen Frau zum besten Freund und Pokergenossen seines Vaters, Jim Rabie, verwandelt.

»Wie sicher bist du dir, daß es Jim Rabie war?« fragte Schoenig.

»Oh, zu achtzig Prozent sicher. Na, sagen wir siebzig Prozent ...«

»Was macht dich noch nicht ganz sicher, daß es Jim Rabie war?«

»Na ja, das Gefühl, daß es doch ein Traum war.«

»Das haben wir doch ausgeschlossen, oder?«

»Okay, okay. Trotzdem, irgendwie bin ich immer noch verwirrt.

Irgendwie ist es ... ich weiß nicht.«

Am Ende dieser siebenstündigen Befragung klagte Chad über Kopfschmerzen.

»Das sind die wiederkehrenden Erinnerungen«, beruhigte ihn Peterson.

Am nächsten Tag berichtete Chad unter intensiver Befragung von einer weiteren Erinnerung. Er erinnerte sich jetzt, daß er mit zehn oder elf Jahren von einem anderen Freund und Pokerkumpel seines Vaters im Souterrain anal vergewaltigt worden war – von Ray Risch.

Am 16. Dezember, nicht ganz drei Wochen nachdem ihr Mann verhaftet und in das Thurston-County-Gefängnis gebracht worden war, fuhr Sandy Ingram zur Church of Living Water, um mit ihrem Priester zu sprechen. Pastor Bratun erklärte Sandy, genau wie er es auch ihrem Mann in seiner Zelle erklärt hatte, daß sie zu achtzig Prozent böse und zu zwanzig Prozent gut war. Der gute Teil kontrollierte die bewußten Erinnerungen, während der böse Teil das Unbewußte kontrollierte. Bratun war der Meinung, daß Sandy entweder von den Brutalitäten, die in ihrem Haus vor sich gingen, wußte und sich heraushielt oder aber eine aktive Teilnehmerin war. Wenn sie nicht gestand, fürchtete er, würde sie wahrscheinlich ins Gefängnis gehen. Sandy Ingram wies Bratuns Aufforderung zu gestehen ärgerlich zurück. »Das funktioniert vielleicht bei anderen Leuten, aber nicht bei mir«, sagte sie in offensichtlicher Anspielung auf ihren Mann. Nach diesem Gespräch fuhr Sandy nach Hause, packte ein paar notwendige Sachen zusammen und fuhr fünf Stunden lang mit ihrem jüngsten Sohn Mark in einem dichten Schneetreiben quer durch den Staat. Am nächsten Tag schrieb sie in ihr Tagebuch und bat um göttlichen Beistand. »Ich habe Angst Jesus ... Was ist mit meinen Kindern passiert, meinen geliebten Kleinen ...«

Drei Tage später kehrte Sandy nach Olympia zurück und suchte sofort den Pastor auf, der sie damit tröstete, daß sie immer noch zu zwanzig Prozent gut war. Der böse Teil versuche, die Vergangenheit zu verdecken und die Erinnerungen zu unterdrücken, während der gute Teil tapfer darum kämpfte, die Wahrheit ans Licht zu bringen. Bratun erzählte ihr von den neuen, noch schockierenderen Handlungen, an die sich ihr Mann inzwischen erinnert hatte und die Teufelsbeschwörungen, Blutschwüre und andere Rituale, angeleitet von Hohepriestern- und priesterinnen, umfaßten. In einer seiner Erinnerungen hätte Paul seine Frau gesehen, wie sie sexuellen Verkehr mit Ray Risch hatte. Sandy begann zu weinen.

Kurz darauf erinnerte sich Sandy, angetrieben von Pastor Bratuns Beteuerungen, daß die zwanzig guten Prozent in ihr sich erinnern wollten, wie sie auf ihrem Wohnzimmerboden an Jim Rabie gefesselt worden war. Mit einem der seltsamen, unlogischen Sprünge, wie sie oft in Träumen vorkommen, befand sie sich danach plötzlich in einer Abstellkammer mit ihrem Mann, der sie mit einem Stück Holz schlug, während Risch und Rabie sie auslachten. Als Paul sie schließlich aus der Abstellkammer herausließ, warfen Risch und Rabie sie nieder und zwangen sie zu Analverkehr.

Am Tag nach Weihnachten schrieb Sandy ihrem Mann einen Brief, in dem sie ihm von ihren Befürchtungen berichtete und von ihren Bemühungen, sich an die schrecklichen Ereignisse zu erinnern, die anscheinend in ihrem Haus stattgefunden hatten. Obwohl sie mit der Hilfe des Pastors schon einige Erinnerungen wiedergefunden hätte, könnte sie sich immer noch nicht richtig an alle Geschehnisse erinnern, und es mache ihr angst, daß sie die Wahrheit nicht wußte. »Ich kann mich an nichts erinnern«, schrieb sie, »aber mit Gottes Hilfe werde ich mich schon noch erinnern.«

Der Brief wandte sich dann abrupt von der jüngsten Vergangenheit mit ihren verschlossenen Erinnerungen ab und ihrer gemeinsamen, weiter zurückliegenden Vergangenheit zu. Sandy erinnerte Paul an die Zeit, als sie sich kennenlernten und an die Anfänge ihrer Ehe, als die Kinder noch klein waren. Mit diesem Appell an glücklichere Erinnerungen beendete Sandy Ingram ihren Brief.

Am 30. Dezember 1988 reichte Ericka Ingram eine schriftliche Aussage bei der Polizei und der Staatsanwaltschaft ein, in der sie zum erstenmal ihre Erinnerungen an ihren rituellen Mißbrauch durch Satanskultanhänger genau darlegte. »Von der Zeit an, als ich ungefähr fünf war, bis zu der Zeit, als ich zwölf war, ... holte mich mein Vater oft mitten in der Nacht aus dem Bett«, begann ihre Aussage. Eine Gruppe von Männern und Frauen, zu der auch ihre Mutter, Jim Rabie, Ray Risch und eine Hohepriesterin in einem Gewand gehörten, wartete schon bei der Scheune auf sie. Ericka hatte nur ein Nachthemd an, und ihr Vater trug »eine Robe und einen Helm, der wie ein Wikingerhelm mit Hörnern daran aussah«.

In der Scheune versammelte die Gruppe sich um einen Tisch, und alle stachen nacheinander mit einem Messer auf ein sechs- bis achtmonatiges Baby ein und machten mit diesem Ritual sogar noch weiter, als das Baby längst tot war. Die Hohepriesterin kleidete die Leiche in »etwas Weißes« und vergrub sie dann im Boden. »Sie sagten mir immer, daß das auch mit mir passieren würde«, beendete Ericka ihre Aussage. »Sie sagten auch, daß ich mich nicht daran erinnern würde. Sie wiederholten es immer wieder, wie einen Zauberspruch.«

Auch Julie begann, sich an »Satanszeug« zu erinnern, obwohl ihre Erinnerungen längst nicht so klar und detailliert wie die ihrer Schwester waren. Sie erinnerte sich, Tiere vergraben zu haben, konnte aber nicht sagen, ob die Tiere geopfert worden oder eines natürlichen Todes gestorben waren. Als Antwort auf die Fragen der Detectives sagte sie, sie könne sich nicht erinnern, an irgendwelchen Zeremonien teilgenommen zu haben, außer an den Gottesdiensten in der Kirche. Als sie gefragt wurde, ob sie von dem erlittenen Mißbrauch Narben zurückbehalten hätte, bestätigte sie dies nachdrücklich und gab an, Narben von den Messerwunden zu haben, die ihr Vater und Jim Rabie ihr zugefügt hatten. Aber sie wollte niemandem erlauben, sich die Narben anzusehen, weil es ihr peinlich wäre ... so peinlich, daß sie sich weigerte, sich in der High-School zusammen mit den anderen Mädchen in der Umkleidekabine umzuziehen und nie einen Badeanzug ohne ein T-Shirt darüber trug.

Unter dem Druck von Jim Rabies und Ray Rischs Anwälten waren Julie und Ericka schließlich bereit, sich von einer auf Behandlung bei sexuellem Mißbrauch spezialisierten Ärztin untersuchen zu lassen. Obwohl die Ärztin sie gründlich am ganzen Körper untersuchte, konnte sie keine ungewöhnlichen Male oder Narben finden.

Weniger als einen Monat nach seiner Sitzung mit Dr. Peterson und Detective Schoenig zog Chad Ingram seine Aussage zurück. Die ganze Szene mit der Hexe und dem Penis und die Erinnerungen an den Mißbrauch durch Jim Rabie und Ray Risch wären böse Träume gewesen. Nichts weiter.

Erickas Geschichten wurden immer abstruser und schauerlicher. Sie behauptete, daß ihr Vater sie gezwungen hätte, sexuellen Verkehr mit Ziegenböcken und Hunden zu haben. Ihre Mutter hätte auch Sex mit Tieren gehabt und ihr Vater hätte sie dabei fotografiert. Ericka sagte, sie sei viele Male von Jim Rabie vergewaltigt worden, vielleicht sogar hundertmal; nach einer der Vergewaltigungen hätten Rabie, ihre Mutter und ihr Vater abwechselnd auf sie defäkiert. Sie beschrieb satanische Orgien, Kindesopfer und grausame Abtreibungen. Sie selbst hätte die Opferung von fünfundzwanzig oder mehr Babys mit angesehen, deren winzige, verstümmelte Körper in dem Wald hinter dem Haus der Ingrams vergraben worden waren. Und einmal hätten die Sektenmitglieder bei ihr ein Baby mit einem Kleiderbügel abgetrieben und die blutigen, zerstückelten Teile des Fötus auf ihren nackten Körper geschmiert.

Die immer absurder werdenden Anschuldigungen wegen rituellem Mißbrauch und Menschenopferungen führten die Staatsanwaltschaft zu Richard Ofshe, Experte für Sekten und Gehirnwäsche und Professor der Soziologie an der University of California in Berkeley.

»Haben Sie irgendwelche Erfahrungen mit Teufelssekten?« fragte Gary Tabor, der leitende Staatsanwalt im Ingram-Fall, Ofshe bei ihrem ersten Telefonat. Tabor teilte ihm die wichtigsten Einzelheiten des Falls mit, darunter auch die Erzählungen von den rituellen Mißbrauchshandlungen durch eine Teufelssekte. Er wollte eine klare Antwort, und Richard Ofshe konnte ihm eine geben.

»Nein«, sagte Ofshe, »ich bin noch nie auf einen solchen Fall gestoßen, und wenn Ihnen jemand etwas anderes erzählt, dann lügt er. Es gibt keine Beweise dafür, daß Teufelssekten, die Babys töten, überhaupt existieren.«

Ofshe kannte die Gerüchte über sexuellen Mißbrauch im Zusammenhang mit Satanskulten sehr gut, denn sie regten die Phantasien der Bewohner von kleinen und großen Städten im ganzen Land an. Er war mit der Theorie vertraut, daß Teufelssekten ihre Mitglieder »programmierten«, ein Kunststück, das ihnen angeblich durch eine geheime Technologie gelang, die nur den Hohepriestern und Hohepriesterinnen der Sekte bekannt war. Manche Therapeuten versuchten, diese teuflischen Manipulationen des menschlichen Geistes mit der Entstehung von multiplen Persönlichkeiten in Verbindung zu bringen, einer Störung, die ungefähr so häufig auftauchte wie an den Köpfen zusammengewachsene siamesische Zwillinge, spöttelte Ofshe.

Ofshe bezweifelte, daß multiple Persönlichkeit überhaupt als einzelne und identifizierbare diagnostische Kategorie existierte; er hielt es für wahrscheinlicher, daß hochsuggestible Menschen nach einer Zeit die Symptome zeigen, die ihnen ihre Therapeutinnen unwissentlich suggerieren. Und dennoch behaupteten Scharen von Therapeuten und Polizeibeamten, daß wiederholter Mißbrauch und besonders ritueller Mißbrauch bei Satanskulten die Persönlichkeit in zahlreiche Teile aufspalten kann. Die Mißbrauchserinnerungen lagerten sich dann angeblich in Zweitpersönlichkeiten an, die wiederum im Unbewußten vergraben werden; auf diese Weise kann die »Gast«persönlichkeit den Anforderungen und Pflichten eines normalen Lebens gerecht werden.

Ofshe verfolgte die aus dem Boden schießenden Fälle von MPD

und posttraumatischer Streßstörung (einer weiteren Modediagnose, wie er fand) genau, und er hatte eine umfangreiche Sammlung von Geschichten über rituellen Mißbrauch bei Satanskulten, die außerdem Behauptungen von Bluttrinkritualen, Kannibalismus, rituellen Abtreibungen, sadistischen Folterungen und Mord enthielten. Er war mit den bizarren Theorien, die die Abwesenheit von Narben, Leichen, Knochen oder anderen konkreten Beweisen erklären sollten, wohl vertraut:

Theorie Nummer eins: Die Sekten sind so geschickt organisiert, daß kein Außenseiter ihre Strukturen durchdringen kann (einige MPD-Experten vergleichen ihre Strukturen mit denjenigen der Kommunistischen Partei).

Theorie Nummer zwei: Begabte plastische Chirurgen (ebenfalls eingeschworene Sektenmitglieder) machen die durch die diversen Rituale und Folterungen entstandenen Wunden vermittels ihrer Kunst unsichtbar.

Theorie Nummer drei: Die abgetriebenen Babys und die Überbleibsel der anderen Opfer werden in Minikrematorien, die sich in den Kellerräumen der Häuser der Sektenführer befinden, verbrannt.

Theorie Nummer vier: Das Wissen der Sektenmitglieder wird durch geheime, höchst effektive Gehrinwäschetechniken gelöscht.

Theorie Nummer fünf: Polizisten und Kriminalbeamte, die mit der Auffindung der Leichen beauftragt sind, finden nie irgendwelche Beweise, weil sie selbst Satansanhänger sind.

Aber wo waren die Beweise für diese abwegigen Theorien, fragte sich Ofshe. Jeder Wissenschaftler, der diesen Namen verdiente würde Beweise verlangen, bevor er etwas als wahr akzeptierte, das er nicht sehen konnte. Die Wissenschaft verlangt nach Tatsachen; sie erfordert Hypothesen, die widerlegbar sind (Ofshe sagte, er wisse, daß viele Wissenschaftler an Gott glauben, aber das sei eine rein persönliche Angelegenheit); und seines Wissens nach hatte bisher niemand eine echte, praktizierende, babymordende Teufelssekte aufgedeckt, genauso wie noch nie jemand einen echten Engel oder Außerirdischen hatte vorführen können.

Ofshe hatte im Zusammenhang mit seiner Arbeit mit Sekten und mit von Sektenideologien beeinflußten Personen schon viele seltsame Vorgänge erlebt, und es bestand auch kein Zweifel daran, daß »normal« erscheinende Menschen, die wahnsinnigen Ideologien anhingen, schon die furchtbarsten Verbrechen begangen hatten. Man denke zum Beispiel an Patty Hearst, die ein anständiger Mensch war, bevor ihr Denken so effektiv manipuliert wurde, daß sie sich mit ihren Entführern solidarisierte und sie sogar bei einem

Bankraub unterstützte. Aber die Symbionese Liberation Army – so nannten sich Hearsts Entführer – gab es wirklich; der Feuersturm, bei dem sie umkamen, wurde im Fernsehen gezeigt; es gab Tonbänder mit den Botschaften der Kidnapper, die ganze Entführung war gut dokumentiert. Doch bisher gab es nicht den geringsten Beweis für die Existenz einer Verschwörung von bluttrinkenden, kindermordenden, kannibalistischen Satansanhängern.

»Aber das hier ist echt«, sagte der Staatsanwalt. »Ingram wurde von seinen beiden erwachsenen Töchtern angeklagt, und er hat nicht nur ein- oder zweimal, sondern viele, viele Male gestanden.«

Geständnisse beeindruckten Ofshe nicht. Er hatte gerade einen wissenschaftlichen Aufsatz abgeschlossen, in dem er über mehrere Fälle berichtete, bei denen Leute unter dem Druck des polizeilichen Verhörs nachgegeben und Verbrechen gestanden hatten, an die sie sich überhaupt nicht erinnern konnten. Vor dreihundert Jahren gestanden in Europa Zehntausende, daß sie Hexen waren, und sie wurden allesamt für ihre angeblichen Taten auf Scheiterhaufen verbrannt. Viele der sogenannten Hexen gestanden unter der schlimmsten Folter, aber viele bezichtigten sich auch spontan selbst böser Taten – und zeigten bereitwillig mit dem Finger auf Verwandte, Freunde und Nachbarn.

Jahrhundertelang hatte ein leidenschaftlicher Glaube an Gott und den Teufel auch einem abstrusen Hexenglauben Vorschub geleistet, genauso wie heutzutage der Glaube an die Möglichkeit von Leben auf anderen Planeten Menschen scharenweise in die Praxen der Psychiater führt, wo sie von Entführungen durch Außerirdische berichten, die Experimente mit ihren Sexualorganen durchgeführt haben. Wie viele Menschen glaubten – wie Shirley McLaine, deren Bücher wie Popcorn verschlungen wurden –,daß sie schon einmal als Prinzessinnen, Piraten oder Augenzeugen bei der Kreuzigung von Jesus Christus auf dieser Welt waren? Waren diese Erinnerungen auch echt?

Trotzdem wollte Ofshe die Möglichkeit der Existenz eines organisierten Netzwerks von Satanskultlern nicht von vorneherein ausschließen. Etwas ging da draußen vor, und er wollte verstehen, was es war und woher es kam. Wenn Paul Ingram wirklich der Hohepriester einer Teufelssekte war und dies ohne jeden Zweifel nachgewiesen werden konnte, dann wollte Ofshe dabeisein. Wenn Paul Ingram aber gestand, weil er dem Druck und den suggestiven Taktiken einer Polizeibehörde ausgesetzt war, die das Verbrechen des Jahrhunderts aufdecken wollte, dann wollte er auch dabeisein.

»Was kann ich für Sie tun?« fragte er den Staatsanwalt.

Paul Ingram wußte, daß Richard Ofshe vom Büro des Staatsanwaltes geschickt worden war, aber er beantwortete dem Professor mit dem grauweißen Bart und den dunklen, vertrauenerweckenden Augen trotzdem bereitwillig die Fragen über seine Erinnerungen und die Methoden, wie er sie wiedererlangt hatte. Zu diesem Zeitpunkt, Anfang Februar 1989, hatte Ingram über zwei Monate intensiver Verhöre hinter sich, und seine Versuche, Zugang zu seinen verlorenen Erinnerungen zu finden, hatten sich zu einem systematischen Verfahren entwickelt.

Der erste Schritt bestand immer aus beten. Sein Priester hatte ihm versichert, daß Gott ihm die wahren Erinnerungen senden werde, wenn er jedesmal fleißig betete, bevor er mit der Suche nach Erinnerungen begann. Nach einem langen, guten Gespräch mit Gott setzte er sich dann auf sein Bett, schloß die Augen, atmete tief und versuchte, sich zu entspannen. Das gelang im nachts besser, wenn die anderen Häftlinge schliefen und das Gefängnis relativ ruhig war, aber Ingram führte diese Übungen auch mehrmals während des Tages aus.

Der nächste Schritt war das »Entleeren des Geistes«. Ingram versuchte sich vorzustellen, daß er von einem warmen, weißen Nebel umgeben war, eine Visualisierungsübung, auf die er in einer Zeitschrift gestoßen war. Pastor Bratun unterstützte diese Bemühungen. Er riet Ingram sogar, möglichst acht Stunden täglich zu versuchen, mit seinem inneren Auge zu sehen. »Sehen Sie es als Ihre Vollzeitbeschäftigung an.« Der Pastor untersagte Ingram, Westerngeschichten oder Romane zu lesen, und war sogar der Ansicht, daß auch die Bibel seine Selbsterforschungen nicht beeinträchtigen sollte.

Wenn Ingram erfolgreich in den warmen, weißen Nebel eingetaucht war, versuchte er, mehrere Minuten lang darin herumzutreiben, ohne nachzudenken, und geduldig auf die Bilder zu warten, die in seinem Kopf auftauchen würden. Nach einer Weile tauchten dann Erinnerungsfragmente in seinem Bewußtsein auf. Er hatte so gut wie keine Kontrolle über diese flüchtigen visuellen Eindrücke, die manchmal überhaupt nichts mit den Erinnerungen zu tun hatten, die er zu rekonstruieren versuchte.

Als Ingram die bizarre, bruchstückhafte Natur dieser rein visuellen Erinnerungen beschrieb, wurde Ofshe mißtrauisch. Verwechselte Ingram Phantasie und Realität? »Manipulationsmaschinerie« ging es Ofshe durch den Kopf. Paul Ingram hatte Probleme, große Probleme, und jeder, der Probleme hat, ist empfänglich für Leute, die behaupten, Lösungen zu kennen. Je unsicherer und labiler jemand ist, desto leichter kann man ihn beeinflussen. Und Paul Ingram war eine bebende Masse aus Unsicherheit und Labilität. Er wollte sich anderen stets angenehm machen, er machte sich Sorgen um das Wohlergehen seiner Familie, er gehorchte schriftlichen Verfügungen und therapeutischen Ratschlägen blind, und er wollte seiner Qual endlich ein Ende setzen.

Ofshe bezweifelte nicht, daß Ingram bestimmte Szenen visualisierte und daß diese wie wirkliche Erfahrungen für ihn waren. Aber auch eine »echte« Visualisierung, ein Tagtraum oder eine Halluzination sind nicht dasselbe wie eine Erinnerung an ein wirkliches, nachprüfbar stattgefundenes Ereignis. Ingram waren bestimmte Einzelheiten eines Mißbrauchs mitgeteilt worden, in die er sich dann »im Gebet« versenken sollte. Von dem Moment an, als er die Grundvoraussetzungen seiner Anklage akzeptiert hatte: »Ihre Töchter sagen, Sie haben sie vergewaltigt«; »Sie müssen die Erinnerungen daran verdrängt haben«; »Wenn Sie sich genug anstrengen, können Sie die Erinnerungen wiederfinden«; »Bekenne und du wirst frei sein« – von dem Moment an begann er bereits, seine Schuld anzuerkennen. Als die Mär einmal verkündet war, schuf sie sich ihre eigenen Beweise. Ingrams auf der Anklage beruhende Phantasiegebilde wurden zum Fundament für seine »Erinnerungen«: Je mehr er phantasierte, desto überzeugter wurde er von seiner Schuld, und als diese Überzeugung wuchs, trieb sie ihn unerbittlich zu einem Geständnis. Indem er sich vorstellte, daß diese Ereignisse passiert sein könnten, wurde er immer sicherer, daß sie wirklich passiert waren, und seinen fortdauernden Mangel an Erinnerungen erklärte er mit jenem mysteriösen Mechanismus, der ihm schon so sorgfältig nahegebracht worden war: Verdrängung.

Sigmund Freud würde sich im Grab umdrehen, dachte Ofshe. All diese über Verdrängung salbadernden Psychotherapeuten hatten ihre Ideen von einem lockeren theoretischen Konzept geborgt, das Freud vor fast hundert Jahren aufgestellt hatte. In Kindheitstraumen liegen die Wurzeln all unserer Probleme behaupten Therapeuten (das ist der frühe Freud); traumatisierte Kinder verdrängen häufig ihre Erinnerungen, um psychisches Leid zu vermeiden (das ist verwässerter Freud); und das Hauptziel einer Therapie ist es, die verdrängten Erinnerungen hervorzuziehen und das Trauma ans Tageslicht zu bringen, wo sich seine dunkle Macht dann auflöst (das ist Freud in Billigversion). Verdrängung war zur magischen Diagnose geworden, und nur Therapeuten, die aufmerksam und einfühlsam genug waren, um das Vorliegen von Verdrängung zu erkennen, konnten durch die geschickte Anwendung bestimmter Techniken über einen langen Zeitraum hinweg Zugang zu den abgespaltenen Erinnerungen ihrer Patientinnen erlangen und den aufgestauten Schmerz eines ganzen Lebens abfließen lassen.

So sah jedenfalls die Theorie aus. Doch diese Vereinfachungen und Entstellungen von Freuds komplexen Theorien in einem für Inzest und sexuellen Mißbrauch hochsensibilisierten Umfeld führten dazu, daß Menschen in die Praxen der Therapeutinnen kamen und gleich als erstes gefragt wurden, ob sie in ihrer Kindheit sexuell oder emotional mißbraucht worden waren. Wenn sie keine derartigen Erinnerungen hatten, wurde ihnen geraten, sich in Geduld zu üben: Viele Menschen, die mißbraucht wurden, erinnerten sich nicht daran. Und dann begann der langwierige Ausgrabungsprozeß, unterstützt von beeinflussenden Techniken wie Rückführung auf ein bestimmtes Alter, gelenkte Visualisierungen, Trance-Schreiben, Traumarbeit, Körperarbeit und so weiter und so fort.

Freud glaubte an die theoretische Möglichkeit, daß jemand ein traumatisches Erlebnis verdrängen konnte, vor allem die Gefühle, die mit diesem Erlebnis verbunden waren, aber er würde sich ganze Büschel seines Bartes ausreißen, wenn er von diesen Cowboy-Versionen seiner knapp formulierten, eleganten Theorien hören könnte. Selbst wenn er vermutete, daß eine Patientin den Abwehrmechanismus der Verdrängung anwandte, hätte Freud niemals solch grobe Vorschlaghammer-Methoden benutzt, um verlorenes Material auszugraben. Freud hörte sogar auf, seine Patienten zu hypnotisieren, als er erkannte, daß Hypnose zu wilden Konfabulationen führen kann, die nicht mehr die geringste Ähnlichkeit mit der Wirklichkeit haben. Ofshe fragte sich, warum viele Therapeuten diese Einsicht Freuds ignorierten, zumal durch heutige Forschungen und Experimente nachgewiesen worden war, daß Hypnose in einen hochsuggestiblen Zustand versetzt, in dem Visualisierungen, Halluzinationen und Träume häufig mit wirklichen Ereignissen verwechselt werden.

Erschwerend hinzu kommt noch, daß hypnotisierte Patientinnen dazu neigen, extrem überzeugt von der Echtheit ihrer Pseudoerinnerungen und -erfahrungen zu sein. Wenn eine Patientin sich erst einmal selbst davon überzeugt hat, daß bestimmte Ereignisse wirklich geschehen sind, glaubt sie so fest daran, daß sie sogar einen Lügendetektortest bestehen würde. Denn ein Polygraph gibt lediglich Auskunft über den Grad der Überzeugung einer Person, daß etwas wahr oder falsch ist, aber nicht über die Authentizität eines Ereignisses oder die Genauigkeit der Darstellung.

Obwohl die meisten der heutigen Therapeutinnen von der hohen Empfänglichkeit für Beeinflussung im Hypnosezustand wissen, schreiben dennoch viele der Hypnose magische Heilkräfte zu. Hypnose wird allzuoft als eine Art Wahrheitsserum betrachtet, das dem verdrängten Material erlaubt, die unsichtbare, aber hartnäckige Barriere zwischen dem Bewußtsein und dem Unbewußten zu durchbrechen. Diese irrige Vorstellung, verbunden mit der Tatsache, daß die meisten Therapeuten nur ein rudimentäres Wissen über die rekonstruierte Natur der Erinnerungen haben, kann zu der Erzeugung von falschen Erinnerungen im therapeutischen Zusammenhang führen.

»Ich wende nie Hypnose an!« könnte eine Therapeutin protestieren. Aber wie der Fall Paul Ingram zeigt, muß man noch nicht einmal die formellen Hypnosetechniken anwenden, um einen tranceartigen Zustand hervorzurufen; es genügt, einen empfänglichen Patienten mit einem Problem zu haben. Ingram beschrieb eindeutig ein selbsthypnotisches Vorgehen: Entspannungsübungen, den Geist von Gedanken freimachen, Visualisierungen. Die visuelle, fragmentarische Qualität seiner »Erinnerungen« legte den Verdacht nahe, daß es sich um in Trance hervorgerufene Pseudoerinnerungen handelte und nicht um echte, verläßlich wiedererlangte Erinnerungen an vergangene traumatische Ereignisse. Vermittels oft geübter und eifrig angewandter Entspannungs- und Visualisierungstechniken versetzte Ingram sich in Trance, was dissoziierendes Verhalten und erhöhte Suggestibilität zur Folge hatte.

Ofshe kannte das Phänomen, das unter der Bezeichnung »Grad-5-Persönlichkeit« bekannt geworden war und eine Reihe psychologischer Eigenheiten umfaßte, die leicht hypnotisierbaren Personen gemeinsam sind. Herb Spiegel, ein New Yorker Psychiater, hatte eine Zeitlang mit einer Multiple-Persönlichkeit-Patientin gearbeitet, die unter dem Namen Sybil in die Literatur einging, und er hatte den Ausdruck »Grad-5-Syndrom« für die fünf bis zehn Prozent der Bevölkerung geprägt, die so leicht zu hypnotisieren und zu beeinflussen sind, daß sie spontan und beinahe unmerklich von ihrem normalen Bewußtseinszustand in einen tiefen hypnotischen Trancezustand gleiten können. »Grad-5-Persönlichkeiten« sind außergewöhnlich vertrauensselig und zeigen in Spiegels Worten »eine deutliche und faszinierende Tendenz, von anderen Unterstützung zu erwarten«. Sie zeigen außerdem ein festes, unumstößliches Vertrauen in die guten Absichten ihrer Therapeutinnen, nehmen bereitwillig jede Art suggestiver Bemerkungen an, füllen zwanghaft die Lücken in ihren Erinnerungen und akzeptieren widersprüchliche, unwahrscheinliche oder sogar unmögliche Fakten als echt und wirklich.

Trotz ihres konstruierten und phantastischen Charakters erscheinen unter Hypnose hervorgerufene Erinnerungen einer

Grad-5-Persönlichkeit absolut real; sogar nachdem sie wieder in den normalen Bewußtseinszustand zurückgekehrt ist, wird eine Grad-5-Person die Erinnerungen mit bestechendem emotionalen Engagement wiedergeben und die Echtheit der erinnerten Erfahrung beschwören. Die im Hypnosezustand auftretenden Erinnerungsentstellungen und -manipulationen werden von Therapeuten, die ihre Patienten wieder in Kontakt mit vergessenen Erinnerungen und Gefühlen bringen wollen, häufig ignoriert oder vernachlässigt. Therapeutinnen (oder wie im Ingram-Fall verhörende Polizeibeamte), die mit dieser »Trance-Logik« nicht vertraut sind, aufgrund derer die Grad-5-Persönlichkeiten ihren Erinnerungen unlogisches oder widersprüchliches Material einverleiben, können diese Erinnerungen leicht für echt halten. Durch Worte oder Gesten können sie ihren Klientinnen die nötige Bestätigung und Erlaubnis für die Speicherung der Bilder im Langzeitgedächtnis geben.

Je länger Ofshe Paul Ingram zuhörte, desto überzeugter war er, daß Ingram äußerst empfänglich für Suggestionen war. Die einzige andere plausible Erklärung war, daß Ingram log, aber Ofshe konnte sich nicht vorstellen, warum sich dieser Mann absichtlich Erinnerungen ausdenken sollte, die seine Familie auseinanderreißen, seine Karriere und seinen Ruf zerstören und ihn für den Rest seines Lebens ins Gefängnis bringen würden. Er war geistig verwirrt, daran bestand kein Zweifel, aber er war nicht verrückt.

Ofshe beschloß spontan, ein kleines Experiment durchzuführen, um seine Theorie zu überprüfen.

»Ich habe mit einem Ihrer Söhne und einer Ihrer Töchter gesprochen«, sagte er zu Ingram, »und sie haben mir von einem Vorkommnis erzählt. Es ging darum, daß Sie sie zwangen, Sex miteinander zu haben, während Sie dabei zusahen. Können Sie sich daran erinnern?«

Ingram sah verstört aus. Er antwortete, daß er sich an diesen Zwischenfall nicht erinnern könne.

Ofshe versicherte ihm, daß er wirklich passiert war, beide Kinder könnten sich deutlich daran erinnern. Ingram schwieg einige Minuten lang und verbarg sein Gesicht in seinen Händen. Wo das passiert wäre, fragte er. In dem Haus, in dem die Familie auch gegenwärtig lebte, wurde ihm gesagt.

»Stellen Sie sich die Szene vor, versuchen Sie zu sehen, wie es passiert«, forderte Ofshe ihn auf und benutzte dabei absichtlich dieselben Worte, mit denen Ingram das Verfahren seiner Erinnerungsrekonstruktionen beschrieb.

Ingram schloß die Augen; nach einer Weile sagte er, daß Bilder in seinem Kopf auftauchten und er sich selbst in der Szene sähe, die Ofshe kurz beschrieben hatte.

Ofshe fiel auf, daß Ingram im Präsens sprach. Er schien seine »Erinnerung« auf eine Weise zu erleben, die Herb Spiegel den »komprimierten Zeitsinn« des Grad-5-Syndroms nannte. Wenn Grad-5-Persönlichkeiten aufgefordert werden, in der Zeit zu einem früheren Augenblick ihres Lebens zurückzugehen, sprechen sie typischerweise über dieses bestimmte Ereignis in der Gegenwart. Zum Beispiel sagen sie nicht »Ich stand gerade an der Straßenecke, als ich die Sirene hörte«, sondern »Ich stehe an der Straßenecke und höre eine Sirene«. Diese Erzählweise vermittelt den Eindruck, daß ein Ereignis direkt miterlebt wird, während es geschieht; sie erhöht den Eindruck der emotionalen Unmittelbarkeit und damit die Glaubwürdigkeit des Ereignisses.

An diesem Punkt beschloß Ofshe, den Erinnerungsprozeß vorläufig zu unterbrechen. Ingram war hochsuggestibel, daran bestand kein Zweifel, und er wollte seine Reaktionen nicht weiter beeinflussen. Er forderte Ingram auf, in seine Zelle zurückzukehren und sich an weitere Einzelheiten dieser Szene zu erinnern, indem er »mit ihr betete«.

Am nächsten Tag teilte Ingram Ofshe mit, daß er sich lebhaft an das Geschehen zwischen seiner Tochter und seinem ältesten Sohn, die er als Ericka und Paul Ross identifizierte, erinnern könne. Bevor er die Erinnerung weiter ausführen konnte, bat Ofshe ihn, wieder in seine Zelle zurückzukehren und eine schriftliche Aussage vorzubereiten. Danach interviewte Ofshe Ericka. »Hat Ihr Vater Sie je gezwungen, Sex mit Ihrem Bruder zu haben, während er dabei zusah?« Ericka versicherte ihm, daß so etwas nie vorgefallen war.

Einige Stunden später überreichte Paul Ingram Ofshe ein dreiseitiges handgeschriebenes Geständnis, das sogar kleine Dialoge enthielt. Als er das Dokument durchlas, war Ofshe wiederum von Ingrams Gebrauch des Präsens überrascht. Es liest sich wie ein Drehbuch, dachte er, einschließlich der Szenenanweisungen.

In Erickas Zimmer. Es steht ein Etagenbett darin. Ericka und Julie teilen sich das Zimmer. Ich bitte oder befehle Paul jr. und Ericka, nach oben zu kommen … Ich befehle ihnen, sich auszuziehen. Ericka sagt: »Aber Dad«, ich sage: »Zieh dich einfach aus und widersprich nicht.« Eingeschüchtert durch meinen Ton protestieren sie nicht länger und ziehen sich aus. Ich versperre vermutlich den Weg zur Tür, damit sie nicht hinauslaufen können …

Ich befehle Ericka, niederzuknien und Pauls Genitalien zu streicheln. Als er eine Erektion hat, fordere ich sie auf, seinen Penis in den Mund zu nehmen und ihn oral zu stimulieren …

Ich lasse sie sich auf den Boden legen. Ich streichle ihre Vagina und ihre Brüste und stimuliere ihre Vagina, vermutlich oral. Ich habe vaginalen Sex mit ihr. Paul sieht die ganze Zeit dabei zu. Wenn sie keinen Orgasmus gehabt hat, dann habe ich sie sicher solange mit den Fingern stimuliert, bis sie einen hatte.

Ich habe den Kindern eventuell gesagt, daß sie lernen müßten, wie man Sexakte richtig ausführt. Daß es wichtig ist, daß jeder Teilnehmer auf seine Kosten kommt.

Ich habe vielleicht analen Sex mit Paul, sehe es aber nicht ganz deutlich ...

Die Fähigkeit, Paul und Ericka zu beherrschen, kommt wahrscheinlich nicht ganz allein aus mir selbst. Es scheint, daß ich es aus Angst vor Jim (Rabie) oder vor jemand anderem tue. Jemand hat mir vielleicht befohlen, das mit den Kindern zu machen. Dieses Gefühl habe ich jedenfalls.

Paul Ingram hatte ein detailreiches Geständnis über etwas abgelegt, das nie geschehen war.

Ofshe ging nun zur zweiten und letzten Phase seines Experiments über. Er mußte das Vertrauen der Versuchsperson in ihre Erinnerungen prüfen. Glaubte Ingram mit hundertprozentiger Sicherheit, daß seine Visualisierungen Erinnerungen waren und nicht – wenn auch nur zum Teil – Phantasien, Halluzinationen oder von Träumen inspirierte Erfindungen? Bestand auch nur die geringste Chance, daß er diese Erinnerungen aus irgendeinem Grund absichtlich und bewußt erfunden hatte? Wußte er, daß sein 4-Stufen-Programm bestehend aus Gebet, Entspannungsübungen, Bewußtseinsentleerung und Visualisierungen Dissoziation und Trancezustände hervorrief? Und hatte er irgendeinen Verdacht, daß die lenkenden Fragen und suggestiven Bemerkungen der Polizeibeamten die Bilder, die in seinem Kopf aufblitzen, beeinflußten oder möglicherweise überhaupt erst erzeugten?

Es entstand ein hitziger Wortwechsel, bei dem Ofshe Ingram mitteilte, daß dieser sich die ganze Szene ausgedacht hatte. Ofshe bezichtigte Ingram der Lüge und machte ihm deutlich, daß nun die Gelegenheit gekommen war, die Wahrheit zu sagen und seine Aussagen zu korrigieren.

Ingram reagierte verstört und erregt. Die von ihm beschriebene Szene sei real, beharrte er, genauso wie alles andere, an das er sich erinnert hatte. Er sagte die Wahrheit über seine Erinnerungen, und er habe seine Aussage nicht mit erfundenen Details ausgeschmückt.

Niemand hatte ihn beeinflußt, er dissoziierte nicht, und er wollte mit seinem Geständnis weder dem Sheriffdepartment helfen noch seine Töchter in Schutz nehmen. Ingram bestand darauf, daß seine Erinnerungen authentisch waren und daß sich die Szene genauso abgespielt hatte, wie er sie beschrieben hatte.

Als Richard Ofshe nach Kalifornien zurückkehrte, ging ihm der Begriff »Hexenwahn« im Kopf herum. Ganz normale, rational denkende Menschen hatten vor dreihundert Jahren in Salem, Massachusetts und im sechzehnten und siebzehnten Jahrhundert in Europa geglaubt, daß es Hexen gab, die einer Schwarzen Kunst anhingen und mit dem Teufel gemeinsame Sache machten. Und jetzt, am Ende des zwanzigsten Jahrhunderts, reagierten ganz normale, rational denkende Menschen hysterisch auf Gerüchte über eine mörderische Teufelssekte, die angeblich ihre Gemeinden unterwanderte, Hunderte von abgetriebenen Föten und neugeborenen Babys opferte, junge Frauen zwang, Sex mit Tieren zu haben, und die Gehirne von normalen und gottesfürchtigen Bürgern so programmierte, daß die Erinnerungen an ihre Untaten ausgelöscht wurden.

Der Teufel – ein mächtiger und gerissener Feind, der die moralische Ordnung einer ganzen Gesellschaft bedrohte – ging um in Olympia, Washington. Ein ausgefeiltes Mythensystem über die Machenschaften des Bösen hatte sich durch sich selbst bewiesen und eine Gemeinschaft war durch diesen Unsinn verrückt geworden. Gerüchte und Ängste sind oft nur die oberste Schicht von tiefsitzenden Vorurteilen. Teufelsanbeter, Hexen, Zigeuner, Juden, Homosexuelle, Kommunisten – es kam wirklich nicht darauf an, wie sich der »Dämon« manifestierte, Hauptsache, die groteskesten und furchterregendsten Vorstellungen konnten auf ihn projiziert werden. Alle Vorurteile beginnen mit einer Klischeebildung, und dann wird die Angst vor diabolischen Umtrieben auf ein Individuum, eine andersdenkende Gruppe, eine politische Partei oder auf eine ganze Rasse übertragen.

Wieder einmal waren normale und intelligente Menschen zu Sklaven einer Metapher geworden.

Ofshe war entsetzt darüber, wie schnell sich der moralische Wahnsinn ausgebreitet hatte. Die moderne Hexenjagd hatte bei einem kirchlichen Treffen begonnen, mit dem emotionalen Zusammenbruch einer jungen Frau und der Unterstellung von seiten einer Autoritätsperson, daß sie mißbraucht worden war. Mit der Zeit und durch den Kontakt mit Therapeuten und Polizeibeamten verfestigten sich ihre Geschichten dem Anschein nach zu einer objektiven Realität und wurden obendrein durch die Schreckensberichte einer Schwester und die Theorien eines Pastors über satanische Täuschung und Gottes Wahrheit, die durch die Macht des

Gebets aufgedeckt wird, bestätigt. Dann hauchten die Andeutungen eines Psychologen über Schwarze Magie sowie die wilden Spekulationen über die Mechanismen des Unbewußten und das blinde Streben der Ermittlungsbeamten nach »Wahrheit« den statischen Bildern Leben ein und schufen eine dreidimensionale, unaufhörliche Horrorshow.

Am Ende war alles Schall und Rauch, Massenhysterie, moralische Panik und eine außer Kontrolle geratene Gerüchteküche. Keine Sektenverschwörung, kein Teufel oder Schwarzer Priester, keine Blutrituale oder ermordeten Babys konnten hier gefunden werden – und natürlich auch nichts, was der Wahrheit nahekam. Begraben unter zahllosen Schichten wilder Phantasien, erdrückt von Spekulationen, war die Wahrheit schon lange eines friedlichen, unbemerkten Todes gestorben.

Ofshe schickte seinen Bericht an das Büro der Staatsanwaltschaft. Er wies noch einmal gesondert auf seine Bedenken gegen die Ermittlungen in dem Fall und auf seine Schlußfolgerung hin, daß Paul Ingram die Verbrechen, die er gestanden hatte, nicht begangen hatte. Der Staatsanwalt fand, daß Ofshes Bericht keine »entlastenden Beweise« enthielt und weigerte sich zuerst, den Bericht an Ingrams Verteidiger weiterzureichen. Durch eine Beschwerde Ofshes aufmerksam gemacht, ordnete der Vorsitzende Richter an, daß die Staatsanwaltschaft den Bericht für Paul Ingram und seine Anwälte zugänglich machen müsse.

Am 20. April 1989 untersuchte Detective Loreli Thompson vom Lacey Police Department Ericka und Julie Ingram auf Narben, in der Hoffnung, etwas zu entdecken, was die Ärztin übersehen hatte. Thompson faßte das Ergebnis ihrer Untersuchung in einer Aktennotiz zusammen, die die Überschrift »Ergänzender Ermittlungsbericht. Betreff: Untersuchung von Ericka Ingram und Julie Ingram auf Narben« trug:

Am 20. April 1989 bat ich Ericka, mir zu zeigen, wo einer der Angeklagten ihr eine Schnittwunde am Bauch zugefügt hatte. Sie schob ihren Pullover nach oben und zeigte auf die Linie zwischen Brustbein und Nabel. Ich konnte keine Narbe entdecken. Ich zog die Haut leicht mit den Fingern auseinander, um sicherzugehen, daß die Narbe nicht von Härchen verdeckt wurde. Ich konnte immer noch keine Narbe erkennen. Paula Davis (die beste Freundin Erickas) war ebenfalls anwesend. Sie sagte, sie könne eine schwache Linie erkennen. Ich stellte fest, daß Erickas Haut am Torso etwas dunkler war als im Gesicht. Sie bestätigte, daß sie vor kurzem ein Sonnenstudio aufgesucht hatte.

Etwas später am selben Tag untersuchte ich Julies Schultern, den Bereich um das Schlüsselbein und ihre Oberarme nach Narben. Ich sah keine Narben oder andere Spuren. Da Julie ein ärmelloses T-Shirt trug, schob ich den Schulterträger etwas beiseite, um den ganzen Schulterbereich untersuchen zu können. Ich fragte Julie, ob sie glaubte, daß sie Narben in diesem Bereich hatte. Sie verneinte das.

In einem Brief an die Staatsanwaltschaft vom 26. April 1989 blieb Julie bei ihrer Geschichte und beharrte darauf, daß sie zahlreiche Narben von Wunden hatte, die ihr bei satanischen Ritualen zugefügt worden waren. Bei einem Ritual, schrieb sie, nagelte ihr Vater ihren linken Arm auf den Fußboden; bei einem anderen folterten ihr Vater, Jim Rabie und Ray Risch sie mit einer Zange. Doch diese Qualen verblaßten neben einer noch frischeren Erinnerung, in der auch ihre Mutter vorkam: »Einmal, als ich so etwa elf war, machte meine Mom meine Beine auseinander ... und steckte ein Stück von einem toten Baby in mich rein«, schrieb Julie. »Als sie weg war, hab' ich es rausgetan, es war ein Arm.«

Schließlich ließ die Staatsanwaltschaft alle Anklagen wegen rituellen Mißbrauchs bei Satanskulten fallen. Trotz Ermittlungen, die die Steuerzahler eine dreiviertel Million Dollar gekostet hatten, konnten keine Beweise für die Behauptung gefunden werden, daß Teufelssekten ihr Unwesen in den Vorstadtgärten von Olympia, Washington, trieben.

Paul Ingram, von seiner Frau und seinen Töchtern angetrieben, seine Schuld zu gestehen und zu retten, was von der Familienwürde noch übrig war, beschloß, sich in sechs Anklagepunkten der Vergewaltigung dritten Grades schuldig zu bekennen. Zwei Tage nach Ingrams Schuldbekenntnis vor Gericht ließ die Staatsanwaltschaft alle Anklagen gegen Jim Rabie und Ray Risch fallen; beide Männer hatten einhundertundachtundfünfzig Tage in Untersuchungshaft verbracht.

Ingrams Verurteilung wurde aufgeschoben, als Julie einen Drohbrief vorbrachte, der mit »Dein Exvater Paul« unterschrieben war. »Wie geht's meinem Lieblingsmädchen?« begann der Brief ganz unschuldig. Doch dann wurde der Ton bald düster. »Du hast uns für immer auseinandergebracht ... es gibt viele Leute, die dich gerne tot sehen würden, und einige sind dir schon auf den Fersen.«

Es stellte sich schnell heraus, daß der handschriftliche Brief eine Fälschung war. Julie hatte ihn selbst verfaßt.

Paul Ingrams Welt wurde nach seinem Schuldbekenntnis seltsam ruhig und friedlich. Nur wenige Besucher unterbrachen seine tägliche Routine, und der ständige Ansturm von Fragen und Unterstellungen durch Polizeibeamte, Anwälte und Psychologen hörte ganz auf. Doch als er auf einmal mit seinen Erinnerungen allein war, begann Ingrams Überzeugtheit von seiner Schuld zu wanken. Er versenkte sich in die Bibel und fügte aus ihren Lehren seine persönliche Theorie darüber zusammen, was mit ihm während der Zeit seiner »geistigen Verwirrung« geschehen war. Ingram glaubte, daß er in einer Krise aus Zweifel und Furcht gefangen gewesen war; in diesem Zustand der Todesangst war er blind für die Wahrheit gewesen. Wie die Bibel in 2 Timotheus 1,7 verkündet: »Denn Gott hat uns nicht gegeben den Geist der Furcht, sondern der Kraft und der Liebe und der Zucht.« Der Geist der Furcht hatte ihn überwältigt, und er hatte seine geistige Zucht verloren.

Aus Epheser 6,10–18 und besonders aus 6,12 lernte er, daß ein Kampf um seine Seele stattgefunden hatte. »Denn wir haben nicht mit Fleisch und Blut zu kämpfen, sondern mit Fürsten und Gewaltigen, nämlich mit den Herren der Welt, die in der Finsternis dieser Welt herrschen, mit den bösen Geistern unter dem Himmel.« Weil er sich nicht mit dem Verständnis und der gründlichen Kenntnis von Gottes Wort gewappnet hatte, war Ingram nicht für diesen Kampf bereit gewesen. Er hatte sich so sehr bemüht, Gottes Stimme zu vernehmen, daß er sogar gehört hatte, wie Gott zu ihm sprach und seine Suche nach den verlorenen Erinnerungen billigte. Doch jetzt, allein in seiner Gefängniszelle, verstand er, daß Gott mit »ruhiger, leiser Stimme« spricht und daß alles, was er sagt, mit seinem in der Bibel niedergelegten Wort übereinstimmt.

Bei der Urteilsverkündung im April 1990, die fast ein Jahr nach seinem gerichtlichen Schuldbekenntnis stattfand, stand Ingram auf und verkündete mit klarer, sicherer Stimme: »Ich stehe vor Ihnen und ich stehe vor Gott. Ich habe meine Töchter nie sexuell mißbraucht. Ich habe diese Verbrechen nicht begangen.«

Aber Ingram hatte zuvor schon zu oft gestanden, und der Richter war nicht geneigt, diese Sinnesänderung in letzter Minute ernst zu nehmen. Ingram wurde zu zwanzig Jahren Gefängnis verurteilt; nach zwölf Jahren konnte über eine bedingte Entlassung entschieden werden. Alle Berufungen sind fehlgeschlagen, was zu erwarten war. Im Gegensatz zu Erinnerungen verblassen Geständnisse nicht mit der Zeit; auf Band aufgezeichnet, unterschrieben und versiegelt, bleiben sie auf ewig unverändert in den Akten.

Paul Ingram vertraut darauf, daß Gott ihn erlösen wird. Er tröstet sich mit der Geschichte von Joseph, der von seinen Brüdern in die Knechtschaft nach Ägypten verkauft wird. Unschuldig angeklagt und ins Gefängnis geworfen, erfährt Joseph doch noch Glück und Wohlstand, weil er nie sein Vertrauen in Gott verliert; am Ende wird er sogar wieder glücklich mit seiner Familie vereint.

»Ich vertraue darauf, daß Gott mich erlöst und von allen Beschuldigungen reinwäscht«, schrieb Ingram in einem Brief vom 16. Februar 1993. Er hatte die Kopie einer Nachricht von Chad beigelegt, der zu dieser Zeit bereits verheiratet war und die Universität besuchte. Er redete seinen Vater mit dessen Häftlingsnummer an und schrieb, daß er ihn für schuldig hielt und hoffte, daß er für seine Taten büßte. Chad beendete den kurzen Brief mit der Erklärung, daß er nie wieder etwas von seinem Vater hören wolle.

»Sie sehen, daß er immer noch etwas Bitterkeit und Wut mir gegenüber empfindet«, kommentierte Ingram mit krasser Untertreibung. Dann beschrieb er in mehreren Abschnitten die Schicksale der übrigen Familienmitglieder. Sein ältester Sohn Paul Ross lebt in Oregon, ist verheiratet und hat eine kleine Tochter, Ingrams erstes Enkelkind. Julie schreibt mindestens einmal im Jahr und hat den Wunsch geäußert, daß die Familie wieder zusammenkommen möge; sie hat ihren Namen geändert und arbeitet in einer Kindertagesstätte. Ericka lebt in Kalifornien. Sandy hat sich scheiden lassen und ihren Namen geändert; sie lebt mit dem jüngsten Sohn Mark in einer anderen Stadt. Sie schreibt Paul ins Gefängnis, erwähnt aber fast nie die Ereignisse der jüngeren Vergangenheit.

»Die ganze Familie leidet noch immer unter der Situation«, schließt Ingram diesen Brief und untertreibt erneut die Folgen seiner Anklage und Verurteilung.

Kurz vor Weihnachten 1993 erhielt ich einen weiteren maschinegeschriebenen, vierseitigen Brief von Paul Ingram. »Dieses vergangene Jahr 1993 war voller Segnungen und Wohltaten für unsere Familien, unsere Freunde und uns Insassen«, schrieb er. Er war mit vielen Besuchen »gesegnet« worden, darunter Besuche von zwei Brüdern und drei Schwestern, die fast eine Woche mit ihm verbracht hatten, indem sie ihn sechsmal besuchten. Im Oktober hatte es »einen großen Durchbruch« gegeben, da Julie ihn zusammen mit seinen Eltern besucht hatte. »Julie ist jetzt eine schöne junge Frau, der es gutzugehen scheint. Sie wollte nicht gern über das Vergangene sprechen, aber sie sagte, sie hoffe, daß ich bald entlassen würde. »Ich bin wirklich gesegnet«, schreibt Ingram am Ende des Briefes. Er gab zu, daß seine Haltung für andere vielleicht schwer zu verstehen war, und erklärte, daß er in seiner Situation nur zwei Möglichkeiten hatte. »Ich kann wütend werden und meine Wut an anderen auslassen, oder ich kann Gott für seine Segnungen danken und das Beste aus meiner Zwangslage machen.«

Paul Ingram macht das Beste aus seiner Lage. Aber als ich seine Briefe noch einmal durchlese und über seine Situation nachdenke, frage ich mich doch: Hat es wirklich soweit kommen müssen? War die Ingram-Familie so krank und verkorkst, daß sie auf diese grausame, öffentliche Weise zerstört werden mußte? Es war sicher keine perfekte Familie. Paul Ingram gibt zu, daß er nicht immer ein guter Vater war. Manchmal schrie er seine Kinder an und schüchterte sie dadurch ein. Er erinnert sich, daß er Paul Ross einmal auf den Hinterkopf geschlagen und ihn ein anderesmal getreten hat. Julie schlug er einmal ins Gesicht, als sie Mark badete und ihn dabei fast verbrühte. Und als Julie einmal die Auffahrt hinunterrannte und schrie, daß sie von zu Hause fortlaufen würde, rannte er hinter ihr her und zog sie an den Haaren.

Dann hatte es da noch den unseligen Zwischenfall mit der Dachdeckeraxt gegeben. Ingram erinnert sich, daß er auf dem Vordach am hinteren Teil des Hauses stand und Chad und Paul Ross anschrie, die unter ihm im Garten standen. Die Jungen hatten die Axt an einen Nachbarn ausgeliehen, der sie zum Holzhacken benutzt hatte; als Ingram bemerkte, daß sie stumpf war, wurde er wütend und warf die Axt auf den Boden, wo sie direkt vor den Füßen der Jungen landete. Ingram sagt, daß er nie die Absicht hatte, seine Söhne zu verletzen; er hatte unverzeihlicherweise im Zorn gehandelt und dabei beinahe eine Tragödie verursacht.

Chad erinnert sich ebenfalls an die Sache mit der Axt. »Erinnerst du dich an eine Situation, in der dein Dad richtig böse auf dich wurde und eine Axt nach dir warf?« hatte Detective Schoenig bei einer der Vernehmungen gefragt.

»Ja. Ich kann mich erinnern«, hatte Chad geantwortet.

»Was hast du empfunden, als er das tat?« hatte Dr. Peterson gefragt.

»Ich glaube, ich war überrascht. Ich hätte das nicht erwartet.«

»Überrascht, wenn jemand eine Axt nach dir wirft?« hatte Peterson erstaunt gefragt, da er offenbar eine wesentlich empörtere Reaktion erwartet hatte.

»Na ja, ich glaube nicht, daß er uns treffen wollte«, hatte Chad erklärt.

Paul Ingrams Erinnerungen und seine von ihm selbst zugegebenen Fehlleistungen als Vater lassen wenig Zweifel daran, daß es im Ingram-Haushalt gelegentlich zu körperlichen und seelischen Mißhandlungen gekommen war. Wie es scheint, schrien sich die Familienmitglieder manchmal an und warfen sich Schimpfwörter an den Kopf; es gab einen Mangel an gegenseitigem Verständnis und an Zärtlichkeit; es gab Ohrfeigen, Tritte, wütende Antworten und sogar eine vom Vater auf seine Kinder geschleuderte Axt.

War es auch zu sexuellem Mißbrauch gekommen? Paul Ingram behauptet jetzt, wie auch zu Anfang, als seine Frau ihn mit den Anschuldigungen konfrontierte, daß er seine Kinder nie »unzüchtig« angefaßt habe. Sandy Ingram, deren erste Reaktionen auf die Behauptungen ihrer Töchter Erstaunen und Unglauben waren, glaubt jetzt, daß sie die Wahrheit gesagt haben. Chad, der den Ermittlungsbeamten gegenüber zuerst aussagte, daß er sich »zu Hause immer sicher gefühlt« habe, besteht jetzt darauf, daß sein Vater schuldig ist, und will, daß er für seine Taten bezahlt. Paul Ross, der zwar angab, daß sein Vater ihn körperlich mißhandelt habe, aber bestritt, daß er ihn oder ein anderes seiner Kinder je sexuell mißbraucht hatte, verweigerte jede weitere Aussage; an was immer er sich erinnert, er behält es für sich. Ericka und Julie bleiben bei ihren Erinnerungen.

Trotz des Auseinanderfallens seiner Familie und des Fehlschlagens seiner Berufungen glaubt Paul Ingram an seine Rehabilitierung. »Ich glaube, daß die ganze Wahrheit ans Licht kommen wird und daß Gott mich und alle anderen, die mit diesem Fall zu tun hatten, reinwaschen wird«, schreibt er. »Es genügt wohl, wenn ich sage, daß diese Verbrechen nur in meiner Phantasie und der Phantasie von anderen geschehen sind.«

Wieder einmal muß ich an John Proctor, die Hauptfigur in Arthur Millers »Hexenjagd« denken, der zu spät bemerkt, daß der Glaube an den Teufel seine eigene Realität geschaffen hat. Als vernünftiger und ehrenhafter Mann stellt sich Proctor im Gemeindehaus von Salem seinen Anklägern. Er verlangt Beweise für die Behauptung der Hexenjäger, daß seine Frau Puppen in ihrem Haus versteckt hat, die mit Nadeln durchstochen sind.

»Euer Ehren, mein Weib hatte nie Puppen«, appelliert er an den Gouverneur.

»Warum konnten nicht Puppen verborgen sein, wo sie nie jemand sah?« fragt Reverend Parris, der fest daran glaubt, daß er seinen Teil dazu beiträgt, die Welt vor Satans diabolischen Tricks zu bewahren.

Proctor protestiert wütend: »Es könnt auch ein Drache mit fünf Beinen in meinem Hause sein, aber nie sah ihn jemand.«

Erfüllt von der Selbstgerechtigkeit eines Menschen, der nicht sehen muß, um zu glauben, spricht Parris die Worte, die John Proctors Schicksal besiegeln. »Eben dazu sind wir hier, Euer Ehren, zu entdecken, was nie jemand sah.«

13

Eine Frage von Himmel und Hölle

*Ich möchte mir die Dämonen nicht nehmen lassen,
weil man mir dann auch die Engel nimmt.*
Rainer Maria Rilke

*Erfahrung ist nicht, was einem Menschen passiert.
Es ist das, was ein Mensch mit dem, was ihm passiert, anfängt.*
Aldous Huxley

Gegen Ende des Buches »Hundert Jahre Psychotherapie – und der Welt geht's immer schlechter« diskutieren die Psychotherapeuten James Hillman und Stan Passy über die gegenwärtige Besessenheit von Inzest und sexuellem Mißbrauch in unserer Kultur. Hillman vermutet, daß Inzest und Gewalt gegen Kinder »mythisch, archetypisch« sind und daher von »tiefer Bedeutung«. Er fragt sich, warum »gerade dieses Syndrom unsere amerikanische Weißbrotkultur gerade jetzt am Ende des Jahrtausends so sehr beschäftigt, wo es doch viele andere Grausamkeiten und Ungerechtigkeiten gibt«.

»Es ist eine Frage der Hölle«, antwortet Passy.

Wir haben in unserer Kultur den Ort der Hölle verloren ... Wir versuchen verzweifelt, sie wiederzuentdecken, und ich bin überzeugt, daß in der modernen Kultur die Hölle wiederentdeckt wird als – die Kindheit! Unsere Kindheit ... Deshalb sind wir alle Priester, keine Psychologen mehr. Wir erretten sie aus dem Rachen der Hölle.

Deshalb sind die Therapeuten auch so blind geworden, stimmt Hillman ihm zu, denn es ist ihre Mission, ihre Patienten von der Hölle zu erlösen. Aber wie konnte sich die Hölle wieder auf der Erde ansiedeln und eine ganze Phase unseres Lebens für sich in Anspruch nehmen? Passy vermutet, daß die Metapher der Kindheit als Hölle auf den Angelpunkt eines anderen metaphorischen Konstrukts zielt – das des reinen und unschuldigen Kindes in unserem Inneren. »Wir haben also in unserer Zeit eine neue Hölle namens Kindheit und einen Priesterkult, ein Gewerbe, dessen Aufgabe es ist, uns von dieser Hölle zu erlösen, alles mit dem Ziel, die eigene verlorene Unschuld wiederherzustellen.«

Die Reise zu unserer verlorenen Unschuld führt uns tief in das Land der Metaphern und Mythen hinein, wo wir der göttlichen Reinheit des inneren Kindes begegnen, der Hölle der Kindheit und vielen anderen symbolreichen und phantasieanregenden Archetypen. Der Mythos von der Krise der Familie lehrt uns zum Beispiel, daß jede Familie auf irgendeine Weise gestört ist und daß die Regeln und Gebräuche in den Familien »die Seelen der Menschen abtöten«. Der Mythos der psychischen Determiniertheit zeigt uns, daß unsere Persönlichkeit, unsere Psyche und unser Verhalten durch die Ereignisse in unserer Kindheit determiniert sind. Wir mögen vielleicht glauben, daß wir uns frei entscheiden können, aber der Mythos lehrt uns, daß wir nur Marionetten sind, die einem Drehbuch folgen und von unbewußten und unkontrollierbaren Kräften gelenkt werden.

Doch selbst in diesem Land der metaphorischen Exzesse, in dem es ein personifiziertes Böses gibt und in dem die Unschuld unvermeidlicherweise verdorben ist, gibt es Hoffnung auf ein Happy-End. Der Mythos des Wachstums verspricht uns, daß wir über unsere Komplexe und Konflikte »hinauswachsen« und durch »inneres Wachstum« zu reiferen, ausgeglicheneren, verständnisvolleren und liebevolleren Menschen werden können. Rettung ist möglich – unsere Wunden können geheilt, unsere Krankheiten kuriert, unsere Unreinheiten ausgemerzt und unsere Seelen gereinigt werden – durch den Mythos der absoluten Erinnerung. Die Erinnerung wird als ein computerisiertes Verfahren betrachtet, bei dem jede Handlung, jeder Ausdruck, jedes Gefühl und jede Verhaltensnuance in dem feinen Gewebe unseres Gehirns einen Abdruck hinterläßt. Wenn wir die Wahrheit finden wollen (um durch sie geheilt zu werden), müssen wir in die Vergangenheit zurückkehren, uns unseren Dämonen stellen und unsere verlorene Unschuld zurückfordern.

Besteht der Mythos den Test durch die Wirklichkeit? Nur wenn die Wirklichkeit dem Mythos angepaßt wird. Wenn wir gezielte Fragen zu diesen Mythen stellen und ihren metaphorischen Unterbau etwas ankratzen, tritt der Riß zwischen Fakten und Fiktionen deutlich hervor und das schwache theoretische Gebilde gerät ins Schwanken. Existiert das Kind in uns wirklich? Sind Menschen jemals »rein« oder perfekt? Gibt es so etwas wie eine ideale Familie, die als Maß dafür gelten kann, wann Familienverhältnisse gestört sind? Liegen in unserer persönlichen Geschichte notwendigerweise die Ursachen all unserer Probleme? Können Therapeuten zuverlässig zwischen Dichtung und Wahrheit in den Geschichten ihrer Patientinnen unterscheiden? Wenn wir unaufhörlich »wachsen«, werden wir dann nicht mehr und mehr zu einem abstrakten Ideal eines reifen und »vollständigen« menschlichen Wesens – und entfernen uns immer mehr von uns selbst? Hinterlassen traumatische Erinnerungen dauerhafte und unauslöschliche Narben in unserem Geist?

Diese Fragen zu stellen macht uns nicht zu Gegnern von Therapien, noch bedeutet es, daß wir die Realität von sexuellem Kindesmißbrauch in Frage stellen. Wir möchten nur darauf hinweisen, daß »wörtliche« und »metaphorische« Bedeutungen als zwei verschiedene Kategorien respektiert werden sollten. Wenn in den Therapien mit Mythen und Metaphern gearbeitet wird (und viele Therapeuten betonen, daß wahre Bedeutung nur im Symbol und in der Phantasie entdeckt werden kann), dann gebieten Klugheit und Vorsicht, eine Metapher als das anzuerkennen, was sie ist – eine rhetorische Figur und keine wörtlich zu nehmende Beschreibung eines Sachverhaltes. Wenn in den Therapien in den persönlichen Geschichten der Patienten nach den Ursachen ihrer Probleme gesucht wird (und viele Therapeuten glauben, daß wir unsere psychischen Wunden nur heilen können, indem wir in unsere Vergangenheit zurückgehen), dann muß die Erinnerung als ein kreatives Verfahren betrachtet werden, bei dem Fakten und Fiktionen unentwirrbar miteinander verwoben werden.

»Das Erinnern ist ein rekonstruktiver Prozeß, bei dem neue Details den alten Bildern oder Vorstellungen hinzugefügt werden können, was das Wesen einer Erinnerung verändert«, schreibt der Psychotherapeut Michael Yapko. »Wenn man es recht betrachtet, tun wir genau das in der Therapie – wir verändern das Wesen einer Erinnerung. Eine Klientin sagt: ›Das ist mit mir passiert, es tat weh, es war schmerzlich‹, und wir fügen neue Perspektiven hinzu, neue Ideen, einen neuen Rahmen, und all das ändert das Erscheinungsbild einer Erinnerung.«

Aus dieser Sicht arbeiten Therapeuten mit der Formbarkeit der Erinnerung, um ihren Patienten bei der Wiedererschaffung oder Rekonstruktion ihrer traumatischen Lebensgeschichten zu helfen. Aber was geschieht, wenn sowohl Patient als auch Therapeut nach einer eindeutigen Antwort in einer uneindeutigen Vergangenheit suchen? »Manchmal erliegt auch der Therapeut dem Wunsch nach

Gewißheit«, schreibt Judith Lewis Herman. »Allzu leicht tritt dann an die Stelle einer offenen, fragenden Haltung glühende Überzeugung .... Der Therapeut muß sich stets ins Gedächtnis zurückrufen, daß er kein Ermittler ist und daß es sich bei der Rekonstruktion eines Traumas nicht um eine kriminalpolizeiliche Untersuchung handelt. Seine Rolle ist nicht die eines Detektivs, sondern die eines vorurteilslosen, mitfühlenden Zeugen.«

Einige Kritiker der Psychotherapie sind der Meinung, daß man damit aufhören sollte, in der Vergangenheit nach der »Wahrheit« zu suchen. Marshall Edelson, Psychoanalytiker und Professor für Psychiatrie an der Yale University fordert, daß die Psychoanalyse nicht länger versuchen sollte, die Lebensgeschichte eines Patienten neu zu erschaffen, denn »wenn da eine Geschichte wiederbelebt wird, dann ist es die Geschichte der Handlungen des Geistes des Patienten, der seine eigene symbolische Repräsentation der vergangenen, gegenwärtigen und zukünftigen ›Wirklichkeit‹ schafft«. Edelson benutzt selbst eine wunderbare metaphorische Wendung, um zu verdeutlichen, daß die faktische und die symbolische Wirklichkeit nicht ein und dasselbe sind. »Zwischen Reiz und Reaktion, zwischen Ereignis und Verhalten findet der Akt des Geistes statt. Dabei entsteht das Symbol, das ›Gedicht des Geistes‹, das das Objekt unserer Untersuchung in der Psychoanalyse ist.«

Wenn der Geist einer Patientin mit Symbol und Phantasie spielt und seine eigene Poesie schafft, während der Therapeut unter den Metaphern nach harten Fakten sucht, muß es notwendigerweise zu Verwirrungen kommen. Der Psychotherapeut Donald Spence kritisiert ebenfalls, daß Therapeuten oft die Geschichten der Patienten fehlinterpretieren, weil sie nicht zwischen zwei verschiedenen Wahrheiten unterscheiden können. »Die erzählerische Wahrheit wird mit der historischen Wahrheit verwechselt, und die Klarheit und Stimmigkeit der Erzählung vermag uns den Eindruck zu vermitteln, daß wir auf ein tatsächliches Ereignis gestoßen sind«, schreibt Spence. »Wir sind von einer Geschichte überzeugt, weil alles so gut zusammenpaßt, nicht weil wir wirklich einen Kontakt zur Vergangenheit hergestellt haben.«

Vielleicht sollte die gesamte Auffassung von der Psychotherapie als eines Vehikels, um »den Kontakt zur Vergangenheit herzustellen« neu überdacht werden. Wenn die Geschichten der Patienten und die Interpretationen der Therapeuten auch Einsichten in die Bedeutung von individuellen Erfahrungen liefern können, so sollte »Bedeutung« dennoch nicht mit »historischen Fakten« verwechselt werden. Das Problem liegt darin, daß die Therapeuten ihre eigenen menschlichen Voreingenommenheiten, Vermutungen und

Erwartungen in die Therapiesituation mit hineinbringen. Suggestive Beeinflussung geschieht verdeckt – und meist wissen weder Patient noch Therapeut um ihr Vorhandensein unter der Oberfläche der unverfälschten Therapie.

»Es gibt in der Psychotherapie weder die Möglichkeit, die Voreingenommenheiten von Patienten und Therapeuten zu kontrollieren noch die Auswirkungen der Mitteilungen der Patienten auf die Interpretationen und Schlußfolgerungen der Therapeuten zu überwachen«, warnt der Psychiater Samuel Guze. »Und der psychotherapeutische Prozeß erlaubt es uns bedeutsamerweise nicht, die kausalen Beziehungen zwischen den in der Therapie behandelten Phänomenen und den klinisch manifesten Problemen eines Patienten festzulegen.« Guze regt an, daß die Therapeuten ihre Ansprüche auf ätiologische Erkenntnis – Erkenntnis der Ursachen von Verhaltensweisen und Krankheiten – aufgeben und sich bescheidenere und realistischere Ziele setzen, nämlich den Patienten zu helfen, »sich besser zu fühlen, weniger unter ihren psychischen Behinderungen zu leiden und ihren Alltag effektiver zu gestalten«.

Doch vielleicht ist »sich besser fühlen« nicht das ultimative Ziel der Therapie. James Hillman, der als Analytiker nach C. G. Jung ausgebildet wurde, schlägt vor, daß die Therapie ihren Schwerpunkt vom »Reparieren« – verarbeiten, verändern, verbessern oder reinigen – auf die gegenwärtigen Probleme und pathologischen Befunde der Patienten verlagern sollte, denn »sie sind das Fenster in der Mauer, durch das die Dämonen und die Engel hereinkommen«. Was ist der Sinn, die Essenz, der Zweck unseres Leidens? Warum fühlen wir uns mißbraucht, egal, ob wir tatsächlich mißbraucht wurden oder nicht? Was passiert jetzt, in der Gegenwart, das uns das Gefühl gibt, verletzt, verwundet, ein Opfer zu sein?

Wenn sich der Schwerpunkt auf die Gegenwart verlagern würde, wäre die Therapie ein weniger selbstzentrierter, isolierter Vorgang und könnte die Probleme der Gemeinschaft, der Kultur und der persönlichen Umgebung mit einbeziehen. Hillman beschreibt die Möglichkeiten:

Die Therapie könnte sich mit dem Gedanken befassen, die unmittelbaren gesellschaftlichen Ursachen zu erkunden, ohne auf die Begriffe des Mißbrauchs und der Ausnutzung zu verzichten ....

Wir möchten also nicht das Gefühl loswerden, mißbraucht zu werden – vielleicht ist es sehr wichtig, dieses Gefühl, mißbraucht zu werden, das Gefühl, machtlos zu sein. Aber vielleicht sollten wir uns mit dem Gedanken anfreunden, daß wir nicht so sehr von der Vergangenheit als vielmehr durch die aktuelle Situation ›unserer Arbeit‹, ›unseres Geldes‹, ›unserer Regierung‹ mißbraucht werden

– durch all das, mit dem wir leben. Dann wird das Sprechzimmer zu einer revolutionären Zelle, weil wir uns auch darüber unterhalten würden, wovon wir gerade jetzt mißbraucht werden. Dies wäre ein großes Abenteuer, wenn die Therapie auf diese Weise reden würde.

Traumatische Erfahrungen und Leid würden uns nicht länger zu »Opfern« machen, sondern würden als »Bereicherung der Seele« angesehen werden. »Wunden und Narben sind der Stoff des Charakters«, betont Hillman. »Das Wort ›Charakter‹ bedeutet in seiner Wurzel ›mit scharfen Linien gekennzeichnet oder geritzt‹, wie Initiationsschnitte.«

Da wir alle vom Leben »verwundet« werden, ist die wichtigste Frage: Was fangen wir mit diesen Wunden an? Wenn Therapeuten die Erinnerung als eine Form von Fiktion anerkennen, können sie ihre Patienten dazu ermutigen, sich die Frage zu stellen: Wie kann ich meine Erfahrungen in meiner Erinnerung verarbeiten? Hillman beruft sich auf Freud, der sagt: »Es kommt darauf an, wie man sich erinnert, nicht, was wirklich geschah«, um zu betonen, daß Patientinnen in der Therapie auch dazu gebracht werden können, sich auf eine Weise zu erinnern, in der sie *durch die Erinnerung mißbraucht werden.* »Ich sage nicht, daß Kinder nicht belästigt oder mißbraucht werden«, erklärt Hillman. »Sie *werden* belästigt und sie *werden* mißbraucht, und in vielen Fällen ist es absolut verheerend. Die Therapie aber macht es durch *die Art, wie sie darüber denkt,* noch verheerender. Nicht das Trauma richtet den Schaden an, sondern die traumatische Erinnerung.«

Indem sie eine traumatische Erinnerung in der passiven, hilflosen Sichtweise des Kindes fixiert, fesselt diese Form von Therapie die Patienten eher an ihre schmerzliche Vergangenheit, als sie von ihr zu erlösen. Wenn wir uns »traumatisch erinnern«, durchleben wir die uns angetane Gewalt und Demütigung wieder und wieder, und die Kindheit wird in der Tat zu einer Hölle, aus der es kein Entkommen gibt.

In ihrem Buch »Die Narben der Gewalt. Traumatische Erfahrungen verstehen und überwinden« erzählt Judtih Lewis Herman die Geschichte eines Vietnam-Veteranen, der mit dem Glauben und mit den Erfahrungen von Verlust und Trauer rang; in seiner Verzweiflung wandte er sich an einen Priester um Rat.

Ich konnte nicht begreifen, warum Gott gute Männer sterben ließ. Ich war bei verschiedenen … Priestern. Einmal saß ich bei diesem Priester und sagte: »Vater, ich verstehe das nicht: Wie konnte Gott zulassen, daß kleine Kinder getötet werden? Was ist das für eine Sache, dieser Krieg, dieser Mist? So viele meiner Freunde sind tot.« ... Der Priester sah mir in die Augen und sagte: »Ich weiß es nicht, mein Sohn, ich war nie im Krieg.« Ich sagte: »Ich habe Sie nicht nach dem Krieg gefragt, sondern nach Gott.«

Nur wenige besitzen die Weisheit dieses Mannes, der wußte, daß seine Fragen sowohl wörtlich als auch metaphorisch aufgefaßt werden konnten. Er litt, er brauchte Hilfe, aber seine Fragen drehten sich nicht um Gewehre, Kugeln, Entsetzen, Grausamkeit, Ungerechtigkeit oder Tod. Er fragte nach *Gott*. Doch auch seine Erklärung verrät uns nichts über die Bedeutung der Metapher, denn was meinte er mit »Gott«? Nikos Kazantzakis bietet eine mögliche Antwort:

Wir haben den höchsten Kreis wirbelnder Mächte erblickt. Wir haben diesen Kreis Gott genannt. Wir hätten ihm auch einen beliebigen anderen Namen geben können: Unendlichkeit, Mysterium, Absolute Finsternis, Absolutes Licht, Materie, Geist, Größte Hoffnung, Tiefste Verzweiflung, Stille.

Wenn wir unser Schicksal ergründen wollen – wenn wir uns fragen, was in unserer Vergangenheit geschehen ist, wenn wir uns bemühen, die Wunden unseres Körpers, unseres Geistes und unserer Seele zu heilen, wenn wir Fragen über Gott oder irgendein anderes unergründliches Mysterium der menschlichen Existenz stellen – dann sind wir auf der Suche nach Sinn, nach Einsicht, nach einem Weg, die Tiefe unserer Verzweiflung und das Potential unserer Hoffnung zu ergründen. Erklärungen und Antworten reduzieren stets die Komplexität und Tiefgründigkeit unserer Erfahrungen. In Wahrheit wollen wir keine Antworten auf unsere Fragen; wir wollen unsere Erfahrungen teilen.

Vielleicht kann die Therapie zu einem Ort werden, an dem unser Schmerz ernst genommen wird und unsere Erinnerungen als ständige Wechselbeziehungen zwischen unserer Phantasie und unserer Lebenswirklichkeit geschätzt oder sogar gefeiert werden.

Anmerkungen

Kapitel 1

S. 13: Für weitere Einzelheiten über den Fall Souza siehe die Titelgeschichte von *Newsweek,* 19. April 1993.

Kapitel 2

Für nähere Informationen zum Thema ›Formbarkeit der Erinnerung‹ seien interessierte Leser auf folgende Veröffentlichungen verwiesen:
Loftus, E. F., *Eyewitness Testimony*, Cambridge, MA, 1979.
Loftus, E. F., *Memory*, Reading, MA, 1980 und New York 1988.
Loftus, E. F. und Ketcham, K., *Witness for the Defense. The Accused, the Eyewitness and the Expert Who Puts Memory on Trial*, New York 1991.

Kapitel 3

Weitere Berichte von Personen, die ihre Erinnerungen revidiert und ihre Anschuldigungen wegen sexuellen Mißbrauchs zurückgenommen haben, finden sich in Goldstein, E. und Farmer, K., *True Stories of False Memories*, Boca Raton 1993.

Kapitel 4

S. 41: Bass, Ellen und Davis, Laura, *Trotz allem. Wege zur Selbstheilung für sexuell mißbrauchte Frauen*, Berlin 1990.

S. 41: Blume, E. S., *Secret Survivors: Uncovering Incest and its Aftereffects in Women* (etw.: Heimliche Überlebende. Inzest und seine Folgen für Frauen aufdecken), New York 1990.

Kapitel 6

Die Autorinnen sind Harry MacLean, Autor von *Once Upon a Time* (etw.: Es war einmal), New York 1993, und Dr. David Spiegel für ihre Beiträge zu diesem Kapitel sehr verbunden.

S. 61: O'Brien, Tim, *The Things They Carried* (etw.: Was sie mit sich trugen), New York 1990, S. 203–204.

S. 76: Baddeley, Alan, *Human Memory. Theory and practice*, Boston 1990.
Klatzky, Roberta L., *Human Memory. Structures and Processes*, San Francisco 1980.
Zeckmeister, Eugene B. und Nyberg, Stanley E., *Human Memory. An Introduction to Research and Theory,* Monterey, CA, 1982.
Herman, Judith Lewis, *Father-Daughter Incest* (Vater-Tochter-Inzest), Cambridge, MA, 1981.
Miller, Alice, *Das Drama des begabten Kindes*, Frankfurt 1979, S. 17, 18, 177.
Freuds Definition der Verdrängung findet sich in dem Aufsatz *Die Verdrängung*, Sigmund Freud Studienausgabe Bd. III, Frankfurt 1975, S. 108. Die Fälle Elizabeth von R. und Miss Lucy sind in Breuer, Josef und Freud, Sigmund, *Studien über Hysterie,* Frankfurt 1991, dargestellt. Der Fall des »Wolfsmanns« findet sich in: *Aus der Geschichte einer infantilen Neurose*, Gesammelte Werke, Bd. 12, London 1940–1952 und Frankfurt 1960.

S. 78: Erdelyi, M. H., und Goldberg, B., »Let's not Sweep Repression Under the Rug: Toward a Cognitive Psychology of Repression« (etw.: Verdrängung nicht unter den Teppich kehren. Für eine kognitive Psychologie der Verdrängung),

in: Kihlstrom, J. F. und Evans, F. J. (Hg.), *Functional Disorders of Memory*, Hillsdale, NJ 1979, S. 355–402.
S. 79: Blume, E. S., a. a. O., Kap. 3, S. 67.
S. 80: Bass, Davis, a. a. O., Kap. 3, S. 21.
Lison, Karen und Poston, Carol, *Weiterleben nach dem Inzest. Traumabewältigung und Selbstheilung*, Frankfurt 1991.
S. 81: Farmer, Steven, *Endlich lieben können. Gefühlstherapie für erwachsene Kinder aus Krisenfamilien*, Reinbek b. Hamburg 1992.
Davis, Laura, *The Courage to Heal Workbook. For Women and Men Survivors of Child Abuse* (Arbeitsbuch zu »The Courage to Heal«. Für männliche und weibliche Überlebende von Kindesmißbrauch), New York 1990.
S. 82: Olio, Karen, »Memory retrieval in the treatment of adult survivors of sexual abuse«, *Transatlantic Analysis Journal*, 19, 1989, S. 95–96.
Der Fall Betsey ist beschrieben in Frawley, M. G., »From secrecy to self-disclosure. Healing the scars of incest«, in: Stricker, G. und Fisher, M. (Hg), *Self-disclosure in the Therapeutic Relationship*, New York 1990, S. 225.
S. 83: Pazder, L. und Smith, M., *Michelle Remembers*, (Michelle erinnert sich), New York 1980.
Bass, Davis, a. a. O., S. 127.
S. 84: Rosenfeld, A., Nadelson, C., Krieger, M., »Fantasy and reality in patient's reports of incest«, *Journal of Clinical Psychiatry*, 40, 1979, S. 159–164. Darin vgl. folgende Bemerkung: »Litin et al. warnen, daß Patienten schon aus der Therapie und in eine Psychose hineingetrieben wurden, weil ein Therapeut darauf beharrte, daß es sich bei ihren Erinnerungen um Phantasien handelte.« Litin, E. M., Giffin, M., Johnson, A., »Parental influence in unusual sexual behavior in children«, *Psychoanal Q*, 25, 1956, S. 37–55.
S. 85–86: Terr, Lenore, *Too Scared to Cry* (etw.: Vor Angst nicht weinen können), New York 1990, S. 111–112, 170–172.
S. 87: Terr, L., »Childhood Traumas. An Outline and Overview«, *American Journal of Psychiatry* , 148, 1, 1991, S. 10–20.
S. 89–90: Lenore Terrs Darstellung von Stephen Kings Kindheitstrauma findet sich in *Too Scared to Cry*, a. a. O. S., 251–260.
S. 89: King, Stephen, *Danse Macabre*, München 1988.
S. 92: Loftus, E. und Burns, T., »Mental shock can produce retrograde amnesia«, *Memory and Cognition*, 10, 1982, S. 318–323.
Loftus, E. und Banaji, M., »Memory modification and the role of the media«, in: Gheorghiu, Netter, Eysenck, Rosenthal (Hg.), *Suggestibility:Theory and Research*, Berlin 1989.
S. 96: Spiegel, David, »Dissociated or fabricated? Psychiatric issues in the case of the People vs. George Franklin«, *International Journal of Clinical and Experimental Hypnosis* (im Druck),
S. 97: Beyerstein, B., »Neuropathology and the legacy of spiritual posession«, *The Skeptical Enquirer* 1988, S. 248–262.
Beyerstein zitiert Clapp, »Was Ellen White merely an epileptic?« *Christianity Today*, 1982, 26: 56. Die Anmerkungen über Hildegard von Bingen finden sich auf S. 258 von Beyersteins Artikel. Beyerstein zitiert aus Sacks, Oliver, *Migraine. The Evolution of a Common Disorder.* Deutsche Ausgabe: *Migräne*, Reinbek b. Hamburg 1994.
Sagan, C., »What's really going on?«, *Parade Magazine*, 7. März 1993.
S. 100: Franklin, Eileen und Wright, W., *Die Sünden des Vaters*, Bergisch-Gladbach 1992. Auf S. 163 beschreibt Eileen Franklin, wie ihr Therapeut ihre verdrängten Erinnerungen interpretierte: »Mein vorrangiges Motiv, die Sache Kirk

vorzutragen, war der Wunsch, die Erinnerung an das traumatische Ereignis wieder loszuwerden oder zumindest soweit zu verdrängen, daß sie nicht mehr mein gesamtes Denken dominierte. Unter Tränen und Schluchzen erzählte ich ihm die Geschichte. Wie ich erwartet hatte, reagierte Kirk sehr ruhig und verständnisvoll. Er sagte mir, nachdem jetzt die Erinnerung in mein Bewußtsein aufgestiegen sei, könne sie meiner Seele keinen Schaden mehr zufügen. Er schärfte mir ein, daran zu glauben, daß schon allein damit ein bedeutsamer Schritt zur Erhaltung meiner psychischen Gesundheit getan sei .... Kirk hielt mich nicht für verrückt .... Ich war unendlich erleichtert.«

S. 101: Auf S. 279 von *Too Scared to Cry* schreibt Terr: »Bei Kindern und bei traumatisierten Erwachsenen, die als Kinder nicht behandelt wurden, sind diese monotonen, wörtlichen, spezifischen Wiederholungen – die Träume, Spiele, Darstellungen und Visualisierungen – die sichersten Hinweise auf ein Kindheitstrauma.«

Kapitel 7

S. 107: Für weitere Informationen über Penfields Arbeit siehe Loftus, E. F. und Loftus, G., »On the permanence of stored information in the human brain«, *American Psychologist*, 35, 1980, S. 409–420.

S. 109: Die Tragödie Tony Conigliaros wird besprochen in Anderson, D., »Handcuffed in history to Tony C.«, *The New York Times*, 27. Februar 1990.

S. 110: Piaget, Jean, *Nachahmung, Spiel und Traum*, Stuttgart 1969.

S. 111: Pynoos, R. S. und Nader, K., »Children's memory and proximity to violence«, *Journal of American Academy of Child and Adolescent Psychiatry*, 28, 1989, S. 236–241.

S. 112: Haugaard, J. J., Repucci, N. D., Laurd, J. und Naful, T., »Children's definitions of the truth and their competency as witnesses in legal proceedings«, *Law and Human Behavior*, 15, 1991, S. 253–272.

S. 113: Clarke-Stewart, A., Thompson, W., Lepore, S., »Manipulating children's interpretations through interrogation.« Diese Arbeit wurde auf dem Treffen der Society for Research in Development in Kansas City im April 1989 vorgestellt. Eine Besprechung der Untersuchung findet sich auch in Goodman, G.S. und Clarke-Stewart, A., »Suggestibility in children's testimony: Implications for sexual abuse investigations«, in: Doris, J. (Hg.), *The Suggestibility of Children‹s Recollections*, Washington 1991, S. 92–105. Die im selben Band enthaltenen Kommentare von May Stellar, John Brigham und Lucy S. McGough zu diesem Kapitel sind ebenfalls lesenswert.

S. 113–14: Spanos, N., Menary, E., Gabora, N., DuBreuil, S., Dewhurst, B., »Secondary Identity Enactments During Hypnotic Past-Life Regression: A Sociocognitive Perspective«, *Journal of Personality and Social Psychology*, Vol. 61, 1981, S. 308–320.

S. 114: Die Geschichte der Marilyn Van Derbur findet sich in einem Artikel mit dem Titel »The Darkest Secret«, *People*, 10. Juni 1991, S. 88–94.

Die Geschichte der Roseanne Arnold findet sich in einem Artikel mit dem Titel »A star cries incest«, *People*, 7. Okotober 1991, S. 84–88. Außerdem in Darton, N., »The pain of the last taboo«, *Newsweek*, 7. Oktober 1991, S. 70–72.

S. 115: Toufexis, A., »When can memories be trusted?«, *Time*, 28. Oktober 1991, S. 86–88.

S. 116: Smiley, Jane, *Tausend Morgen*, Frankfurt/M. 1992, S. 290.

Petersen, Betsy, *Meines Vaters Tochter. Analyse eines Mißbrauchs*, Reinbek b. Hamburg 1991.

S. 117: Collier, D. gegen Collier, J., protokollierte Aussage des Klägers, Fall Nr. 711752, Superior Court, County of Santa Clara, California, Dezember 1991. Rogers, M. L., »A case of alleged satanic ritualistic abuse«, Vortrag gehalten auf dem Treffen der American Psychology-Law Society in San Diego, März 1992.

S. 119: Ganaway, G. K., »Alternative hypotheses regarding satanic ritual abuse memories«, Vortrag gehalten auf dem Jahrestreffen der American Psychological Association in San Francisco, August 1991.

Ganaway, G. K., »Historical versus narrative truth: Clarifying the role of exogenous trauma in the etiology of MPD and its variants«, *Dissociation*, 2, 1989, S. 205–220.

Dr. Paul R. McHugh hat ebenfalls viel zum Thema MPD (multiple personality disorder) veröffentlicht und ist zusammen mit Dr. Ganaway einer der entschiedensten Vertreter der Auffassung, daß MPD in den meisten Fällen künstlich erzeugt ist. Vgl. McHugh, P. R., »Multiple personality disorder«, *Harvard Mental Health Letter*, Vol. 10, 1993, S. 4–7. Auf S. 6 empfiehlt Dr. McHugh: »Schließen sie die Sonderabteilungen für dissoziative Störungen und verteilen Sie die Patienten auf die normalen psychiatrischen Abteilungen und Beratungsstellen. Ignorieren Sie die Zweitpersönlichkeiten. Sprechen Sie nicht mehr mit ihnen (den Zweitpersönlichkeiten), machen Sie sich keine Notizen mehr über sie, und besprechen Sie sie nicht mehr in den Teamsitzungen. Richten Sie Ihre Aufmerksamkeit auf wirkliche, aktuelle Probleme und Konflikte und nicht auf Phantasien. Wenn diese einfachen, selbstverständlichen Regeln befolgt werden, werden die mulitplen Persönlichkeiten bald verschwinden und die Psychotherapie kann beginnen.«

Für weitere Informationen zu den diversen Ansichten über MPD siehe:

Braun, B. G. und Sachs, R. G., »Recognition of possible cult involvement in MPD patients«, Vortrag gehalten auf der Fifth International Conference on Mulitple Personality/Dissociative States in Chicago, IL, Oktober 1988.

Kluft, R. P., »Multiple personality disorder: A contemporary perspective«, *Harvard Mental Health Letter*, Vol. 10, 1993, S. 5–7.

Weissberg, M., »Multiple personality disorder and iatrogenesis: The cautionary tale of Anna O.«, *The International Journal of Clinical and Experimental Hypnosis,* Vol. XLI, 1993, S. 15–34.

S. 125: Ein weiterer Beitrag über die Schwierigkeit, zwischen realen und phantasierten Ereignissen zu unterscheiden ist Bonann, G. A., »Remembering and psychotherapy«, *Psychotherapy*, 27, 1990, S. 175–185.

Ähnliche Probleme bei Zeugenaussagen von Kindern behandeln Ceci, S. und Bruck, M., »Suggestibility of the child witness«, *Psychological Bulletin*, 113, 1993, S. 403–439.

S. 126: In einem Brief vom 4. April 1994 arbeitete George Ganaway seine Theorien über verdrängte Erinnerungen und die Mechanismen im Unbewußten weiter aus:

»Vielleicht das Wichtigste, was uns die psychoanalytische Literatur eines Jahrhunderts über Erinnerung und Wirklichkeit gelehrt hat, ist, daß von Kindheit an ein Reich unbewußter Phantasien, genannt die ›psychische Realität‹, in uns existiert. Die Spannungen, die durch intrapsychische und interpersonale Bedürfnisse erzeugt werden, tragen zu der Bildung von Wünschen, Sorgen und unbewußten Phantasien bei, die unsere bewußten Gedanken, Gefühle und Verhaltensweisen ständig beeinflussen und somit auch unsere Wahrnehmungen und Erinnerungen im Dienste vorgeformter Überzeugungen verzerren.

Psychotherapeuten und andere streiten sich zur Zeit darüber, ob das Phänomen

einer ›stabilen Verdrängung‹ existiert – d. h. ob jemand umfangreiche, wichtige persönliche Informationen über Jahre hinweg vom Bewußtsein fernhalten kann, um diese dann später bei Therapiesitzungen wiederzuerlangen. Wenn wir davon ausgehen, daß unsere Patientinnen nicht bewußt lügen, wenn sie sagen, daß sie sich ihre Erinnerungen nicht ›ausdenken‹ – und ich habe es nur selten erlebt, daß jemand log – dann können Pseudoerinnerungen tatsächlich nicht *ohne* einen Mechanismus wie den der Verdrängung oder der Dissoziation entstehen. Konfabulierte Erinnerungen gelangen – besonders in Trancezuständen – auf solch mühelose Weise ins Bewußtsein, daß man den Eindruck gewinnt, daß sie schon immer vorhanden waren und nur darauf warteten, ›entdeckt‹ zu werden. Darauf können sowohl Patienten als auch Therapeuten leicht hereinfallen. Es muß einen unbewußten oder ›verdrängten‹ Faktor geben, der die aus Tatsachen und Phantasien bestehenden Teile und Bruchstücke zusammenfügt und sie dann dem Bewußtsein in einem überzeugenden Szenario präsentiert.
Die gesamte Theorie der Verdrängung und/oder des Unbewußten ad acta zu legen, wie es einige Vertreter der Sozialpsychologie und der kognitiven Psychologie am liebsten tun würden, würde es sehr viel schwieriger machen, das ganze Spektrum der Pseudoerinnerungen, das wir bei Patientinnen finden, zu erklären. Dies gilt in besonderem Maße, wenn Therapeutinnen darauf achten, dirigierende oder bestätigende Suggestionen zu vermeiden. Nach meiner Ansicht kann ein Teil des Materials, welches bei Träumereien im Wachzustand oder in Schlafträumen spontan bei manchen Patienten auftaucht, nur durch eine Theorie eines aktiven unbewußten geistigen Lebens erklärt werden.«

S. 128–29: Neisser, U. und Harsch, N., »Phantom flashbulbs: False recollections of hearing the news about Challenger«, in: Winograd, E. und Neisser, U. (Hg.), *Affect and Accuracy in Recall: Studies of »Flashbulb« Memories*, New York 1992, S. 9–31.
Eine andere Perspektive in bezug auf Erinnerungen an bedeutende Ereignisse findet sich in Wright, D., »Recall of the Hillsborough Disaster over time: Systematic biases of ›flashbulb‹ memories«, *Applied Cognitive Psychology*, 7, 1993, S. 129–138.
Vgl. auch Loftus, E.F. und Kaufman, L., »Why do traumatic experiences sometimes produce good memory (flashbulbs) and sometimes no memory (repression)? In: Winograd, Neisser (Hg.), a. a. O.

S. 129-30: Cannon, L., *President Reagan: The Role of a Lifetime*, New York 1991.

S. 135: Loftus, E. F. und Coan, J., »The construction of childhood memories, in: Peters, D. (Hg.), *The Child Witness in Context: Cognitive, Social and Legal Perspectives,* New York (im Druck).

S. 139: Kaplan Singer, Helen, »Questions about sex (even the most adventurous Cosmo girls want answered)« (etw.: Fragen über Sex, auf die auch die abenteuerlustigsten Cosmo-Girls noch eine Antwort wollen), *Cosmopolitan*, Juli 1992, S. 150–151.

Kapitel 8

S. 152 Viele wissenschaftliche und populärwissenschaftliche Artikel vertreten die Auffassung, daß Inzest von Generation zu Generation weitergegeben wird. Vgl. zum Beispiel Wells, R. H., »There's no such thing as ›misremembering‹«, *Adolescence*, Januar 1991.

Kapitel 9

Folgende Bücher und Artikel wurden für dieses Kapitel verwendet:
Bass, E. und Thornton, L., *I Never Told Anyone: Writings by Women survivors of*

Child Sexual Abuse (etw.: Ich habe es nie jemandem erzählt. Geschichten von weiblichen Überlebenden von sexuellem Kindesmißbrauch), New York 1991.
Bass, E. und Davis, L., *Trotz allem. Wege zur Selbstheilung für sexuell mißbrauchte Frauen,* Berlin 1990.
Bishop-Milbradt, M., *Incest: A Book for Adult Survivors*, Pierce County Rape Relief, Tacoma, WA, 1988.
Blume, E. S., *Secret Survivors: Uncovering Incest and its Aftereffects in Women* (etw.: Heimliche Überlebende. Inzest und seine Folgen für Frauen aufdecken), New York 1990.
Bradshaw, J., *Homecoming* (etw.: Nach Hause kommen), New York 1990.
Bradshaw, J., »Discovering what we want«, *Lear's,* 5, Juli 1992, S. 49.
Bradshaw, J., »Incest: When you wonder if it happened to you«, *Lear's*, 5, August 1992, S. 43–44.
Braun, B. G. und Sachs, R. G., »Recognition of possible cult involvement in MPD patients«, Vortrag gehalten auf der Fifth International Conference on Multiple Personality/Dissociative States, Cicago, IL, Oktober 1988.
Brenneis, B., »On the relationship of dream content to trauma«, unveröffentlichtes Manuskript, 1993.
Brewin, C., Andrews, B., und Gotlib, I., »Psychopathology and early experience: A reappraisal of retrospective reports«, *Psychological Bulletin*, Vol. 113, 1993, S. 82–98.
Briere, J., »Studying delayed memories of childhood sexual abuse«, *The Advisor,* (Organ der American Professional Society on the Abuse of children), 5, 1992, S. 17–18.
Briere, J., *Therapy for Adults Molested as Children: Beyond Survival*, New York 1989.
Claridge, K., »Reconstructing memories of abuse: A theory based approach«, *Psychotherapy,* Vol. 29, 1992, S. 243–252.
Courtois, C., *Healing the Incest Wound,* New York 1988.
Courtois, C., »The memory retrieval process in incest survivor therapy«, *Journal of Child Sexual Abuse,* Vol. 1 (1), 1992.
Davis, L., *The Courage to Heal Workbook: For Women and Men Survivors of Child Sexual Abuse,* New York 1990.
Davis, P. und Schwartz, G., »Repression and the inaccessibility of affective memories«, *Journal of Personality and Social Psychology,* Vol. 52, Nr. 1, 1987.
Dinges, D. F., Whitehouse, W. G., Orne, E. C., Powell, J. W., Orne, M. T., Erdelyi, M. H., »Evaluating hypnotic memory enhancement (Hyperamnesia and reminiscence) using multitrial forced recall«, *Journal of Experimental Psychology: Learning, Memory and Cognition,* 18, 1992, S. 1139–1147.
Engel, B., *The Right to Innocence* (etw.: Recht auf Unschuld), New York, 1989.
Farmer, S., *Endlich lieben können. Gefühlstherapie für erwachsene Kinder aus Krisenfamilien,* Reinbek b. Hamburg 1992.
Forrest, M., »An Interview with John Briere, Ph. D.«, *Treating Abuse Today,* Vol. 3, Nr. 1, 1989.
Forward, S. und Buck, C., *Betrayal of Innocence: Incest and its Devastation* (etw.: Verrat der Unschuld. Inzest und seine verheerenden Folgen), New York 1988.
Fredrickson, R., *Repressed Memories: A Journey to Recovery from Sexual Abuse* (etw.: Verdrängte Erinnerungen. Eine Reise zur Genesung von sexuellem Mißbrauch), New York 1992.
Gudjonsson, G., »Comment on ›The use of hypnosis by the police in the investigation of crime: Is guided imagery a safe substitute?‹«, *British Journal of Experimental and Clinical Hypnosis,* Vol. 3, 1985, S. 37.

Herman, J. L., *Father-Daughter Incest* (Vater-Tochter Inzest) Cambridge, MA, 1981.

Herman, J. L., *Die Narben der Gewalt. Traumatische Erfahrungen verstehen und überwinden*, München 1993.

Herman, J. L. und Schatzow, E., »Recovery and verification of memories of childhood sexual trauma«, *Psychoanalytic psychology,* 4, 1987, S. 1–14.

Holmes, D., »The evidence for repression: An examination of sixty years of research«, in: Singer, J. (Hg.), *Repression and Dissociation: Implications for personality, theory, psychopathology and health,* Chicago 1990, S. 85–102. Holmes hat seinen Überblick vor kurzem aktualisiert. Die überarbeitete Fassung wird im *Harvard Mental Health Letter* erscheinen.

Howell, R. J., »A verified childhood memory elicited during hypnosis«, *American Journal of Clinical Hypnosis*, 8, 1965, S. 141–142. Ein Psychologe hypnotisierte ein fünfzehnjähriges Mädchen und regredierte sie auf das Alter von elf Monaten, woraufhin sie sich daran erinnerte, eine lange Treppe hinuntergefallen zu sein. Jedoch gab auch der Hypnotiseur zu, »daß man nicht wissen könne, ob die Versuchsperson durch ihre Eltern oder Großeltern von diesem Zwischenfall erfahren hatte.«

Kaminer, Wendy, *Ich bin k.o. – du bist k. o. Das Geschäft mit der Selbstverwirklichung,* München 1993.

Laurence, J.-R. und Perry, C., »Hypnotically created memory among highly hypnotizable subjects«, *Science*, 222, 1983, S. 523–524.

Laurence, J.-R., Nadon, R., Nogrady, H., Perry, C., »Duality, dissociation and memory creation in highly hypnotizable subjects«, *International Journal of Clinical and Experimental Hypnosis,* 34, 1986, 4, S. 295–310.

Lew, Mike, *Als Junge mißbraucht. Wie Männer sexuelle Ausbeutung in der Kindheit verarbeiten können,* München 1993.

Lindsay, S. und Read, D., »Psychotherapy and memories of childhood sexual abuse«, *Applied Cognitive Psychology* (im Druck).

Lynn, S., Milano, M., Weeks, J., »Hypnosis and pseudomemories: the effects of prehypnotic expectancies«, *Journal of personality and social psychology,* 60, 1991, S. 318–326.

Lynn, S. und Nash, M., »Truth in memory: Ramifications for psychotherapy and hypnotherapy«, *American Journal of Clinical Hypnosis,* Vol. 36, 1994, S. 194–208.

Maltz, Wendy, *Sexual Healing. Ein sexuelles Trauma überwinden,* Reinbek b. Hamburg 1993.

Maltz, W. und Holman, B., *Incest and Sexuality: A Guide to Understanding and Healing,* New York 1986.

McHugh, P. R., »Psychiatric misadventures«, *The American Scholar,* 61, 1992, S. 491–510.

McHugh, P. R., »Psychotherapy Awry«, *The American Scholar*, 62, 1993, S. 17–30.

McHugh, P. R., »Multiple personality disorder«, *Harvard Mental Health Letter,* Vol. 10, 1993, S. 4–6.

Miller, Alice, *Das Drama des begabten Kindes*, Frankfurt 1979.

Mulhern, S., »Satanism and psychotherapy: A rumor in search of an inquisition«, in: Richardson, J. T., Best, J., Bromley, G. (Hg.), *The Satanism Scare,* New York 1991.

Nash, M., »What, if anything, is regressed about hypnotic age regression? A review of the empirical literature«, *Psychological Bulletin,* 102, 1987, S. 42-52.

Nash, M., »Retrieval of childhood memories in psychotherapy«, Vortrag gehalten

auf dem Jahrestreffen der American Psychological Association,1992, Washington D.C.
Neisser, U., »A case of misplaced nostalgia«, *American Psychologist,* 46, 1, 1991, S. 34–36.
Olio, K. A., »Memory retrieval in the treatment of adult survivors of sexual abuse«, *Transatlantic Analysis Journal,* Vol. 19, 1989, S. 93–94.
Orne, M. T., »The use and misuse of hypnosis in court«, *International Journal of Clinical and Experimental Hypnosis,* 27, 1979, S. 311–341.
Poston, C. und Lison, K., *Weiterleben nach dem Inzest. Traumabewältigung und Selbstheilung,* Frankfurt 1991.
Roland, C., »Exploring childhood memories with adult survivors of sexual abuse: Concrete reconstruction and visualization techniques«, *Journal of Mental Health Counseling,* Vol. 15, Oktober 1993, Nr. 4.
Root, M., »Reconstructing the impact of trauma on personality«, in: Brown, L. und Ballou, M. (Hg.), *Personality and Psychopathology: Feminist Reappraisals,* New York 1992.
Rosenfeld, A., Nadelson, C., Krieger, M., »Fantasy and reality in patient's reports of incest«, *Journal of Clinical Psychiatry,* 40, April 1979, S. 159–164.
Russell, D. E. H., *Sexual exploitation: Rape, child sexual abuse and sexual harassment,* Beverly Hills 1984.
Salter, S. und Ness, C., »Buried Memories/Broken Families«, *San Francisco Examiner,* 4.–9. April 1993.
Sgroi, S. M., »Stages of recovery for adult survivors of child sex abuse«, in: Sgroi, S. M., *Vulnerable Populations: Sexual abuse treatment for children, adult survivors, offenders and persons with mental retardation,* Vol. 2, Lexington, MA, 1989.
Sherman, S. J., Cialdini, R. B., Schwartzman, D. F., Reynolds, K. D., »Imagining can heighten or lower the perceived likelihood of contracting a disease«, *Personality and Social Psychology Bulletin,* 11, 1985, S. 118–127.
Singer, M. und Ofshe, R., »Thought reform programs and the production of psychiatric casualties«, *Psychiatric Annals,* Vol. 20, 1990, S. 188–193.
Singer, M. und Ofshe, R., »Recovered memory therapies and robust repression: A collective error«, unveröffentlichtes Manuskript, University of California, Berkeley 1993.
Smith, M., »Hypnotic memory enhancement of witnesses: Does it work?«, *Psychological Bulletin,* 94, 1983, S. 387–407.
Summit, R., »Misplaced attention to delayed memory«, *The Advisor* (herausgegeben von der American Professional Society on the Abuse of Children), 5, 1992, S. 21–25.
Tavris, Carol, *Wut. Das mißverstandene Gefühl,* Hamburg 1992.
Tavris, Carol, *»Beware the incest-survivor machine«* (etw.: Vorsicht vor der Inzestüberlebenden-Industrie), *The New York Times Book Review,* 3. Januar 1993. Vgl. auch »Real Incest and Real Survivors: Readers respond«, *The New York Times Book Review,* 14. Februar 1993.
Terr, Lenore, »What happens to early memories of trauma? A study of 20 children under age five at the time of documented traumatic events«, *J. Amer Academy of Child and Adolescent Psychiatry,* 27, 1988, S. 96–104.
Terr, Lenore, *Too Scared to Cry: How trauma effects children ... and ultimately us all* (etw.: Vor Angst nicht weinen können. Wie Traumen sich auf Kinder ... und letztlich auf uns alle auswirken), New York 1990.
Van der Kolk, B. und van der Hart, O., »The intrusive past: The flexibility of memory and the engraving of trauma« (etw.: Die aufdringliche Vergangenheit.

Die Anpassungsfähigkeit der Erinnerung und die Einprägung eines Traumas), *American Imago*, 48, 1991, S. 425–454.

Weekes, J. R., Lynn, S. J., Green, J. P., Brentar, J. T., »Pseudomemory in hypnotized and task-motivated subjects«, *Journal of Abnormal Psychology*, 101, 1992, S. 356–360.

Williams, L. M., »Adult memories of childhood abuse: Preliminary findings from a longitudinal study«, *The Advisor*, 5, 1992, S. 19–20. Ein vollständigeres Ergebnis dieser Untersuchung wird im *Journal of Consulting and Clinical Psychology* veröffentlicht werden.

Yapko, M., *When Living Hurts*, New York 1988.

Yapko, M., »Disturbance of temporal orientation as a feature of depression«, in: Yapko (Hg.), *Brief Therapy Approaches to Treating Anxiety and Depression*, New York 1989.

Yapko, M., *Trancework: An Introduction to the Practice of Clinical Hypnosis*, New York 1990 (2. Aufl.)

Yapko, M., »Suggestibility and repressed memories of abuse. A survey of psychotherapist's beliefs«, *American Journal of Clinical Hypnosis*, 36, 1994, S. 163–171. Siehe hierzu auch die Beiträge von Bloom, Ewin, Loftus et al. und Gravitz, Lynn et al. in derselben Ausgabe der Zeitschrift.

Yapko, M., *Suggestions of Abuse* (etw.: Suggerierter Mißbrauch), New York 1994.

Kapitel 11

S. 257: CNN Sondersendung »Guilt by Memory»(etw.: Schuldig durch Erinnerungen) von Kathy Slobogin, Mai 1993.

S. 258–59: Nathan, D., »Cry Incest«, *Playboy*, 39, Oktober 1992.

Eine entgegengesetzte Position in bezug auf rituellen Mißbrauch vertritt z. B. Rose, E., »Surviving the Unbelievable: A first-person account of cult ritual abuse«, *Ms.*, Vol. III, Nr. 4, Januar/Februar 1993.

S. 259: Fußnote in: Lanning, K.V., »Ritual abuse: A law enforcement view or perspective«, *Child Abuse & Neglect*, 15, 1991, S. 171–173. Hier der vollständige Kommentar:

»Seit mindestens acht Jahren gehen amerikanische Polizeibehörden Anzeigen von Opfern rituellen Mißbrauchs nach. Es wurden bisher so gut wie keine Hinweise auf das rituelle Abtreiben oder Gebären von Babys, auf Menschenopfer oder satanische Verschwörungen gefunden. Es ist nun eine Sache der medizinischen und therapeutischen Berufe und nicht der Polizei zu erklären, warum Opfer Dinge behaupten, die offenbar erfunden sind. Ärzte und Therapeuten müssen einsehen lernen, daß vieles von dem, was die angeblichen Opfer behaupten, einfach nicht wahr ist. Es ist höchste Zeit, dieses Phänomen mit rationalen und wissenschaftlichen Mitteln zu erforschen.«

S. 260: Wielawski, I., »Unlocking the secrets of memory«, *Los Angeles Times*, 3. Oktober 1991.

Taylor, B., »What if sexual abuse memories are wrong?«, *Toronto Star*, 16. Mai 1992 und Taylor, B. »True or False?«, *Toronto Star*, 18. Mai 1992.

S. 261: Goleman, D., »Childhood Trauma: memory or Invention?«, *The New York Times*, S. B5, 21. Juli 1992.

Sauer, M. und Okerblom, J., »Haunting Accusations, *San Diego Union-Tribune*, 13., 14., 15. September 1992.

S. 261–62: Darell Sifford schrieb eine Serie von Artikeln zum Thema »Falsche Beschuldigungen«, die alle im *Philadelphia Inquirer* erschienen. (»Accusations of sex abuse, years later«, 24. Nov. 1991; »When tales of sex abuse aren't true«, 5. Jan. 1992; »Perilous Journey: The labyrinth of past sexual abuse«, 13. Feb.

1992 und »Her mission: Heal families, don't blame«, 23. Feb. 1992)
S. 263: Ofhse, R. und Watters, E., »Making Monsters«, *Society*, März/April 1993, S. 4–16.
Berliner, L. und Loftus, E., »Sexual abuse accusations: Desperately seeking reconciliation«, *Journal of Interpersonal Violence*, 7, 1992, S. 570–578.
S. 275–76: Für Informaionen über anterograde Amnesie vgl. die am Ende des sechsten Kapitels angegebene Literatur zum menschlichen Gedächtnis. Vgl. auch Loftus, E. F., *Memory*, Reading, MA, 1980, 1988.
Über »PN« schreiben Schacter, D. L., Wang, P. L., Tulving, E., Freedman, M., »Functional retrograde amnesia: A quantitative case study«, *Neuropsychologia,* 20, 1982, S. 523–532.
Für weitere Forschungsergebnisse von Schacter über Amnesie vgl. Schacter, D. L., »Amnesia observed: Remembering and forgetting in a natural environment«, *Journal of Abnormal Psychology,* 92, 1983, S. 236–242 und Schacter, D. L. und Kihlstrom, J. F., »Functional amnesia«, in: Boller, F. und Grafman, J. (Hg.), *Handbook of Neuropsychology,* 3, 1989, S. 209–231.
S. 276: *Diagnostic and Statistical Manual* (Handbuch für Diagnose und Statistik, hrg. von der American Psychiatric Association), dritte Auflage, überarbeitet.
S. 277: Whitley, G., »The seduction of Gloria Grady«, *D* Magazine, Oktober 1991, S. 45–49, 66–71.
S. 281–84: Tavris, C., »Beware the incest-survivor machine« (etw.: Vorsicht vor der Inzestüberlebenden-Industrie), *The New York Times Book Review*, 3. Januar 1993. (Siehe auch: »Real incest and real survivors: Readers respond«, *The New York Times Book Review,* 14. Februar 1993.
S. S. 284: Robinson, K., »Memories of Abuse«, *Seattle Weekly,* 11. August 1993. Vgl. auch Leserbriefe zu diesem Artikel in der Ausgabe vom 25. August 1993.
S. 286: Der Artikel über verdrängte Erinnerungen wurde von Karen S. Peterson verfaßt und erschien in *USA Today*, 31. August 1992, S. D1.

Kapitel 12

Richard Ofshe ist Professor für Soziologie an der University of California in Berkeley. Seine Arbeit befaßt sich mit extremen Techniken der mentalen Beeinflussung und der sozialen Kontrolle. Ofshe erhielt 1979 den Pulitzer-Preis als Kopreisträger für eine kritische Veröffentlichung über Synanon, eine spezielle Art der Gruppentherapie.
Lawrence Wrights zweiteiliger Artikel über den Fall Paul Ingram (»Remembering Satan«, *The New Yorker*, 17. und 24. Mai 1993) ist zu einem bahnbrechenden Buch ausgearbeitet worden, das auch auf deutsch erschienen ist: *Satans Zeugen*, Berlin 1994. Das Buch wurde in *Newsweek* vom 4. April 1994 lobend besprochen.
S. 322: Ofshe R., »Coerced Confessions: the logic of seemingly irrational action«, *Cultic Studies Journal*, 6, 1989, S. 1–15.
Ofshe hat mehrere Artikel über den Ingram-Fall veröffentlicht:
Ofshe, R., »Inadvertent hypnosis during interrogation: False confession due to dissociative state, misidentified multiple personality and the satanic cult hypothesis«, *International Journal of Clinical and Experimental Hypnosis*, XL, 1992, S. 125–126.
Ofshe, R. und Watters, E., »Making Monsters«, *Society,* März/April 1993, S. 4–16. Siehe auch:
Watters, E., »The devil in Mr. Ingram«, *Mother Jones,* 16, 1991, S. 30–33, 65–68.
S. 326: Spiegel, H., »The Grade 5 Syndrome: The highly hypnotizable person«,

International Journal of Clinical and Experimental Hypnosis, 22, 1974, S. 303–319.
Für weitere Informationen zum Grad-5-Syndrom siehe:
Mulhern, S., »Satanism and psychotherapy: A rumor in search of an inquisition«, in: Richardson, J. T., Best, J. M., Bromley, D. G. (Hg.), *The Satanism Scare,* San Francisco 1991.
Watters, E., »Doors of memory«, *Mother Jones,* Januar/Februar 1993, S. 24–29, 76–77.

Kapitel 13

S. 337: Der Dialog zwischen Passy und Hillman findet sich in Hillman, J. und Ventura, M., *Hundert Jahre Psychotherapie – und der Welt geht's immer schlechter,* Solothurn, Düsseldorf 1993, S. 222–226.
S. 338: Rieff, D., »Victim's All? Recovery, co-dependency, and the art of blaming somebody else«, *Harper's Magazine,* Oktober 1991, S. 49–56. Auf Seite 51 zitiert Rieff den Selbsthilfe-Autor Bradshaw: »Von Experten hören wir, daß 96 Prozent aller Familien in diesem Land mehr oder weniger dysfunktional sind.« Die Formulierung, daß die Regeln der Familie »die Seele des Menschen töten«, wird in diesem Artikel ebenfalls Bradshaw zugeschrieben.
S. 339: M. Yapko bei einem Vortrag im Charter Hospital am 4. November 1992.
Herman, J. L., *Die Narben der Gewalt. Traumatische Erfahrungen verstehen und überwinden,* München 1993, S. 254–255.
Wir danken S. B. Guze, M. D., Professor für Psychiatrie an der Washington University School of Medicine in St. Louis, Missouri, für das erhellende Kapitel »Psychotherapy and the medical model« in seinem Buch *Why Psychiatry is a Branch of Medicine*, New York 1992. Dr. Guzes Buch machte uns mit den Ideen von Donald Spence, Marshall Edelson und anderen bekannt, die auf die blinden Stellen und Schwachpunkte in der modernen Psychotherapie aufmerksam machen. Spence und Edelson sind nach Guze zitiert.
S. 342: Die Anekdote von dem Vietnam-Veteran und dem Priester findet sich in Herman, J. L., *Die Narben der Gewalt,* a. a. O. S. 82.
S. 343: Nikos Kazantzakis ist nach Sagan, C., *Broca's Brain: Reflections on the Romance of Science,* New York 1979, S. 281 zitiert.

Register